U0517677

本书为沈阳师范大学"教育学学科标志性成果建设工程"学术专著资助项目成果

王雷 著

# 社会教育原理

中国社会科学出版社

## 图书在版编目（CIP）数据

社会教育原理/王雷著. —北京：中国社会科学出版社，2015.9
ISBN 978 - 7 - 5161 - 6918 - 6

Ⅰ. ①社…　Ⅱ. ①王…　Ⅲ. ①社会教育—研究　Ⅳ. ①G77

中国版本图书馆 CIP 数据核字（2015）第 221046 号

| | |
|---|---|
| 出 版 人 | 赵剑英 |
| 选题策划 | 陈肖静 |
| 责任编辑 | 陈肖静 |
| 责任校对 | 徐　楠 |
| 责任印制 | 戴　宽 |

| | |
|---|---|
| 出　　版 | 中国社会科学出版社 |
| 社　　址 | 北京鼓楼西大街甲 158 号 |
| 邮　　编 | 100720 |
| 网　　址 | http://www.csspw.cn |
| 发 行 部 | 010 - 84083685 |
| 门 市 部 | 010 - 84029450 |
| 经　　销 | 新华书店及其他书店 |

| | |
|---|---|
| 印　　刷 | 北京君升印刷有限公司 |
| 装　　订 | 廊坊市广阳区广增装订厂 |
| 版　　次 | 2015 年 9 月第 1 版 |
| 印　　次 | 2015 年 9 月第 1 次印刷 |

| | |
|---|---|
| 开　　本 | 710×1000　1/16 |
| 印　　张 | 26.25 |
| 插　　页 | 2 |
| 字　　数 | 446 千字 |
| 定　　价 | 98.00 元 |

凡购买中国社会科学出版社图书，如有质量问题请与本社营销中心联系调换
电话：010 - 84083683
版权所有　侵权必究

# 目　录

# 前　言

　　学习化社会就是一所大学校，它要求人人是学习之人，时时是学习之机，处处是学习之所。人人都有学习的意识，人人都有学习的行为，人人都有学习的机会，人人都有学习的能力。学习化社会就是工作学习化，学习工作化。

　　学习化社会就是一本教科书，它要求社会处处都充满知识，处处都有学问，社会发展的一切内涵，包括物质的、制度的、思想的、实践的，都要有学习的因素，都要有教育的意义。

　　学习化社会就是一个教师，它要有文化的形象，要成为知识的化身，它要引导每一个社会人都成为一个有知识的人，有文化的人。

　　建设学习化社会的目的就是为了促进社会与人的和谐发展。对个人而言，提高素质，提升生活质量；对社会而言，提高文化品位，促进社会安康；对教育而言，就是促使教育无时不在、无处不在、无所不在。

　　学习化社会的这些特点，需要我们在教育领域进行综合改革，在大力发展学校教育的同时，要重视开发与利用社会教育资源，要全社会来关心教育，关心学习，要通过学校教育与社会教育的协同创新机制推动终身教育的发展，促进学习化社会的实现。

　　但是，如何开发与利用社会教育资源，全社会如何关心教育，如何通过学校教育与社会教育的联动，运用全社会的力量建设学习化社会，这是深化教育综合改革过程中我们急需回答的问题。

　　然而，看一看社会教育研究的现实，我们就会发现，社会教育是什么？社会教育怎么实施？社会教育由谁来实施？这些问题，教育理论界并未给予很好的回答。而当我们翻开历史的时候，却发现，社会教育在历史上有过辉煌的历史和巨大的成就。"历史是最好的教科书"。我们首先看一看前人是如何论述社会教育的。

德、法、英之有今日，非由于学校教育之力，实有赖于彼邦社会教育者甚大，若不注意及此，而只重视学校教育，国家终难自强。

————［日］吉田熊次《社会教育的设施及理论》

教育并不专在学校。学校以外，还有许多机关。照现在教育状况，可分为三个范围：一是家庭教育，二是学校教育，三是社会教育。

————蔡元培《蔡元培教育论著选》

一切社会制度均具有教育的功能，而学校只是社会制度的一种。文化的遗传要靠一切社会制度（如家庭制度、徒弟制度、行会制度等）来传递社会经验、知识技能等，学校既不是传递文化的唯一机关，所以学校制度应与其他各制度切实联系，使教育透过一切社会制度。

————雷沛鸿《雷沛鸿文集》

社会环境无意识地、不设任何目的地发挥着教育和塑造的影响。如果学校脱离校外环境中有效的教育条件，学校必然用拘泥书本和伪理智的精神替代社会的精神。教育是社会的过程。教育是社会的职能。

————杜威《民主主义与教育》

教育正在继续不断地发展，而成为一种全社会的职能。我们必须超越学校教育的范围，把教育的功能扩充到整个社会的各个方面，社会的教育功能不是学校的特权，所有的部门——政府机关、工业交通、运输——都必须参与教育工作。城市里面蕴藏着巨大的教育潜力。城邦是最好的教师。

————摘自《学会生存》

教育工作者应该经常静下心来以提醒自己，教育并不只是在学校围墙之内进行的。他们应该认识到，儿童从他的校外经验中所得到的教育，就如同从他的校内经验中所得到的教育一样。实际上。对于儿童的未来发展来说，校外非正规教育有时比校内正规教育更为重要。

————约翰·S. 布鲁巴克《教育问题史》

通过上面的论述我们可以看到，社会教育具有丰富的内涵，它以历史与现实的感召力，强烈地影响着、刺激着、激励着我们对社会教育的研究。

给我们深刻影响的是自近代以来，众多教育家关注社会教育，他们认为，中国贫、愚、弱、私的国民背景，人口众多、素质差的社会现实，层出不穷的社会疾病，需要发展社会教育来"开民智"、"作新民"。他们认为，在中国只发展学校教育是不能富国安民的，人才的成长，国民素质的提升以及教育的大众化只依靠发展学校教育是完成不了的，中国的国情与民情，必须使学校教育与社会教育并重发展，"民智"与"民心"同时养成，办教育不能重学校而轻社会，厚人才而弱国民。

给我们深深刺激的是比较中外社会教育理论与事业，我们的社会教育研究确实很薄弱。在世界一些国家和地区，社会教育有行政地位，有专门的社会教育法，大学有社会教育专业、社会教育学科、社会教育研究人员。社会教育有自己的学术地位，有专门的研究杂志、众多的社会教育著作。社会教育学家认为，国家的教育目的并非仅仅依靠学校教育所能完成，教育目的应该利用社会一切机会、场合和组织活动得以实现，国民素质的提升，终身教育的实现以及学习型社会的建设必须通过全社会综合的、全面的、有组织的教育效能的拓展与提升，所以，社会教育在促进社会发展、促进人的发展以及教育发展等方面，具有重要的、不可替代的教育功能。

给我们以激励的是社会教育领域是一个巨大的教育资源库，需要挖掘、开发、整理与创新，尤其提倡终身教育和建设学习化社会以来，社会教育潜在的教育效能被人们重新发现，社会教育在推进教育综合改革过程中巨大的教育潜力被人们重新理解，社会教育广阔的资源被人们重新认识而使社会教育的发展孕育着无限的生机。

由于有了上面的认识，所以，研究社会教育学术，发展社会教育事业，建设社会教育学科，就成为多年来笔者学习、研究的重要课题。这本不成熟的著作，是笔者多年研究社会教育的一些心得，主要研究的是社会教育原理最基本的问题，包括社会教育概念、社会教育学科、社会教育历史发展、社会教育与其他教育关系的历史考察、社会教育功能、社会教育的教育者与受教育者、社会教育内容与方法、社会教育机构与设施、学校开展社会教育、社会教育管理、社会教育问题与对策等。笔者试图从专业与学科建设的角度来研究社会教育，这些浅显的研究只是一些初步的探索，远未达到"社会教育原理"所设想的高度，只是对前期学习、研究工作的一个总结，希望起到抛砖引玉的作用，希望能够得到专家、学者、老师们的批评与帮助。

社会教育是一个既老又新的话题，是一个既熟悉又陌生的话语。说它

"老"是因为它与人类社会一样久远，在历史上有着辉煌的过去，说它"新"是因为它在推进终身教育，建设学习化社会过程中，有着广阔的发展空间。说它熟悉是因为人们经常使用，说它陌生是因为人们对它还不完全了解。"社会教育原理"这本书尝试为研究社会教育学术，促进社会教育事业作一些初步的探索。

王　雷

2015 年 2 月 8 日

# 第一章　社会教育概念

社会教育人人知晓、耳熟能详，研究教育的学者和教育实践工作者都不会否认它的存在，都会承认它的重要性。但如果问什么是社会教育？社会教育应该怎样实施？社会教育有没有自己的学术领域？社会教育与其相近、相关概念是什么关系等问题，人们的回答则不一定明确。本章就从这些话题谈起，就社会教育概念的提出以及和其他相关概念的关系作一探讨。

## 第一节　社会教育概念的几点思考

"社会"与"教育"，在词源上中国古已有之，但是"社会"与"教育"二词的连用始于 20 世纪初期。受德国社会教育思潮以及日本社会教育的影响，"社会教育"逐渐成为 20 世纪初期一个热点名词，并在 20 世纪 20—40 年代成为一种教育思潮。1912 年民国教育部设立"社会教育司"成为法令上接受和使用"社会教育"的起点。民国教育部为什么设立"社会教育司"？蔡元培教育总长为什么坚持设立"社会教育司"？"社会教育"在中国长达近百年的现代化历程中，扮演着什么样的角色？发挥了什么样的作用？本书依据历史与现实，首先就社会教育的概念作几点思考。

### 一　思考的起点：教育的最初形态

考察人类社会的发展史，研究教育的学者都会同意，自有了人类社会便产生了教育，教育是人类社会所特有的实践活动。教育是在社会生产和社会实践中进行的。教育的内容是生产、生活的经验与技能，教育的方式、方法是言传身教。这个时期的教育，后来人们把它称作为原始社会的教育，社会性是其"与生俱来"的属性。随着人类社会生产和社会生活的发展，教育的属性日益增多，如生产性、阶级性、历史性等。但是，在教育的诸多属性中，最根本的、最永恒的属性就是社会性。①

考察教育的发展史，研究教育的学者也会认为，原始社会时期，教育的最初形态是社会教育，后来随着生产力的发展，语言、文字的出现以及阶级的分化与国家的产生，才陆续出现了家庭教育和学校教育。因此，从源头上看，教育出现的最初形态是社会教育。

考察"教育"一词的原始含义，对于教育这个概念从源头上看，在我国古籍中，"教"和"育"是分开使用的。"教"字最早是用来表示教育现象与活动的。"'育'字同'教'字关系不密切"。② 最早把二字连用的是儒家学派的孟子，他在《孟子·尽心上》中说："得天下英才而教育之。"从孟子主张"德政"和"仁政"的思想来看，孟子连用的"教育"一词，从主体上看，"未必是教师，更可能指的是开明的统治者，他所谓'教'，实为仁政之治。……是对统治者的开导"。③

"教育"一词的连用，始于孟子，但据学者们考证，"直到19世纪末年，中国古籍中仍鲜有'教育'的提法"。④ 所以从历史上看，"教育"一词在古代是很少用的，其本意更接近于"政教"和"教化"的概念，和现代意义上"教育"的含义有根本的不同。

西方"教育"一词的含义，在历史上也存在着较为宽泛的提法，如德国教育家赫尔巴特认为："教育的全部问题可以用一个概念——道德——包括；英国教育家斯宾塞认为，教育应该"为美好的生活做准备"；美国教育家杜威则认为"教育即生活"，"教育即社会"。从中西方"教育"这个概念在历史发展上的含义来看，表明了"教育"的内涵是非常宽泛的，不仅仅指学校教育。

从教育的属性、教育的形态和教育的本义来考察，我们可以看出，教育的原始含义是人类为了自身的生存和发展所进行的有意识的思想、知识、技能的传授以及人的培养的社会活动。这里所说的"人的培养"包括

---

① 顾明远主编：《教育大辞典》上卷，上海教育出版社1990年版，第13页。
② 陈桂生：《教育学的建构》，湖南教育出版社1998年版，第183页。
③ 同上书，第182页。
④ 同上。

所有人的培养，不单单指成长中的青少年、儿童，成人也需要不断地学习知识、经验和技能。这里所言的"社会实践活动"，包括所有方式的知识传授、技能培养、思想灌输和行为训练，不仅仅指学校教育实践。

所以，在较权威的著述中，"教育"这个概念都有一个完整的表述。在《中国大百科全书·教育卷》中，认为：

> 教育是培养人的一种社会活动，它同社会的发展，人的发展有着密切的联系。从广义上说，凡是增进人们的知识和技能、影响人们的思想品德的活动，都是教育。[①]

在《美国教育百科全书》中，认为：

> 作为一个活动和过程，教育可能是正式或非正式的，私人的或公共的，个人的或社会的，但是它总是在于用一定的方法培养各种倾向（能力、技能、知识、信仰、态度、价值及品格特征）。[②]

上述的这两种表述，表明了这样一个基本事实，那就是教育的形态不仅仅指学校教育，学校教育只是教育的一种形态，从教育的逻辑起点看，它最初是以社会教育为基本形态的。

## 二　引发的疑点：为什么对社会教育的研究如此冷清

以这种考察作为思考的起点，我们再来看一看目前国内出版的所有的教育学著作、教材和辞典。对于"教育"这个概念都界定成广义和狭义两种。认为：

> 广义的教育指，凡是增进人们的知识、技能，影响人们思想品德的活动都是教育。[③]

---

[①]　中国大百科全书出版社编辑部编：《中国大百科全书·教育卷》，中国大百科全书出版社1985年版，第1页。

[②]　张人杰主编：《大教育学》，广东高等教育出版社1995年版，第3页。

[③]　中国大百科全书出版社编辑部编：《中国大百科全书·教育卷》，中国大百科全书出版社1985年版，第1页。

狭义的教育，即指学校教育：

> 是教育者根据一定社会（或阶级）的要求，有计划、有目的、有组织地对受教育者的身心施加影响，把他们培养成为一定社会（阶级）所需要的人的活动。①

对于社会教育这个概念，虽然有不同提法，但对其也有广义和狭义两种认识。认为广义的社会教育"指一切社会生活影响于个人身心发展的教育"。狭义的社会教育"指学校教育以外的一切文化教育设施对青少年、儿童和成人进行的各种教育活动"。②

比较这两个概念，可以看出，从广义的教育意义上来看，"教育"和"社会教育"的含义是等同的。③ 它包括社会教育、学校教育及家庭教育等各种教育形式；从狭义的意义来看，"教育"可以分为"学校教育"和"社会教育"两种形式。

如果这种界定是科学、完整和准确的话，那么从这个概念界定出发，教育理论研究应该有两类：一类是研究社会教育的；一类是研究学校教育的。然而从目前国内出版的教育学教材、著作来看，其教育学理论体系，基本上都是以学校教育为框架来建构的。教育学基本上都是学校教育学，在思想理论上，基本都是围绕着人才（目的）—青少年（对象）—学校（场所）—教师（教育者）—课程（内容）来进行建设的，学校教育的理论体系越来越庞大和复杂。而值得关注的是社会教育的研究，却是备受冷落，冷冷清清，研究的成果少得可怜，研究的人员寥寥无几。

到目前为止，国内尚未有一本较为权威的社会教育学，没有一本较为系统的中国社会教育史，大学的教育系和相关学科也均不开社会教育学课。社会教育目前既不是专业，也不是学科；社会教育既没有硕士点，也没有博士点。这和世界上一些国家和地区较为轰轰烈烈的社会教育研究与实践（如国家颁布社会教育法、施行社会教育行政、大学设社会教育学

---

① 中国大百科全书出版社编辑部编：《中国大百科全书·教育卷》，中国大百科全书出版社1985年版，第1页。

② 同上。

③ 梁忠义主编：《当代日本社会教育》，山西教育出版社1994年版，第2页。

系、社会教育学科设立博士点、硕士点、开设一系列社会教育学课程、出版一系列社会教育的著作等）形成了鲜明的对照。

这种现象的出现就十分奇怪了，为什么教育有学校教育和社会教育之分，对于学校教育的研究如此火热，而对于社会教育的研究却很少有人问津呢？这种"一边倒"的研究现象，在社会实践和教育实践中会引发哪些问题呢？会带来哪些后果呢？

### 三　关注的热点：许多社会问题对教育的警示

腐败、迷信、青少年犯罪等社会问题，在正统的教育学观点中，这些现象仿佛和教育学无关。在正统的教育学观念上，教育领域应该是一片"净土"，教育学应该是一种"清高的学问"。这种认识如果仅从学校教育的角度来看，仿佛还"情有可原"，因为学校教育从目的到组织，从内容到方法，从教师到学生，其思想和实践，的确是太阳底下最神圣的事业。

但是，从社会教育的领域来看，就很难说了。教育家杜威告诫说，"社会环境无意识地、不设任何目的地发挥着教育和塑造的影响"。[①] 在实施主体上，作为一种教育形式，社会教育既可能被正面力量所掌握，也有可能被反面势力所利用；在教育对象上，社会教育面向的不仅仅是青少年，还有学校外广大的民众。此外社会教育在时间上无始无终，在空间上内容复杂而全面，既有积极的因素，也有消极的因素；既有正面的影响，也有反面的影响。从各种社会问题产生、传播及影响的方式、方法来看，恰恰是采用社会教育的手段来组织和传播的。

许多社会问题的发生、传播与影响，对教育理论与实践提出了严重的警示，即在教育观念上，不要一提教育，就言必称青少年；一提教育就言必称学校，言必称人才。教育不仅仅是指学校教育，还有社会教育。教育对象也不仅仅指青少年，还包括学校外的广大"失学者"和民众。教育目的也不仅仅指人才的培养，还包括公民的"教化"、"民智"的开启和民心的养成。办教育不能重学校而轻教化，厚人才而薄人心。在教育实践上，教育改革不仅仅指各级各类学校教育的改革，还应包括社会教育的改革。在教育目的的落实上，不要把学校教育看成实现教育目的的唯一场所。教育目的应该利用一切机会、一切场合、一切方式得以实现和落实，

---

① 吕达、刘立德、邹海燕主编：《杜威教育文集》，人民教育出版社 2008 年版，第 21 页。

教育活动和教育措施应该广泛深入到日常生活的各个领域之中，也就是说，社会组织与开展的一切活动，都应该考虑到教育的意义。

同时，不要把青少年看成实现教育目的的唯一教育对象，教育目的的实现还应包括青少年在内的所有国民。如果我们把全面发展和素质教育的要求都压在青少年的头上，尽管要求得很高，负担越来越重，甚至压得他们"喘不过气来"，那么试问一下，没有社会教育的参与和作用，只凭学校教育的一方面功能，人能全面发展吗？人的素质能提高吗？

教育家杜威曾说：

> 如果学校脱离校外环境中有效的教育条件，学校必然用拘泥书本和伪理智的精神替代社会的精神。①

没有学校外有效的社会教育的配合和参与，学生的学校教育实践容易与社会实践相脱离，容易使学校教育的理想化和社会实际的发展状况发生背离，造成教育发展中的种种假象。从社会实践来看，人的本质是社会关系的总和，人的素质也同此理。学校教育只对于青年人的素质起一方面的培养作用，在知识、技能以及思想的某些方面起主导作用，而对于学校外的民众，如果没有社会教育的作用，或社会教育在某些方面起反作用的话，那么其素质怎样才能提高呢？如果广大民众的素质不能提高，那么青年学生的素质怎么可能提高呢？所以许多社会问题对教育的警示，表现出一个道理，那就是：必须发展社会教育来提高学校外民众的素质，这也是近代以来，一直困扰国人的一个重要问题。

## 四　过去的难点："得民心"如何向"开民智"转型

"得民心"是我国政治的优良传统，"重民"、"养民"、"教民"是传统社会教化的重要功能，自古以来"政教合一"的体制形成了我国政治与教化互相制约、互相作用、互相促进的"一统"格局。传统的社会教化对于社会稳定及"民心"的养成起到了任何社会力量所不能替代的作用。

鸦片战争以后由于"西学东渐"的影响，我国传统的社会教化体系，在西方经济、军事、文教的持续冲击下日益瓦解并逐渐走向崩溃，西方各

---

① 吕达、刘立德、邹海燕主编：《杜威教育文集》，人民教育出版社 2008 年版，第 42 页。

种文化教育思潮及文化教育设施伴随着侵略纷纷传入我国，传统的社会教化体系在痛苦的选择中开始向现代社会教育转变，如传统的"得民心"，受到了强烈的冲击，开始向"开民智"方向转化；传统的"宣讲"、"乡约"及"保甲制度"等，逐渐失去原有的功能，而逐渐向"通俗讲演"、"简易学塾"及"乡农学校"等方向转移。

由于现代社会教育从产生到发展一直都处在政治和社会剧变之中，起步时期的缺陷和后天发展的不良，使得社会教育从制度到理论都没有健康地发展起来。虽然在各个时期许多教育家从国民教育到通俗教育，从平民教育到乡村教育，从民众教育到工农教育都作了不少的尝试，但由于社会教育权利主体的分化，使瓦解以后的社会教化体系始终没有找到转型的起点和方向，许多理论要么有始无终，要么昙花一现，许多实践看似"轰轰烈烈"，实则成效不大。

正是由于社会教育转型期的复杂性和多变性，自1840年鸦片战争到1949年中华人民共和国成立，持续百余年的近代化历程，中外各种政治、文化势力都利用社会教育手段为自己服务，从西方传教士的"布道"传教，到太平天国的"听讲道理"；从"晚清新政"时期推行的"简易识字"，到五四时期的通俗讲演，近代以来的社会教育画卷，确实是色彩斑斓，五光十色。

从近代社会教育发展变化的历程中，我们可以看出，从传统社会教化向现代社会教育转型，我们有许多难题至今没有解决好。诸如如何对待传统的社会教化？如何学习和借鉴西方通过社会教育涵养公民的经验？如何建立适应国情与民情的现代社会教育体系？如何"开启民智"及改造"国民性"？通过社会教育如何改革"民风"、"民俗"以及培养"群心"，等等。

由于民族的危机感，在近代，我们始终把人才看成救亡图存的"当务之急"，从废除科举，到改革学制，学校教育系统的演化一直是近代教育发展的主旋律。在现代，由于革命的需要，教育被革命所制约，并为革命而服务，在革命的推动下，教育时而被推上阶级斗争的顶峰，时而又成为政治斗争的工具。"文化大革命"的破坏，教育成了百年不遇的"重灾区"。在后现代，由于经济建设的紧迫感，教育的发展也始终把"多出人才、快出人才、出好人才"看作"立国之本"，因而，教育体制的改革，始终围绕着学校教育展开，出于阶层利益和社会功利的需要，社会教育的公益资源被市场化，社会教育发展的权利资源被分化和滥用。

教育发展的这样一种局面，使得社会教育的理论和体系始终没有健全和健康地发展起来，这样对民众科学文化素质的提高，就失去了系统的文化教育机制，这就为那些封建的、落后的、腐败的社会现象提供了可以利用的空间和角落，一有适宜的环境和土壤，他们就会重新演化和滋生。从"文化大革命"时期的串联、游行、大字报、工农兵管理学校等，到改革开放以后的各种社会问题、社会矛盾，提醒我们，人才可以依靠学校去培养，但公民的精神、公民的能力、公民的智慧、公民的素质和"民心"的养成只靠学校教育的作用是实现不了的。日本近代社会教育学家吉田熊次总结道：

> 德、法、英之有今日，非由于学校教育之力，实有赖于彼邦社会教育者甚大，若不注意及此，而只重视学校教育，国家终难自强。①

历史与现实的经验表明，适合中国国情的现代社会教育体系的建设迫在眉睫。

## 五　现在的重点：社会教育如何定位

由上所述，我们可知，从教育的形态和本义来看，社会教育应该和学校教育一样并存、并重；从引发的疑点来看，我们对于社会教育的研究，确实有些忽略；从关注的热点来看，许多社会矛盾和社会问题，需要我们加强社会教育的力量；从过去的难点来看，由传统社会教化向现代社会教育转型，我们还有许多事情要做。

但是社会教育应该从哪里做起呢？我们应该怎样实施社会教育呢？从近代社会教育产生、发展及变化的历史经验来看，笔者认为现在要做的重点之一是给社会教育定位。

第一，明确社会教育的概念

社会教育这个概念，早在20世纪初，伴随着西方及日本各种教育思潮的传播，就已经被教育界所接受，和国民教育、普及教育、义务教育等名词概念一样，成为清末一种新的教育观。1912年民国教育部设"社会教育司"，使社会教育成了法律认可、教育界盛行以及人们广泛接受和使

---

① ［日］吉田熊次：《社会教育的设施及理论》，上海中华书局1935年版，第2页。

用的一个概念，虽然对社会教育概念的理解，在后来出现了多种认识，但其共同点却都认为，社会教育是学制系统以外的，以政府推动为主导的，社会团体和私人推动为辅助的，利用和设置各种文化教育机构与设施，对全体国民所实施的一种有计划、有目的、有组织的教育。

第二，明确社会教育的功能

社会教育功能发端于近代"开民智"、"作新民"、改良社会的需要。在中外社会教育的发展过程中，社会教育对于社会的发展、人的发展以及教育的发展，日益彰显着其积极有效的功能。从国内外社会教育发展的历史经验来看，发展社会教育有重要的社会功能，表现在有助于社会的治理、有助于社会的建设、有助于社会的和谐。发展社会教育有重要的教育功能，有助于教育目的的实现、有助于深化教育领域综合改革、有助于弥补学制体系的不足、有助于提升学校教育的效能、有助于终身教育的实施和学习型社会的建设、有助于公民精神的涵养、有助于促进青少年的全面发展。

第三，明确社会教育的理论维度

从理论形态来看，社会教育表现在"社会即学校"，社会就是教育。社会是教育的主体，社会具有教育的功能，社会有教育的因素，教育是整个社会的职责，全社会都要关心教育。"教育必须超越学校教育的范围，把教育的功能扩充到整个社会的各个方面。"[1] "社会作为一个整体将有更重要的教育作用。"[2]

从实践维度来看，社会教育是广义教育领域有组织的教育活动。社会教育不是广义的教育，不是漫无边际的教育，不能用教育泛化人类的所有活动，不能把所有的、有影响的现象都称为是社会教育。我们所研究的是有组织的社会教育，我们认为社会教育是可以组织的，社会教育是可以有计划地实施的。通过组织化的社会教育可以实施对广义社会教育的规范与指导。

从社会学观点来看，社会教育即人的社会化。社会化是自然人成长为社会人的过程。从个体成长角度来看，自然人的社会化过程是一个学习化

---

[1] 联合国教科文组织国际教育发展委员会编著：《学会生存》，教育科学出版社1996年版，第201页。

[2] 同上书，第202页。

过程。从社会的角度看，一定的社会总是要通过各种有组织、有意识的教育方式，力图促使自然人成长为社会人。人的社会化过程是个体与社会两种力量相互作用的过程，是个体学习和社会教育相互作用的过程。

从研究方法维度来看，社会教育是运用教育学原理和方法来研究社会。研究社会的教育功能、社会的教育因素、社会的教育现象、社会的教育问题、社会的教育事实，揭示社会的教育规律。用教育学的原理来分析社会，我们可以发现，社会就是学校，生活就是课堂，社会每一种制度、组织、单位、团体、活动等都是教育的主体，也是教育的客体，社会每一个人既是教育者，也是受教育者。

第四，明确社会教育的专业体系

在世界许多国家，社会教育有自己的专业体系、学科体系和知识体系。社会教育专业与学校教育专业一起构成国家教育专业发展的整体，共同推动着教育事业的整体发展。由于社会教育有自己的专业保障、学科保障和知识保障，所以，社会教育专业，在许多国家十分发达，如日本、韩国等，社会教育有学科、有硕士课程和博士课程、有大量的社会教育杂志和专业研究团体。

从专业维度来看，社会教育专业适应社会以及经济的发展，为社会培养社会教育的研究人才、社会教育的管理人才和社会教育师资；从学科维度来看，社会教育有着十分厚重的学科体系，如社会教育原理、社会教育管理、社会教育历史、比较社会教育、社区教育、学习化社会建设等；从知识体系来看，社会教育内容丰富，诸如社会教育的目的、作用、内容、原则与方法。社会智育、社会德育、社会体育、社会美育、社会生活教育、社会卫生教育、社会环境教育以及休闲、娱乐教育等。

第五，明确社会教育的机构与设施

社会教育机构与设施是实施社会教育的媒介与手段，是开展社会教育工作和活动的物质载体。依据社会教育概念、社会教育政策和社会教育实践，社会教育发展过程中，必须明确自身的机构与设施，以便更好地发挥社会教育效能。从国内外社会教育历史经验来看，社会教育机构与设施包括社会教育专门设施、社会教育综合设施和社会教育开放设施。

社会教育专门设施是指由政府机关、社会团体、集体或个人设置的，专门从事社会教育工作的机构、组织、团体和活动场所等，主要包括活动场所、组织团体、教育传媒和教育产品。

社会教育综合设施主要指具有多种工作任务，能够开展多种活动的文化事业机构与设施这些文化机构与设施，有社会教育的功能和因素，这些文化设施可以分为文化事业设施和文化产业设施。

社会教育开放设施主要指全社会的设施都是社会教育资源。为了社会教育的目的，参与协助各种社会教育工作，包括社会设施资源对学校的开放以及学校教育资源对社会的开放。

第六，明确社会教育管理

世界一些国家，在社会教育事业发展中，颁布社会教育法规、制定社会教育发展政策、设置社会教育行政管理，通过社会教育专门立法、社会教育专项经费以及设置社会教育专门管理人员等实施社会教育管理。社会教育的发展在这些国家中，有制度保障和政策支持。

借鉴各国社会教育管理经验，继承近代以来我国社会教育管理的传统，我们应该明确社会教育在国家教育管理中的行政定位，明确社会教育在教育法规中的法律定位，明确社会教育在国家教育政策中的政策定位，以促进社会教育在推进全民学习、实施终身教育和建设学习型社会过程中，有政策依据和制度保证。

从社会教育管理理论、社会教育管理政策、社会教育管理行政和社会教育管理评价等若干方面，研究社会教育管理问题。一个国家的教育行政，不应该仅仅是学校教育行政，不应该仅仅是学校教育管理，不应该仅仅是学校教育法规。社会教育是教育事业的一个组成部分，不能游离于教育管理之外，不能得不到教育行政的干预，教育行政应该通过社会教育管理实施对社会教育事业发展的指导、规划与援助。

总之，社会教育在理论、制度及实践等方面的建立与完善，是社会教育得以存在和发展的基础和保证，同时也决定了社会教育在国家教育发展中的地位。它既是学校教育的重要补充，弥补了学校教育的缺点和不足，同时又有着学校教育所不可替代的教育功能，有着自己的特点和优势。对此日本学者新堀通也说："社会教育远在学校教育之前就已存在。即使在今天，正如其定义所表明的那样，它起的作用也远比学校教育更为重要"。[①]

联合国教科文组织国际教育发展委员会在编著的《学会生存》中

---

① ［日］新堀通也：《社会教育学》，张惠才等译，春秋出版社 1989 年版，第 1 页。

也言：

> 教育科学的概念和它应用范围这两方面都正在变得更加广阔，过去教育学，按照这个字的词源学的含义，似乎仅限于对年轻人进行教学，这个概念现在已经过时了。①

随着终身教育、终身学习、构建学习型社会等教育观念日益成为社会大众的共识，社会教育势必以其广阔的教育资源、巨大的教育功能，成为21世纪教育改革与发展的热门话题。

## 第二节　各国社会教育概念比较研究

任何一个教育名词与教育概念都有其产生的源头，都是一个历史发展变化的过程。要了解一个概念，掌握这个概念的本质、意义、内容，首先就要追本溯源，然后，看其是怎样发展变化的，这是我们了解概念、掌握概念所采用的最基本的方法。

"社会教育"这个词来自何处？是谁最先使用？最初含义是什么？从目前材料来看，一般认为"社会教育"一词源于德国，后经日本传入我国，所以，为了了解"社会教育"的内涵，把握"社会教育"概念的本质，我们首先就"社会教育"一词国内外的源头与发展作一番比较。

### 一　德国的社会教育

"社会教育"（social education）这个名词，最初是在德国出现的。一般认为德国教育家第斯多惠（Friedrich Adolph Wilhelm Diesterweg，1790—1866）（另译狄斯特威格）1835年在其《德国教师培养指南》一书中最先提出。② 从社会教育观念产生的源头来看，社会教育最早是作为一种解决社会问题和教育问题的对策而出现的，它既和教育工作相连，也与社会工作有关。社会教育的最初含义是和"社会帮助"、"生活帮助"、"青年照

---

① 联合国教科文组织国际教育发展委员会编著：《学会生存》，教育科学出版社1996年版，第150页。

② 詹栋梁：《社会教育理论》，师大书苑有限公司（台北）1988年版，第1页。

顾"等相连。如第斯多惠认为，传统的教育观念应该扩大至国民的各个阶层，必须实施对国民各个阶层实际的社会帮助与教育。①

随后德国许多社会教育学家都从"生活帮助"、"社会帮助"、"青年照顾"等方面来论述社会教育的概念，形成了早期德国传统社会教育观点。

早期德国社会教育学家威尔曼（Otto Willmann，1839—1920）和纳托普（Paul Natorp，1854—1924）都认为，社会教育的范围包括社会工作。社会应该照顾与养护那些需要得到帮助的人们，并且通过一定的活动或制度得以实现。

强调社会教育就是生活帮助，最具代表的是德国社会教育学家诺尔（Herman Nohl，1879—1960）。他认为，社会教育就是生活帮助，尤其在工业社会中，由于社会的变动与激烈的竞争，产生了许多社会问题，受各种伤害的青年人越来越多，所以，社会应该具有帮助与教育的职责。社会教育的概念就是：存在于学校以外的"社会的与国家的教育的照顾"。②

随着教育学理论在德国的兴盛，社会教育概念也越来越受到众多教育家的关注。并导致了自 19 世纪 80 年代起，德国出现了从"心理教育学"到"社会教育学"的转变。对此，我国近代最早的教育刊物《教育世界》，在 1904 年 2 月第 69 号上《论近代教育学之变迁》一文中就曾介绍说："距今十年前，新派之社会教育学遂代旧派之心理教育学而独占势力，其导源在英国而首受其影响者德国。"③ 并指出德国出现了社会教育学家，如威尔曼（Otto Willmann）、培格曼（贝尔格曼）（Bergemann）、纳托普（Paul Natorp）等，同时认为"此等社会教育学见解，实为近日社会学、伦理学、民族心理学之思想，所诱掖而牖启。"④

这个时期德国出现了众多的社会教育学派。日本近代教育家吉田熊次把 19 世纪晚期德国的社会教育学派分类如下：⑤

（一）纯粹的社会教育学派

1. 哲学的社会教育学派。代表人物［德］纳托普

---

① 詹栋梁：《社会教育学》，（台北）五南图书出版公司 1983 年版，第 2 页。

② 同上书，第 3 页。

③ 《教育世界》1904 年 2 月第 69 号。

④ 同上。

⑤ ［日］吉田熊次：《新教育学释义》，《教育世界》1904 年第 16 期。

2. 非哲学的社会教育学派。

（1）幸福论的社会教育学派。代表人物 ［德］德林格（Doring）

（2）非幸福论的社会教育学派。代表人物 ［德］贝尔格曼

（二）宗教的社会教育学派。代表人物 ［德］威尔曼

（三）折中的社会教育学派。代表人物 ［法］居伊约（Guyau, J. M）［法］菲叶（Fouillee，A）

可见，德国自19世纪晚期以后，社会教育学派众多，其对社会教育概念的理解也是"五花八门"。仅从纳托普（Paul Natorp）（1854—1924）、贝尔格曼（Bergemann）（1862—1946）和费雪（Aloys Fischer）（1880—1937）的社会教育观点来看一看早期教育家们对社会教育的理解。

纳托普（Paul Natorp），德国教育学家，主要代表作有：《社会教育学》（1899）、《社会教育学论文集》（1907）等。他认为，教育问题应该从社会的角度加以解释，人的发展依赖于社会的改良，社会教育是一种透过社会的教育。教育是造就"社会的个人"而不是抽象的个人。所以，社会教育是以"社会为本位"的教育。

贝尔格曼（Bergemann），德国社会教育学家，主要著作有《社会教育学》，书的全名为《经验科学基础上的、借助于归纳法的社会教育学作为广博的或文化的教育学》（1900）。他的社会教育观点，也是一种"以社会为本位"的教育观，针对"个人教育学"从人性论出发来探讨教育，他认为社会教育应该从"社会"入手来探讨教育，教育应该以社会整体为目的。[1]

费雪（Aloys Fischer），德国社会教育学家。他认为社会教育的概念应该表述为"教育是为社会而设，教育是施之于社会，教育是透过社会而达成，从而达到社会的教育"。[2] 他认为社会教育工作是一种服务性的工作，因此，社会教育的实施是在社会中进行和透过社会来实现。

通过上面的简要溯源，我们可知，德国早期社会教育的概念包含着两层含义：其一，社会教育是一种以"社会为本位"的教育学说，主张研究教育，要从社会的立场出发，和以"个人为本位"教育学说相对立；其

---

① 詹栋梁：《社会教育理论》，师大书苑有限公司（台北）1988年版，第11页。

② 同上。

二，社会教育在实践方面，主要是指"社会帮助"工作，通过社会教育活动对社会各类弱势群体的救助。

由于德国社会教育理论的兴盛，在这些教育家的呼吁下，20 世纪 20年代以后，德国出现了"社会教育运动"，其运动的主要思想，是重视校外的青年教育工作，重视受到伤害的青年的教育帮助，并建立了"公共教育照顾制度"，促成了 1922 年德国《青少年福利法》的颁布和 1923 年《青少年法庭法》的颁布。

第二次世界大战以后，德国社会教育出现了许多新的观念，许多教育家仍然十分关注社会教育，提出了许多新的概念。仅举几例。

莫伦豪尔（klaus Mollenhauer）著《社会教育学概论》（1964），认为社会教育是教导人的一种活动，社会教育有多方面的意义，可以解决社会的冲突，促进社会结构的关联，获得有价值的知识，参与教育实践活动等，他提出社会教育活动有四种：一为照顾；二为保护；三为养护；四为辅导。①

史立柏（F. Sehlieper）著《社会教育—社会教育学》（1964），他试图把社会教育与社会教育学分开，认为社会教育学可以作为一门特殊的教育学来把握，其要义是研究"教育与社会之间的关联"。

威廉（Theodor Wilhelm）著《社会教育学的概念》（1961），强调社会教育就是"青年帮助"，社会教育学是"青年帮助的理论"。他认为"青年帮助"可以分为三个范围：青年的教育帮助；青年的职业帮助；青年的文化帮助。他发展了德国早期的社会教育观。

乐尔斯（H. Rohrs）著《社会教育学的理论与实际》（1968）他认为社会教育就是社会工作，社会教育学即为"社会工作学"。社会教育的功能是靠社会教育机构来发挥和实现的。

## 二　日本的社会教育

日本"社会教育"的用语产生于明治中期，一般把明治 20 年代后半期至 30 年代前半期看作日本"社会教育"用语及其观念产生的时期。把1892 年山名次郎的《社会教育论》和 1899 年佐藤善治郎的《最近社会教

---

① 詹栋梁：《社会教育学》，（台北）五南图书出版公司 1983 年版，第 46 页。

育法》两书看成社会教育用语及观念产生的标志。① 山名次郎把社会教育界定为学校教育以外的领域，把社会教育看作与国家教育相对的概念，是独立于国家与政府之外的由团体、协会等开展的教育活动，社会教育的作用在于对国家教育的援助。佐藤善治郎把社会教育事业看作救助贫民的计划，他认为社会教育，是对学校教育而言，目的在提高社会之智识、道德。可见日本社会教育概念的源头，也是"在以资本原始积累所带来的劳动问题和社会问题不断涌现的背景下"② 出现的。社会教育自始就具有对策性与慈善性。

自此以后，社会教育这个名词成为日本教育学界广泛使用的名词，随着社会教育理论与事业的发展，社会教育成为日本教育事业的一个重要组成部分，各种社会教育理论也应运而生。

综观日本早期社会教育理论，在论述社会教育概念上，有这样几方面含义。

其一，社会教育是学校教育之外的教育事业；其二，社会教育的目的是救助贫民，提高全体国民的智识，具有慈善与公益的色彩；其三，社会教育是由社会各界所开展的教育，其形式灵活，方式多样。

自社会教育用语在日本出现后，日本社会教育理论与事业与世界各国相比是发展最具特色的国家。这种特色主要表现在：社会教育理论丰富多彩；社会教育概念五花八门；社会教育有行政地位；国家颁布社会教育法；有众多的社会教育机构与设施；大学有社会教育学科、专业；有专门的社会教育研究机构、团体、人员；社会教育有专门研究杂志；社会教育工作者是一种专门职业等。直到今天，日本社会教育仍然是其教育事业的一个重要组成部分，和学校教育一起构成了日本教育的"两驾马车"。

由于日本社会教育理论比较发达，所以，在早期社会教育概念的基础上，我们可以从两个方面来进一步了解日本社会教育概念的发展，即教育理论界对社会教育的定义和教育行政法规对社会教育的定义。

（一）教育理论界关于社会教育的定义

日本教育理论界对社会教育的定义可谓"五花八门"。归纳起来具有代表性的概念有这样几种：

---

① 梁忠义主编：《当代日本社会教育》，山西教育出版社 1994 年版，第 3 页。

② 同上书，第 4 页。

1. 社会教育是学校教育与家庭教育以外的一切有计划、有目的、有组织的教育形式。

这种界定首先明确了社会教育的领域，把社会教育看成与学校教育、家庭教育相独立的一种教育活动；其次，明确了社会教育也是一种有计划、有目的、有组织的教育形式。如碓井正久在其编著的《社会教育》（1973）一书中，认为："社会教育一般理解为被纳入正规国民教育体系的学校教育以外的场所中所进行的有组织、有意图的教育的总称。"① 竹内利美在《社会教育概论》（1973）一书中也说社会教育就是"学校教育以外的有意图的、有组织的教育。"②

2. 社会教育是学校教育的补充，学校教育的扩张和学校教育以外的教育要求。

这种观点认为社会教育是一个历史发展的过程，不同历史时期具有不同的概念形态。近代出现的社会教育概念应该与原初形态的社会教育相区别，应该从与学校教育制度的关联中来把握。这种观点的代表人物是宫原诚一教授，他于1950年在《社会与教育》杂志上发表"社会教育的本质和问题"一文，阐述了上述观点。

3. 社会教育是国家、公共团体或私人为改良社会、提高民众的文化水平和智能，设置各种各样的教养训练机构，提供给国民自由利用学习的教育。

这种定义首先明确社会教育的主办者是国家、公共团体或私人。其次，明确社会教育的目的在于改良社会、提高民众的文化水平和智能，再次，明确社会教育的场所是各种各样的教养训练机构。最后，强调社会教育的机构、场所与场地是供给国民自由利用学习的。如松村松盛的《民众的教化》一书中说："社会教育是国家公共团体或私人以谋民众的资质向上为直接目的而施的教育。"③ 川本宇之介的《社会教育的体系及施设经营》一书中说："社会教育是以各种机关施设，供社会的多数人利用其余暇，而扩充其文化的财富的享用之教育。"④

---

① 梁忠义主编：《当代日本社会教育》，山西教育出版社1994年版，第11页。

② 同上书，第12页。

③ 马宗荣：《现代社会教育泛论》，世界书局印行1934年版，第8页。

④ 同上。

4. 社会教育是教育的一种，是指最广义的教育而言，即总称影响社会全体的教育或社会为影响其成员的心身而施的教育。

社会教育有广义和狭义之分，广义社会教育是指社会的任何一种活动，只要对人的身心有影响或产生教育的效果，即可称为社会教育；狭义社会教育是指在正规学校教育以外的领域，有目的、有计划、有组织的教育活动。日本近代著名社会教育学家吉田熊次在其所著的《社会教育原论》中，持此观点。

（二）教育行政法规对社会教育的定义

1929 年 6 月，日本帝国教育会召集全国教育大会的社会教育学部，议决社会教育概念是：

> 社会教育是家庭教育、学校教育以外一般教育作用的总称，以备有多样的教养训练的设施与机关，使一般国民自由选择利用为本旨。上述的社会教育机关包含可以作为自己的教育手段而继续均等利用的一切设施：如图书馆、博物馆、动植物园、各种展览会、演讲会、讲习会等诸设施，自然属之；其他如以宗教、艺术、道德、智识、技能、体育运动等为目的的结社、协会、团体，亦包含在内。①

战后日本社会教育的法规定义，主要依据《教育基本法》、《社会教育法》和《文部省设置法》。在《教育基本法》中规定："教育目的，必须利用一切机会，在所有场合去实现它。"对于"机会"和"场合"，《教育基本法》规定：

> 家庭教育以及在劳动场所和其他社会场合中所实施的教育，须由国家及地方公共团体予以奖励；国家及地方公共团体须通过设立图书馆、博物馆、公民馆等设施，利用学校设施及其他适当的方法努力实现教育目的。②

这里的规定表现出两个特点：第一，教育不仅仅指学校教育，教育工

---

① 马宗荣：《现代社会教育泛论》，世界书局印行 1934 年版，第 8 页。
② 梁忠义主编：《当代日本社会教育》，山西教育出版社 1994 年版，第 17 页。

作也不仅仅由学校来完成，社会各界都有完成教育目的的职责；第二，国家和公共团体应该对学校教育以外的教育进行奖励，并设置各种设施，利用一切场所，采用各种方法来实现教育目的。

《社会教育法》是"依据教育基本法的精神，以明确国家及地方公共团体在社会教育方面的任务为目的"而制定的。该法对社会教育界定如下：

> 本法律中所谓的社会教育不包括以学校教育法为根据，作为学校教育课程所进行的教育活动，主要是对青少年和成人进行的有组织的教育活动（包括体育和文娱活动）。[①]

这里的规定特点是：第一，社会教育是学校以外的教育；第二，社会教育是有组织的教育；第三，社会教育是包含体育、文娱活动在内的教育；第四，社会教育是以青少年和成人为教育对象的教育。

《文部省设置法》界定的社会教育是：

> 社会教育，是指公民教育、青少年教育、妇女教育、职工教育等面向社会一般成员的教育，为提高生活而进行的职业教育、科学教育、运动竞赛、文化娱乐，以及图书馆、博物馆、公民馆等设施所开展的活动。[②]

### 三 美国的社会教育

美国也有"社会教育"用语，但其社会教育的含义，却与日本以及我国社会教育的含义不同。从美国教育发展史来看，社会教育在历史上主要是指"社会意识"的教育，或"社会化"教育活动，是以涵养社会精神、公民精神为理想的教育。如美国教育家施科特（Colin A. Scott）著的《社会教育》（Social Education），书中所谓的社会教育，就是指通过社会来培养国民的社会意识和公民观念。[③]

---

① 孙启林主编：《世界教育大系——社会教育卷》，吉林教育出版社2000年版，第483页。
② 梁忠义主编：《当代日本社会教育》，山西教育出版社1994年版，第18页。
③ 马宗荣：《现代社会教育泛论》，世界书局印行1934年版，第6页。

我们所称之谓的社会教育事业，如学校以外的各种教育活动，在美国不用"社会教育"一词来概括，已经具体分化为各种教育工作，如用成人教育、社区教育、继续教育、扩充教育或校外教育等来发展，同时许多公益的、慈善的文化事业，也具有社会教育成分，除了政府推动和鼓励发展之外，社会团体、组织机构、宗教团体等也纷纷参与举办。如创办图书馆、创办培训教育机构、创办社区学校、创办儿童博物馆等。这可以在我国近代学习美国教育过程中，很少看到介绍和引进美国社会教育理论与事业为佐证。事实上，我国近代，以"社会教育"之名来概括和介绍美国社会教育的著作与文章很少。这种情况说明，在美国并不存在着我国所指的社会教育，而是我们把许多美国的文化事业当作"社会教育"事业介绍到中国来。从当时出国考察美国教育的一些教育人士的记载中也能看出这一点。在陈宝泉、袁希涛等所著的《欧美考察教育团报告》一书中，介绍美国所谓的"社会教育"时说，在美国"社会教育范围广漠，美国事业分类发展故已不用此博大之名词，斯编于推广教育特设一门即此意也。顾其余如美术馆、博物馆、公益及慈善事业各机关不能各列一门故附叙于公共图书馆之次而统曰社会教育。"[①] 可见，我国近代所谓的社会教育事业，在美国是作为文化公益事业发展的。

## 四　印度与韩国的社会教育

印度与韩国是亚洲国家，我国的邻邦，在发展社会教育上各有特色，形成了各自特点的社会教育。社会教育在各自国家发展的过程中起着十分重要的作用。

### （一）印度社会教育

印度社会教育概念的产生与发展是一个历史过程。在"社会教育"一词没有出现以前，印度受英属殖民地的影响是以成人教育之名来组织各种社会教育活动的。直到1948年以后，印度成人教育的含义发生变化，决策者们认识到，成人教育的内涵太窄，对于印度国情来说，诸如人口多、文盲多、经济发展落后、生活条件差等，扫盲教育、公民教育、职业教育、健康教育等更为迫切，要解决这些问题，仅仅依靠发展学校教育是不全面的，必须增加教育机会，扩大教育的内涵，所以，建议以"社会教

---

① 陈宝泉、袁希涛等：《欧美考察教育团报告》第九章，商务印书馆1920年版。

育"之名替代"成人教育",用"社会教育"来组织各种活动,使教育方式更灵活、多样,更能够为社会各个阶层包括贫困者阶层和未受过良好教育的阶层提供终身教育和继续教育。

随着印度社会的进步,工业化进程的加快以及学校教育的发展,自20世纪70年代起,社会教育被确认为非正规教育,即正规教育体制以外的教育。教育对象是没有接受过正规学校教育的儿童、青年和来自于社会弱势阶层的成人。社会教育的重点倾向于扫盲、功能性扫盲和公民社会意识的培养。

现代印度社会教育的概念,是在其国情、民情与历史的基础上不断丰富发展起来的。即通过各种非正规社会教育形式,进行扫盲教育、公民社会意识教育,为社会弱势群体提供学习机会的教育,为从业人员提供继续教育等。

(二)韩国的社会教育

韩国社会教育含义的形成也是一个历史发展过程。韩国建国时期,社会教育的主要特征是以扫盲教育为主的社会教育和以学生乡土启蒙为主的社会教育。随着韩国经济的复兴、现代化的发展以及各种教育形式的繁荣,其社会教育独立领域日益明显。

在韩国一般把教育分为三个领域,即家庭教育、学校教育和社会教育。家庭教育不能组织与制度化,而学校教育和社会教育应该有组织、有计划、有法制地实施。基于此,韩国在《宪法》中就规定:"所有国民根据能力具有平等地接受教育的权利。""包括学校教育和社会教育的制度及其运营。"① 1949年12月31日颁布的《教育法》明文规定了社会教育的对象与形式。为了进一步发展社会教育,韩国于1982年12月31日颁布了《社会教育法》。该法的宗旨是:

本法旨在赋予国民以终身接受社会教育的机会,提高国民素质,使其为国家和社会发展作出贡献为目的。②

同时该法对社会教育的定义是:

---

① 孙启林主编:《世界教育大系——社会教育卷》,吉林教育出版社2000年版,第109页。
② 同上书,第110页。

　　社会教育是指除根据其他法律的学校教育以外，为全民终身教育
所采取的所有形式的有组织的教育活动。

　　随着终身教育理论的发展，韩国认识到社会教育实际是一种推行终身
教育的教育理论与事业，于是在 1987 年 10 月 29 日修订的宪法中，规定：
"国家要振兴社会教育。" 1999 年 8 月 31 日把《社会教育法》改为《终身
教育法》，通过法律肯定社会教育的地位，明确社会教育的任务，推动了
韩国社会教育事业的发展。

### 五　我国的社会教育

　　在我国"社会教育"这个名词，是何时出现的？它是"国产货"？
还是"舶来品"？它的含义是什么？长期以来人们对这些问题的看法是，
我国近代在"1912 年临时政府教育部设社会教育司开始正式使用'社
会教育'一词"，[①] 并认为"蔡元培先生之所以主张设立社会教育司，是
他在留德期间深受德国社会教育的影响之故"，[②] 从而认为"蔡元培先生
从德国留学回来，将德国的社会教育理论引入了中国"。[③] "社会教育"这
个词，果真在 1912 年才开始使用吗？"社会教育"的名词及理论是从德
国传入我国的吗？是蔡元培首先介绍和引进的吗？为了准确而有据地回
答这些问题，我们有必要首先对近代中国"社会教育"产生的源头作一
考证。

　　"社会"这个词，中国古已有之，很早就有"村闾社会"和"乡民社
会"的说法。传统上，"社会"这个词的含义"是指特定人群在特定时
间，节日内聚会于特定处所进行特定活动的过程与聚合状态"。[④] 近代意
义上"社会"一词的含义，来源于西方社会学说的影响。在我国近代，思
想家们最初用"群"来指"社会"的含义，如康有为创办万木草堂，用
"群学"之名来统称有关社会方面的知识学问，1903 年严复把斯宾塞的
《社会学原理》译成《群学肄言》。随着对西方各种社会学说的介绍，尤

① 顾明远主编：《教育大辞典》（下），上海教育出版社 1998 年版，第 1354 页。
② 王冬桦、王非编：《社会教育学概论》，教育科学出版社 1992 年版，第 43 页。
③ 同上。
④ 傅松涛：《教育社会学新论》，河北大学出版社 1997 年版，第 12 页。

其通过日文转译，"社会"这个词开始由日文对应英文 Society 的译法，返传入我国，成为社会科学中一个被广泛使用的概念。

由此可知，近代意义上的"社会"一词是在 20 世纪初开始出现并使用的，其含义和古代"社会"一词已经有了区别，而且在不断变化，但其基本内容有广义和狭义两种理解，"广义理解的社会是以人为主体，通过生产关系、政治关系、亲族关系或法规、道德、风俗习惯联系起来的整体，它是个人之间有机联系的群体"①。"狭义的理解是由共同利益或共同信仰、共同价值、共同规范把个人联系起来的亚群体"②。

"教育"这个词的连用，在我国古籍中，最早是在《孟子·尽心上》中说："得天下英才而教育之"③。《说文解字》称："教，上所施，下所效也；育，养子使所善也"④。从孟子的思想主张来看，"教育"一词的含义和古人常用的"政教"、"教化"等词的含义相近或相关。"教育"这个词直到 19 世纪末也很少用⑤。然而，到了 20 世纪初，"教育"一词如雨后春笋般出现于教育界中，"教育"这个词的含义，也发生了重大的变化，如果说古代的"教育"一词，更接近或等同于"政教"、"教化"等政治概念，那么近代以后被广泛使用的"教育"一词，由于受西方文化教育的影响，则完全被限定在教育领域之内，成了一个完完全全的教育概念，用来表示各种教育观念、制度、思潮与教育实践活动，而具有政治含义的"教化"一词则逐渐少用。

由此看来，近代意义上的"教育"一词，也是 20 世纪初开始被广泛使用的，是和具有近代意义的"社会"一词的出现相一致的。近代"教育"概念的广泛使用，是中国传统"教育"一词含义的延伸和转化，也是中国传统政治概念"教化"的转型与终结。"教育"一词含义的变化是中国传统教育观向近代教育观转变的结果。从此"教育"一词开始被广泛使用或与别的词语连用或引申，"社会教育"一词也就是在这种情况下开始出现的。

社会教育这个名词，是随着翻译国外各种教育学说而逐渐被介绍于国

① 王守昌：《西方社会哲学》，东方出版社 1996 年版，第 1 页。
② 同上。
③ 中国大百科全书出版社编辑部编：《中国大百科全书·教育卷》，中国大百科全书出版社 1985 年版，第 1 页。
④ 同上。
⑤ 参见陈桂生《教育学的建构》，湖南教育出版社 1998 年版，第 181 页。

人的，从当时"多采自日本"的转译方式来看，社会教育这个名词最初是由日本教育界传入我国。其依据有三：

第一，甲午战争以后，中国学界总的形势是由"师夷长技"，学习西方的"坚船利炮"，转而学习国外"富强之策"，即社会政治文化学说，许多新的社会政治名词，在这个时期开始传入我国。

第二，自1896年至1907年，中国学界留日热潮高涨，留学日本的热潮使许多社会政治学说都由日文转译，同时推动了对日本教育的研究与介绍，此时我国专业教育刊物开始出现，如《教育世界》（1901年5月），这个时期创办的许多刊物，如《游学译编》等，也都纷纷介绍日本的教育学说。

第三，"社会教育"这个名词，恰好在1892—1901年间被日本教育学界广泛使用，日本教育学界把1892年山名次郎的《社会教育论》和1899年佐藤善治郎的《最近社会教育法》两书看成社会教育用语及观念产生的时期。①

考察我国教育学界，也正是在这个时期，各种教育刊物及其他文献上开始出现"社会教育"这个名词，如我国近代最早的教育刊物《教育世界》，于1902年7月第29号上刊登了日本利根川与作著的《家庭教育法》，就出现了"社会教育"这个名词，文章中说：

> 人生自幼至长，学校教育以外，更赖几种教育，此几种教育总名曰家庭教育，故广义之家庭教育中，社会教育与幼稚园教育，皆含蓄焉。②

在这里，社会教育的含义还被包含在广义的家庭教育之内，说明当时对教育的划分还不是很明确和成熟，社会教育的含义也没有明确界定。同年《教育世界》第31号翻译介绍了日本佐藤善治郎的《社会教育法》，据考证这是我国近代最早翻译的国外社会教育著述。这里所介绍的"社会教育法"不是社会教育的法规，而是指社会教育的具体方法与思想观念的统称。

在这以后，一些刊物上陆续出现了"社会教育"的用语，如由留日学

---

① 梁忠义主编：《当代日本社会教育》，山西教育出版社1994年版，第3页。

② 《教育世界》1902年7月第29号。

生创办的《游学译编》在第 8 册、第 9 册、第 10 册、第 11 册中，分别载文《论学校对家庭与社会之关系》、《教育泛论》、《民族主义之教育》、《社会教育》等文章，在这些文章中，国人一边介绍日本的社会教育思想，一边结合中国的社会状况，对"社会教育"名词及思想进行理解、认识、引申和使用，社会教育的观念也随着这种宣传介绍的深化而逐渐萌芽。

由此可见，我国近代"社会教育"一词完全是一种"舶来品"，是由日文转译而来的，"社会教育"成为清末一个新的教育名词，是伴随着翻译国外各种教育学说传入我国的。所以从史实来看，近代中国"社会教育"一词，于 1912 年以前就已经被当时各种教育刊物所使用，并非是蔡元培从德国介绍而来，而是受到日本"社会教育"影响的结果。蔡元培首任民国教育总长，主张设立社会教育司，是在法令上第一次接受和使用"社会教育"这个名词，肇始了近代社会教育制度的开端。从蔡元培主张设立社会教育司的初衷来看，也是基于我国"年长失学者太多"，以"提倡成人教育和补习教育"，[①] 社会教育一开始就具有鲜明的对策性和公益性，其目的是为了救助年长失学者，通过开展通俗教育向社会民众普及知识，提倡新道德。

我国"社会教育"一词出现于 20 世纪初。概括起来说，自"社会教育"名词在我国近代出现以后，人们对其含义主要有以下几种理解。

第一种，认为社会教育就是对社会全体或社会大众所实施的教育。

这种主张从抽象意义上来看，把整个社会作为教育的客体或对象，如 1902 年在中国近代最早的教育杂志《教育世界》第 31 号上，介绍日本佐藤善治郎著的《社会教育法》中提到"所谓社会教育者，对学校教育而言，目的在（提）高社会之智识、道德而已"。[②] 又如 1917 年余寄著《社会教育》，他认为"社会教育者以社会之全体为教育之客体，而施教育于社会全体之谓也"。[③] 从社会教育的具体实践和事业来看，社会教育被具体分化成了许多教育的实践活动，但其共同特征是以社会的某一具体对象、某一层次或某一领域为教育对象的，如我国近代兴起的平民教育、民众教育、乡村教育和工农教育等，在教育本质上是一种社会教育运动。

---

① 高平叔主编：《蔡元培教育论著选》，人民教育出版社 1991 年版，第 707 页。

② 《教育世界》1902 年 8 月第 31 号。

③ 余寄：《社会教育》，中华书局 1917 年版，第 1 页。

第二种，认为社会教育就是实施有关社会知识的教育，把社会作为教育的内容。

1903年留日学生创办的刊物《游学译编》第8册，在《论学校对家庭与社会之关系》一文中提到"处世、接物、立身、行事，曰社会教育"。① 此外，从清末到民初兴起的简易识字教育其本质也是这样一种社会教育，它突出以有关社会的知识来教育失学者和民众，强调以社会为教育的内容。

第三种，认为社会教育就是在社会场所中实施的教育，社会本身就是一种教育的场所，具有教育的影响。

《游学译编》第8册，在《论学校对家庭与社会之关系》一文同时提到，"社会者亦与家庭并立而为一种之教育场者也。夫人既不能离社会而独立于世界之上，则无往而非社会，即无往而非教育场，终其身而不能离"，② 这种观点突出了教育的场所是社会，社会本身具有教育的功能。

第四种，认为社会教育就是以社会为手段或途径，通过社会的文化教育设施与机构来实施有目的、有计划、有组织的教育。

民国初年设社会教育司，在全国施行和推广通俗教育事业，这个时期的通俗教育就是一种有目的、有计划、有组织，并以通俗、简易的文化教育设施与活动来实施社会教育的。

第五种，认为社会教育是以"社会为本位"所实施的教育，是具有社会性质的教育。

这种主张，从理论层面上来看，它实际上是一种社会教育思想或教育思潮，强调以"社会为本"与以"个人为本"的教育观点相对立。如1904年《教育世界》第84号载《新教育学释义》一文提到"社会的教育"，就是一种以"社会为本位"的社会教育思想。从实践层面上看，它主张应以"社会为本位"建立教育系统，如梁漱溟的《社会本位的教育系统草案》。其主张是"学校教育与社会教育不可分"。

第六种，认为社会教育是学校教育、家庭教育以外的一种补充性的、辅助性的教育。

平民教育家晏阳初认为："所谓'社会教育'，是一种补助正式学校

---

① 《游学译编》1903年第8册。

② 同上。

的教育。"① 社会教育是"一种间接的或附带性的教育事业"。② 乡村教育家梁漱溟也认为"社会教育为片面的补充的设施，非正规教育"，③ 他们都主张发展社会教育来弥补学校教育与家庭教育的不足。

从上述对社会教育含义的各种认识中，我们可以看出，社会教育的名词，自从20世纪初从国外传入中国以后，中国学者对社会教育的认识、理解、接受与使用是历史的、动态的、多样的，也是逐渐成熟和发展的，这些认识既有国外的影响，也有自己结合国情的认识与创新。

从我国近代社会教育概念形成与发展的过程来看，社会教育概念在我国近代有以下几个突出特征。

第一，从教育对象来看，近代的社会教育是从失学民众出发，逐渐面向全体国民所实施的教育。

从清末简易识字过程中的"年长失学者"，到五四以后的"失学青年与成人"以及国民政府时期的"失学民众"与"全体国民"，苏区的"工农教育"。近代社会教育对象的突出特点是学制以外的民众。

第二，从教育内容来看，近代社会教育是一种由简易识字到全面培植的教育，并在不同时期重点不同。

就全面性来讲，它包括社会知识教育、社会道德教育、社会体育、社会劳动技能教育、社会生活教育等；就不同时期不同重点来看，有识字教育、扫盲教育等。

第三，从事业和实践方面来看，近代社会教育是利用各种文化教育设施与机构，对失学民众及全体国民所实施的有目的、有计划、有组织的教育，事业方面突出各种设施与机构的建立，实践方面则以有计划和有组织为主要特征。

第四，从制度系统来看，近代社会教育是家庭和学制系统以外的非正规教育，它不和正规的学校教育系统相冲突或重复，而是对学校教育的一种补充或对学校教育的一种扩充，它既是家庭教育和学校教育以外的教育，又是这两种教育以前和以后的教育。在制度方面主要以学制系统之外的教育为特色。

---

① 马秋帆、熊明安编：《晏阳初教育论著选》，人民教育出版社1993年版，第25页。

② 同上。

③ 马秋帆编：《梁漱溟教育论著选》，人民教育出版社1994年版，第101页。

第五，从社会教育实施的主体来看，近代社会教育主要以政府的推动为主导，以社会团体及私人推动为辅助的一种教育，在实施的主体上，突出政府的作用。

第六，从社会教育目来看，近代社会教育是一种对策性、福利性和公益性的教育事业。对策性是辅助解决各种社会问题；福利性和公益性是指各种社会教育事业，都具有免费或低收费，面向社会各类弱势群体的特点。

综上所述，除了德国、日本、美国、印度、韩国和我国社会教育概念比较典型以外，社会教育的活动与事业，在其他国家都以各种方式存在着，只不过所用名词不同，发展的形式与内容各异。如在英国也有类似于美国"社会教育"的特点，英国把有关的社会教育事业也称之为成人教育（Adult Education）、继续教育（Further Education）、开放教育（Open Education）或非正规教育（Nonformal Education）等；法国一般把有关社会教育的活动称之为民众教育（Education Populaire）、公众教育（Education Publique）或大众教育（Culture Populaire）；在北欧各国，从历史上看，是社会教育运动产生最具影响的地区，丹麦的民众高等学校、挪威的民众高等学校运动、瑞典的成人学习小组等，在世界社会教育史上一直占有重要地位。其社会教育活动，可以用民众教育、成人教育等来概括；联合国教科文组织一般用校外教育（Out-of-School Education）、非正规教育（Nonformal Education）或社区教育（Community Education）来泛指社会教育。

通过对世界各国社会教育概念或类似概念的比较，我们可以看到社会教育概念是不断发展变化的，在内涵上具有这样几个共同点，反映着社会教育的本质特征与理论体系。

第一，社会教育的对象领域是全体国民，重点是学校外民众，更为重点是各类弱势群体。

第二，社会教育在制度上是一种非正规教育、非正式教育，可以通过各种灵活多样的形式来组织实施。

第三，社会教育是学校教育以外的各种有组织的、可持续发展的教育事业，和学校教育相比也是一种有目的、有组织、有计划的教育。

第四，社会教育具有公益性。通过广泛的机构、设施与活动，拉动和满足社会各阶层对教育的需求，为他们提供各种接受教育的机会，帮助各类弱势群体的学习。

　　第五，社会教育内容广泛，不同时期有不同重点，不同国家有不同重点。和学校教育内容相比，社会教育内容更突出扫盲教育（包括功能性文盲）、生活教育、技能培训、职业教育、公民意识教育、法律教育、环境教育等。

# 第三节　现代社会教育概念新诠释

　　通过对国内外社会教育概念的研究，我们发现"社会教育"这个名词在其他国家也存在着，其内涵具有本民族的历史性和现实性，也体现出了一些文化差异。在我国，社会教育也是一个人人知晓，经常使用的教育名词，但是，人们对其认识却没有理论、实践以及政策的依据。社会教育的含义是怎么发展变化的？适应我国历史文化传统、适应我国国情与民情、政治经济模式、教育发展状况的社会教育形态是什么？我国教育史上的社会教育是一种什么形式的社会教育？这种社会教育适应不适应中国的实际？社会教育在现代是如何发展变化的？这些问题在教育学学术研究领域并未得到很好的回答。

　　为了解决我国社会教育面临的诸多理论与实践的问题，弄清社会教育在我国的内涵以及思想理论体系，我们首先从社会教育概念在我国出现以后教育学者对它的认识谈起，分析不同时期人们对它的理解以及现代我们对它的新诠释。

## 一　我国近代教育学界对社会教育的理解

　　自社会教育的理论与事业在我国近代兴起以后，政府和教育家对社会教育给予了极高的关注，认为社会教育是适应中国国情与民情的教育，是符合中国社会特点的教育，它承继古代教化传统，吸取了国外优良的社会教育经验，是中国教育发展中的一种创新。为此，社会教育事业得到了政府的大力推广，许多教育家纷纷给社会教育下定义，仅举几例。

　　蔡元培是我国近代社会教育的积极倡导者，1912 年，他首任教育总长，坚决主张设立社会教育司，是因为：

　　　　眼见各国社会教育之发达，深信教育之责任不仅在教育青年，须兼顾多数年长失学之成人。故草拟官制时，坚决主张于普通、专门二司外特设社会教育司。①

他说："改教育部后，我为提倡成人教育、补习教育起见，主张增设社会教育司。"② 可见，在蔡元培的认识里，提倡社会教育可以推动成人教育和补习教育的发展，社会教育概念中有成人教育和补习教育的含义。

1917 年，余寄著《社会教育》一书，他认为"社会教育者以社会之全体为教育之客体，而施教于社会全体之谓也"。③

平民教育家晏阳初则认为，"社会教育是平民教育的一部分事业"，他说："所谓'社会教育'，是一种辅助正式学校的教育，④ 社会教育是'一种间接的或附带性的教育事业'。"⑤ 在平民教育事业中，"社会式教育"一直是一种工作方式。

乡村教育家梁漱溟则强调应"以社会教育为本位而建树学制系统"，这个学制系统包含社会教育与学校教育。他认为："社会教育为片面的补充的设施，非正规教育，社会教育，即社会式教育。"⑥

著名教育家陶行知的生活教育理论，就是一种依据国情与民情和富有特色的社会教育理论。他主张的"生活即教育"、"社会即学校"等观点，是生活教育理论最具代表性的言论。

1931 年，国民政府教育部发表《关于社会教育设施概况报告》指出："社会教育包含的范围很大，在学校系统以外的教育都可以包括在内。"并据调查所得，社会教育事业在当时已达 60 多种。可以分为以下几类：学校式社会教育机构，如民众学校、民众识字处、职业补习学校、普通补习学校、各种补习班、妇女补习学校、盲哑学校、低能学校、感化学校等；公共式社会教育机构，如民众教育馆、图书馆、博物馆、美术馆、科学馆、古物保存所、通俗讲演所、公共体育场、民众阅报处、公园、电影场

① 朱有瓛主编：《中国近代教育史资料汇编·教育行政机构与教育团体》，上海教育出版社1993 年版，第 165 页。
② 高平叔编：《蔡元培教育论著选》，人民教育出版社 1991 年版，第 707 页。
③ 余寄：《社会教育》，中华书局 1917 年版，第 1 页。
④ 马秋帆、熊明安编：《晏阳初教育论著选》，人民教育出版社 1993 年版，第 25 页。
⑤ 同上。
⑥ 马秋帆编：《梁漱溟教育论著选》，人民教育出版社 1994 年版，第 101 页。

等；各种社会教育活动，如识字运动、推行注音符号运动、改良民众娱乐、推行国历、改良风俗习惯等。

1931 年，著名社会教育学家俞庆棠著《民众社会教育谈》，她认为社会教育有广义和狭义的分别，"广义的社会教育就是全民教育，以社会全体民众为教育对象"，"狭义的社会教育，就是失学青年的基本补充教育"。①

1941 年，钟灵秀著《社会教育大纲》，他认为社会教育简要地说："凡正式学制系统以外的一切教育事业和活动都可以叫做社会教育。"详细地说：

> 国家（指各级政府或各级教育行政机关）、公共团体或私人为欲实现教育权利大众化，及其内容生活化，使更能适合于民众需要起见，乃在正式学制系统以外，用各种不同的方式和手段主办各式各样的教育机关和设施，使全体民众不论男女老幼贤愚贫富，凡未受教育的人得补受国民应受的基础教育，已受教育的人，得有受继续教育的机会，以增进社会全体教育的程度，提高社会文化水准，俾社会改革上进步上受到较普遍的良好影响，因之，人民资质改善，生活改良，社会进步，文化提高，这种作用，就是社会教育。②

1942 年，社会教育学家马宗荣著《社会教育原理与社会教育事业》，他认为社会教育是：

> 国家、公共团体或私人为谋社会全民的资质与生活向上发展，设备多式多样的机关与设施，供给社会全民，在其实际生活场中，而得自由的广为扩充其文化财的享受，使影响及于社会全体之作用，谓之社会教育。③

从近代不同时期政府和教育家们对社会教育的表述中可以看出，社会

---

① 茅仲英主编：《俞庆棠教育论著选》，人民教育出版社 1992 年版，第 27 页。
② 钟灵秀：《社会教育大纲》，中央训练委员会内政部印行 1941 年版，第 1 页。
③ 马宗荣：《社会教育原理与社会教育事业》，文通书局发行 1942 年版，第 1 页。

教育含义在近代是一个不断丰富和发展的过程，是一个动态和多义的概念。在近代社会教育概念中，既包含着许多现代教育的思想因素，如成人教育、继续教育、社区教育、终身教育、电化教育等。同时，许多新式文化事业，也是作为社会教育事业发展的，如图书馆、博物馆、展览馆、科学馆、美术馆、体育场、动植物园等。这样一种复杂的情况，增加了人们对社会教育理解的难度，因而，发生争论，存在不同看法，也就在所难免。但是，无论人们怎样看待和表述社会教育，在社会教育的内涵中，有两方面内容，人们的看法是一致的。

第一，社会教育是由社会所实施的教育。实施社会教育的主体是整个社会，包括政府、机关、单位、团体、私人等各类社会组织与个人。社会的一切组织、机构与设都有实施教育的职责，都应该通过各种各样的方式，采取各式各样的手段来发展社会教育。学校也应该通过各种形式兼办各种社会教育。

第二，社会教育是学制系统以外的有目的、有组织、有计划的教育。首先，明确了社会教育的领域和范围。其次，指明社会教育也是组织化和制度化的教育活动，这种组织化与制度化的教育活动是由社会各界实施的。

## 二  新中国成立后我国教育学界对社会教育的认识

新中国成立后，社会教育的理论与事业经历了曲折演变的历史过程。1949 年，教育部设立社会教育司。著名社会教育学家俞庆棠首任社会教育司司长。1952 年 11 月，教育部撤销社会教育司，至此，社会教育事业在教育行政上失去了地位。

改革开放以来，各项教育事业都得到了快速的发展，与之相适应的各种教育理论也逐次繁荣。但唯独社会教育理论的研究，一直显得十分薄弱，表现在：社会教育无专业、无学科、无学术团体、无专业杂志、无硕士点和博士点。由于各项教育事业建设的紧迫感，使我们一直把"多出人才，快出人才，出好人才"看作发展教育的根本，因此，学校教育的改革与发展，一直是教育发展的主旋律。

但是，随着社会与教育改革的深入，人们日益发现教育改革解决的不仅仅是人才问题，还有"民智"、"民心"、"民德"的问题；教育不仅仅具有生产性，还有社会公益性；教育对象不仅仅面向青少年，还要兼顾学校以外广大的民众和各类弱势群体。尤其，全民教育、终身教育思想的提出以及建设学习化社会的需要，使人们越来越看到，一个国家的教育不仅仅指学校教育，还有社会教育等多种形式，拉动和满足全体国民对教育的需求，就必须重视社会教育、发展社会教育、重新规范、整理与创新社会教育。

所以，被遗忘的社会教育理论与事业，在新的形势下，以各种方式重新焕发生机，如成人教育、继续教育、社区教育、补习教育、培训教育、开放教育、非正规教育等，原来隶属社会教育行政管理的各种文化事业，如图书馆、博物馆、展览馆、科学馆、美术馆、体育场、动植物园等，也纷纷举办各种社会教育活动。

由于社会教育理论研究的薄弱，使得这些被分化的社会教育事业，缺乏统一的理论指导，因而，各种事业几乎都在"孤军奋战"，彼此缺乏联络，更有甚者，本应具有公益性质的社会教育事业，有些被市场化了，有些被学历化了，有的在管理上政出多门等。

随着教育改革的深化，各种教育问题纷纷暴露出来，诸如教育资源的不均衡、教育效率的低下、学校负担过重、教育的市场化等，为了解决这些问题，我们一方面要统筹兼顾各种教育事业的发展，另一方面就要深入探讨社会教育的理论，为社会教育事业的发展提供理论支持。

综观新中国成立后人们对社会教育概念的认识，概括起来，我国教育学界对社会教育概念的理解主要有三种：

第一，校外教育说。认为社会教育是学校与家庭以外的社会文化教育机构对社会成员所进行的教育。

这种观点在教育学和教育词典中占大多数。稍有不同的是，有的把社会教育看成学校以外对青少年的教育；有的把社会教育看成学校外全体成员的教育。如睢文龙等主编的《教育学》认为："社会教育也称校外教育，是指通过学校和家庭以外的社会文化教育机构，对学生实施的有目的、有计划、有组织的教育活动。"① 王焕勋主编的《实用教育大词典》认为："社会教育：学校教育以外的一切教育设施，对青少年、儿童和成人进行的各种教育活动。"②

---

① 　睢文龙、冯忠汉、廖时人主编：《教育学》，人民教育出版社 1988 年版，第 358 页。
② 　王焕勋主编：《实用教育大词典》，北京师范大学出版社 1995 年版，第 391 页。

第二，广狭两义说。认为社会教育有广义和狭义两种概念。

广义的社会教育指"一切社会生活影响于个人身心发展的教育"，换句话说，一切增进人们的知识、技能、智力、身体健康以及影响和改变人们思想意识的活动，都是社会教育；狭义的社会教育指学校与家庭以外的社会文化教育机构对社会成员所进行的教育。如顾明远主编的《教育大辞典》认为社会教育："广义指与学校教育、家庭教育并行的影响个人身心发展的社会教育活动；狭义指社会文化教育机构对青少年和人民群众开展的各种文化和生活知识的教育活动。"①

第三，非正规教育说。认为社会教育在形式上是一种非正规教育。

梁忠义主编的《战后日本教育研究》一书中认为："国民除受正规学校教育外，还能得到各种非正规教育的机会。所谓的非正规教育，即社会教育。"②

通过上面的分析和比较，我们可以看出无论是对社会教育界定的哪种观点都隐含着诸多教育的基本要素，即教育者——社会及其机构与团体；受教育者——儿童、青少年、成人；教育场所——学校、家庭、社会；教育内容——思想、知识、智力与技能等。这些教育要素表明，社会教育是一种有意识的教育活动，是客观存在的教育现象、教育事实。有自己的施教形式、施教对象和施教场所，是教育的一个重要领域。但是，上述的种种定义，都存在着这样或那样的不足，限制了社会教育的实施，也限制了社会教育的发展。

校外教育说，认为社会教育是学校与家庭以外的社会文化教育机构对社会成员所进行的教育，那么，人们势必反问学校与家庭以外的其他社会组织所开展的教育活动是什么教育呢？很显然，也是社会教育，所以，这种界定不全面。

广狭两义说，认为广义的社会教育指一切社会生活影响于个人身心发展的教育；狭义的社会教育指学校与家庭以外的社会文化教育机构对社会成员所进行的教育。这种界定如同教育有广义和狭义一样，使人们在实施教育的过程中很难把握，往往注重狭义而忽视广义，往往重视各种文化教育机构的教育活动，而忽视其他社会组织、团体或个人所开展的教育。

---

① 顾明远主编：《教育大辞典》，上海教育出版社 1998 年版，第 1353 页。
② 梁忠义主编：《战后日本教育研究》，江西教育出版社 1993 年版，第 356 页。

非正规教育说，把社会教育在形式上看成正规教育以外的教育活动。这种说法容易割裂社会教育与学校教育之间的关系，事实上，社会教育事业中有许多是正规教育，如成人教育、培训教育等；学校教育中也有许多非正规教育形式，如学校兼办各种社会教育活动等。

为了使人们正确认识社会教育，科学地了解社会教育的内涵，充分发挥社会教育的作用，促进社会教育的发展。同时，也是为了建立我国的社会教育理论体系，我们有必要对社会教育进行新的阐释。

### 三　现代社会教育新诠释

通过上文对社会教育历史的、比较的、现实的分析，我们认为社会教育是人类教育形式之一种，它从属于广义教育领域，在广义教育领域中，存在着多种形态的教育，而社会教育是广义教育中有组织的教育。

（一）广义教育

人类自从形成社会以来，总是通过有意识或无意识的活动，对人的形成与发展产生影响，这种影响就是教育，也就是教育学上所说的广义的教育，这种教育和人类社会共同产生，所以，这种广义的教育，也可以称为社会教育。人类就是通过这种社会教育，将青年一代培育成为社会成员，进而给予社会成员更加充实的生活和促进他们的发展。人类社会就是这样维持和发展的，教育可以说是社会的根本机能，没有教育人类社会不可能得以维持和发展。

人类教育的发展史表明，在学校教育出现以前社会就已经发挥着教育的机能。这种教育有两种情形：一种是在家庭和社会，青少年从父母及长辈那里有意识地接受教育；另一种情形是在日常生活中，通过对家族及周围人的模仿而掌握的无意识的教育。在学校教育出现以前，可以说后者的教育是主要的教育形式。由于那时的社会、文化比较单纯，这种教育就已经足够了。

随着生产力的发展以及人类文化的进步和社会结构的复杂，教育出现了阶级性和等级性，产生了培养领导层的必要。为进行有意识的特权教育，学校教育逐渐产生和发展起来。但是，开始时庶民的子女是不能入学的。到近代学校教育制度建立以后，庶民的子女也可以上学了。这样，学校教育作为专门的教育机构得以存在和发展起来。它将原来存在于家庭和社会各个领域的教育因素纳入其中，涉及管理制度、教育设施、教育设备、教学内容、教育思想等，形成了高度组织化的专门教育机构。

这样的发展结果导致今天的教育由家庭教育、社会教育、学校教育三个领域构成。每一个人都是由这三个领域构成的教育而形成的。

因此，广义的教育指存在于家庭教育、学校教育之外的教育领域，是"一切社会生活影响于个人身心发展的教育"，亦即，一切增进人们的知识、技能、智力、身体健康以及影响和改变人们思想意识的活动。这是一个很广泛的教育概念，包括家庭教育与学校教育之外一切有组织、无组织；有计划、无计划；有目的、无目的的教育。

（二）社会教育

广义的教育，对于人的形成与发展有着十分重要的意义。但是，如何发挥广义教育的效果，社会如何组织与规范广义教育，是现代社会发展过程中必须考虑的问题。正像学校教育有组织制度、学校设施、编成学年，由教师进行教育那样，对于广义的教育，也可以设立教育设施，进行组织，编成学年，由指导者进行教育，以使教育的效果得到提高。或者在社会成员自发学习的时候，不是单人个别地而是组成小组进行学习，或者通过组织活动进行学习，相互观摩交流，获得广泛的见解，在丰富的人际关系中得到知识的掌握、智力的发展和道德水平的提升，给社会发展带来良好的结果。

通过这种有组织、有目的、有计划的实施，不仅可以提高广义教育的教育效果，实现对广义教育的控制与规范，而且在保障社会成员的学习权利方面也是行之有效的，如已经从学校毕业的就业者，如果他有想要获得新知识、新技术的学习要求，在重返学校学习很困难的情况下，可以通过利用这种教育设施，在夜间或休息日举办各种讲座，提供学习场所，对满足该人的学习需求非常合适，这种教育可以保障个人的学习权利，可以提供有组织的教育机会。

由此，我们得出结论，在广义的教育中，被社会组织化的教育称为社会教育。换句话说，在家庭和学校之外的教育领域中，由社会实施的有目的、有组织、有计划的教育就是社会教育。

在我国教育法中虽然没有对社会教育直接的定义，但是，一些论述具有广义教育和社会教育的含义。《中华人民共和国教育法》第四条规定："全社会应当关心和支持教育事业的发展"，这里的含义具有广义教育的内涵，意思是全社会具有教育的功能；《中华人民共和国教育法》第二十五

条规定："国家制定教育发展规划，并举办学校及其他教育机构。""国家
鼓励企业事业组织、社会团体、其他社会组织及公民个人依法举办学校及
其他教育机构。"这里的论述包含着社会教育的意义。指国家、企业事业
组织、社会团体、其他社会组织及公民个人可以举办包括学校教育在内的
其他教育机构，实施对国民的教育。在这里规定了国家和地方公共团体的
任务，明确了社会教育可以有目的、有计划、有组织的实施。

但是这种有组织的社会教育，组织化达到何种程度可以是社会教育，
组织化的教育程度达到多少为宜，则是一个有争议的问题。也是社会教育
存在不同认识，见解具有差距的原因所在。所以，在广义教育和社会教育
之间，存在着各种各样的关于社会教育的想法，这一点有必要充分给予理
解。解决的原则应该是有弹性地适时采取某种观点。

这里有一个必须强调指出的问题。那就是关于社会教育的组织化，经
常与学校教育的组织化进行比较，然后加以阐述。事实上，社会教育组织
化难以达到像学校教育那样的高度组织化。举一个例子，在学校教育课程
的整个结构、时间分配、各科的目标、内容等，都由学校教育实施规则和
学习指导要领明确规定了。可是在社会教育方面，即便有社会教育行政来
推动，也很难使相关的教育事项制度化。因此，组织化的社会教育很大程
度上是致力于为确保国民"自我"学习达到效果而"创造环境"，也可以
说社会教育在很大程度上依赖于国民自发的学习欲望上。

通过上面的分析，我们可知组织化的社会教育有四个基本特性。

第一，社会教育是有意识地培养人的活动。这是由教育的社会属性所
决定的，是教育社会属性和客观现实性的体现。

第二，有意识的社会教育能够使其组织化。这是由教育这一培养人的
特殊性所决定的。

第三，有意识的社会教育能够在实践中实施。社会教育来源于社
会，体现于丰富的社会实践之中，它能够在社会实践中得以规范、控制
和实施。

第四，社会教育是一个历史发展过程。不同阶段有不同的特点和表现
形式，既有历史继承性，也有与时俱进的创新性。

基于上述认识，本文认为，社会教育是人类教育活动的一种，是在历
史中产生发展起来的，社会教育反映着教育活动的本质特征，遵循着教育
活动的普遍规律，同时也具有自身的特征与规律。

对于社会教育这个概念，我们还应该从这样几方面来深化理解。

第一，社会教育是一种有目的、有计划、有组织的教育。这符合教育有意识培养人的本质特征，也是社会教育区别于其他社会活动的质的规定性。

第二，社会教育的实施主体是整个社会。人类自形成社会开始，任何一种社会形式和组织，都具有教育的功能，诸如家庭组织、政府组织、学校组织、行会组织等。传递知识经验是人类的社会属性。随着社会的发展，社会的教育功能日益明显。正如《学会生存》作者所指出："我们必须超越学校教育的范围，把教育的功能扩充到整个社会的各个方面，教育的功能不是学校的特权，所有的部门——政府机关、工业交通、运输——都必须参与教育工作。"①

第三，社会教育的对象是全体社会成员。只要是社会成员，不分年龄、性别、职业、种族、贵贱、贫富等，都应该受教育，都必须受教育。社会应该拉动和满足人们的教育需求。社会教育就是为每一个人提供接受各种教育机会的教育。

第四，社会教育的目的，就是通过教育活动实现人与社会的和谐，全面发展。具体来说，就人的发展而言，是通过教育活动提高全民的整体素质；就社会发展而言，是通过教育活动促进社会的文明与进步；就生活而言，是通过教育活动改善生活条件与提高人们的生活质量。

第五，社会教育的范围是制度化学校教育以外的所有各式各样的教育工作。包括社会上一切组织，如政府、机关、企事业单位、民间团体、协会、个人等所实施的有组织的教育活动；也包括学校教育、家庭教育以外的社会上文化教育机构所实施的有组织的教育活动，如各种补习学校、培训学校、市民学校、社区学校等，各种文化机构如图书馆、博物馆、科学馆、文化馆、美术馆、体育场馆、青少年宫、俱乐部等开展的教育活动；同时，还包括各级各类学校于校外所开展的各种社会教育活动，如咨询展览、研讨座谈、专题讲座等。

第六，社会教育的性质是具有公益性。社会教育是具有公益性质的教育事业，它继承早期社会教育"生活帮助"的观点，通过各种教育活

---

① 联合国教科文组织国际教育发展委员会编著：《学会生存》，教育科学出版社1996年版，第201页。

动体现着福利和慈善的公益性质，实现着对社会各类弱势群体的教育指导与救助。

这样诠释社会教育的概念，我们就会发现，社会教育是一种有意识的教育活动，是可以规范和组织的，在实践中也能够得以实施并发挥作用的。现代终身教育、全民教育和建设学习化社会为社会教育的发展提供了广阔的时空。所以，重新解释社会教育，发展社会教育的理论与事业在今天有着十分重要的现实意义。

## 第四节　社会教育与相关概念的关系

自社会教育概念产生以后，与其相近、相关的名词概念，在其周围形成了一个庞大的概念群。从历史发展阶段来看主要有：社会教化、通俗教育、补习教育、成人教育、平民教育、乡村教育、民众教育、扩充教育、工农教育、业余教育、大众教育、校外教育、社区教育、继续教育、非正规教育等。这些概念伴随着社会教育的发展，时而交叉重复，时而争论不休，时而互相替代，时而又各自独立。这些不同形式的教育和社会教育是什么关系？在各自产生发展的过程中与社会教育有何区别与联系？我们就它们之间的关系进行研究，以明了各自的内涵与特点。

### 一　"社会教育化"与"教育社会化"

"社会教育化"与"教育社会化"人们经常使用，耳熟能详，但是，长期以来，在学校教育的视域下，二者的含义及其关系并未得到科学合理的解释，二者的来源以及论争也未得到满意的回答。随着社会管理的创新以及社会教育理论研究的深入，随着终身教育的影响以及建设学习型社会的需要，"社会教育化"与"教育社会化"的论争及其价值日益彰显，其各自的教育特质与价值愈发重要。

（一）"社会教育"与"社会的教育"

考察中国近代社会教育思想史，我们就会发现，有两种思想形态自产生之日起就有争论，那就是"社会教育"与"社会的教育"。二者是什么关系？为什么会引起争论？我们从其产生的源头来看一看它们论争的过程及结果。

1912 年，民国教育部首设社会教育司，开启了中国近代运用社会力量管理与发展教育的先河。社会教育在教育行政地位上的确立拉开了社会教育事业发展的序幕，也为社会教育与各种教育关系之争埋下了伏笔。

1917 年，余寄编译《社会教育》一书，提出了"社会教育"与"社会的教育"的不同。文中首先认为：

> 社会教育者以社会之全体为教育之客体而施教育于社会全体之谓也。
>
> 其意义有广狭之不同。广义之社会教育，举凡社会上各种事业，其结果可使社会改良者均属之。狭义之社会教育，则仅以直接改良社会为目的。①

**紧接着指出：**

> "社会教育"与"社会的教育"有别。"社会的教育"系指对于特殊的人之教育而言，学校即其例也。教育之方针虽于社会教育同，教育之客体则于社会教育异。社会教育之客体为社会，"社会的教育"之客体则为个人。②

在这里他指出"社会教育"与"社会的教育"在各自的目的、对象上是有区别的。

1931 年，高卓著《现代教育思潮》，把"社会的教育学说"看成一种教育思潮。文中认为："所谓社会的教育学说者，乃以社会的见地讨论教育之目的与实施之谓也。""教育学者乃以社会的眼光观察教育，此社会的教育学说之所由成立也。"根据这种观点他认为德国教育家纳托普（Natop）和美国教育家杜威（Dewey）是这种"社会的教育学说"的代表人物。这种学说的作用他认为"社会的教育思潮亦即所以矫正个人主义的教育之错误也"。③

1934 年，近代社会教育学者马宗荣著《现代社会教育泛论》，文中认

---

① 余寄：《社会教育》，上海中华书局 1917 年版，第 1 页。
② 同上。
③ 高卓：《现代教育思潮》，上海商务印书馆 1931 年版，第 72 页。

为："社会教育与社会的教育不同，社会的教育是狭义中的一种教育理想，是从社会的见地而考察教育的一种教育学。"他进一步阐明了"社会教育"与"社会的教育"的区别认为：

> 社会教育的对象为个人，是特殊人施于特殊人的作用，是学校教育的一种理想，一种教育主义，而社会教育的对象是社会，是民众，是全民，不是个人。……社会教育事业的精神，是集中在社会全民的教化，社会全体的改善。学校教育非整个生涯的教育，社会教育乃全生涯的教育。①

在这个时期一些中译日的著作中，日本的一些教育学者也有此看法。日本近代社会教育学家吉田熊次在《社会教育的设施及理论》一书中特别强调："在这个地方，要注意的是'社会教育'与'社会的教育'的区别，从概念上说二者非严密的区别不可"。他说：

> 社会的教育是对从来的所谓个人主义的见地而言，从社会的立场，以解决教育的诸问题的一种态度。即教育的主义并目的，要从社会的见地立论的意思。近时关于学校教育的主张，无论关于目的或方法方面从社会的见地立论的教育思潮颇为盛行，这是大众所周知的事实。这可以说是社会的教育主义之勃兴。②

而社会教育是"为学校教育以外的事项，这是直接向着社会动作或社会向其成员动作的教育活动，是与学校教育相对而构成别个世界的。"③在这里日本教育学者也把"社会教育"与"社会的教育"看成两种不同的教育主张和活动。

通过上面的考察与分析可知，在近代中国传播与兴起的社会教育思想，有"社会教育"与"社会的教育"两种思想形态，它们是有区别的两种教育观。

---

① 马宗荣：《现代社会教育泛论》，上海世界书局1934年版，第15页。
② ［日］吉田熊次：《社会教育的设施及理论》，上海中华书局1935年版，第3页。
③ 同上。

　　首先，从源头上看，我国近代兴起的"社会教育"并以学校以外教育事业而定位，其思想与事业主要是受日本影响的结果，日本社会教育是我国近代社会教育产生与发展的源头。① 而"社会的教育"则是从欧美兴起的一种教育学说。

　　其次，从含义上看，中国近代出现的社会教育，自出现起就以学校外的教育而定位，是通过社会面向民众所施的一种教育，其目的是提高民众的智识，以改良社会；而"社会的教育"则是一种以社会为本和以个人为本的教育学相对立的一种教育学说，其主旨是考虑教育应该从社会出发。

　　这两种思想的差异说明了"社会教育"与"社会的教育"是两种不同的教育主张。在后来教育理论的发展变化中，"社会的教育"在思想层面上，对我国影响较大，形成了后来教育社会学的一种流派，这种思想是"教育社会化"的源头；而"社会教育"在实践层面上影响着我国社会教育事业的发展，形成了后来社会教育理论与事业的繁荣，这种思想是"社会教育化"的源头。

　　（二）"教育的社会功能"与"社会的教育功能"

　　从词源来看，我国近代"社会"一词是20世纪初由日文转译而来，在时间上和"教育"一词的广泛使用是同时段的。在同一个时期"社会"与"教育"二词开始连用。受日本以及西方社会学说的影响，我国近代许多思想家和教育家开始用社会学原理来分析各种教育问题或用教育的知识分析社会问题。

　　在探讨社会与教育的关系中，社会学家和教育学家普遍都承认，社会与教育有重要的关系，这种关系就功能层面可以表现于两个方面。

　　其一，教育具有社会性，教育具有社会功能。

　　其二，社会具有教育性，社会具有教育功能。

　　第一方面的内涵，就是后来的"教育社会化"，随着发展逐渐成为后来教育社会学研究的内容，形成了众多教育社会学流派；第二方面的内涵，就是"社会教育化"，随着发展则逐渐演化为社会教育学研究的内容，成为后来许多教育家关注的对象。

　　由于近代救亡图存、社会改良和民众启蒙的需要，众多教育家给予社

---

① 王雷：《中国近代社会教育史》，人民教育出版社2003年版，第6页。

会教育学比教育社会学更多的关注。他们认为，社会制度本身就是一种教育制度，对人具有培养作用，它时时刻刻把知识、经验、思想等传递给国民，不同的社会制度对人的教育意义是不同的，一个人社会化的程度及性质，一个国家民智的高低，不仅仅取决于学校教育制度，同时也是社会制度所造成的。

我国近代著名教育家雷沛鸿就曾提出"社会教育与学校教育合流"的主张，他认为：

> 一切社会制度均具有教育的功能，而学校只是社会制度的一种。文化的遗传要靠一切社会制度（如家庭制度、徒弟制度、行会制度等）来传递社会经验、知识技能等，学校既不是传递文化的唯一机关，所以学校制度应与其他各制度切实联系，使教育透过一切社会制度。①

他根据我国国情和民情的实际状况，强调认为，在我国特别要注意发挥社会的教育作用，使教育透过一切社会制度来实现。

因为长期的封建制度是以愚民为主要特征的，专制制度不需要智慧高的国民，只造就奴隶，所以，没有民主制度的建设，一切学校教育制度都是徒劳的，为此，李大钊更为尖锐地指出："政治不好，提倡教育是空谈，② 因为政治本身就具有教育的功能。"教育家陶行知则强调"生活就是教育、社会就是学校"。这些主张告诉我们，社会本身具有教育特性，社会的一切都具有广泛的教育内涵，所以，社会的建设、社会的改革、社会的活动都要考虑教育的功能；反过来说，教育的一切成果，包括教育目标、教育内容、教育方法等都要通过整个社会来完成，人才培养，民众素质的提高不仅仅是学校的责任，也是社会的责任，是学校与社会合力作用的结果。

现代社会学观点也告诉我们，社会具有教育的功能，也称为人的社会化过程或社会教化，即社会采取各种教育方式，使自然人逐渐学习社会知识、技能与规范，从而形成自觉遵守与维护社会秩序的价值观念与

① 韦善美：《雷沛鸿文集》（下册），广西教育出版社1990年版，第169页。
② 孙培青主编：《中国教育史》，华东师范大学出版社2000年版，第408页。

行为方式，取得社会人的资格的教化过程。有的社会学观点，甚至直接指出"社会教化是社会通过社会化的主体实施社会化的过程，它与广义的教育类同"。①

通过以上的分析，我们从二者的论争中可以得到这样两点认识，它们体现着各自的内涵与特质。

第一，从社会角度看，社会具有教育的功能，社会本身就是一种教育，一所学校。任何一个社会都会用各种方法，使社会及其文化得以延续，并力图促使它的每一个成员发展成为符合该社会要求的人。社会对人的这种培养可以称为"社会教育化"。

第二，从教育角度看，教育具有社会的功能，一个社会的教育功能是由整个社会来完成的，一个社会的教育目的也是由整个社会来实现的，学校教育只是社会制度之一种。社会文化、社会制度、社会活动等本身就具有各种教育意义，这就是"教育社会化"。

（三）"社会即教育"与"教育即社会"

从内涵分析，"社会即教育"主要是指"社会"要具有"教育"形态，社会要有教育的意义。从动态来讲，社会是一个教育过程；从静态来讲，社会具有教育的因素；从目标来说，社会应有教育的功能。按教育学意义分析，社会就是一所学校，社会的一切，包括制度、活动、设施等都应该有教育的意义，全社会应该广泛参与教育事业，考虑教育因素，关心教育的发展。

教育功能与目的不仅仅是学校的特权，教育功能与目的的实现应该透过社会来进行。在教育实践中，表现于全社会都来关心教育、办教育，社会应为人们提供各种形式的教育机会，如行业办学、行业培训、企业办学、职工教育；发展广播、电视、网络等远程教育；增加与创新各种社会教育机构设施，为各个年龄阶段的人提供教育机会等。

"教育即社会"，从内涵分析主要是指"教育"要具有"社会"形态，教育具有社会意义。从动态来讲，教育是一个社会化过程；从静态来讲，教育具有社会因素；从目标来说，教育具有社会的功能；从教育学意义来看，强调学校应该对社会开放，学校教育只有和社会各方面教育力量取得一致的情况下才能充分发挥作用。

---

① 吴忠民：《社会学理论和方法》，中共中央党校出版社 2003 年版，第 10 页。

因此，学校应该加强与社会各界的联系，争取社会各方面的配合，争取社会各界对教育的参与、关注与支持，协调社会各方面的教育影响，充分利用各种社会教育因素，同时学校要积极扩展社会服务的范围与对象，广泛参与各种社会活动，举办各种社会教育事业，如学校举办家长学校、社区学校、市民学校、培训学校等；学校参与社会各种文化教育事业图书馆、博物馆、文化馆、青少年宫等活动；大学对社会开放，举办各种咨询展览、研讨座谈和公开讲座等。

通过比较我们可以看到"社会教育化"与"教育社会化"二者各有各的侧重。"社会教育化"的主词是"社会"，强调的是社会应该办成一个教育型社会、学习型社会，做到"社会即学校"、"生活即教育"；"教育社会化"的主词是"教育"，它强调教育应该具有社会性，"教育即生活"、"学校即社会"。

"社会教育化"是社会教育学研究的问题，探讨的是社会的教育功能；"教育社会化"是教育社会学研究的问题，探讨的是教育的社会功能。

二者的联系表现在，它们是一个对立统一的关系，它们是互相联结、互相渗透、互相促进、互相演变和相互转化的。二者的对立统一与合作互动具有重要的教育学价值。

## 二　社会教育与社区教育、终身教育、学习化社会

社会教育从远古走来，在不同的社会形态中，具有不同的表现形式，承担着不同的角色，表现着不同的功能。随着社会的发展，在教育名词群体中，和社会教育相近、相关甚至相同的概念逐渐增多，诸如社区教育、终身教育、学习化社会等，这些概念和社会教育是什么关系？有何区别与联系？这是我们发展教育事业以及制定教育政策过程中，必须处理好的问题。

### （一）社会教育与社区教育

"社会教育"这个名词，最早是由德国教育家第斯多惠在 1835 年提出的，从社会教育观念产生的源头来看，社会教育最早是作为一种解决社会问题和教育问题的对策而出现的，社会教育的最初意义是和"社会帮助"、"生活帮助"、"青年照顾"等相连。后来德国许多教育家都从这个观点出发来论述社会教育。在这些教育家的呼吁下，德国出现了社会教育运动，并相继影响各国。日本"社会教育"的用语产生于明治中期，从源头上

看，日本社会教育的观念也是"在以资本原始积累所带来的劳动问题和社会问题不断涌现的背景下"①出现的，社会教育的最初意义也是"以社会对策性、慈善性为主要特征的"。②

我国社会教育的用语出现于1902年以后，主要是受日本社会教育的影响。我国在法令上接受和使用"社会教育"这个名词始于民国教育部设立社会教育司，蔡元培主张设立社会教育司，也是基于我国"年长失学者太多"，以"提倡成人教育和补习教育"，③社会教育也具有鲜明的对策性和慈善性，其目的是通过通俗教育的方式灌输道德、整顿民风、普及知识。随着社会教育的发展，社会教育已经远远超出了"教育"这个范围，据国民教育部统计，截至1931年被认定的社会教育事业竟达60多种，诸如一般的文化机关，图书馆、博物馆、展览馆等；一般的公益事业，阅报处、识字处、体育场、公园等；一般的福利事业、慈善机构，救济所、教养院、养老院、孤儿院等；一般的教育机关，民众学校、民众教育馆、民众补习学校等都是社会教育事业，此外，诸如改良小说、戏曲、改良民俗、各种讲习会、讲演会等在近代也都是作为社会教育发展的。

可见，在我国出现的社会教育包含了学校以外的所有文化教育事业。因此，人们理解社会教育就出现了广义和狭义之分。广义的社会教育就是指一切社会生活影响于个人身心发展的教育。狭义的社会教育就是学校以外的一切文化教育设施对青少年、儿童和成人所施的教育。

社区教育（Community education）也是一个外来名词，是由"社区"派生而来。"社区"是社会学研究社会的一个术语，泛指一定区域内人们生活的共同体。把"教育"与"社区"相连，形成"社区教育"概念最早始于何时？何人？教育学界尚未形成统一认识。一般认为，现代社区教育的原初形态，是丹麦的"民众学校"，最初通过"民众学校"的形式组织民众接受各种教育。

此后，社区教育在各国得到了不同形式的发展，其内涵也在不断丰富和扩大，形成了各种各样的观点。如在美国，社区教育是通过社区学院的方式来发展的；在日本是以社会教育的名义下发展的。虽然不同国家有不

① 梁忠义主编：《当代日本社会教育》，山西教育出版社1994年版，第4页。
② 同上。
③ 高平叔主编：《蔡元培教育论著选》，人民教育出版社1991年版，第707页。

同的称谓，但其基本内涵有共同点：即以一定社区内民众为教育对象，拉动和满足他们学习需求的一种有目的、有组织、有计划的教育。

比较社会教育与社区教育这两个概念，可以看出二者的关系，从词源来看，"社会教育"的出现早于"社区教育"；从内涵来看，社会教育含义广泛，社区教育含义较窄。社会教育有广义和狭义之分，包括了学校以外的所有教育现象，而社区教育则仅指社区范围内的教育；从发展来看，社会教育逐渐分化为许多不同的教育事业，在许多国家已经不用社会教育来统筹，而社区教育则日益明确、具体，有自己的施教领域、对象和形式。社区教育也可看成社会教育事业的一部分。

二者的区别在于，社会教育范围大，其对象领域、事业领域包括学校以外的所有有组织的教育事业，而社区教育则指在社区内有组织的教育事业，强调的是教育的场所，其对象领域，事业领域是在社区，是一种区域性的教育事业。

二者的相同点是，在教育对象上都以学校以外的民众为教育的重点，教育目的都体现出一定的公益性、全民性和终身性。

（二）社会教育与终身教育

终身教育（Lifelong Education）又称为终生教育或终身学习。其名词最早出现于20世纪20年代的英国，流行于60年代的一种国际教育思潮。主张教育应该贯穿于人的一生中的各个年龄阶段，而不是只在儿童和青少年时代，它是一种指导各种教育事业与活动的教育指导思想。虽然对其解释不同，但较为普遍的认识是，终身教育是人们在一生中所受到的各种培养的总和。它包括各个年龄阶段的各种方式的教育，既有正规教育也有非正规教育；既有学校教育也有社会教育。

社会教育不仅仅是一种教育主张，还是一种教育事业与活动，它是以终身教育为指导思想的一种教育活动，是以实现终身教育为目标的一种教育事业。因此，二者的区别在于，终身教育偏重于教育思想的指导；社会教育则偏重于教育事业的发展，从目前许多国家与地区把发展社会教育事业作为推动终身教育的举措来看，终身教育与社会教育的关系越来越密切，社会教育是终身教育的保障，终身教育是社会教育发展的目标。

对终身教育与社会教育关系的认识还要注意以下几个要点：

1. "教育"一词不要仅仅和学校相连，学校教育也要超越教育必须学校化的传统观念。对国家而言，实现教育目的不仅仅是学校教育的事，教育目的应该利用一切机会、一切场合得以实现。对个人而言，不仅仅上学校才是接受教育，有学习的愿望，在任何一个场合内都可以接受教育。"必须把教育看成是超越中小学与大学范围的一种事业，教育是超出它的组成机构的。"①

2. 终身教育的实现一方面有赖于正规教育的作用，另一方面也需要发挥非正规教育的作用。而各种非正规教育形式的建设和实施离不开正规教育的帮助。所以，学校办理社会教育，帮助指导、规范社区各种非正规教育事业，是学校的一种责任和使命。国外一些国家发挥大学在办理社会教育事业中的作用，为我们提供了许多值得借鉴的经验，如日本大学参与公民馆、图书馆、博物馆等工作，韩国大学参加社区"新生活运动"等。我国近代以来大学办理民众学校、参与办理民众教育馆和图书馆等社会教育设施，也是这一方面的成功经验。

3. 现代社会的学历化使人们接受教育成为一个人立身与处世的需要，因而，人人求学的愿望十分强烈，然而，现代教育资源和学习方式是有限的，尤其大学教育，只靠扩招来满足受教育者的需求，也是不足的，而且会带来许多问题。所以，为了实现大学教育的大众化，实现教育机会的均等，使人人得以接受大学教育，大学必须通过兼办各种社会教育事业的做法来实现这一要求。世界各国倡导的大学开放运动以及各种形式的大学办理社会教育的实践，如英国的开放大学、远程教育等，在这一方面已经走在了前面。

（三）社会教育与学习化社会

"学习化社会"（Learning Society）这个概念，最早是由美国芝加哥大学校长赫钦斯在 1968 年出版的《学习社会》一书中提出的。1969 年，美国卡内基高等教育委员会发表了《迈向学习化社会》的报告书。1972 年，联合国教科文组织国际发展委员会发表了《学会生存——教育世界的今天和明天》，在这个报告中，"学习化社会"得到了充分的肯定和详细的解释。报告认为，"学习化社会"是"一个教育与社会、政治与经济组织（包括家庭单位与公民生活）密切交织的过程。这就是说，每一个公民享有在任何情况下都可以自由取得学习、训练和培养自己的各种手段"。②

---

① 联合国教科文组织国际教育发展委员会编著：《学会生存》，教育科学出版社 1996 年版，第 216 页。

② 同上书，第 203 页。

它有以下几个基本特征：

1. "终身教育是学习化社会的基石"。① "每个人必须终身不断的学习"是学习化社会的基本原则。这个原则贯穿于所有教育的发展过程，并日益成为教育改革与发展的指导思想。

2. "必须在空间和时间上重新分配教学活动"。即"教育必须按照每个人的需要和方便在他的一生中进行"，"教育不应再限于学校的围墙之内"，"教育的机构和手段必须大大增加，使人们比较容易得到教育，使个人有尽可能多的选择机会。教育必须具有真正群众运动的方式"。② 目前制度化的学校教育体系，已经不能满足学习化社会的需要，应该进行重新审视。

3. "我们应该通过多种多样的手段去传播和获得教育"。取消封闭的教育体系，实行开放教育和开放学习。使"每个人应该能够在一个比较灵活的范围内，比较自由地选择他的道路"，③ 即使错过了受教育的机会，也有其他的途径和方式使其重新学习。

4. "终身教育，从这个名词的意义来讲，是指商业、工业和农业的机构都具有广泛的教育功能"。"我们必须超越学校教育的范围，把教育的功能扩充到整个社会的各个方面"，社会的教育功能不是学校的特权，"所有的部门——政府机关、工业交通、运输——都必须参与教育工作"。④ 城市里面蕴藏着巨大的教育潜力。"城邦是最好的教师"。

5. "高等教育的多样化"。"高等教育应该通过许多不同的途径，在任何年龄，以各种形式，为人们所享受，这种教育尤其要着眼于继续不断的自我改造或自我发展。"⑤ 应该使中学以后的教育体系多样化，大学向"正规"学生以外的更多的人开放。

6. "今后10年内，教育策略应把迅速发展校内与校外的成人教育，作为优先的目标之一"。⑥ 为此，采取三项行动：一是利用现有教育机构，

---

① 联合国教科文组织国际教育发展委员会编著：《学会生存》，教育科学出版社1996年版，第223页。

② 同上书，第224页。

③ 同上书，第227页。

④ 同上书，第201、208页。

⑤ 同上书，第225、242页。

⑥ 同上书，第248页。

推动各种成人教育活动，并增加成人进入高等院校的人数；二是创办专门的成人教育机构，或者把各种校外活动结合起来；三是创立个人和集体教育活动的组织，鼓励自我教育，使所有教育手段能为最大多数人所利用。

通过上面的介绍，我们可知，"学习化社会"是这样一种社会形态，它以终身教育为指导思想，以开放的教育体系为教育制度。社会对人有学习的要求，个人对学习有积极的愿望，社会为人提供学习的条件，个人能够根据自身的状况利用这个条件的一种社会形态。

这种"学习化社会"形成的标志，其基本点有二：

第一，社会对每个人都有学习的要求，同时社会又为每个人提供学习的机会与条件。

第二，人人都必须学习，以适应社会的要求，同时参加学习又有充分的适合自己的学习的机会与条件。

前者强调的是社会对个人的要求，后者强调的是个人对社会的要求，两者的互动与交织，形成了学习化社会。

比较社会教育与学习化社会这两个概念，我们发现，它们的区别是：社会教育是教育形式的一种，它指的是学校教育以外的广阔教育领域，是广义教育中一切有组织的教育；而学习化社会是社会形态的一种，也可称为学习型社会。所以，二者之间，强调的重点不同，一个指的是教育形式和领域；一个指的是社会形态。但二者也有联系，社会教育是建设学习化社会的重要阵地，是实现学习化社会的重要形式，也是发展社会教育的重要目的；学习化社会要拉动和满足民众对教育的需求离不开社会教育的保障作用。

通过对社会教育与社区教育、学习化社会之间关系的探讨，我们可以知道三者有着极为密切的关系。学习化社会涵盖了社会教育与社区教育的内涵，学习化社会需要社会教育与社区教育的支持。社会教育与社区教育是学习化社会的阵地，构成了学习化社会的时间与空间。在推进全民教育与终身教育的过程中它们具有共同的目标。

## 三　社会教育与成人教育、继续教育、回归教育

社会教育在教育对象、教育领域、教育时空等方面，与其他各种相关教育关系密切。区分它们之间的关系，厘清各自教育的特点，对于深化发展各种教育具有积极意义。

（一）社会教育与成人教育

成人教育（Adult Education）发源于欧美，历史很长，各国发展的情况也不一。综合来看，成人教育主要指对走上生产或工作岗位的从业人员的教育活动。这种教育活动，从形式上看，可能是正规的教育，也可能是非正规的教育；从目的上看，可能是学历教育，也可能是非学历教育或证书教育，总之是为了提高成人的素质，普及科学文化知识，增加就业的技能。

我国成人教育在历史上有诸多提法，如在近代国民政府时期，成人教育是在社会教育名义下进行的。苏区的工农教育、群众教育，新中国成立以后的职工教育、工人教育、农民教育、业余教育等，也是以从业人员的教育为主，其教育活动与形式也是多种多样的。可以说成人教育其特点是突出强调教育的对象是成人，是以教育对象为出发点而进行的教育。

社会教育则以学校教育、家庭教育以外的教育为特征，突出强调教育的领域，所以，二者是有区别的。首先，在施教对象上，成人教育主要以"成人"，即从业人员为主，而社会教育对象则是"有教无类"，不分年龄、性别、职业，只要是"社会人"都是其教育的对象；其次，在教育形式上，成人教育在我国的发展过程中已经逐渐制度化了，诸如成人高考、函授教育、自学考试等，而社会教育在我国近代有过制度化的尝试，但现在社会教育没有专门的行政管理和制度形式。

但是，二者也有一定的联系，社会教育与成人教育都从不同的侧面和领域，强调学校以外各阶层民众的教育。

（二）社会教育与继续教育

继续教育（Further Education）是学历教育的延伸和发展，是对已获得一定学历教育和专业技术职称的在职人员进行的教育活动。以促使他们不断提高其能力和更新其知识，以适应社会发展和科技进步的需要。继续教育的对象是在职人员，教育形式可以是攻读学位，也可以是培训教育。比较言之，继续教育的含义比社会教育的含义窄，更为具体化与专门化。它强调的是学历后的再教育，具有提高的成分。而社会教育的含义则比较宽泛，它是普及与提高相结合的教育，对失学的人给其提供学习的机会，对受过教育的人，给其提供再学习的机会，对所有想学习的人都提供机会的教育。社会教育的含义，是一种终身教育，就是使教育无处不在、无处不有、无时不有。

继续教育与社会教育之间的联系是，都以终身教育作为教育的指导思想，在教育对象上，学校外在职人员是二者的重合点。

（三）社会教育与回归教育

回归教育（Regressive Education）是 20 世纪 60 年代在欧洲出现的教育思潮，也是一种教育制度。主张人一生的教育不要一次完成，而是分几次学成，使人们在生活环节的各个阶段、自己认为最需要学习的时候都有受教育的机会。主张在青年人的教育和成年人的教育之间建立起平衡。根据个人的选择、兴趣、职业、社会经济状况等在人的一生中接受灵活的、有效的教育。回归教育与终身教育、继续教育的区别在于它强调受教育者的教育平等权利，个人离职学习和复职学习应该得到国家和社会的尊重与保障。回归教育可以看成实现终身教育理想的一种实施方式，其特点是学习与工作交替进行。

回归教育与社会教育的区别在于，回归教育是以求学者为教育对象的，是对学制体系的一种补充，要求学制体系要灵活多样，适应不同求学者的需要；而社会教育是学制体系以外的教育活动，面向广大社会群体，拉动和满足其学习需求。二者的联系是都实现着终身教育的理想。

## 四  社会教育与大众教育、全民教育、民众教育

大众教育（Culture Populaire）或全民教育（Education for All）、民众教育在各个国家都有类似的提法，其含义大同小异，各有侧重，与社会教育关系密切。

"大众教育"泛指以广大民众为教育对象，以普及与提高人民大众的素质为目标，为大多数人服务的教育。毛泽东在《新民主主义论》中提出新民主主义文化教育方针，即民族的、科学的和大众的文化教育。陶行知也曾论述过大众教育，认为大众教育是大众自己的教育，是大众自己办的教育，是为大众谋福利除痛苦的教育。

"全民教育"的概念出现在 20 世纪 90 年代，联合国教科文组织召开"世界全民教育大会"，要求世界各国发展"全民教育"。

全民教育的基本观点包括：1. 目标："每个人——无论他是儿童、青年还是成人——都应能获益于旨在满足其基本学习需要的受教育机会。"[1]

---

[1]  吴德刚：《中国全民教育问题研究》，教育科学出版社 1998 年版，第 371 页。

基本学习需要包括人们为生存下去，为发展自己的智力，为有尊严地生活和工作，为改善自己的生活质量，为作出有见识的决策，为继续学习所需的基本学习手段和基本学习内容；2. 原则：广泛提供受教育机会和促进教育平等。为所有儿童、青年和成人提供基础教育；消除教育差距，尤其关注穷人、难民、游民、移民等弱势群体的受教育问题；关注妇女、儿童、残疾人的受教育问题；扩大受教育的手段与范围，提供各种形式的教育；3. 措施：青年和成人的学习方式，应该通过各种形式来满足，如技术培训、学徒、专题教育媒体宣传和讲座等；利用所有现有的信息手段、交流渠道和社会活动机制来传播基础知识；发挥社区、社团以及社会各部门的伙伴关系，互相协作。

全民教育的最终目的是为了使人人都享有受教育的机会，为了实现这个目的，国家、社会和现有教育机构，必须为人们受教育提供这种机会。

"民众教育"一词在我国出现于北伐战争时期，孙中山"唤起民众"的遗言，使民众教育成为民国政府时期教育家们常用的教育词语，后来形成了民众教育运动。其教育特点是：教育对象是全民教育；教育形式是以学校式民众教育和社会式民众教育为主；教育目的是为了改善民众生活，充实人生内容等。

国外民众教育以北欧民众高等学校运动为典型，其民众教育的特点是：教育对象是任何阶层的成人；教育宗旨是"为民众教育，为民众启蒙"；教育原则是自由办学，自愿学习；办学形式灵活多样。

比较社会教育与大众教育、全民教育和民众教育的异同，我们发现，就词义来讲，在教育思想理论上它们是同一个含义。教育目的是提高民众文化、知识水平；教育对象是全体社会成员；教育形式灵活多样；教育内容是人生的全部；教育具有公益性等。它们之间的区别在于教育实践上，社会教育突出强调的是由社会所实施的教育，更多强调的是施教的主体；而大众教育、全民教育和民众教育更多强调的是教育的对象，它们出现于不同的历史时期，不同的国家，有不同的时代背景和历史内容。

## 五 社会教育与非正规教育、校外教育、闲暇教育

20 世纪 60 年代以后，在经济社会发展的推动下，知识经济、信息经济以及科学技术的发展，使教育的形式不断发生变革，一些和社会教育相近、相关的概念逐渐丰富，在不同时期、不同国家有各种不同表现形式。

（一）社会教育与非正规教育、不正规教育

非正规教育（Nonformal Education）亦称为"非正式教育"，与"正规教育"相对。这一术语于 20 世纪 70 年代开始流行，并在理论与实践等方面发展迅速。一般来说，非正规教育指在正规教育体制以外的有组织的教育活动，其教育的对象是面向失去学校教育的人，为其提供学习的机会，具有实用性、针对性和灵活性等特点。

不正规教育（Informal Education）指在家庭与社会各种场所、场合所接受的影响，没有专门的教育与学习机构，其学习方式是通过个人的经验和与别人的接触，是无组织、无计划的学习方式，在自然状态下进行。现代社会则更主要通过大众媒介、公共信息方式等来进行。

比较而言，非正规教育、不正规教育与社会教育却有相似之处，它们都强调正规学制体系以外的教育，个人通过各种方式、利用各种机会来学习，为低收入家庭或个人提供接受教育的机会，共同认为教育是一个终身过程，这是它们之间的联系。

它们之间的区别，在于非正规教育和不正规教育在内涵上比社会教育要广，更类似于广义教育的概念，并试图使广义教育也组织化，加以选择和控制，它突出强调教育的这种非正规形式，可以在不同场合和场所内进行；而社会教育强调的是学校教育以外的有组织的教育，是由社会各界有目的、有计划实施的教育。在社会教育事业内，可以不拘形式，既可以是较为正规的学校式，如市民学校、民众学校、民工学校等；也可以是非正规或不正规的大众式，如公开讲座、阅报栏、公益广告等。

（二）社会教育与校外教育、闲暇教育

校外教育（Out‐of‐School Education）是指与学校教育相对立的教育活动，于学校教育以外形成的诸多教育活动的总称。英国和联合国教科文组织常用此教育学术语。在我国则称为校外活动和课外活动。我国校外活动和课外活动的含义主要指，校外活动是由校外教育机构或社会团体领导和组织的、在学校教育教学计划范围之外对学生进行的多样化教育活动；课外活动则指学校在各科教学大纲范围以外，对学生进行的多种多样的教育活动。

可见，我国所指的校外活动和课外活动，基本上还是以校内学生为对象所开展的教育活动，课外活动主要是在学校组织和领导之下，校外活动则在学校和社会团体、组织和领导之下。

比较社会教育与校外活动和课外活动的关系，可以看出，二者在教育对象上存在不同，社会教育是以全体社会成员为教育对象，注重的是学校教育以外的各阶层民众；而校外活动和课外活动的教育对象是在校学生。二者的联系是，社会教育的机构设施是对学校学生开放的，是教育学生的重要阵地，是对学校教育的重要补充，而学校的学生是参与推动社会教育的重要力量，学校举办各种社会教育，主要通过学生群体，如大学的咨询展览、研讨座谈等；中小学的家长讲座、社区教育等。

闲暇教育（Leisure Education）亦称"余暇教育"。指在闲暇时间内进行的教育活动，也指教导人们如何利用闲暇时间。是在工业现代化社会之中，随着劳动时间的缩短，以及人们闲暇时间的增多而出现的一种教育观点。世界各国实施闲暇教育的途径不一，主要是在学校教育中开设闲暇教育课程和开展有关的课内、校外活动；通过举办各种类型的成人教育机构，如老年大学、妇女学校、社区学校等；利用图书馆、博物馆等文化机构进行教育活动等。

社会教育与闲暇教育的联系在于二者都充分利用闲暇时间，充分调动闲暇时间内的教育因素，使教育与学习无处不在、无时不在。都利用各种文化教育机构来开展各种教育活动，体现着终身学习的思想。它们的区别在于闲暇教育强调的是时间性，是利用闲暇时间的教育；而社会教育不仅仅利用闲暇时间，在所有时间内都有社会教育，在所有的空间内也都有社会教育。

## 六 近代社会教育与古代社会教化

我国近代意义上的社会教育理论与事业是在国外社会教育影响下出现的。社会教育在中国近代已经成了一个新的教育名词，同时也是一种新的教育思想和教育实践活动。但是与社会教育类似的教育观念、制度及实践，在我国古代各个历史时期就已广泛地存在着。在古代，这些类似的教育观念、制度及实践被称为社会教化（这里所说的古代，主要指奴隶社会和封建社会）。

社会教育和社会教化二者是等同的吗？近代出现的社会教育与古代的社会教化有什么联系与区别呢？为了弄清这些问题，为了更加充分地认识社会教育，把握社会教育的性质、特点与规律，有必要对两者关系作一简略探讨。

（一）教育实施的主体

从社会教育实施的主体来看。近代中国出现的社会教育是在中国逐步沦为半殖民地半封建社会的背景下产生及发展起来的，它直接导源于民族救亡图存的现实需要，自出现之日起就和民族救亡与民族革命相连，在近代社会的曲折演变中，它呈现出实施主体的多样性，如既有官方实施的社会教育，表现在制定社会教育政策、法规、行政与措施上；也有各种政治派别所实施的社会教育，如太平天国的"听讲道理"，维新派的办报、著书等；既有民间实施的社会教育，表现在社会教育家的实践、实验以及各种教育团体的社会教育活动；同时也有西方传教士以及西方各种势力的社会教育影响。作为社会教育的实施者，从主体上看近代是多元和多变的，这是由近代社会的政治特点所决定的。

古代中国的社会教化，自从进入阶级社会以后，社会教化就有了阶级性和垄断性，受统治阶级政治、经济、文化所制约，社会教化成了一种政治工具。因此，实施"教化"的主体是一元的，即谁掌握政权谁就是社会教化的实施者。

（二）思想观念

从社会教育思想产生的源头和发展上来看，近代中国的社会教育观念、思想是在国外社会教育思想影响下产生的。国外社会教育思想是近代中国社会教育观念产生的直接理论来源，这种来源主要来自德国和日本。德国社会教育的观念产生的最早，最初它源于"社会帮助"和"青年帮助"。日本社会教育产生于明治中期，社会教育最初的观念，也是"以社会对策性、慈善性为主要特征①"的。虽然两个传播源的社会教育观念在后来也是不断变化与发展的，但从根源上看社会教育的思想是从社会帮助及社会慈善工作中发展而来。

近代在中国出现的社会教育思想，初期仍然是封建社会教化的翻版。由清政府实施的社会教育，导源于甲午战败后"开启民智"的迫切需要，但由于统治阶级和广大民众之间水火不相容的对立关系，统治者"开启民智"的思想是矛盾的，一方面看到民众的无知是落后、失败的重要因素，另一方面看到使民众有知又会威胁到统治的安全。因此，初期由清政府实施的社会教育是统治阶级为了自身利益对自身统治体系的"修补"。虽然

---

① 梁忠义主编：《当代日本社会教育》，山西教育出版社1994年版，第4页。

出现了一些简易识字、宣讲等社会教育活动，但从性质上看，这个时期的社会教育仍然没有摆脱社会教化的束缚。社会教育在这个时期根本不具备也不可能具备社会帮助及慈善色彩。广大民众也不可能成为社会教育的受益者或主人，从而根本不可能实现"开启民智"。

到了民国元年以后，清政府瓦解，社会教育才逐渐被国人所认识，"开启民智"才有了思想理论基础及初步的政策、制度保证。以后逐次发展起来的通俗教育、平民教育、乡村教育、民众教育才从狭窄的封建教化水平逐渐转化为以文化知识、社会公德、体育卫生、休闲娱乐、职业劳作等为社会教育内容的近代社会教育。社会教育在这以后才开始为民众而服务，出现了"捧着一颗心来，不带半根草去"的民众教育家。从此，社会教育才由封建的社会教化逐渐发展到具有社会帮助及公益成分的新式教育事业。

中国古代的社会教化，导源于西周"敬德保民"的政治理想，后来经过孔子、孟子等思想家的发展，逐渐形成了先秦时期"为政以德"的儒家"仁政"、"德政"思想。这种思想的基本点是：强调统治者自身的道德典范在治民中的作用；强调"得民心"是巩固统治的基础；强调良好的风俗习惯对民众道德意识及行为形成的影响。因此，自周代始就以大量的社会教化手段用来教化万民。如果说，秦代以前我国的社会教化尚存有一定"民为邦本"的社会教育思想意识外，后来经过历代统治阶级的利用和改造，逐渐使这种思想变成了"政教合一"的封建"统治术"。其目的是"民可使由之，不可使知之"，其性质是"愚民"。因此，历朝历代依靠"民心"得到天下以后，由于"教化"的愚民性质，随着统治时间的延长，失去"民心"也就成了王朝瓦解的重要原因。所以，通过比较可以看出，古代社会教化与近代社会教育在思想源头及发展上有着根本性质的不同。近代民国以后的社会教育开始逐渐具有了助人和公益的社会性质，而古代的社会教化主要是一种"化民成俗"的政治工具。

（三）教育制度与实践

从社会教育制度与实践的演化来看。近代的社会教育制度与实践萌芽于甲午战败后清政府的"觉醒"。在社会有识人士的呼吁下，开始出现了一些宣讲所、简易识字学塾等社会教育设施，颁布了《简易识字学塾章程》，发行简易识字课本等。但由于清政府统治的阶级性质，这个时期推广的社会教育是缓慢的，渐近的。在制度方面是有心无力，没有主管社会教育的行政机关。而相反民间社会教育的实践却日盛。维新派的办报、著书等活动在"开启民智"、增进民德、改良民俗等方面起了一定的作用。

民国成立后在教育部设社会教育司开始掌管和推广全国社会教育事业，这是我国社会教育制度化的开端，在社会教育司的推动下，通俗教育逐渐开展起来。随着社会形势的发展，平民教育、乡村教育、民众教育成了各个时期社会教育的中心运动。

从近代社会教育各个时期制度与实践的特点来看，社会教育制度化在近代经历了从萌芽到初步确立的过程，在确立过程中，社会教育行政机构、政策法规等逐渐形成和发展。社会教育实践也开始了全方位、多层次的教育实践活动，如有学校式的社会教育实践，公共式的社会教育实践等。社会教育制度的初步确立和社会教育实践的蓬勃开展使近代社会教育出现了勃勃生机。

中国古代类似的社会教育制度与实践在各个历史时期都普遍存在着。从周代的"乡三物"，到秦代的"书同文，行同伦"；从汉代的"书馆"，到宋代的乡规民约；从元代的"社制"，到清代的圣谕广训。古代社会教化的制度与实践一直是巩固封建王朝的重要措施。虽然间或有一些"义庄"、"养老室"等公益性质的事业，但这些几乎都是民间义举，作为统治阶级以帮助、慈善为性质的社会教育事业则不多见。所以，古代社会教化的制度与实践是封建统治阶级政教合一的一个组成部分，受封建政治制度所制约，并为其长治久安而服务。

（四）教育内容

从社会教育内容来看。近代的社会教育在初期内容是非常贫乏和简单的，只是以简易识字来推广社会教育事业。民国元年后，社会教育的内容开始变化。受西学影响以及国内各种教育思潮的高涨，社会教育的内容开始逐渐全面化，包括社会智育，如识字教育；社会德育，如公民教育、公德教育；社会劳动教育，如职业教育；社会美育，如改良戏曲、改良风俗等。这些社会教育内容的形成和发展，体现了近代社会教育内容逐渐向全面性和丰富性方向发展。

中国古代的社会教育内容，从周代的"乡三物"即"六德"、"六行"、"六艺"，到清代的圣谕广训，基本上都是以道德教化为主要内容的。尤其"三纲五常"、"三从四德"等封建伦理内容的"神学化"和"理学化"，使中国社会的方方面面都被道德所泛化，从而更加强化了社会教化的道德内容和政治功能。所以，古代社会教育的内容是狭窄的、单一的。

综上所论，我们可知，我国近代出现的社会教育和古代的社会教化是两个截然不同的教育概念，是两种性质、两种对立的社会教育观。近代的社会教育萌芽于西方社会教育的影响，导源于救亡图存和"开启民智"的需要。在曲折演变中逐渐从落后的、封闭的封建社会教化体系中分化出来，并逐渐从愚民的社会性质向助人和慈善的方向转化，逐渐出现了公益性、全民性、全面性和终身性的特点。这种社会教育思想与事业的出现，是我国教育发展中的一次重要转折。但是也应看到，由于长期封建教化的影响，许多落后的教化观念，在一定时期会有滋生和泛滥，诸如各种迷信思想、专制教化等。所以，消除封建教化的影响，从社会教化向社会教育转型是我们文化与教育改革过程中一个不容忽视的课题。

# 第二章  社会教育学科

    人们对任何事物的认识都是从考察现象入手的，任何一门学科的产生，其初始原因，也是在现实中出现许多现象与问题，需要进一步研究。人类形成社会以后，人与人、人与自然、人与集体等存在错综复杂的关系，构成了社会现象。随着社会的发展，在众多的社会现象中，以培养人为目的的教育现象开始出现，并越来越复杂多样。从而，使社会与教育的关系越来越密切，教育的社会功能，社会的教育功能；教育的社会化，社会的教育化等现象越来越突出。为了研究社会与教育的互动关系，促进社会有意识、有组织、有目的的教育功能，社会教育学科应运而生。

## 第一节  国外社会教育学的产生与发展

    如果把社会教育作为一种教育现象、教育实践活动来考察，它与人类社会历史一样久远；如果把社会教育作为一种教育理论来研究，并上升到社会教育学的高度来概括总结，却是近代以来的事。现代社会教育学理论产生于国外，20 世纪初开始影响我国，为了准确地了解社会教育学产生与发展的状况，我们试以国外社会教育学的发展状况作一探讨。

    从国外社会教育学发展的历史状况来看，社会教育学的发展大体经过四个阶段：初建阶段、独立阶段、发展阶段、多元化阶段。

### 一  社会教育学初建阶段

    社会教育学初建阶段主要是 19 世纪 30 年代至 20 世纪初。这个时期，"社会教育"（social education）名词，开始在德国出现。一般认为德国教育家第斯多惠（Friedrich Adolph Wilhelm Diesterweg，1790—1866）（另译狄斯特威格）1835 年在其《德国教师培养指南》一书中最先提出。从社会教育观念产生的源头来看，社会教育是在工业社会的初期，由于社会的变动与激烈的竞争，产生了许多社会问题的背景下出现的，最早是作为一种解决社会问题和教育问题的对策而提出的，它既和教育工作相连，也与社会工作有关。社会教育的最初含义是和"社会帮助"、"生活帮助"、"青年照顾"等相连。如第斯多惠认为，传统的教育观念应该扩大至国民的各个阶层，必须实施对国民各个阶层实际的社会帮助与教育。①

随着教育学理论在德国的兴盛，社会教育也越来越受到众多教育家的关注。许多教育家都积极探讨社会教育学说，并导致了自 19 世纪 80 年代起，德国出现了从"心理教育学"、"个人教育学"到"社会教育学"的转变。对此，我国近代最早的教育刊物《教育世界》在 1904 年 2 月第 69号上的《论近代教育学之变迁》一文中就曾作了详细的介绍："距今十年前，新派之社会教育学遂代旧派之心理教育学而独占势力，其导源在英国而首受其影响者德国。"② 并指出德国出现了社会教育学家，如威尔曼（Otto Willmann）、培格曼（贝尔格曼）（Bergemann）、纳托普（Paul Natorp）等，同时认为"此等社会教育学见解，实为近日社会学、伦理学、民族心理学之思想，所诱掖而牖启。"这个时期德国出现了众多的社会教育学派。日本近代教育家吉田熊次把 19 世纪晚期德国的社会教育学派分类如下：③

1. 纯粹的社会教育学派
（1）哲学的社会教育学派。代表人物 ［德］纳托普
（2）非哲学的社会教育学派。
①幸福论的社会教育学派。代表人物 ［德］德林格（Dor ing）
②非幸福论的社会教育学派。代表人物 ［德］贝尔格曼
2. 宗教的社会教育学派。代表人物 ［德］威尔曼
3. 折中的社会教育学派。代表人物 ［法］居伊约（Guyau, J. M）
［法］菲叶（Fouillee, A）

---

① 詹栋梁：《社会教育学》，（台北）五南图书出版公司 1983 年版，第 2 页。
② 《教育世界》1904 年 2 月第 69 号。
③ ［日］吉田熊次：《新教育学释义》，《教育世界》1904 年第 16 期。

可见，德国自 19 世纪晚期以后，社会教育学派众多，其对社会教育学的理解也是"五花八门"。最具代表的是德国教育学家纳托普（Paul Natorp）（1854—1924）和德国社会教育学家贝尔格曼（Bergemann）（1862—1946）。他们针对"个人教育学"从人性论出发来探讨教育，认为社会教育应该从"社会"入手来探讨教育，教育应该以社会整体为目的。教育问题应该从社会的角度加以解释，人的发展依赖于社会的改良，社会教育是一种透过社会的教育。教育是造就"社会的个人"而不是抽象的个人。所以，社会教育是以"社会为本位"的教育。这个时期可以看作社会教育学初建阶段。

## 二 社会教育学独立阶段

社会教育学独立阶段主要是 20 世纪初至 20 世纪中叶。在社会教育思想的影响下，自 20 世纪 20 年代，首先于德国兴起了社会教育运动，并相继影响各国。社会教育学家积极倡导"新的社会教育"，主张要对学校外青年以及受伤害青少年、无管教青少年、犯罪青少年和发展受阻碍青少年实施社会教育，同时还涉及其福利、照顾、护养等问题。这个时期社会教育的范围扩大，对象增多，并建立起"公共的教育制度"。

日本此时也开始大力发展社会教育，在通俗教育的基础上，启用社会教育一词，并于 1921 年在法令上正式以社会教育取代通俗教育，确立社会教育行政制度，推动社会教育的发展。社会教育运动与实践的发展促进了社会教育理论的繁荣，并使社会教育学从教育学科中独立出来，成为与学校教育学、家庭教育学相并列的一门独立的学科。其主要标志就是由德国社会教育学家诺尔（Herman Nohl）（1879—1960）等编辑出版的《教育学手册》。该手册的第 5 册命名为《社会教育学》，并特别强调要为社会教育学的概念、研究范围提出科学性的讨论。

## 三 社会教育学发展阶段

社会教育学发展阶段主要是 20 世纪中叶至 20 世纪 80 年代。第二次世界大战结束后，人们从更多的课题出发来探讨社会教育，对社会教育学进行更广泛、深入的研究，出现了社会教育学大发展的局面。主要表现在：

首先，涌现出大量社会教育学家和社会教育著作。如莫伦豪尔的《社会教育学概论》（1964）、林歌的《社会教育学概论》（1964）、胡特的《国民学校中社会教育学的引导路线》、史立柏的《社会教育——社会教育学》（1964）、吉赛克的《什么是社会教育学》（1965）、乐尔斯的《社会教育学的理论与实际》（1968），等等。

其次，社会教育理论逐渐走向系统化和科学化。社会教育理论的深化研究，使社会教育概念、对象、范围、方法、制度、机构等已经形成了自身独特的理论与应用体系，明确了自身的知识结构和学科特点。

最后，社会教育实践领域出现民主化，丰富和促进了社会教育理论。许多国家制定和颁布社会教育法规，确立社会教育行政地位，扩大社会教育对象、范围，增加社会教育机构，主张学校设施对社会开放，学校推动社会教育的发展等。如日本 1949 年 6 月颁布《社会教育法》，韩国 1982 年颁布《社会教育法》。通过社会教育行政推动社会教育的发展。

### 四　社会教育学多元化阶段

社会教育学多元化阶段主要是 20 世纪 80 年代以后。受终身教育、终身学习思想的影响，社会教育的发展出现了多元化发展格局。世界各国根据自己的国情与民情以不同形式促进社会教育的发展。社会教育学也呈现出多元化发展态势，具有不同表现形式。主要有、社区教育学、非正规教育学、大教育学、终身教育学等。

## 第二节　我国社会教育学的产生与发展

回顾百年中国教育学史，我们可以看到，社会教育学理论与其他教育学理论一样，随着欧风美雨的侵袭而逐渐传入我国，经历了百年曲折演变的历史进程。归纳起来，如果以 1902 年我国近代最早的教育杂志《教育世界》登载日本教育家佐藤善治郎的《社会教育法》为近代社会教育理论传入的起点，以国人谢荫昌 1913 年著的《社会教育》为研究社会教育学的萌芽。中国社会教育学的发展历程，我们认为经历四个时期：萌芽期、探索期、挫折期、分化期。

### 一　社会教育学萌芽期

社会教育学萌芽期的时间段主要是在 1902—1931 年。社会教育学萌芽期的主要标志是："社会教育"名词开始出现；国外社会教育思想开始在中国传播；国人开始独立撰写社会教育著作；教育行政设立"社会教育司"等。

（一）"社会教育"名词开始出现

这个时期，在我国最早的教育刊物上，开始出现"社会教育"名词，并陆续出现有关社会教育的文章，国人开始用社会教育的观点分析教育问题，分析社会问题。留日学生创办的刊物《游学译编》于 1903 年连续发表有关社会教育的文章，或用社会教育观点探讨教育与社会问题的文章，分析社会教育的作用以及与家庭教育和学校教育联系。

《游学译编》，1903 年 8 月第 9 册刊登《教育泛论》（佚名）一文，指出：

> 有社会之教育，有学校之教育，有家庭之教育。家庭教育范围狭，而学校教育与社会教育之范围广，家庭教育之势力小，而学校教育与社会教育之势力大。[①]
>
> 欲养成国民，不可不注意于学校教育。欲改良风俗，不可不注意于社会教育。学校教育所以充足国民之实力，社会教育所以鼓舞世界之动机。学校教育主于严整、平实。社会教育主于活泼、高尚。[②]

文中强调了三种教育形态的独立性、特点及作用以后，又强调了它们之间的联系，从补充与促进家庭教育和学校教育，以及扩充学校教育等角度来论述它们之间的关系。《教育泛论》的作者同时指出：

> 就形式而论，则学校教育者主也，社会教育者辅也。就精神而论，则社会教育者，始之，有组织学校教育之原动力，继之，有监督学校教育之持续力，终之，有改良学校教育之猛进力。专恃学校教育而无社会教育，不足以立国，至易明之理也。[③]

---

① 佚名：《教育泛论》，《游学译编》1903 年第 9 册。
② 同上。
③ 同上。

　　这里指出了社会教育对于学校教育的作用是"组织学校"、"监督学校"及"改良学校"，强调了社会教育对于学校教育的促进作用。

　　在这以后，《游学译编》1903 年第 11 册以"社会教育"为题专门发表评论，对社会教育的作用进行了系统的论述，更进一步地阐述了社会教育在革命中的作用。文中认为，地球上有空气套，它主宰人类的"荣悴生死"，社会也有一种"空气套"—即社会环境（笔者注），亦主宰社会的"荣悴生死"。那么影响社会的这种"空气套"是什么呢？文中说：

　　　　民族之进化也，在历史上常循螺线而递进，而此螺线之回环周匝，即以表识此空气套波动之痕迹，造成此波动之原因，其力量之雄大伟岸，不可思议者，必归于社会教育。[1]

　　在此，突出强调了社会教育的作用。可以看出，此时期国人开始关注社会教育，并开始研究社会教育的理论问题。

　　（二）国外社会教育思想开始在中国传播

　　这个时期，国外社会教育著作和国人调查国外社会教育的报告及文章陆续发表。社会教育成为这个时期人们常用的热点"话语"。近代中国翻译最早的社会教育著作，日本教育家佐藤善治郎的《社会教育法》，登载在 1902 年 8 月《教育世界》第 31 号。日本教育家吉田熊次的《新教育学释义》，原著可能是《社会教育学讲义》登载于1904 年第 16 期、第 17 期。德国教育家纳托普（Natorp）的《社会教育学》连载于 1904 年《教育世界》第 14、17、24 期。德国另一位教育家贝尔格曼（Bergemann）的《社会教育学》刊登于 1905 年《教育世界》第 1—3 期。

　　民国初年通俗教育研究会的发起人伍达翻译的日本通俗教育研究会编著的《通俗教育事业设施法》，1912 年在我国出版。1916 年，通俗教育研究会出版了综合介绍日本社会教育设施的著作《调查日本社会教育纪要》，全面介绍了日本 35 种社会教育事业。"以为吾国社会教育设施之准则，进行之先导。"国外社会教育思想的大量传入，为国人思考社会教育问题，提供了一个新的观点和思路。

---

　　[1]　佚名：《社会教育》，《游学译编》1903 年第 11 册。

**1902—1931 年国外社会教育著作传入中国举要：**①

| 著作名称 | 作者 | 时间 | 期刊或出版社 |
|---|---|---|---|
| 《社会教育法》 | ［日］佐藤善治郎 | 1902 年 | 《教育世界》第 31 号 |
| 《新教育学释义》或《社会教育学讲义》 | ［日］吉田熊次 | 1904 年 | 《教育世界》第 16、17 期 |
| 《社会教育学》 | ［德］纳托普（Natorp） | 1904 年 | 《教育世界》第 14、17、24 期 |
| 《社会教育学》 | ［德］贝尔格曼（Bergemann） | 1905 年 | 《教育世界》第 1、2、3 期 |
| 《通俗教育事业设施法》 | 伍达译 | 1912 年 | 通俗教育研究会出版 |
| 《调查日本社会教育纪要》 | 唐碧译述 | 1916 年 | 通俗教育研究会出版 |

（三）国人开始独立撰写社会教育著作

这个时期，虽然没有完全摆脱国外社会教育的影响，并以介绍国外社会教育为重点，但是，国人用社会教育的观点分析中国教育与社会问题的"学理"意识逐渐形成。1913 年谢荫昌著《社会教育》，分原理篇和实用篇，分析社会教育的意义、作用以及社会教育机关和计划等。1917 年余寄编译《社会教育》，论述社会教育的含义、儿童社会教育的保护等。1925 年马宗荣著《社会教育概说》，提出社会教育事业各论，分析学校中心的社会教育。1926 年孙逸园编《社会教育设施法》，分 5 章论述社会教育的意义，社会教育设施的准备，学校为中心的社会教育设施法，地方自治机关为中心的社会教育设施等。1929 年张志澄编《社会教育通论》，分 2 编论述社会教育的意义和作用、社会教育的机关及实施计划等。

**1913—1931 年出版的社会教育著作举要：**②

| 著作名称 | 作者 | 出版社 | 时间 |
|---|---|---|---|
| 《社会教育》 | 谢荫昌著 | 商务印书馆 | 1913 年 |
| 《社会教育》 | 余寄编译 | 中华书局 | 1917 年 |
| 《社会教育概说》 | 马宗荣著 | 中华学艺社 | 1925 年 |
| 《社会教育设施法》 | 孙逸园编 | 商务印书馆 | 1926 年 |
| 《社会教育通论》 | 张志澄编 | 启智书局 | 1929 年 |

---

① 根据《教育世界》（1902—1912）登载社会教育文章整理。

② 根据北京图书馆编：《民国时期总书目（1911—1949）教育·体育》整理，书目文献出版社 1995 年版，第 632—647 页。

（四）教育行政确立社会教育司

1912 年民国政府于教育行政设立社会教育司，这是从法令上、制度上正式使用"社会教育"一词，标志着社会教育理论与实践被官方认可并推行。社会教育行政的确立，推动了社会教育理论与实践的发展，为社会教育学专业与学科的萌芽作了制度上的论证。由于社会教育是一个新生事物，缺乏理论的支持，所以，促使人们积极探讨社会教育理论，从而促进了社会教育学的诞生。

## 二　社会教育学探索期

社会教育学探索期的时间段主要是在 1931—1949 年。社会教育学探索期的主要标志是：研究社会教育的著作大量涌现；社会教育成立专门学院、社会教育成为专门学科、社会教育系列课程逐渐开设；出现社会教育研究学术团体；社会教育有了自己的实验区等。

（一）出现大量社会教育著作

这个时期，在国外社会教育思想的影响下，国人结合国情以及教育的实际，开始尝试独立研究社会教育理论，涌现出一大批研究社会教育的著作，在各种刊物上，出现众多探讨社会教育的文章，社会教育已经初步具有了自己的理论形态。这个时期的社会教育著作主要有：

**1931—1949 年出版的社会教育著作举要：**[①]

| 著作名称 | 作者 | 出版社 | 时间 |
|---|---|---|---|
| 积极的社会教育 | 李蒸著 |  | 1931 年 |
| 社会教育指导 | 仲靖澜、胡赞平、马兼善编 | 上海世界书局 | 1931 年 |
| 社会本位的教育系统草案 | 梁漱溟编 | 中国社会教育社第二届年会 | 1933 年 |
| 比较社会教育 | 马宗荣著 | 上海世界书局 | 1933 年 |
| 现代社会教育泛论 | 马宗荣著 | 上海世界书局 | 1934 年 |
| 日本社会教育之史的发展 | 张克林著 | 南京日本评论社 | 1935 年 |
| 社会教育的设施及理论 | ［日］吉田熊次著马宗荣译 | 上海中华书局 | 1935 年 |

① 根据北京图书馆编：《民国时期总书目（1911—1949）教育·体育》整理，书目文献出版社 1995 年版，第 632—647 页。

续表

| 著作名称 | 作者 | 出版社 | 时间 |
|---|---|---|---|
| 社会教育事业十讲 | 马宗荣著 | 商务印书馆 | 1936 年 |
| 社会教育纲要 | 马宗荣著 | 商务印书馆 | 1937 年 |
| 中国社会教育行政 | 蒋建白、吕海澜著 | 上海商务印书馆 | 1937 年 |
| 非常时期之社会教育 | 杜元载著 | 上海中华书局 | 1937 年 |
| 社会教育的意义及其事业 | 陈礼江著 | 南京正中书局 | 1937 年 |
| 各国社会教育事业 | 陈友松著 | 上海商务印书馆 | 1937 年 |
| 社会教育论丛 | 吴学信著 | 贵阳文通书局 | 1938 年 |
| 社会教育行政 | 赵冕著 | 上海商务印书馆 | 1938 年 |
| 社会教育史 | 吴学信著 | 长沙商务印书馆 | 1939 年 |
| 社会教育之改进 | 陈礼江讲 | 中央训练团 | 1940 年 |
| 社会教育 | 程宗宜、周翼中编 | 江西泰和江西省地方政治讲习院 | 1940 年 |
| 社会教育纲要 | 郁祖庆编 | 成都四川省政府教育厅 | 1940 年 |
| 社会教育指南 | 古梅著 | 上海大夏大学教育学院 | 1940 年 |
| 大时代社会教育新论 | 马宗荣著 | 商务印书馆 | 1941 年 |
| 社会教育 | 江西省地方行政干部训练团编 | 江西编者刊 | 1941 年 |
| 社会教育大纲 | 钟灵秀编 | 中央训练委员会内政部 | 1941 年 |
| 社会教育国民教育 | 天全县地方行政干部训练所编 | 四川天全编者刊 | 1942 年 |
| 社会教育入门 | 马宗荣、兰淑华著 | 贵阳文通书局 | 1942 年 |
| 社会教育原理与社会教育事业 | 马宗荣、兰淑华著 | 贵阳文通书局 | 1942 年 |
| 比较社会教育 | 吴学信编 | 重庆正中书局 | 1942 年 |
| 中国社会教育概述 | 吴学信编 | 重庆国民图书出版社 | 1942 年 |
| 社会教育行政 | 钟灵秀著 | 上海国立编译馆 | 1947 年 |
| 社会教育 | 钟灵秀著 | 上海中华书局 | 1947 年 |
| 中国社会教育新论 | 许公鉴著 | 上海中国文化服务社 | 1948 年 |

（二）社会教育已经形成系列课程，在社会教育系科开设

在大学或学院教育学科开设社会教育课程，这是社会教育学成为一门学科最重要的标志之一。1931 年，国立社会教育学院成立。这是国内以社会教育命名的一所独立的本科大学。国立社会教育学院成立后，在各系开设共同必修课程社会教育概论。在社会教育行政学系开设的教育史、比较

教育、教育行政、教育视导与调查等课程中包含着社会教育史、比较社会教育、社会教育行政、社会教育视导等内容。此时期，上海私立大夏大学社会教育系也开设社会教育等诸多课程。这个时期的其他大学师范学院或教育学院，如果有社会教育专业或学科都开设社会教育等课程，这些课程主要有社会教育概论、社会教育史、社会教育行政、比较社会教育等，社会教育等系列课程的开设，标志着社会教育已经进入学科探索阶段，所以，我们称社会教育学仍然是探索期。

（三）社会教育学领域有了自己专门的学术研究团体，有一批专门的社会教育学者和社会教育家

1931 年中国社会教育社成立，颁布《中国社会教育社社章》明确社会教育社的宗旨是"研究社会教育学术，促进社会教育事业"。[①]

这是我国近代第一个以社会教育为研究对象的专业学术团体。集中了当时一大批著名的教育家和教育学者，受到了社会及教育界的广泛关注。其成员基本上是当时研究和从事社会教育的骨干，如俞庆棠、梁漱溟、雷沛鸿、陈礼江、高阳、李蒸、傅葆琛、马宗荣等。此外一些和社会教育有关的，在社会上较有影响的教育家，也成为社会教育社的成员，如孟宪承、舒新城、黄炎培等。

《中国社会教育社社章》中规定，本社的宗旨之一是"研究社会教育学术"，在社会教育社成立以后所召开的一至四届年会中，我们可以看出，在四届年会上共提出了约 157 个提案，宣读了十几篇学术论文和若干篇实验报告。[②] 这些提案、论文和报告代表了中国社会教育社的学术研究成果，反映着社会教育理论研究的最高水平和学理结构。

可以说，中国社会教育社的诞生，是近代社会教育理论与实践发展需要和发展程度的产物。中国社会教育社的出现，对于组织社会教育人员，研究社会教育学术，促进社会教育事业以及从事社会教育实验活动，起到了积极的促进作用。它使社会教育的发展有了自己的学术领域，有了专门的研究人员，出现了一批研究成果，对于繁荣近代的教育思想学术具有推动作用。它在社会教育学术领域内的探讨，提出了许多对中国教育发展影响较大的问题，它在实践领域内的活动，作出了许多创造性的成果，对于

---

① 茅仲英主编：《俞庆棠教育论著选》，人民教育出版社 1992 年版，第 56 页。

② 王雷：《中国近代社会教育史》，人民教育出版社 2003 年版，第 362 页。

发展社会教育积累了大量的经验。

这个时期，国立社会教育学院成立社会教育研究部，这是研究社会教育学术之中心机构，任务是"运用科学方法，研究社会教育之理论与实施"。编辑出版了大量的社会教育刊物和著作。

社会教育研究团体的形成、研究队伍的扩大、研究成果的问世等，标志着社会教育学科的探索已经有了相当的专业基础。

（四）社会教育学有自己的试验区

社会教育不仅仅是一种教育理论，也是一种实践性极强的教育事业。至 20 世纪 30 年代，被政府以及社会认可的社会教育机构与设施多达 60 多项。社会教育事业的发展需要开展社会教育实验，为社会教育机构与设施提供经验、提供榜样。这个时期，社会教育的试验领域逐渐增加。

社会教育学的试验领域主要表现在社会教育学的理论与学术能够得到试验和推广。这个时期社会教育主要试验区包括：国立社会教育学院，设立推广委员会，制定推广事业计划纲要，成立社会教育实验区，进行社会教育理论与实践的试验；1941 年设立的四川璧山实验区；1946 年举办的南京栖霞山实验区等。这个时期其他一些大学的社会教育系科也都纷纷开设自己的试验基地，进行不同程度的社会教育试验。探索社会教育理论与实践的结合，为社会教育学的发展奠定了基础。

### 三　社会教育学挫折期

社会教育学挫折期的时间段主要是在 1949—1976 年。1949 年中华人民共和国成立。1949 年 11 月 11 日教育部成立，设社会教育司主管全国社会教育事业，著名社会教育家俞庆棠任首任社会教育司司长，主持拟订 1950 年社会教育规划，准备开展全国规模的社会教育事业，但由于积劳成疾，俞庆棠不幸于 1949 年 12 月 4 日去世。社会教育行政在位 3 年，1952 年 11 月 15 日教育部撤销社会教育司，从此社会教育失去了在教育行政管理中的地位。

1952 年以后，教育学经历了"苏化"、"中国化"和"语录化"等曲折探索发展过程，社会教育学的学科地位、专业地位受到了前所未有的摧残。社会教育学在教育学科群中已经没有了自己的地位。所以，这个时期可以看作中国社会教育学发展的挫折期。

### 四　社会教育学分化期

社会教育学分化期的时间段主要是在 1976 以后。社会教育由近代出现的社会教育理论与事业，在 1976 年以后出现了分化发展局面，社会教育的理论与事业或被分化或被整合。

改革开放以后，我国各种教育事业逐渐发展起来，教育学各种学术也逐次繁荣，但是，社会教育学时至今日始终没有，也没有恢复自己的学科地位。教育部公布的教育学科专业目录、学科设置以及国家学科分类标准，无论是一级学科，还是二级学科都没有社会教育学。

大学教育学院或师范大学教育学科也均没有社会教育专业和学科，目前没有一所大学教育学科开设社会教育学等相关课程。全国教育学科的博士点和硕士点均没有社会教育的专业或学科方向。

不仅在学科、专业目录上没有社会教育，而且在社会教育学术领域也被冷落，全国没有社会教育研究学术团体，没有专门的社会教育研究杂志，社会教育研究人员也寥寥无几，有关社会教育著作也很少。

从教育实践领域来看，社会教育事业也没有自己独立的教育领域。社会教育行政地位削弱，没有专门的社会教育管理，没有专门的社会教育机构与设施。

社会教育学科的这样一种状况，原因很多，其中原因之一就是社会教育的理论与事业被分化到其他各种事业之中，社会教育的功能已经被"社会"各部门所取代，如宣传教育、文化教育、公益教育、社区教育、大众传媒教育、思想政治教育等，出现了社会教育理论多元化、途径多元化、事业多元化、实践多元化等多元化发展格局，这样，社会教育学科的分化也就在"情理之中"。

## 第三节　社会教育学的理论基础

社会教育理论基础是社会教育存在与发展的理论依据。社会教育作为一种教育理论，来源于丰富多彩的人类社会教育实践，在社会教育发展的历史长河中，社会教育有着十分精彩的教育画卷。社会教育学作为一种教育学理论的"事实"存在，也是在相关理论的关联、支撑下发展起来的。哲学、社会学、教育学、文化学等理论为社会教育理论的存在与发展提供着依据，并从理论的各种维度，证明着社会教育理论存在的科学性、合理性、必要性和可能性，解释和回答着社会教育发展的各种问题，同时促进着社会教育理论的不断完善和发展。

## 一　人的本质是社会关系的总和

"人的本质不是单个人所固有的抽象物，在其现实性上，它是一切社会关系的总和。"① 这是马克思主义的经典名言，是社会教育理论存在以及发展的哲学基础，也是社会教育学的重要理论依据。

"人的本质"是指人区别于其他一切事物的根本属性。人与一切事物都有共同的自然属性，但是人的本质来自社会性，人的社会性受社会关系的制约，人是作为社会关系的总和而产生的，人也是作为一切社会关系的总和而存在和发展的。人所具有的社会关系是在物质生产基础上形成的一个多层次的复杂的人与人之间的关系，包括经济关系、政治关系、思想关系等多方面的内容，正是这一社会关系复杂结构的总和，确定着现实社会中任何一个人的本质。

人的本质不是抽象的，不是先天自然形成的，也不是后天主观自生的，不能到现实生活之外去寻找，人的本质就存在于现实的、可感知的、发展变化着的社会关系之中，所以，人的本质是由建立在客观物质生产基础上的，复杂的现实社会关系的总和所决定的。

人的本质是社会关系总和的哲学观点具有极高的教育学价值。教育学是研究培养人的学问。教育要培养人，就必须要回答为什么培养人？培养什么样的人以及怎样培养人？从现实性来看，教育培养人不是培养抽象的人，也不是抽象的培养人，在现实性上，人的培养也不是培养单个人成为一种固有的抽象物，人的培养也是一切社会关系以及一切教育相互作用的总和。

无论什么样的教育目的，无论什么样的人的规格，无论什么样的人的素质，最终的结果都是人所处社会关系以及一切教育的结果。从教育过程来看，一个人的教育结果，是所有社会关系的交互作用，也是所有教育的共同作用。在一个社会中，人才的成长、国民素质的提升以及文化思想知识的形成，不仅仅取决于教育制度，同时也是社会关系制度制约的结果。

---

① 《马克思恩格斯选集》第 1 卷，人民出版社 1995 年版，第 56 页。

　　从历史经验来看，国内外的思想家、教育家都十分重视社会环境对人发展的作用，而在社会环境中起决定作用的是人们所处的社会关系，正是社会关系影响着人的善恶、人的本质和人的素质。

　　教育家孔子很早就注意到"人性"与社会环境的关系，他说："性相近也，习相远也"，意思是人们的自然属性十分相近，因为社会环境使人相差很远，同时，他也注意到，"少若成天性，习惯成自然"，人们少年时代养成的行为就像天性一样不容易改变，这是环境和习惯造成的，所以，少年时代的社会环境、社会关系以及教育显得十分重要。自孔子后，中国古代重视环境洗染、重视社会教化就成为中国教育的一个优良传统。

　　近代以后，社会教育思想传入我国，受日本以及西方社会学说以及教育学说的影响，我国近代许多思想家和教育家开始用社会学原理来分析各种教育问题或用教育学原理分析社会问题。这个时期的教育家已经充分认识到社会具有教育性，社会具有教育功能。

　　1903 年留日学生主编的杂志《游学译编》，载《社会教育》（佚名）一文，作者认为"社会者，构造国家之原质也"。[1] 1916 年通俗教育研究会编著《调查日本社会教育纪要》，在绪言中写道：

　　　　人生于世，不能离群而独立，即无日不在社会之中。社会者集个人而成，而个人者乃社会之分子也。个人良否其现象恒著于社会。而社会良否，其影响亦及个人。于是国家谋社会之良善，必自社会教育始。[2]

　　并认为社会教育对于社会发展的作用可以"为国家养成有用之人才，为社会增进文化之程度。日训国人。力谋公益"。[3]

　　作者甚至极端认为：

　　　　吾国社会之腐败，至今而极矣。……道德日见丧亡。……触目惊心，……若此者，皆无社会教育之故也。夫社会一洪炉耳，青年一矿

---

　　① 佚名：《社会教育》，《游学译编》1903 年第 11 册。
　　② 唐碧：《调查日本社会教育纪要》，通俗教育研究会 1916 年版，第 1 页。
　　③ 同上。

质耳。投矿质于洪炉，人知必为其所熔化。置青年于恶社会则惑焉。是所谓目能视千里，而不能自见其睫者也。况社会为人民所结成。人民为国家之分子，社会之善否，影响立及于国家。载舟覆舟之喻，古人非我欺也。治国家者，顾可忽视社会教育也哉。①

由此可见，社会教育传入我国之初，其思想价值就与社会环境、社会关系以及社会革命和改革相连。社会教育的存在是"谋社会之善良"、"谋社会公益"，可以促进社会环境的改善，促进社会关系的和谐发展。

国内外历史的经验表明，人的本质是社会关系总和的哲学观点，从哲学层面论证了社会教育与人的社会性、社会关系以及各种教育之间的重要联系，从而，证明着社会教育学的科学价值与教育价值，证明着社会教育在促进人的发展以及社会发展过程中的重要意义。

首先，人的本质是社会关系总和的观点为社会教育学基本理论的存在提供哲学依据。

社会教育概念、社会教育目的、社会教育功能、社会教育内容和方法的选择均受社会关系的制约。社会关系中的政治关系、经济关系、思想关系以及意识形态，通过各种教育手段，培养一定社会关系需要的人才，需要的国民素质、国民能力及国民精神。制约社会教育的教育方向和教育内容，引导着国民素质的构成。社会教育则是通过自身的教育努力，保证着教育目的的实现，发挥着自身教育的效能，促进着社会的和谐、社会的建设，促进着人的发展和社会的发展。

其次，社会教育反作用于社会关系，通过社会教育功能的发挥，促进社会关系的丰富、完善与改进，促进健康、积极社会关系的形成，从而推动社会的进步与发展。

社会教育通过全民教育和终身教育的实现以及推动建设学习型社会，可以促进社会关系的改善与发展，为社会和谐、社会建设以及社会管理提供知识基础、学习基础和良好的国民素质保障。从这种意义上讲，社会教育是社会关系的基础，是社会关系发展水平和程度的标志，也是衡量社会关系状态的指标，检验社会关系好与坏的标准。

最后，社会教育通过改善社会关系，实现"人的本质"的完善和提升。

---

① 唐碧：《调查日本社会教育纪要》，通俗教育研究会 1916 年版，第 91 页。

　　在现实性上，人的本质的表现是人与人的区别。从教育学意义上来看，人与人的区别表现于人的素质，而人的素质，也不是单个人所固有的抽象物，在其现实性上，它是一切社会关系以及一切教育的总和。一切社会关系包括政治关系、经济关系、文化关系、思想关系等，社会关系制约着人的素质的构成，影响着人素质的性质与方向；一切教育则包括家庭教育、学校教育、社会教育和自我教育等。在人素质的提升过程中，各种教育都有作用，家庭教育起奠基作用，学校教育起主导作用，自我教育起主观调控作用，社会教育起客观保障作用。

　　社会教育学研究的是有目的、有计划、有组织的社会教育现象，有组织的社会教育行为。社会教育学的理念强调的是"社会即学校"，正如教育家杜威所言"教育是社会的过程，也是社会的功能"，[①] 突出"社会"组织的教育目的性。社会教育学的这些特点，对于促进社会关系的丰富、完善与改进，通过改进社会关系，促进"人的本质"的发展具有积极的能动作用。

## 二　人的社会化

　　人的社会化理论是社会教育学的社会学依据。从社会角度看，人的社会化是指自然人（或生物人）成长为社会人的过程，是一个人仅从具备自然属性，到具备社会属性的过程。从个体角度看，是指一个人学习社会文化的过程。从文化角度看，人的社会化是文化延续和传递的过程，个人社会化的实质是社会文化的内化。从教育角度看，人的社会化是一个教育过程，即：

　　　　社会通过各种教育方式，使自然人逐渐学习社会知识、技能与规范，从而形成自觉遵守与维护社会秩序的价值观念与行为方式，取得社会人的资格，这一教化过程即社会化。[②]

　　无论从何种视角研究，人的社会化离不开社会教育，人的社会化的性质、程度、目标以及人的社会化的过程都离不开社会教育的功能。

---

　　① 吕达、刘立德、邹海燕主编：《杜威教育文集》，人民教育出版社 2008 年版，第 96 页。
　　② 中国大百科全书出版社编辑部编：《中国大百科全书·社会学卷》，中国大百科全书出版社 1991 年版，第 303 页。

社会化是社会有意无意地教育个人，使个人由茫然无知的状态，而转变为具有独特人格的社会组成分子，所以社会化就是广义的教育，亦可说社会化就是社会教育。[①]

人的社会化目标离不开社会教育。个体社会化的目标是如何成为一个"社会人"，使该"社会人"具备社会的基本属性，具备社会完整的人格和自我的概念。"社会人"的形成，需要培养人具备合格的社会角色。无论是"自我概念"的形成，还是"社会角色"的培养，都离不开社会教育的作用。

通过社会教育的辅助作用，可以促使个体具备一定的人格特点，形成一定的社会观念、态度、性格和习惯等，从而制约人的社会行为。早期社会教育起源于"社会帮助"、"教育照顾"并逐渐向"社会公益"方向发展，通过各种公益性的教育活动，社会教育满足着各种教育对象的文化教育需求，促进着受教育者的身心发展，影响着人的社会化目标。

通过社会教育的救助作用，可以辅助社会培养符合社会要求的社会成员，使其在社会生活中担当一定的社会角色，并依照角色规范自己的行为。无论是欧美、日本，还是近代中国，社会教育观念的产生一开始就具有慈善性，它是通过教育手段实施对社会各类弱势人群的救助，这种观念的产生，对于缓解社会矛盾，减轻民众的负担，辅助解决各种社会问题起到了积极的作用，如近代在日本和中国出现的教养院、孤儿院、感化院、济生会、养老院等，都是作为社会教育产生和发展的。同时许多学校式的社会教育机构，如简易识字学堂、半日学校、民众学校、民众识字处等，也通过免收学费，赠送书籍等形式体现出一定的福利和慈善成分。正是社会教育的这种公益行为，引导着社会的福利事业，引导着民众的慈善民风，促使民众形成"人人向善"的社会化品性。

人的社会化的途径离不开社会教育。"从个体社会化的途径来看，个体的社会化主要是通过社会教化和个体内化得以实现的。"[②] 社会教化是外因，个体内化是内因，两者相辅相成。"社会教化是社会通过社会化的主体实施社会化的过程，它与广义的教育类同。"[③] 社会教育是广义教育

---

① 李建兴：《社会教育新论》，（台北）三民书局印行1981年版，第129页。

② 吴忠民主编：《社会学理论和方法》，中共中央党校出版社2003年版，第9页。

③ 同上书，第10页。

中有目的、有计划、有组织的教育，在不同个体以及个体发展的不同阶段，社会教育在个体社会化进程中作用不可低估。

如果把社会教化类同于广义的教育，那么这种广义的教育在人的社会化过程中具有两重性，既可能有目的，也可能无目的；既可能有计划，也可能无计划；既可能是积极的，也可能是消极的；既可能是正面的，也可能是反面的，广义教育的作用具有正负两个方面效果。为了突出广义教育中正面的、积极的教育正能量，有目的、有计划、有组织的社会教育日益显得十分重要。通过社会有组织的教育行为，可以拓展社会化的途径，可以提升社会化的效果，可以增进人的社会化的主动因素和积极因素，促使人的身心积极健康地发展。

社会教育对于人社会化的促进作用，可以通过近代中国社会教育的不断发展促进中国人素质的提升中可以看出。近代中国一些公共式的社会教育机构与场所经历了由少数人的特权向多数人的权利；从面向"士人"，到面向公众；从以儿童为主，向民众方向变化的转变，如图书馆、博物馆、公园、电影院、剧院，等等。在近代，由于社会教育事业具有慈善和福利色彩，所以社会教育的机构与设施普遍受到社会各界的欢迎，近代以来社会教育的事业像滚雪球一样越来越大，从清末时期的少数几项，发展到后来已达 60 多项，广泛的社会教育机构，存在于社会的各个角落，在提高"民智"，普及知识的同时，也对于促进中国人的社会化进程起到了积极的作用。所以，发展广泛的公益性社会教育是近代的一条重要的经验。相反，如果不重视公益性社会教育，那么社会教育的途径就很有可能被反面势力所利用，如各种黑社会势力、邪教势力等。历史与现实的经验教训表明，社会教育是促进人社会化过程中一个不容忽视的教育领域，它是"慈善"性质，还是"剥削"性质，关系到人社会化的性质。

### 三　人的全面发展

人的全面发展学说是社会教育的教育学理论依据。人的全面发展理论是马克思教育基本原理之一，是我国制定教育目的、教育方针以及教育政策的重要理论依据。教育学是培养人的学说，培养人的性质、规格以及发展离不开全面发展理论的指导，无论是家庭教育、学校教育，还是社会教育，回答教育目的问题，离不开全面发展的理论内涵。

人的全面发展是包含德、智、体、美、劳诸多要素的发展，人的全面发展是一个全体、全面、全方位、全过程的发展。人的全面发展，既是理想的，也是现实的。理想的是指人的全面发展只有在合理的社会制度条件下，才能够实现。现实的是指人的全面发展是一种自我实现，是个体生命价值的一种体现和完善，是人的本质的一种提升，是人生幸福指数的一种标志。

人的发展是指作为个体的人从出生到生命终止这一过程，随着年龄的增长，在身体和心理两个方面的积极变化过程和完善过程。人的身体发展包括机体的正常发育和体质的增强，两者是互相促进的。机体的正常成长，是身体发展的基础，促进体质的增强；体质的增强为个体发育提供保障，促进个体健康成长。人的心理发展包括认识的发展和意向的发展两个方面。认识是人对客观世界的反映，表现为感觉、记忆、思维等形式；意向是人对待客观世界的态度，表现为需要、兴趣、情感、意志等形式，二者是相互联系的。

人的身体发展和心理发展密切相关，它们是互相制约、互相促进的。人的身心发展的内涵决定了人在成长过程中需要得到"心理帮助"和"教育照顾"。所以，人的发展的整个内涵与过程离不开社会教育。

人身心发展的特点，需要社会教育的帮助。人的身心发展具有一定的顺序性和阶段性；人的身心发展速度具有不均衡性，个体有高峰低谷，群体有年龄特征；人的身心发展具有稳定性和可变性，在不同条件下有不同特点；人的身心发展具有个别差异性，不同人在同一方面发展不同，同一方面发展在不同的人中有差异。人身心发展的这个特点决定了教育工作要了解人的身心发展规律和特点，要遵循人的发展规律和特点。决定了教育工作要目的多样、内容多样和形式多样。整齐划一的学校教育很难做到因人施教，发展差异，必须有社会教育的参与和配合。人的身心发展特点与规律是社会教育存在和发展的理论基础，是构建社会教育体系，寻找社会教育路径和方法的重要依据。

人的全面发展的科学观点是马克思的人的全面发展学说。马克思分析了现实社会中的人和人们所处的社会关系，考察人片面发展过程中的危害，通过科学的历史分析，指出人的全面发展是人的最高自我解放，是人发展的最高境界。

马克思的人的全面发展理论认为，人的全面发展是指人的体力和智力的充分的、统一的、自由的、协调的发展，是人的个性的自由发展，是人的道德和审美的高度发展。从各种视角考察，人的全面发展的构成要素主要包括：体力、智力、个性以及道德和审美，这些要素伴随着一个人的成长、成人和成才，要促进人的全面发展，就必须实施全面发展的教育。

教育是培养人的事业，教育的工作是培养人的工作，无论是什么形态的教育，都不能回避人的发展这个问题，都必须为人的全面发展服务，这是我国一切教育的出发点，学校教育、家庭教育以及社会教育都受其制约并为其服务。

社会教育是人的全面发展的保障。人的全面发展的各项要素和指标，按着马克思主义全面发展经典观点来看，是在合理社会制度下，教育和生产劳动相结合的产物。教育与生产劳动相结合是造就全面发展的人的唯一方法。

从这个意义上来看，人的全面发展仅凭家庭教育或者学校教育很难做到教育与生产劳动相结合，很难实现教育与生产劳动相互结合，没有二者的结合，人的全面发展完全是一句空话。多年以来，全面发展的教育实践已经证明了这一点。不仅全面发展如此，人的素质教育也如此，素质教育没有教育与生产生活劳动相结合的实践，没有实践育人的环节，提升人的素质也是纸上空谈。

社会教育在人的全面发展的过程中起着保障作用。主要是通过社会教育实践环节，可以做到教育与生产劳动相结合，可以做到实践育人。社会教育的体验式教育方式，可以培养人的道德情感、道德意志、道德行为，在学校德育培养道德认识的基础上，通过道德教育与道德实践的结合，促进道德的发展。社会教育的个性化教育，可以丰富人的知识兴趣的选择，在学校智育的基础上，促进学校智育与社会智育的结合，通过社会智育和生产生活实践相连，促进人的智力因素的发展。社会教育的活动式教育，可以促进学校体育和社会体育的结合，通过体育教学和体育实践的结合，促进人的体力的发展。社会美育以及社会生活知识技能教育，是促使学校美育和生活知识教育结合的有效手段和途径。

社会教育在人的全面发展过程中的功能定位不能盲目夸大或者拔高，仅凭社会教育人也很难实现全面发展或素质的提升，社会教育也有自身的局限性，要通过家庭教育和学校教育的配合以及形成的教育合力，才能够为人的全面发展提供一个完整的教育保障。

### 四 终身教育与全民教育

终身教育与全民教育是现代民主社会两个重要的教育思潮，是推动人类社会进步和教育健康发展的重要指导思想。终身教育思想与全民教育思想是社会教育学的理论基础，社会教育的存在与发展以实现终身教育和全民教育为目标，终身教育与全民教育的实现离不开社会教育的作用。

（一）终身教育

终身教育（Lifelong Education）又称为终生教育或终身学习。是 20 世纪至 21 世纪全球最具有影响力的教育思潮之一。终身教育是一种教育思想，主张教育应该贯穿于人的一生中的各个年龄阶段，而不是只在儿童和青少年时代，终身教育是人们在一生中所受到的各种教育培养的总和，它包括各个年龄阶段的各种方式的教育，既有正规教育也有非正规教育；既有学校教育也有社会教育等。

在终身教育理论的推动下，世界各国都有所作为，有些国家颁布终身教育法规，依靠法律手段推动终身教育的实施；有些国家制定终身教育体系，通过教育行政推动终身教育的发展；有些国家改革现行学校教育制度，融合终身教育发展的要求，推动终身教育事业的发展；有些国家大力发展非正规教育机构设施，采取多样化的教育方式推动终身教育。

从世界各国推动终身教育发展的经验来看，一个国家终身教育事业的发展都十分重视社会教育的作用，都离不开社会教育的参与。在有些国家甚至认为社会教育是推动终身教育的主要力量。韩国，"1999 年 8 月 31 日把《社会教育法》改为《终身教育法》，于 2000 年 3 月 1 日正式执行"，并规定"本法令颁布实施前的社会教育设施，本法令实施后，更名为终身教育设施"，"本法令颁布实施前接受过社会教育的人，本法令实施后，享受终身教育待遇"。[①] 日本 1990 年 6 月 29 日颁布《关于完善振兴终身学习措施的推进体制的法律》，为增进国民终身学习机会，要求"社会教育有关团体和有关文化团体予以必要的协作"。[②]

从终身教育与社会教育的关系来看，社会教育是以终身教育为指导思想的一种教育活动，是以实现终身教育为目标的一种教育事业。终身教育偏重于教育思想的指导，社会教育则偏重于教育事业的发展，社会教育是终身教育的一环，终身教育是社会教育发展的目标之一。从目前许多国家与地区把发展社会教育事业作为推动终身教育的举措来看，终身教育与社

---

①　孙启林主编：《世界教育大系——社会教育卷》，吉林教育出版社 2000 年版，第 110 页。
②　同上书，第 498 页。

会教育的关系越来越密切。

　　首先，终身教育体系以及制度的建设离不开社会教育。终身教育体系指社会机构和教育系统为社会成员提供一生参与有组织学习机会的教育制度。从各国实践经验来看，构建终身教育体系，必须发挥社会教育的基础作用与保障作用，没有社会教育事业的协作与配合，终身教育体系建立不起来。

　　为此，联合国教科文组织多次告诫："终身教育是学习化社会的基石。"①"教育必须按照每个人的需要和方便在他的一生中进行"，"教育不应再限于学校的围墙之内"，"教育的机构和手段必须大大增加，使人们比较容易得到教育，使个人有尽可能多的选择机会。教育必须具有真正群众运动的方式"。② 要创造多样化学习机会，就必须要超越教育学校化的传统观念，学习机会应该利用一切机会、一切场合得以实现。"必须把教育看成是超越中小学与大学范围的一种事业，教育是超出它的组成机构的"。③

　　其次，终身教育法规的制定离不开社会教育。从发达国家推进终身教育发展的经验来看，制定终身教育法规都离不开社会教育。社会教育是终身教育的推动力量，是实现终身教育的资源平台，是完成终身教育的保障。1999 年，韩国把《社会教育法》更名为《终身教育法》，从法规、政策以及行政等方面，完成了国家层面推动终身教育发展的法律保障。从终身教育法的内容来看，没有社会教育资源的利用，没有社会各界资源的开放以及推动，终身教育立法以及实施，完全是一纸空文，没有成效。

联合国教科文组织建议：

　　　　终身教育，从这个名词的意义来讲，是指商业、工业和农业的机构都具有广泛的教育功能。我们必须超越学校教育的范围，把教育的功能扩充到整个社会的各个方面，社会的教育功能不是学校的特权，所有的部门——政府机关、工业交通、运输——都必须参与教育工作。④

---

　　① 联合国教科文组织国际教育发展委员会编著：《学会生存》，教育科学出版社 1996 年版，第 223 页。

　　② 同上书，第 224 页。

　　③ 同上书，第 216 页

　　④ 同上书，第 201、208 页。

最后，终身教育实践活动离不开社会教育。终身教育的实践形式就是建设学习化社会。"学习化社会"是：

> 一个教育与社会、政治与经济组织（包括家庭单位与公民生活）密切交织的过程。这就是说，每一个公民享有在任何情况下都可以自由取得学习、训练和培养自己的各种手段。①

要使"每个人必须终身不断的学习"，社会就必须提供和创造学习的机会，满足人们日益增长的学习需要。

为此，"必须在空间和时间上重新分配教学活动"。"我们应该通过多种多样的手段去传播和获得教育"，使"每个人应该能够在一个比较灵活的范围内，比较自由地选择他的道路"，② 即使错过了受教育的机会，也有其他的途径和方式使其重新学习。"终身教育应该利用社会提供的一切机会"。③ 终身教育的主张，为社会教育的存在与发展提供了指导思想，同时社会教育事业的发展，为终身教育的实现提供着保障。

（二）全民教育

全民教育（Education for Aall）的概念，出现在 20 世纪 90 年代。1990 年 3 月，联合国教科文组织在泰国召开"世界全民教育大会"，会上讨论和通过了《世界全民教育宣言》和实施宣言的《满足基本学习需要的行动纲领》，在这次会议上，"全民教育"概念正是提出并得到采纳与宣传，从而成为影响世界各国教育改革与发展的重要主题。④

全民教育思想是依据《世界人权宣言》"人人享有受教育的权利"而提出的。全民教育的基本目标是"每个人——无论他是儿童、青年还是成人——都应能获益于旨在满足其基本学习需要的受教育机会"。⑤ 基本学习手段和基本学习内容包括：

---

① 联合国教科文组织国际教育发展委员会编著：《学会生存》，教育科学出版社 1996 年版，第 203 页。

② 同上书，第 227 页。

③ 同上书，第 102 页。

④ 赵中建：《全民教育——世纪之交的重任》，四川教育出版社 1999 年版，第 1 页。

⑤ 吴德刚：《中国全民教育问题研究》，教育科学出版社 1998 年版，第 371 页。

人们为能生存下去，充分发展自己的能力，有尊严地生活和工作，充分地参与发展，改善自己的生活质量以及作出决策所需要的①。

为了实现全民教育的承诺，世界各发展中国家纷纷采取行动，在大力发展学校基础教育的同时，通过发展社会教育以及非正规教育推动全民教育的发展。印度创办"非正规教育中心"，通过行政和组织推动全民教育；印尼制定《教育法》明确规定，教育是政府、社区和家长的共同职责"教育资源的提供和有效使用应由政府、社区和教育参与者的家庭共同进行"，为落实全民教育，印尼实施"社区参与教育资源的规划和管理"；巴西1993年公布《全民教育十年计划（1993—2003）》，为提供条件，巴西政府制定方针"确立一种参与的机制，使各教育团体、家长协会、商业组织、劳工组织、社会传媒、有组织的运动等都能够在促进基础教育的发展过程中发挥各自的积极作用"，② 同时，要求立法、司法和行政积极协助配合完成全民教育之责。

我国"全民教育"的概念使用较晚，但是与之类似的教育思想和事业，却一直没有间断过。近代以来，始于清末的"识字教育"运动，发端于民国初期的"通俗教育"运动以及后来兴起的"扫盲运动"、"平民教育"、"民众教育"、"乡村教育"、"大众教育"、"业余教育"等，在理念上与"全民教育"类同，积累了十分丰富的教育经验。在这些此起彼伏的"全民教育"运动中，处处可以看到"社会教育"的身影，处处都有社会教育的作用，在一定时期"社会教育"甚至处于主导地位。

从国内外全民教育实施的经验来看，全民教育实施的制度建设、法规颁布以及改革实践活动都离不开社会教育的基础作用，社会教育是实施全民教育的基础资源，是落实全民教育的阵地、场所和场地，是开展全民教育的机构和设施，是实施全民教育的推动力量，没有社会教育的参与作用，全民教育很难落实，全民教育很难实施，很难做到可持续发展。

《世界全民教育宣言》建议"满足全民的基本学习需要，光靠加强现有的基础教育是不够的。所需要的是扩大视野……超越现有的资源水平、

---

① 赵中建：《全民教育——世纪之交的重任》，四川教育出版社1999年版，第17页。
② 同上书，第100页。

制度结构、课程和通常的传授体系"。①

　　　　可以利用信息、通信和社会活动方面各种可能的手段和渠道来帮
　　助传播必要的知识，并就社会问题向人们进行宣传和教育。除传统的
　　手段外，还可以利用图书馆、电视、广播和其他传播媒介并发挥潜
　　力，以满足全民的基础教育需要。②

　　全民教育是整个社会的责任，因此，要建立"教育部门同规划、财
政、劳动、通信等其他政府部门以及其他社会部门之间的伙伴关系"，③
"政府同非政府组织、私营部门、地方社团、宗教团体以及家庭之间的伙
伴关系"，"创造一种支持性的政策环境"，④ 调动所有社会资源参与全民
教育。《世界全民教育宣言》的许多建议和我们提倡的社会教育理念是一
致的，因此，全民教育的理论既是社会教育存在与发展的理论基础，也是
社会教育努力实现的重要目标。

# 第四节　社会教育学的研究对象

　　通过国内外的历史考察可以看出，社会教育学的理论与实践在历史上
是相当繁荣的。社会教育学有自己的学术领域，有自己的理论基础，有自
己的学术研究团体，有一批研究学者，出现了大批研究成果，同时，社会
教育学的诸多课程也成为大学教育学专业中的一门课程内容。可见，社会
教育学无论是专业体系，还是学科体系；无论是学术体系，还是知识体
系，都已经初具规模。社会教育学以其丰富多彩的研究内容，成为教育学
科领域一个重要的分支学科。

## 一　社会教育学研究对象概述

　　目前，社会教育在学科、专业以及学术研究领域有以下几个特点：

---

① 赵中建：《全民教育——世纪之交的重任》，四川教育出版社1999年版，第168页。
② 同上书，第170页。
③ 同上书，第171页。
④ 同上书，第172页。

　　第一，社会教育学既不是学科，也不是专业。在国家学科分类以及专业目录中，没有社会教育学。在各大学（包括师范大学）教育学院、教育科学学院都没有成为一门学科和专业。

　　第二，社会教育学既不是课程，也没有学术领域。在大学教育学科中，国内没有开设社会教育学课程；在科研立项和研究成果中，也很少见到有关社会教育的科研项目和专项研究成果。

　　第三，社会教育既没有自己的研究组织，也没有研究队伍。国内目前没有一个专门以研究社会教育学术为目的的学术团体，没有一种社会教育研究杂志，专门研究社会教育的学者也很少。

　　社会教育这样一种研究现状，我们只能说社会教育学科建设在我国尚处于萌芽时期。我国的教育学科建设基本上还没有完全摆脱学校教育的理论框架，有关国民教育的所有教育现象，都试图通过学校教育模式来规范和发展，"教育学"研究成果基本上都是"学校教育学"。许多包含着丰富社会教育因素与内容的教育现象，都已经学校教育化了，如成人教育、社区教育、补习教育等。虽然近年以来，出现过"大教育学"、"泛教育论"等试图突破学校教育约束的探讨，但是，这些研究由于其学术构建缺乏明显的理论支撑和实践依据，并没有引来相关学术的繁荣。

　　就目前研究成果来看，关于社会教育学研究对象有两种认识。

　　一种观点认为：社会教育学是"以社会教育的观点并采用社会学的原理、方法，研究探讨教育的科学理论。主要研究社会教育的理论和实践，包括历史、现状、发展趋势，青年工作以及社会成员的教育特征、内容、方法、机构等等"。[①] 我们认为这种说法并没有揭示出社会教育学研究对象的特殊性，和教育社会学没有区分开来。

　　"以社会教育的观点"这种提法不妥，社会教育的观点是社会教育学将要研究的内容，用其研究的观点来研究自己，显然不合适。"采用社会学的原理、方法，研究探讨教育的科学理论"，这种观点是教育社会学的研究对象，如果也用于社会教育学，那么，"教育社会学"与"社会教育学"不就是同一门学科，同一个研究对象吗？很显然，这种说法是没有依据的，并没有揭示出社会教育学特殊的研究对象。

　　另一种观点认为："社会教育学是研究社会教育现象及其规律的一门

①　顾明远主编：《教育大辞典》，上海教育出版社 1998 年版，第 1355 页。

教育科学。它是教育学的一门分支学科。"① 很显然，这种界定采用的是教育学关于研究对象的界定模式，即"××教育学"是研究"××教育现象及其规律的一门教育科学"。家庭教育学、成人教育学、学前教育学等都可以套用这种模式。如果"教育"含义比较明确的情况下，这样界定尚可。如成人教育学、幼儿教育学等，但是如果"教育"概念不明确，则这种界定很难言明其含义。社会教育即如此。如果按照这样一种界定，显然社会教育学是研究所有社会教育现象的一门教育科学。按照其概念的界定，也会如同教育学研究对象一样，社会教育学分为广义的社会教育学和狭义的社会教育学，最后认为社会教育学就是研究狭义社会教育的，又置广义社会教育学于不顾。这样无限地划分下去，所有社会教育现象也都会分为广义的社会教育现象和狭义的社会教育现象，这样对组织、规范与指导教育实践是不利的。

## 二　社会教育学研究对象的特殊性

依据社会教育概念的新诠释，教育概念可以分为广义与狭义两种，社会教育概念也分为广义和狭义是没有根据的。社会教育是广义教育中的一种形式，是广义教育中一切有组织的教育，是与家庭教育、学校教育相并列的教育。因此，社会教育学就不是研究所有教育现象的科学，不是广义的教育学。

依据社会教育概念的界定，现阶段的我国社会教育学，应该在总结历史经验和汲取国外社会教育学科建设的基础上来确立我国社会教育学的研究对象，应注意社会教育理论与社会教育实践的关联。

笔者认为社会教育学的研究对象是：社会教育学是研究学校教育与家庭教育之外，一切有组织的社会教育现象及其规律的一门教育科学。

首先，社会教育学研究的是有组织的社会教育现象。

"教育是一种社会现象"，人类最初的和永恒的教育现象就是社会教育现象。随着社会的发展先后出现了家庭教育现象和学校教育现象，但是，社会教育现象一直没有停止过，而且，随着社会的发展社会教育现象日益复杂多样。

社会教育现象是社会教育活动的外在表现形式，是存在于社会教育现

---

① 王冬桦、王非主编：《社会教育学概论》，教育科学出版社 1992 年版，第 2 页。

实中的教育活动，是社会教育实践所反映的客观存在。社会教育学研究的是有组织的社会教育现象。有组织的社会教育现象有两个方面的内涵：一是指与"社会"有关的教育现象，诸如教育与人的社会化、教育群体、教育组织、教育分层、社区教育、教育运动、教育变迁等。这些教育现象和社会关系密切，单纯从教育方面分析与研究，很难得出结论；二是指有教育因素，教育功能的"社会"现象，诸如大众传媒的教育现象；文化事业的教育现象，如图书馆教育、博物馆教育、文化馆教育等；文化产业的教育行为等。这些现象如果有教育的目的、教育的行为、教育的后果等就构成了社会教育现象。

其次，社会教育学研究的是社会教育规律。

教育规律是教育发展过程中的本质联系和客观法则，"是教育现象与其他社会现象及教育现象内部各个要素之间的本质的、内在的、必然的联系或关系"。[①] 社会教育规律是社会教育发展过程中，与社会各要素，与教育各要素之间，在相互作用中，形成的客观的、本质的、必然的联系。社会教育规律既具有一般教育规律的特点，遵从所有教育规律的普遍法则，也有自己教育规律的特殊性。社会教育规律遵从社会教育要适应并促进社会的发展以及人的发展的普遍规律。社会教育特殊规律在于，社会要促进并保障教育的发展，社会要适应并促进人的发展。

社会教育的特殊规律依据于"社会即学校"，突出强调"社会"的教育功能，强调"社会"的教育存在。社会教育是由"社会"所实施的教育，社会教育是学校教育以外一切有目的、有组织、有计划的教育活动，与学校教育学、家庭教育学以及教育社会学相比，有自己研究的特殊性。社会教育学研究对象的确定，明确了社会教育学研究对象的特殊性，区分了和各个相关学科的联系与区别。

（一）社会就是教育：一种理论形态

社会是教育的主体，社会具有教育的功能，社会有教育的因素，"社会即学校"。教育不仅仅是学校的功能，教育是整个社会的职责。全社会都要关心教育、发展教育、支持教育。从人的形成与发展来看，人的本质是社会关系的总和，人的素质也同此理，是整个社会作用的结果，如何发挥社会在人的素质提高过程中的作用，是社会教育探讨的重要问题；从社

---

① 柳海民：《教育原理》，东北师范大学出版社 2000 年版，第 3 页。

会发展来看，社会的稳定与进步，社会的和谐与公平要求社会要具有教育的功能，社会的一切制度的、思想的、活动的对人都要有积极的促进作用；从文化传承来看，一定社会文化的延续与发展不仅仅通过学校教育来完成，社会的一切（包括政治的、经济的、文化的等）均有传承文化的作用，也均体现社会教育的功能。因此，社会具有教育性是社会教育最重要的特点，也是社会教育得以存在和发展重要理论依据。

（二）社会教育是有组织的教育活动：一种实践形态

社会教育不是漫无边际的教育，不能用教育泛化人类的所有活动，不能把所有的有影响的现象都称为社会教育。教育有广义和狭义之分，社会教育不应分广义与狭义。我们所研究的是有组织的社会教育，我们认为社会教育是可以组织的，社会教育是可以有计划地实施的。通过组织化的社会教育可以实施对广义社会教育的规范与指导。扩大人类教育的内涵，扩充教育的范围，增强社会教育的功能。使教育目的透过全社会来实施，教育任务通过全社会来实现。有组织的社会教育要凸显社会制度、社会组织机构的教育机能，要明确社会各组织机构的教育责任，分清其教育任务。"教育必须超越学校教育的范围，把教育的功能扩充到整个社会的各个方面"。①"所有的部门——政府机关、工业交通、运输——都必须参与教育工作"。"教育是整个社会的目的"，"城邦是最好的教师"。②

（三）社会教育即人的社会化：一种社会学观点

社会学认为社会化是自然人成长为社会人的过程。一个自然人成长为社会人，社会是通过各种方式实现的，这些方式，从教育学意义来看即是社会教育。从个体成长角度来看，自然人的社会化过程是一个学习化过程。自然人在成长过程中，逐渐学习社会知识、技能与规范，从而形成社会共同遵守与维护的社会价值与行为方式，成为社会人。而从社会的角度看，一定的社会总是要通过各种有组织、有意识的教育方式，力图促使自然人成长为社会人。因此，人的社会化过程是个体与社会两种力量相互作用的过程，是个体学习和社会教育相互作用的过程。在这种相互作用的过程之中，社会必须强化自己的教育职责，明确自身的教育性质，突出社会

---

① 联合国教科文组织国际教育发展委员会编著：《学会生存》，教育科学出版社 1996 年版，第 201 页。

② 同上。

教育的组织性、主动性、强制性与持续性，提高社会教育的效果，以积极促进人的社会化。

（四）社会教育是运用教育学原理和方法来研究社会：一种研究方法

用教育学原理和方法研究社会作为教育主体的体现，研究社会的教育功能、社会的教育因素、社会的教育现象、社会的教育问题、社会的教育事实、揭示社会的教育规律。研究社会可以用不同的理论与方法去研究。社会教育学主要运用教育学原理和方法来研究社会。从而认为社会具有教育的内涵，社会具有教育的功能、教育的因素、教育的规律，人类社会本身应该是有组织的教育制度、有组织的教育活动，以实现社会发展与人的发展的和谐统一，促进社会与人的共同进步。用教育学的原理来分析社会，我们可以发现，社会就是学校，生活就是课堂，社会每一种制度、组织、单位、团体、活动等都是教育的主体，社会每一个人都是教育的对象。如果强化这种社会的教育学事实，增强社会的教育学功能，我们会发现这将无疑增加人类教育的效果，提高教育的效率，加速人的社会化。

通过对国内外社会教育学产生与发展历史的分析，我们可以看到，社会教育是一种历史悠久的教育现象，社会教育学则是一门年轻的学科。作为一种教育现象，社会教育有着教育的一般特点，遵循着教育的普遍规律，同时也有自身的教育特殊性；作为教育学科的一个分支学科，社会教育学既不同于社会学和教育学，也不同于教育社会学，社会教育学就是研究社会教育现象，揭示社会教育规律的一门科学，它是用教育学的原理与方法研究社会教育现象、社会教育功能、社会教育问题，研究学校教育、家庭教育之外一切有目的、有计划、有组织的社会教育现象，揭示其教育规律的一门科学。通过建立社会教育学科，发展社会教育专业，我们可以日益使社会教育走向规范化和科学化，从而提高社会教育的功能与效率，更好地为社会与人的和谐发展服务。

# 第三章　社会教育历史发展

任何一种教育都有其产生、发展的历史过程，社会教育亦如此。中国古代有重视教化的传统，其思想内涵和教化实践和现代社会教育有相似之处。近代国外社会教育开始在中国传播，教育家开始从国情、民情探讨社会教育问题。苏区社会教育的兴起以及国民政府期间的社会教育工作，使中国近代社会教育的发展轰轰烈烈和有声有色，成为中国教育发展史的重要内容。

## 第一节　古代社会教化的演变

教化思想是中国古代教育思想的一个重要组成部分，教化思想是在中国传统文化背景下，在长期的教化实践中孕育而生的具有中国特色的教育文化。它的特点是：1. 主要指统治阶级的教化思想，反映的是政府和官方的教化意志，包括代表官方利益的教育家的思想主张，不包括非官方教育家或受官方排斥的教育家的教育思想；2. 教化的目的、对象、内容等主要指对民众而言，不包括人才教育或以选官和做官为目的的学校教育和科举制度。从理论和实践两方面来看，中国传统教化思想实际上是指以政府教化意志为主导的，以广大民众为教育对象的，在长期的教化实践中所形成的思想和理论。

### 一　鸦片战争前"社会教化"的特点

发展到鸦片战争前的中国，已经是一个衰老的封建帝国，在清朝政府专制统治下，鸦片战争前的清王朝，在政治上腐败没落，经济上民穷财乏，文化上死气沉沉。围绕着"政权稳定"这一最高统治利益，统治者继承和发展了历代"政教合一"的统治术，在统治实践中，把学校、科举与教化有机地结合起来，使鸦片战争前的社会教化，成了钳制士人和民众的牢笼。概括起来，鸦片战争以前的"教化"思想主要有两个特点。

（一）治民与教民并重

晚清教化思想，从性质上仍然是政治和道德教育有机结合的一种"统治术"，这种"统治术"源于西周"敬德保民"的政治理想，后来经过孔子、孟子的发挥以及董仲舒、朱熹等历代思想家与教育家继承与改造，在长期的历史发展中，被统治阶级所利用，逐渐形成了以儒家的"为政以德"思想为主导的教化观，这种思想的基本点是：

1. 政治上主张"重民"，对民要施"仁政"、"德政"，主张要"亲民"、"爱民"，统治者要"得民心"。

2. 教育上主张"教民"，认为"建国君民，教学为先"，"化民成俗，其必由学"。强调运用教化的手段来"明人伦"，"使人为善"。

3. 在政治与教育的关系上，主张教民与治民并举，坚持"政教合一"，强调政治要教育化，教育要政治化，强调统治者的道德典范在治民中的作用。孟子要求统治者的各种统治政策、措施，都要有道德教化的功能，他说：

> 善政不如善教之得民也。善政民畏之，善教民爱之；善政得民财，善教得民心。①

在这种思想的支配下，历朝历代都十分重视对万民的教化，都把"教化"看成"得天下"和"治天下"的重要法宝，在长期的历史发展中，"教化"确实对于王朝的建立与巩固，以及王朝初期"民心"的获得起到了重要的作用。可以说发展到近代的"教化"思想，已经成了我国古代社会的一个重要政治传统，同时也是一个重要的教育传统。

清朝统治者"由于它的主宰是外来的满族征服者，他们第一位优先考虑的是用尽方法保持政权"。② 围绕着这样的最高目的，清政府在"治天下"的过程中也把"教化为本"看作统治的重要原则，首先考虑的是

---

① 《孟子·尽心上》。

② 费正清：《伟大的中国革命1800—1985》，世界知识出版社2000年版，第21页。

"治民"，其次考虑的是"教民"。在统治之初（1619年），清太祖就强调"为国之道，以教化为本。移风易俗，实为要务。"① 康熙九年（1670年）又进一步强调：

> 朕惟至治之世，不专以法令为事，而以教化为先。……盖法令禁于一时，而教化维于可久。若徒事法令，而教化不先，是舍本而务末也。②

可见鸦片战争以前的清政府仍视教化为其统治的重要工具。由于重视教化的作用，清王朝在长期的教化实践中，在组织、制度以及机构、设施等方面，形成了一个严密的教化系统来保证其作用的发挥和目的的实现，其乡村教化体系及主要形式如图所示：③

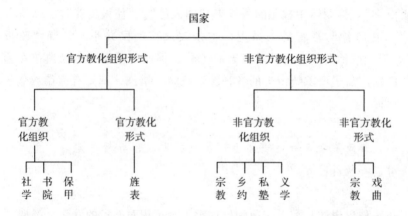

这样一个严密的教化体系，是清朝统治者治理乡村、稳定社会以及统治国家的一个重要力量。依靠这样一个严密的社会教化体系，统治阶级的教化思想源源不断地渗透到社会各个阶层。

（二）教化的道德至上

清朝统治者对于教化的内容极为重视，顺治九年，曾题准刊立"卧碑"置于明伦堂之左。康熙三十九年颁布圣谕十六条于各省学宫，雍正二

---

① 《太祖实录》卷六，中华书局1986年版，第85页。

② 琚鑫圭编：《中国近代教育史资料汇编·鸦片战争时期的教育》，上海教育出版社1990年版，第119页。

③ 王先明、尤永斌：《略论晚清乡村社会教化体系的历史变迁》，《史学月刊》1999年3月。

年形成圣谕广训。康熙四十一年又颁御制"训饬士子"文于各省。我们仅从圣谕广训中来看一看其教化的内容：

　　1. 敦孝弟以重人伦；2. 笃宗族以昭雍睦；3. 和乡里以息争讼；4. 重农桑以足衣食；5. 尚节俭以惜财用；6. 隆学校以端士习；7. 黜异端以崇正学；8. 讲法律以惩愚顽；9. 明礼让以厚风俗；10. 务本业以定明志；11. 训子弟以禁非为；12. 息诬告以全良善；13. 戒窝逃以免株连；14. 完钱粮以省催科；15. 联保甲以免盗贼；16. 解仇忿以重生命①。

　　圣谕广训，颁行在康熙三十九年，当时议准："每月朔望，地方官宣读讲说，化导百姓。"② 至雍正二年完善了这十六条，要求"晓喻军民、生童人等，通行讲读"。"以启后人，使群黎百姓，家喻而户晓也。"③ 在这以后，圣谕广训成了清王朝中后期社会教化的主要内容。分析这十六条，我们可以看出，其教化的内容仍以道德为主，内容没有超出"仁、义、礼、智、信"的伦理规范，诸如"孝弟"、"人伦"、"和睦"、"节俭"、"礼让"、"良善"等，增加的内容也不外乎"遵纪守法"等项，在其他一些"圣谕"及"训饬"中也体现了这一点。可见发展了两千余年的教化思想，到了清代仍然停留在道德教化这一水平和层次上。

　　鸦片战争前清政府的"教化"思想，在性质上是一种"政教合一"的"统治术"，其教化的目的是从"长治久安"出发，使"老百姓""遵纪守法"，教化的内容仍然是狭窄而单一的伦理道德。这种状态如果在和平盛世确实能够"行礼乐、宣德化、昭文明而流教泽"。④ 但是一旦阶级矛盾和民族矛盾尖锐激化之时，这种教化就会失去维系人心的力量。历朝历代王朝的瓦解，一个重要的原因就是对于社会教化的失控，从而使民心丧失成为王朝灭亡的重要原因。鸦片战争前的清朝社会教化，就处在这一瓦解的前夜，虽然许多有识之士如龚自珍等已经表现出强烈的忧

---

　　① 《钦定大清会典事例》卷397，第2—3页。光绪己亥夏御制本。
　　② 璩鑫圭编：《中国近代教育史资料汇编·鸦片战争时期的教育》，上海教育出版社1990年版，第120页。
　　③ 同上书，第121—122页。
　　④ 《清史稿》选举志一，学校上，第1—8页。

患意识，但这种意识如果转化不成政府意志，那么其作用是低微的，在一个"没有不同意见"，没有"反对派的"专制政权下，在一片"歌舞升平"和"掌声不断"的社会中，清朝的社会教化也迎来了一个"千年来未有之变局"。

## 二　在西方文化教育冲击下产生新知

鸦片战争以后，中国的阶级矛盾和民族矛盾开始激化，外部西方资本主义列强的入侵，内部太平天国农民大起义。面对这种严重的形势，清政府在鸦片战争至太平天国起义失败这二十几年中，对外和对内政策采取的仍然是"祖宗成法"，"药方只贩古时丹"。

用祖宗留下的"修齐、治平"思想来对付面临的新的问题，是这一时期清王朝统治政策的基本思路。在这种思想的指导下，这二十几年中，在教育领域内，继续推行以"尊孔读经"和"八股文"为主要内容的封建主义教育。科举仍然是教育的支柱，学校仍旧为科举服务，对民众的道德教化仍然占据着主导地位。直到第二次鸦片战争以后，这种情况开始发生变化，外来的强烈冲击和内部的不断压力使清政府认识到外患面临的是一个"千年来未有之强敌"，内忧感觉到社会矛盾日益激化，祖宗的"成法"受到了前所未有的挑战，老一套开始不灵了。

在第二次鸦片战争至甲午战争这一段时间里，外部各种屈辱条约的签订，使清政府不仅在政治、经济方面的主权逐渐丧失，而且在文化、教育等方面，西方多种渠道的渗透，也开始逐渐影响到社会的各个层面，西方的各种文化教育思想及设施也开始大量的传入中国。统治阶级内部开始分化，分化为主张"自强"、"求富"的洋务派和坚持"祖宗成法"的顽固派。

"洋务派的出现，标志了中国地主阶级开始真正意义的分化。"[1] 这个时期由洋务派"所创办的新式文化事业大约有 30 个左右。……正是这批事业……打开了传统文化之外的另一个天地。这是一种真正的智力开发，它影响了一代知识分子"。[2] 洋务派和顽固派之争使大一统的封建正统思想开始出现分歧。历史学家陈旭麓对此曾总结说：

---

① 陈旭麓：《近代中国社会的新陈代谢》，上海人民出版社 1992 年版，第 97 页。

② 同上书，第 114 页。

洋务运动汲取的西方知识对中国传统社会的冲击，比十次旧式农民战争更大。在这个过程中虽没有激昂的呐喊呼叫，但新的观念却借助于具体的事务和实例改变着人们世代沿袭的成见和信念。①

传统的教化思想也就是在这外部冲击和内部争论的背景下逐渐从教条、僵化的形态下出现了新知。这个时期的新知最主要的表现是，一些政府官员对"民"的认识，以及对官民关系的认识开始在接受西方民主制度的过程中发生变化。

自鸦片战争以来，清政府统治政策的每一次调整，几乎最先都是由处在"改革最前线"的政府官员所提倡的，部分官员把一些"开风气之先"的认识融进政府政策的改革与调整之中是清政府政策及观念动摇的一个前提，而对"民"认识的变化，是这一时期教化观念产生动摇的一个起点。最先对"民"认识的是"开眼看世界"的魏源、徐继畬和梁廷枏等经世派的士大夫。魏源在他的名著《海国图志》中除了大量的介绍西方历史、地理和科学技术以外，还对西方的民主制度表现了浓厚的兴趣。他以肯定的口吻介绍了英国的"巴厘满"（即议会），认为"巴厘满"对待民意的原则是"大众可则可之，大众否则否之"。② 同时，书中还赞扬了美国的民选"总领"（即总统）是"一变古今官家之局，而人心翕然"③ 并说这种制度"议事听讼，选官举贤，皆自下始，众可可之，众否否之，众好好之，众恶恶之"。④

这种肯定式的介绍，无疑和中国的官民观、政教观不同，它标志着"开眼看世界"的这一批人，在介绍西学的过程中，对西方官民关系也有了一定的认识。在福建、广东任大吏多年的徐继畬在其《瀛环志略》一书中也高度评价了欧美各国的官民关系和民主制度，认为美国的官民之间"不设王侯之号，不循世及之规，公器付之公论，创古今未有之局，一何奇也！"⑤ 而梁廷枏在《合省国说》一书中更为系统地介绍了美国的共和政治，并注意到了这种制度具有"未尝以人变法"的法制特点。梁廷枏

---

① 陈旭麓：《近代中国社会的新陈代谢》，上海人民出版社 1992 年版，第 115 页。
② 《海国图志》百卷本，卷五十。
③ 《海国图志》百卷本，卷五十、卷五十九。
④ 同上。
⑤ 《瀛环志略》卷九。

说：美国是"未有统领，先有国法"，"统领限年而易……既不能据而不退，又不能举以自代，其举其退，一公之民，持乡举里选之意，择无可争夺、无可拥戴之人，置之不能作威、不能久据之地，而群听命焉"，① 强调了民在治国中的作用。

从这三人的早期言论中可以看出，官方人士的早期认识是在对西方官民关系及民主制度的介绍中表现出来的，基本上是对西方这种现象的描述，在评价上仍然用中国古代的圣贤之道作为标准，因而没有表现出否定君主制度和仿效西方民主制度的意思。但是他们对西方政治中的官民关系及民主制度的介绍，在一定程度上都表现了较积极的态度，透露了他们认识上的好感，因而这势必会影响更多的人在这一方面认识的转化和观念的更新，为后来人们认识的深化以及传统教化观念的动摇奠定了基础。正是在这个基础上，经过太平天国农民起义和第二次鸦片战争，一些有识之士开始提出了变革的主张。

郑观应和王韬是这个时期主张"上下一心，军民共治"的两个最具代表的民间人士。他们看到了中国"君民相隔"的危害，看到了西方"君民共主"的优势，主张要"重民"、"教民"和"养民"。但是由于他们的"人微言轻"和"位卑言高"，其思想不可能是官方的代言，虽然对官方有影响，但其影响作用是有限的。官方人士提出这个问题，在此时也是一些较低微的官员，如 1883 年庶吉士崔国因在《奏为国体不定后患方深请鉴前车速筹布置恭折》中，向清廷直接提出开设议院的建议，并把它列为十条自强之策中关键的一条。他主张组成议院的任务是议政，并认为这是沟通上下之情、固结民心的最好办法，同时也有利于"人才辈出"。据史家考证这是中国向皇上明确建议设议院的第一人。② 1884 年，两广总督张树声在病逝前口授的遗折中也倾吐了这一方面的主张，他说："夫西人立国，自有本末，虽礼乐教化，远逊中华，然驯致富强，具有体用。育才于学校，议政于议院，君民一体，上下一心，务实而戒虚，谋定而后动，此其体也。"③ 可见他已经把"君民一体，上下一心"看成西方的"体"，并恳请朝廷早下决心"采西人之体，以行其用"。这一年兵部尚书彭玉麟在

① 转引自徐宗勉等《近代中国对民主的追求》，安徽人民出版社 1996 年版，第 3 页。
② 熊月之：《中国近代民主思想史》，上海人民出版社 1986 年版，第 128—130 页。
③ 转引自徐宗勉等《近代中国对民主的追求》，安徽人民出版社 1996 年版，第 10 页。

给郑观应的《盛事危言》写的序中，也表示了赞同"君民一体"的主张。这些官员尽管在提出自己的主张时有所顾忌，但这种认识和主张无疑有利于这种思想和观念的传播。

这种主张和认识在甲午战争以前，已经受到越来越多的人的关注，其言论也逐渐广泛，如"广言路"、"通上下之情"、"去君民阻隔"、"公器公同，公事公办"、"公国事，伸民权"，等等。自鸦片战争到甲午战争的半个多世纪中，清政府的某些官员在认识西方民主制度的过程中，开始转变着自己的君民观，在实践中逐渐看到了中国"君民相隔"的缺欠，这种新知突破了中国传统的"君为臣纲"的等级观、尊卑观，"天经地义"的治民观，以及"民可使知之，不可使由之"的愚民观，这种议论虽然还处在私相议谈的初始阶段，但萌生起来的新观念以其势不可挡的生命力冲击着传统封建的政教牢笼。著名史学家陈旭麓总结说：

> 议院在中国作为一种政治主张提出，是认识西学、学习西方的突破点。……议院是与民权相联系的，它的实行必然是对君权的限制和削弱，并会改造以"君臣之义"为纲纪的"中体"。①

有了这样的认识的突破点，中国传统的政教观和教化观开始逐渐动摇。

## 三　传统社会教化观念的新陈代谢

如果说甲午战争以前，传统教化在观念上由于接受新知而开始出现松动的话，那么甲午战败以后，这种新知逐渐扩大，并逐渐成为一种思潮，促使着传统教化观念发生转变。这种转变主要有三种原因：一是空前的民族危机。甲午战败、义和团运动以及八国联军攻占北京，接二连三的民族灾难构成了19世纪末至20世纪初中国社会的悲惨画面，民族危机促使人们观念的觉醒，观念的觉醒促使人们去寻找救亡的道路；二是"民权"思想的高涨。维新变法虽然失败了，但是维新派所倡导的民权说则逐渐传播开来，"民权"观念的兴起，对于长期处于专制统治下的国民来说，起到了振聋发聩的作用；三是晚清新政改革。甲午战败及八国联军攻占北京，强烈地刺激着清朝政府，面对着国外的压力和内部的挑战，清政府在"痛

---

① 陈旭麓：《近代中国社会的新陈代谢》，上海人民出版社1992年版，第118页。

自刻责"的同时不得不进行宪政改革。政府的"自我"改革是教化观念发生转变的主导因素。在这些因素的作用下传统的教化思想开始了真正意义上的新陈代谢。主要表现在如下两个方面：

(一)"第一急务"从造就人才到教育国民

在中外交涉的惨痛教训和朝野有识之士的呼吁下，清政府的各级官员开始从把人才当作"第一急务"，转而逐渐认识到国民教育的重要。1903年，管学大臣张百熙遵旨议奏湖广总督张之洞等奏次第兴办学堂折中认为："小学为急，为第一义；各国教育家之言，谓造就人材备国家任使为第二义。"① 小学为第一义是由于"知学为人民当尽之职分，使人民入学为国家当尽之职分"。② 并称这种小学即为义务教育或国民教育。奏折中强调，义务教育就是使"一国之民贵贱、智愚、贫富无一不学"，③ 并通过对日本义务教育的介绍，得出结论"国之强弱由于民之智愚，日本之兴，盖在于此。"④

1905年9月2日，直隶总督袁世凯、盛京将军赵尔巽、两湖总督张之洞、两江总督周馥、两广总督岑春煊、湖南巡抚端方等在会奏请废科举折中说：

> 且设立学堂者，并非专为储才，乃以开通民智为主，使人人获有普及之教育，且有普通之知能，上知效忠于国，下得自谋其生。其才高者，固足以佐治理，次者亦不失为合格之国民，兵农工商，各完其义务而分任其事业。妇人孺子，亦不使逸外而兴教于家庭。无地无学，无人不学，以此致富奚不富，以此图强奚不强。⑤

从这里可以看出，掌握着清政府大权的这些朝廷要员，看到了学校不仅具有"储才"的作用，而且还具有"化民成俗"、"开通民智"的作用。对于学堂教育不仅有"育才"之职，还有"教民"之责的观念，1905年

① 朱有瓛主编：《中国近代学制史料》第二辑上册，华东师范大学出版社1987年版，第68页。
② 同上。
③ 同上。
④ 同上书，第69页。
⑤ 同上书，第111页。

御史陈曾佑在奏请变通学堂毕业奖励出身事宜折中有更加详细的论说：

> 盖国家所以广立学堂者，大旨有四：一教成人格，教育普及，则人人知人伦道德，而风俗纯；一教成国民，教育普及，则人人有政治思想，而国本强；一寓通国皆兵之意，小学普及，则军人资格已具，而征兵之令可行；一寓富民足国之意，实业普及，则民多才艺，而谋生之途较广。此四者，兴学之大旨也。①

紧接着他指出："故以学堂为专造人才而设，实昧于兴学之本旨也。"② 除了上述官方的一些言论和奏旨以外，这种开始重视"国民"教育的思想也体现在颁布的教育宗旨之中。1906 年 3 月 25 日学部奏请宣示教育宗旨折中，开始把学制分成专门和普通两种，并指出"普通尤为各国所注重"，因为"普通云者，不在造就少数之人才，而在造就多数之国民"。并强调"今中国振兴学务，固宜注重普通之学，令全国之民无人不学……"③ 由此可见，从以人才为当今"急务"到开始注重"国民"的教育是这个时期清政府教育观的一个重要转变。"国民"教育观的出现，扩大了教育的对象，丰富了教育的内涵，是使传统教化向近代社会教育转变的重要思想基础。

（二）从"得民心"到"开通民智"

传统教化观主张"教民"，但是其"教民"的思想是和"得天下"和"治天下"相连的，其目的是"得民心"，因此"教民"是一种政治手段。甲午战争以后，有识之士看到了"君民相隔"的危害，大声疾呼要"鼓民力、开民智、新民德"，认识到"新民为今日中国第一急务"。④ "民德、民智、民力，实为政治学术技艺之大原。"⑤ 这些强烈的呼声，从各个方面刺激着清政府。在实际的中外交涉中，清政府的重臣们也看到了"国民"的重要，看到了"民智"的重要，因此在一些奏议和言论中逐渐接

---

① 朱有瓛主编：《中国近代学制史料》第二辑上册，华东师范大学出版社 1987 年版，第130 页。

② 同上。

③ 同上书，第 151 页。

④ 梁启超：《新民说》，中州古籍出版社 1998 年版，第 48 页。

⑤ 同上书，第 55 页。

受了"开通民智"的观念。如前文提到1903年管学大臣张百熙遵旨议奏湖广总督张之洞等奏次第兴办学堂折中认为:"国之强弱由于民之智愚,日本之兴,盖在于此。"1905年袁世凯等奏请废科举折中也称,设立学堂"乃以开通民智为主",并强调科举不停,民智不开。

这个时期"开通民智"的提法虽然在清政府的言论和奏议中还是零零散散的,而且在皇帝的上谕中也很少用,但是"民智"观的出现,却是传统教化思想中所没有的,尽管清政府的"开通民智"和维新派以及革命派所倡导的"开民智"有着根本性质的不同,但是"开通民智"却比传统的"得民心"有了新义。

综上两点可以看出,从甲午战败到辛亥革命这一时期,传统的教化思想受到了前所未有的冲击和挑战,西方各种政治学说的传入,国内"民权"思想的广泛传播,强烈地动摇着已经教条、僵化了的传统教化观念,传统的"教民"观、"治民"观和"重民"观,在新的"民智"观、"新民"和"国民"观的影响下正在从动摇中走向转变,所以从思想层面上看,"新民"观和"开民智"观的出现标志着近代社会教育思想的萌芽。

### 四 终结与滋生并存

1911年的辛亥革命,结束了清王朝的专制统治,标志着封建制度的终结,但是一种制度的结束,并不意味着寄生于这种制度之上的思想观念也同时结束。因此,虽然封建制度瓦解了,但封建的思想意识却并非立即消亡,随着一定的环境和适宜的土壤它会重新演化和滋生,1911年辛亥革命以后的历史发展就说明了这一点。

在教育领域内也同样,封建的教育制度虽然被摧毁了,但封建的教育思想并没有结束,它通过各种方式、各种途径残存于社会之中,遇到合适的机会就会泛滥。如科举制,尽管在1905年就已经废除,但科举的思想意识,"升官发财"、"功名利禄"、"光荣耀祖"、"改换门庭"等价值观仍盘踞在人们的头脑之中,以至于到了1910年还有人写诗讥讽新式学校中的科举思想。清末士子吾卢孺以"升官发财"为题,描写了清末"人人向学"的情况。

读书入学莫徘徊,可以升官又发财。

禽兽衣冠天下遍，人人都向此中来。①

科举观念、意识如此，那么教化思想亦一样，并非随着清政府的瓦解而走向消亡。"治民"、"得民心"、"施仁政"、"道德教化"等思想观念仍然通过各种方式存在着，并且随着政府的性质，或多或少，或轻或重地被掌权者所利用和改造。因此，从辛亥革命以后的历史来看，我们说传统的教化思想是终结与滋生并存。

（一）传统教化思想的终结

传统教化思想的终结主要指在辛亥革命以后，封建教化思想已不占主导地位了，随着封建制度的瓦解，封建的各种教化思想、观念有的走向消亡，如"教化"这个概念就是在这个时期逐渐被弃用；有的受到批判，如封建的"纲常名教"；有的发生转变，如"得民心"逐渐走向"开民智"；有的被改造，如道德教化，逐渐丰富和发展，出现了"公民教育"、"品格教育"、"公德教育"等。传统教化的设施与手段也逐渐废止或转向，如传统的"宣讲"向"公开演讲"或"大众讲演"方向变化等。传统的教化思想在新思想、新观念和新设施的冲击下逐渐走向终结。

（二）传统教化思想的滋生

传统教化思想的滋生，主要指在适宜的环境和条件下，不占主导地位的封建教化思想，会重新繁衍和泛滥。在北洋军阀政府时期和南京国民政府时期这种滋生均有所体现。

1. 袁世凯的复古主义教化。辛亥革命失败以后到五四运动以前，中国曾发生过以袁世凯、张勋、段祺瑞为首的三次复古运动。其中袁世凯复辟帝制活动最为猖獗。配合其复辟帝制的需要，袁世凯在教育领域内大搞复古主义教化，其主要思想有：①复活、改造和发展了清末的教化宗旨，如把清末的"忠君"改为"爱国"，把"尊孔"发展为"法孔孟"，继承了"尚武"和"尚实"。同时又增加了"重自治"、"戒贪争"、"戒躁进"。这个宗旨的确定是对民国初期提出的德、智、体、美和谐发展教育方针的全面否定，因而在本质上，是对封建社会教化思想的复活。②恢复尊孔读经的封建教化内容。如恢复祀孔典礼，颁布《天坛宪法草案》，规

① 陈汉才编：《中国古代教育诗选注》，山东教育出版社 1985 年版，第 213 页。

定："国民教育，以孔子之道为修身大本。"① 由此可见，封建的教化思想一遇到专制的政治，就会重新滋生和泛滥。但是，政治上求民主，教育上开民智，已经成为这一时期社会文化的主流，因此这种专制和封建教化的复活，很快就在新文化运动中受到了前所未有的批判。

2. "党化教育"。"党化教育"是 1927 年前后国民党根据蒋介石"以党治国"的主张提出的教育方针。根据这个方针，国民党于 1928 年 7 月制定了《取缔各种社会教育机关违背党义教育精神通则》，开始用"党化教育"的思想来指导社会教育的理论与实践。《通则》中规定："凡公私团体或私人所举办之社会教育机关或其负责人员，而有违背党义教育精神之设施或言行者，由国民政府遵照本通则，分饬所属各级教育行政机关及民政机关严格取缔之。"② 暴露了国民党在教育领域内开始搞专制和独裁统治。1928 年 10 月，国民党中央民众训练部制订了《党治教育实施方案》开始根据国民党的主义确定教育宗旨的标准和实施步骤。

"党化教育"虽然在对象、内容和范围上不是复古主义教育，但在性质上却是和复古主义的专制教育一脉相承的，因此"党化教育"一提出就受到了进步人士的抨击。加之国民党内部对"党化"的理解存有分歧，后来逐渐取消了"党化教育"的提法。可见，"党化"和"教化"虽有一字之差，但在专制教育的思路上，却暗含着封建教化思想的成分。

综上所述，我们把传统教化思想放在近代广阔的社会文化背景中去考察，可以发现，传统教化思想在近代的演变是与封建的政治思想、文化思想同命运的。在先进文化教育思想的冲击下，传统的教化思想开始动摇，出现转变，增加新知，走着自己艰难而独特的演变之路。追寻传统教化思想在近代的演变，我们可以看出，和传统学校教育思想在近代的演变相比，传统教化思想的转化要比它慢得多。

传统学校教育思想在洋务派 1862 年创办京师同文馆时，就已经出现新的人才观和学校观，而传统教化思想则在戊戌变法以后，在清末新政改革时期才真正在政策层面上出现转变，出现了新的"国民"观和"民智"

---

① 转引自中国大百科全书出版社编辑部编《中国大百科全书·教育卷》，中国大百科全书出版社 1985 年版，第 423 页。

② 《中华民国史档案资料汇编》第五辑，第一编教育（二），江苏古籍出版社 1994 年版，第 691 页。

观。二者相比，教化思想要比学校教育思想的转变晚近 30 年。新的"国民"观和"民智"观的出现，标志着传统教化观念的瓦解，标志着近代社会教育思想观念的萌芽。它促使近代教育从以"人才为本"向以"新民为第一急务"的方向发展。传统教化思想在近代的演变，是近代社会教育思想产生与发展的重要前提。

　　但是同时也应看到，中国传统的教化和近代产生发展起来的社会教育是既有区别，又有联系的两种教育。它们的联系主要表现在：1. 在实施的主体上，都突出国家和政府的作用；2. 在教育的对象上，主要面向"社会"和"民众"；3. 在教育的措施与方法上，都运用面向社会大众的教育手段，如"宣讲"、"讲演"等，所以二者在一些方面具有一定的相似性。然而，二者又是两种不同的教育，存在着较大区别。主要表现在：1. 在实施的主体上，传统教化的主体基本上是一元的，即谁掌握政权谁就是教化的主要实施者；而近代的社会教育在实施上则呈现出一种多元化、多变性的特点。既有政府，又有民间团体；既有不同的政治党派，又有西方各种政治文化的影响；2. 从教育作用来看，传统的教化作用是为了"化民成俗"、"得民心"，而近代出现的社会教育，其社会教育的功能逐渐扩大，增加了"开民智"、"作新民"、"改良社会"和补充学校教育或扩充学校教育等；3. 从实践领域来看，传统教化形式如"宣讲"、"乡规民约"、"保甲制度"等，在长期的历史发展中已经成为一种较为稳定的教化形式，而近代出现的社会教育设施与机构，其事业领域囊括了近代许多新式文化教育事业，在发展中不断增加和变化；4. 在教育内容上，传统教化的内容，主要以道德教化为主，强调"政教合一"，受封建政府的利用和改造，道德教化成为一种封建"统治术"，而近代社会教育内容，从简易识字开始，逐渐向全面培植的方向转化，德、智、体、美、群等内容基本都被社会教育者所采纳，在内容方面具有强烈的民主性和助人色彩，所以说传统教化和近代社会教育是有着严格区别的。由传统教化向近代社会教育的转型是近代中国社会从专制走向民主、从落后走向科学的重要成果之一。

## 第二节　近代"社会教育"在中国的传播

　　"社会教育"是中国近代教育发展中的重要课题。在长达近百年的中国教育近代化历程中，"社会教育"扮演了极其重要的角色。中国近代教育思想观念的演变、教育制度的更替、各种教育思潮的兴衰以及各种教育实践活动几乎都有社会教育的作用。近代各种政治派别最初几乎也都是运用社会教育手段为自己的政治目的服务。从传教士的"布道",到太平天国运动的"听讲",从维新运动时期的办报、译书,到五四运动时期的宣传、讲演,近代的社会教育画卷色彩斑斓而丰富。

然而什么是"社会教育"?"社会教育"这个名词是何时出现的?它是如何在国内传播的?对这些问题,无论是教育史著述,还是社会史著述,都没有进行过系统、准确地研究。为了准确地了解中国近代社会教育产生、发展的轨迹,更完整地认识中国近代教育变革的全貌,有必要对社会教育在我国近代兴起与传播的源头作一番考证。

我国现代意义上的"社会"与"教育"一词,是在 20 世纪初开始被广泛使用的,"社会"与"教育"二词的连用也是在 20 世纪初开始的。从当时翻译"多采自日本"的方式来看,"社会教育"这个名词最初是由日本教育界传入我国。

然而,一个名词的出现,不一定代表一种观念的形成,也不一定表示人们已经接受或形成了这种观念。异体文化之间名词的使用还有一个被本土文化所认同及内化的过程,而这种内化最重要的表现形式就是概念的形成,它标志着一种文化之中人们对这一事物理解、认识、接受与使用的程度。"社会教育"这个名词出现于 1902 年,但人们对这个名词的理解、认识、接受与使用,是随着国外"社会教育"概念及理论介绍的深入而逐渐展开的。

"社会教育"这个概念,在国外有两个传播源:一个是德国,一个是日本。德国"社会教育"概念产生于 1835 年,由狄斯特威格(第斯多惠)首先提出,后来经过维尔曼、纳托普、贝尔格曼等人的发展,逐渐形成。日本明治时期许多教育名词均是"舶来品",但"社会教育"这个名词,日本教育学界有人认为是日本土生土长的"国产货"。

1932 年,春山作树在其所著《社会教育学概论》中认为:

> 我邦教育上的用语皆是外语的翻译,而唯"社会教育"并非如此。在欧美各国中当然也具有包含在社会教育中的许多事业,但是并没有相当于对这些事业进行综合的社会教育的用语。①

---

① 梁忠义主编:《日本社会教育》,山西教育出版社 1994 年版,第 5 页。

　　日本著名教育家吉田熊次也认为："日本以'社会教育'为名，着手组织的运动实较欧美列强为先。"① 我国近代教育史学者吴学信在所著《社会教育史》中认为："'社会教育'一词为日本的新造语。欧美各国并无像'社会教育'这样的名称。"②

　　从各国教育的发展历史来看，对于社会教育这个概念各国的认识确实各不相同。"事实上，在许多国家并无社会教育这一用语"。③ 如美国一般把有关社会教育的活动称之为成人教育或校外教育等，英国把有关社会教育的活动称之为成人教育或继续教育等，法国则称为民众教育、公共教育或大众教育等。从日本社会教育产生、变化、发展的实际情况来分析，日本"社会教育"概念的产生以及后来观念的形成确实有自己一些独特性。由此可见，在中国近代传播的社会教育就有了德国和日本两个思想源头。

## 一　日本"社会教育"的传播

　　如前所述，我国近代"社会教育"这个名词最初是由日本传入的。1902 年 7 月，我国近代最早的教育刊物《教育世界》介绍了日本利根川与作著的《家庭教育法》，提到了"社会教育"。但在这篇译作中，"社会教育"的含义被包含在广义的家庭教育之内，说明当时对教育的划分还不是很明确和成熟，"社会教育"的含义也没有明确界定。

　　日本"社会教育"完整的概念介绍是在 1902 年 8 月《教育世界》第 31 号上，介绍日本佐藤善治郎著的《社会教育法》中出现的。文中认为"余所谓社会教育者，对学校教育而言，目的在高社会之智识、道德而已"④。"今夫高社会之智德者，以扩充学校教育为主，固无俟言。然社会之阶级、贫富之种类之不齐，不可置于一律之教育制度下也。"⑤ 这是近代我国社会教育史上对国外"社会教育"概念最早的介绍。但这里所介绍的《社会教育法》不是现代意义上的社会教育法规，而是指社会教育的具体方法与思想观念的统称。

　　在这以后，1903 年 6 月 10 日，在留日学生创办的《游学译编》第 8

---

① ［日］吉田熊次：《社会教育的设施及理论》，上海中华书局 1935 年版，第 2 页。
② 吴学信：《社会教育史》，商务印书馆 1939 年版，第 3 页。
③ 梁忠义主编：《日本社会教育》，山西教育出版社 1994 年版，第 2 页。
④ 《教育世界》1902 年 8 月第 31 号。
⑤ 同上。

册译日本中岛半次郎教育学讲义《论学校对家庭与社会之关系》一文，译者提道：

> 吾尝闻东西诸教育学者论教育曰：教育之事，析为三段。幼年受教于父母，曰家庭教育。稍长就业于师傅，曰学校教育。处世、接物、立身、行事，曰社会教育。[①]

开始按人的一生来划分教育阶段，并提到了社会教育的内容。文章认为，社会亦具有教育意义，指出："社会者亦与家庭并立而为一种之教育场所也。夫人既不能离开社会而独立于世界之上，则无往而非社会，即无往而非教育场。终其身而不能离。"[②] 在这里"社会教育"的含义开始扩大。此后，《游学译编》在第9册、第10册、第11册中连续登文《教育汎论》、《民族主义之教育》、《社会教育》三篇文章。国人开始对社会教育概念及思想进行理解、认识、引申和使用。

在《教育汎论》（佚名）中，作者认为：

> 有家庭之教育。有学校之教育。有社会之教育。家庭教育之范围狭，而学校教育与社会教育之范围广。家庭教育之势力小，而学校教育与社会教育之势力大。[③]

明确认识到教育有三种形态。并从比较的角度论述了社会教育的作用。

在《民族主义之教育》（佚名）一文中，作者开始把社会革命与社会教育相连，从革命的需要出发来论述社会教育。作者认为"革命事业之起也，必有中坚"。[④]

> 支那民族经营革命之事业者，必以下等社会为根据地，而以中等社会为运动场。是故下等社会者，革命事业之中坚也，中等社会者，

---

① 《游学译编》1903 年第 8 册。
② 同上。
③ 《游学译编》1903 年第 9 册。
④ 《游学译编》1903 年第 10 册。

革命事业之前列也。故今日言革命教育者，必在两等社会。此两等社会之教育事业，不在家庭教育，不在学校教育，而在社会教育。是故言革命教育者，惟有社会教育之可言也。①

在《社会教育》一文中，作者更是从社会进化与革命的高度来认识社会教育，文中认为：社会是构造国家之原质，社会事情的变迁，社会的"荣悴生死"，如地球之空气。空气主宰人类的"荣悴生死"，而社会是民族"荣悴生死"的"根柢"。因此，民族之进化的循环往复和"回环周匝"，"造成此波动之原因，其力量乏雄大伟岸，不可思议者，必归于社会教育"。② 文章分析了家庭、学校与社会的关系，指出家庭接受社会之影响，学校只不过是"出入家庭、社会间这一过渡的时代耳"。③ 从而突出了社会教育比家庭教育和学校教育更为重要。

基于这种认识，作者认为社会革命应首重社会教育，他说："以笔舌革命者易，以血肉革命者难，以血肉革命者易，以精神革命者难。吾梦寐革命，吾俯仰泣涕，以思吾社会教育之情态"④。那么社会教育应该是个什么"形态"呢？作者认为，社会的思想、知识必有一水平线，水平线之上的人应当肩负起教育水平线以下一大部分人的责任。他说：

> 言社会教育者，有社会教育之主体，有社会教育之客体。社会教育之主体则水平线内一大部分之同胞是也。社会教育之客体则此担任教育义务者之公人是也。⑤

在这里他把社会教育之主体看成受教育者，即广大同胞，把社会教育客体看成教育者，即"水平线之上"的"公人"。同时强调，教育者应承担养成民族生命的重任，"凡教育有一方面不完具，则生命有一方面不发展"。⑥ 这篇文章，可以说是国人最早的社会教育专论。由此可见，"社会

---

① 《游学译编》1903 年第 10 册。
② 《游学译编》1903 年第 11 册。
③ 同上。
④ 同上。
⑤ 同上。
⑥ 《游学译编》第 11 册杂志 1903 年版。

教育"进入中国以后，立即就和中国革命结合起来，和民族救亡结合起来，这是中国近代社会教育产生及其变革的重要特点。

## 二　德国"社会教育"的传播

"社会教育"这个概念最初在德国出现，是德国教育自 19 世纪 80 年代到 20 世纪呈现多元化态势的产物。自 19 世纪 80 年代始，德国首先出现了以人为本的"个人教育学"发展到以社会为本的"社会教育学"。许多教育家开始反思自 18 世纪以来一直占主导地位的"个人教育学"所产生的危害，开始重新思考建立新的以"社会为本"的教育学体系。这种观念在许多教育家的推动下日益形成一股思潮，从而对西方各国以及东方日本和我国均产生了影响。处于起步阶段的我国教育学界对此也进行了介绍和评析，在这种背景下，德国的社会教育概念以及思想纷纷传入我国。

1904 年 2 月，《教育世界》第 69 号载文《论近代教育学之变迁》（佚名），简要介绍了西方教育学流派，指出西方教育学的演进：

> 一则自格言之教育，进而为科学之教育。再则自独断教育学，进而为心理教育学。三则自个人教育学，进而为社会教育学。①

这种演变"皆不出百年间，学术之精进，如斯神速。新理之层出，讵有穷期"。② 在介绍社会教育家时，文中认为："其足称为社会教育学家者，端推维尔曼、齐格烈、巴德、贝尔格曼、纳托普。"③ 这些人物的教育主张：

> 所据之理，不必其同，不必其备。其措词亦不免有严缓之殊。然举其要旨，则皆曰，社会为一有机体，如个人然。个人之足重，以其为社会有机体之一细胞也。个人为社会而存，故教育个人者，实为谋社会之发展。从社会论教育，不以个人论教育，诸氏之说固若合符节已。④

---

① 《教育世界》1904 年 2 月第 69 号。
② 同上。
③ 同上。
④ 同上。

在这里，文章中既强调了"新派教育学"，"此等社会教育学见解，实为近日社会学、伦理学、民族心理学之思想，所诱掖而牖启"。[①] 同时又指出了各派学说观点的不一。这些介绍，一方面开拓了国人的知识视野，但另一方面也增加了国人对于国外各种教育学说认识上的难度，势必产生理解上的差异。

在这篇文章之后，1904 年 10 月《教育世界》第 84 号介绍了日本吉田熊次的《新教育学释义》，陈桂生教授认为"原著可能是《社会教育学讲义》（1904）"。[②] 之所以这样译，可见受日本教育学影响。"社会教育学"已被看成是一种新的教育学派。在这部著作中，吉田熊次首先提出了社会教育学能否成为教育学的疑问，进而分析了西方自古希腊时期就有社会教育的观念。文艺复兴以后"个人主义"影响教育学，"个人教育学"压倒了"社会教育学"。而到了 19 世纪，"社会教育学"又重新被提起，他把 19 世纪晚期的社会教育学派进行分类，内容如下：[③]

> 1. 纯粹之社会教育学派
> ①哲学的学派　　[德] 纳托普
> ②非哲学的学派：A. 主幸福论者 [德] 德林格
> 　　　　　　　　　B. 非幸福论者 [德] 贝尔格曼
> 2. 宗教的社会教育学派 [德] 维尔曼
> 3. 折中的社会教育学派 [法] 居伊约
> 　　　　　　　　　　　[法] 菲叶

在分类之后，吉田熊次对各派教育观点进行了简要的评析，并提出了自己对社会教育学的见解。他首先指出"新教育学"名目繁多、观点各异，但在"教育之根本，在使受教育者为社会的"[④] 这一点上，各派是相同的。接着他分析了"个人教育学"和"社会教育学"的联系与区别，并指出了各自的特点。从而认为，确定教育的原理和原则要把"人的本

---

① 《教育世界》1904 年 2 月第 69 号。
② 陈桂生：《历史的教育学现象透视》，人民教育出版社 1998 年版，第 220 页。
③ 《教育世界》1904 年 10 月第 84 号。
④ 同上。

质"和社会"关系"结合起来考察。他认为,社会是活动的、有机的、进化的和联络的。由此而生的种种社会关系,对于人的发展有重要作用。所以,教育必须尊重这种社会关系,而顺此以教导后进。他说:"是故教者,对受教者之身体之精神,宜使之有用于社会所选之教材,所施之训育,必——以社会的为归",① 这是"新教育学之根本原理"。②

自《教育世界》1904 年 10 月第 84 号起,开始连续介绍德国具有代表意义的社会教育学家的思想主张,德国社会教育家的"新教育"观点,似一股潮流涌进我国教育学界。如《教育世界》,1905 年 2 月第 93 号、94 号、95 号介绍贝尔格曼的《社会教育学》。1905 年 4 月第 96 号、97 号、99 号、100 号、101 号介绍维尔曼的《教化学》。1905 年 8 月第 106 号介绍纳托普的《社会教育学》。1906 年 6 月第 120 号介绍柏林大学教授巴尔善的《教化论》。这些社会教育理论,五花八门,观点不一,眼花缭乱的各种教育名词和不太十分准确的翻译方法以及中西杂糅、新旧相间的分析态度,使德国各种社会教育学派在"新教育"的面孔下,出现在刚刚打开"文教"大门的中国学人面前,其气势压倒了当时任何一种教育学说,这种气势,对于当时相对贫乏的中国教育理论界来说,确实增长了人们的见识,开拓了学人的眼界。

从源头上看,如果说中国学界认识和接受"社会教育"这个名词最初受日本的影响,那么,随之而来的德国"新教育"理论,对于人们理解和使用"社会教育"起到了深化的作用。德国的社会教育理论,为"社会教育"在中国教育土壤上的生根作了根源上的论证。正因为有了德国教育学派的广泛影响,随着 1907 年留学热潮导向欧美,中国教育界学人开始到欧美去"溯源"。1907 年,蔡元培赴德留学的初衷,就是有感于"我国现行教育之制多仿日本,而日本教育界盛行者,为德国海尔伯脱派(赫尔巴特)之故"。③

综上所述,我国近代"社会教育"名词在 20 世纪初就已经出现了,最初是由日文翻译而来。1902 年 8 月翻译的日本佐滕善治郎的《社会教育法》是近代翻译国外最早的社会教育著述。1903 年 10 月 5 日《游学译

---

① 《教育世界》1904 年 10 月第 84 号。
② 同上。
③ 田正平:《留学生与中国教育现代化》,广东教育出版社 1996 年版,第 350 页。

编》第 11 册中《社会教育》一文，是近代我国最早的社会教育专论。近代社会教育的产生与发展，是受日本和德国社会教育双重影响的结果。在晚清后 10 年中，社会教育已经形成了一股教育思潮。所以从史实来看，近代"社会教育"名词，并非从 1912 年才开始使用。近代社会教育的思想、理论，也并非是"蔡元培先生从德国留学回来，将德国的社会教育理论引入了中国，"① 而恰恰是由于国内这种社会教育思潮高涨推动的原因，才促使包括蔡元培在内的中国优秀知识分子向西方开始"溯源"。蔡元培的留德经历，使他在源头上对德国的教育有了更直接、更具体的认识。在这种内部的社会教育热潮涌动和对外认识深化的背景下，蔡元培首任教育总长，于 1912 年民国教育部首设社会教育司，完成了社会教育制度化，确立了社会教育在教育行政上的地位，使近代的社会教育发展到了一个新的阶段。

## 第三节　我国近代教育家的社会教育思想

20 世纪 30 年代，许多教育家都十分关注社会教育，如蔡元培、陶行知、俞庆棠、傅葆琛、雷沛鸿、陈礼江、马宗荣等，他们对社会教育的发展投入了大量的精力，有的从事社会教育行政，有的研究社会教育学术著书立说，有的为筹建社会教育的事业与设施奔走呼号，有的组建社会教育的学术团体，等等，形成了近代以来众多教育家共同重视社会教育的局面，在这些教育家群体中，我们仅以几个较为典型的代表人物为个案，看一看他们是如何来论社会教育的。

### 一　蔡元培的社会教育思想

蔡元培是中国近代著名的民主革命家、教育家，在发展近代新文化教育事业上，蔡元培功勋卓著，作出了巨大的贡献。蔡元培也是我国近代社会教育思想与事业的首倡者和奠基者，为中国近代社会教育的产生与发展，作出了巨大的成绩。

（一）主张设立社会教育司

民国成立之前，虽然政府与社会各界有识之士开始认识到社会教育的

---

① 王冬桦、王非主编：《社会教育学概论》，教育科学出版社 1992 年版，第 43、44 页。

作用，但由于社会教育在教育行政上无地位，所以，社会教育事业的发展显得零散和缓慢。蔡元培首任民国教育总长以后，"眼见各国社会教育事业之发达，深信教育行政之责任，不仅在教育青年，须兼顾多数年长失学之成人"，[①] 所以，在拟教育部官制时，他坚决主张于普通、专门二司外设立社会教育司，他说：

> 学部旧设普通教育、专门教育两司；改教育部后，我为提倡成人教育、补习教育起见，主张增设社会教育司。[②]

社会教育司的确立，是我国近代在教育行政及政策法令上正式使用"社会教育"一词，标志着我国近代社会教育制度的开端，也标志着封建教化体系的终结，至此，我国近代社会教育的理论与事业，在社会教育行政的推动下，蓬勃发展起来，所以说蔡元培是我国近代社会教育理论与事业的首倡者和奠基人。以后，虽然教育行政反复调整和变化，但社会教育行政却始终是教育行政的一个重要组成部分，并且在人员、经费设施及机构等方面日益加强。在社会教育司的领导下，我国近代社会教育事业蓬勃发展起来。

（二）推广通俗教育事业

蔡元培任教育总长时，曾通令各省注重推广社会教育事业，民国初年社会教育司的主要工作是推广通俗教育，为此，蔡元培极力推崇通俗教育事业，他支持各地组织"通俗教育研究会"，督促办理通俗教育馆，支持建立和整顿京师图书馆，准许民众借阅图书，并参与创立历史博物馆，同时他还主张成立通俗教育调查委员会，并参与工作等。他曾经多次撰文介绍国外通俗教育的做法，认为在我国也应推广各种通俗教育事业，他在《各国之通俗教育》等文章中，介绍了讲演、小说、戏剧、电影、音乐等社会教育形式，并向社会各界推崇展览馆、美术馆、博物院、陈列所、书报室、体育会、影戏院等，这些新式文化教育事业在中国的出现与蔡元培的倡导是分不开的，可以说民国初年通俗教育事业的兴起与发展蔡元培做

---

① 朱有瓛主编：《中国近代教育史资料汇编·教育行政机构及教育团体》，上海教育出版社1993年版，第165页。

② 高平叔编：《蔡元培教育论著选》，人民教育出版社1991年版，第707页。

了大量的工作。

（三）鼓励开设校役夜班和平民学校

蔡元培在任北京大学校长期间，也十分关注社会教育的发展，并认为平民教育有助于社会教育的开展，主张通过大学向平民开放的方式来开展社会教育事业，在这种思想的指导下，他支持和赞成北京大学设立校役夜班，他在平民夜校开学日的演说中说道：

> 今日为北京大学学生会平民夜校开学之日，此事不惟关系重大，也是北京大学准许平民进去的第一日。从前这个地方，是不许旁人进去的，现在这个地方，人人都可以进去。……北京大学第一步的改变，便是校役夜班之开办。于是二十多年的京师大学堂里面，听差的也可以求学。……于是大学中无论何人，都有受教育的权利。不过单是大学中人有受教育的权利，还是不够，还要全国人享受这种权利才好，所以先从一部分做起，开办这个平民学校。①

在蔡元培的积极支持和倡导下，平民学校成为五四时期，大学从事社会教育事业的一个亮点。许多进步师生纷纷走出学校、走出教室，面向社会、面向平民，用自己的知识来启发民众、教育民众，这种影响广泛的平民教育运动，无疑是我国近代社会教育史上的一种壮举。

（四）主张大学应开风气之先，兼办各种社会教育事业

蔡元培通过自己留学德国和法国的经历，认识到欧洲各国民众文化教育水平的提高，不仅仅由于学校之力，还有赖于社会教育的发达，而社会教育事业的发达，与各级各类学校的推动有着重要的关系，所以他主张必须开放大学门户，实施"大学扩充教育"。

他从扩大"教育"内涵这一认识出发，认为，"教育"的形式是很丰富的，不要仅仅和"学校"联系起来，他说："教育并不专在学校，学校以外还有很多机关。"② 同时他还认为，教育的对象也不仅仅是指青少年，他说：

> 教育绝不是专为儿童而设，凡年长的人，无论其从前是否进过学

---

① 高平叔编：《蔡元培教育论著选》，人民教育出版社 1991 年版，第 257 页。

② 同上书，第 451 页。

校，也不可不给他有受教育的机会。例如补习学校，平民大学等。教育亦并非全靠学校，如演讲会、阅书报室都是教育。如动物园、植物园、博物院、图书馆、戏院、影戏馆都有教育的作用。①

那么，学校以外的这些教育形式由谁来办理呢？他根据自己在国外的经历，十分推崇国外大学在校内外开展社会教育的做法。早在 1916 年，他在《北京通俗教育研究会演说词》中，就曾介绍说："鄙人在德国时，尝见彼邦之大学生徒，每于校外出其所长，教授一般工人以实用知识或外国语言。至法国则有所谓平民大学，为大学教员所组织，专在夜间讲演，无论何人均得入校听讲，不因贫富年龄之故稍有歧异"。②

后来他通过考察美国教育，又十分赞赏美国的"大学推广教育"，他说："美国人服务社会的精神，不可多得"，"中国社会教育很少，应学美国尽量发展"，③ 他进一步说：

> 美国大学的目的，要把个个学生养成有一种服务社会的能力，……而且一切文化事业，都由大学包办，如巡回图书馆、巡回影戏片、函授教育等等。在工商业的都会，大学就指导工厂、商业；在农业的州府，大学就指导农人。④

蔡元培不仅有"大学要举办扩充教育"的主张，而且在实际工作中也积极推崇这种做法。他鼓励学生在校外参加平民教育活动。后来他回忆时认为，五四运动最重要的纪念事项之一就是"扩充平民教育"，并评价说，"'五四'以来，学生多组织平民学校，教失学的人以普及知识及职业，是一件极好的事"。⑤

由于有这样的思想和活动，蔡元培主张全国设立大学区制，在大学区教育行政系统中设立"扩充教育处"，并提出了自己"大学办理社会教育"的看法，他说：

---

①　高平叔编：《蔡元培教育论著选》，人民教育出版社 1991 年版，第 451 页。
②　同上书，第 65 页。
③　同上书，第 347 页。
④　同上书，第 358 页。
⑤　同上书，第 287 页。

分全国为若干大学区，每区立一大学，……一区以内的中小学校教育，与学校以外的社会教育，如通信教授、演讲会、体育会、图书馆、博物馆、音乐、演剧、影戏……与其他成年教育、盲哑教育等等都由大学办理，①

"就教育而言，如党义教育、社会教育以及检查私塾、改良风俗等事宜，虽非学校教育所包含，而未尝不可利用学校出发点。学校的建筑、设备、人才都可利用"。②

蔡元培这种设立大学区制的思想、实践以及在制度方面的努力，虽然实行时间很短，但"大学扩充教育"的思想，"大学办理社会教育的做法"却受到了人们的普遍关注，开了"五四"以后大学开展社会教育的先河，从此，由大学来开展社会教育的做法逐渐发展起来。平民夜校也就成了近代大学开展社会教育的制度起点。

总之，我国近代社会教育的理论与事业与蔡元培的努力有极为重要的关系，他关于社会教育的思想和主张，开辟了近代人们重视社会教育的先河，由他所倡导的社会教育司及社会教育行政制度的建立，是我国近代社会教育事业的起点，标志着我国近代社会教育制度的开端。社会教育理论与事业的产生与发展，丰富了人们对教育的认识，扩大了教育的范围与对象，促进了近代各种教育事业的发展。

## 二　陶行知的社会教育思想

陶行知是一个"为中国教育寻觅曙光"的先进教育家，为了探索中国民族教育的新路，他从中国近代国情、民情出发，提出了"作十万新民"的教育主张，强调教育作用要"作新民"，并使国民具有"国民的精神"和"国民的能力"。要"作新民"只依靠发展学校教育是办不到的，必须依靠整个社会的力量。为此，他提出了"生活教育"理论，主张"生活即教育"、"社会即学校"。1945 年发表《创造的社会教育论纲》，提出了关于创造的社会教育主张。

关于创造的社会教育内涵，陶行知指出："创造的社会教育，是社会

---

① 高平叔编：《蔡元培教育论著选》，人民教育出版社 1991 年版，第 451 页。
② 同上书，第 553 页。

所有，社会所办，社会所需的教育。"这是社会教育的社会属性，指出社会教育是一种社会事业，其内涵是教育是整个社会的事情，社会各界都应该办教育。创造的社会教育是"社会教育以社会为大学"，"社会大学有两种：一是有形的大学；二是无形的社会大学。社会大学运动是要把有形的社会大学普及出去，并且要给无形的社会大学一个正式的承认，使每一个人都承认这无形的社会大学之存在，随时随地随事进行学习"。

> 无形的社会大学，是只有社会而没有"大学"之名。它是以青天为顶，大地为底，二十八宿为围墙，人类都是同学，依"会的教人，不会的跟人学"之原则说来，人类都是先生，而且都是学生。……无形的社会大学，虽无社会大学之名，实实在在它是一个最伟大的大学，最自由的大学，最合乎穷人需要的大学。有形的社会大学是夜大学、早晨大学、函授大学、新闻大学、旅行大学、电播大学。①

这是社会教育的教育属性。指出社会教育是一种教育事业，社会就是学校，社会有教育的功能与效果。

从陶行知的论述中我们可以知道，关于创造的社会教育主张和其"社会即学校"的思想是一致的，是其在社会教育实践中不断认识和深化的看法。早在论述"社会即学校"的主张时陶行知就曾指出：

> 社会即学校，大众教育用不着花几百万几千万来建造武汉大学那皇官一般的校舍。工厂、农村、店铺、家庭、戏台、茶馆、军营、学校、庙宇、监牢都成了大众大学的数不清的分校。客堂、灶披、晒台、厕所、亭子间里都可以办起读书会、救国会、时事讨论会。连坟墓都可以做我们的课堂。谁能说庙行的无名英雄墓和古北口的"支那"勇士墓不是我们最好的课堂啊。②

---

① 董宝良主编：《陶行知教育论著选》，人民教育出版社 1991 年版，第 628—629 页。
② 中央教育科学研究所编：《陶行知教育文选》，教育科学出版社 1981 年版，第 213 页

"在社会的伟大学校里，人人可以做我们的先生，人人可以做我们的同学，人人可以做我们的学生。随手抓来都是活书，都是学问，都是本领"。

关于创造的社会教育的作用，陶行知认为创造的社会教育要"解放民众的创造力"。他强调要"承认民众有力量，且有创造力"，"每一个人都有或多或少之创造力"，"下下人有上上智"。社会教育的作用就是要"开发人矿、开发人之创造力"。①

怎样解放民众的创造力呢？陶行知认为应该从五个方面进行，"解放他们的头脑；解放他们的口；解放他们的眼睛；解放他们的空间；解放他们的时间"。在《社会大学运动》文章中又提出六大解放，即：

> 我们要学习争取六大解放：（1）头脑解放；（2）双手解放；（3）眼睛解放；（4）嘴解放；（5）空间解放；（6）时间解放。②

关于创造的社会教育的目的，陶行知认为社会就是大学，而"社会大学之道在明大德，在亲民众，在止于大众之幸福"，他说：

> 社会大学，无论有形的无形的，要有一个共同的大学之道。孔子的大学之道是，在明明德，在新民，在止于至善，现在时代不同了，我们提议修改几个字，成为："大学之道，在明民德，在亲民，在止于人民之幸福。"社会大学之道，首先要明白人民的大德。人民的大德有四：（一）是觉悟；（二）是联合；（三）是解放；（四）是创造。③

针对中国社会"君民相隔"的危害，和西方"君民共主"的优势，陶行知从历史与现实出发认为"大学之道，要亲近老百姓。我们认为亲民的道理，比新民的道理来得亲切。我们要钻进老百姓的队伍里去和老百姓亲近，变成老百姓的亲人，并且要做到老百姓承认我们的确是他们的亲

---

① 董宝良主编：《陶行知教育论著选》，人民教育出版社1991年版，第604—605页。
② 同上书，第630页。
③ 同上。

人"。"社会大学之道，是要为人民造幸福。一切的学问，都要努力向着人民的幸福瞄准"。①

关于创造的社会教育途径与方法，陶行知从国情"穷国的教育"与民情"穷人的教育"的实际出发，认为社会教育应该和民众生活相连，为民众生活服务，丰富民众的生活。社会教育内容应该包括识字教育、生计教育、卫生教育、公民道德教育、体育等。这些内容的教育应该采取民众能够接受，能够受大众欢迎的方式来进行，使"社会大学有群众，并为群众所有"。

发动全社会的力量来举办社会教育，这些丰富的社会教育形式包括：

图书馆、博物馆、展览馆、科学馆等社会教育设施；民众学校、补习学校、夜学校、函授学校、早晨大学、新闻大学、旅行大学、电播大学等学校式社会教育机构；电影、话剧等喜闻乐见的艺术形式；"农场、工场、会场、商场、广场、战场、娱乐场，都是我们数不尽的课堂"；还有众多的穷办法"招牌当课本；树枝当笔；脉搏当马表；日光当做灯"等。② 通过各种形式使教育无所不在、无处不在、无时不在，做到"各尽所能、各学所需、各教所知、各得其所"。为此，陶行知在《社会大学颂》中赞叹道：

　　　青天是我们的圆顶，
　　　大地是我们的地板。
　　　太阳月亮是我们的读书灯，
　　　二十八宿是我们的围墙。
　　　人民创造大社会，
　　　社会变成大学堂。③

可见，陶行知关于创造的社会教育主张，其教育理念和"社会即学校"思想是一致的，是对"社会即学校"思想的丰富与深化。是符合国情与民情实际状况的，是社会与民众所需要的，是在教育实践中可以实

---

① 董宝良主编：《陶行知教育论著选》，人民教育出版社 1991 年版，第 630 页。
② 同上书，第 605 页。
③ 方明编：《陶行知教育名篇》，教育科学出版社 2005 年版，第 389 页。

施的。

### 三　俞庆棠、傅葆琛的社会教育思想

#### （一）俞庆棠社会教育思想

俞庆棠（1897—1949），近代中国著名社会教育家，毕业于美国哥伦比亚大学师范学院，1922 年回国任上海大夏大学等校教授。1927 年被聘担任第四中山大学（后改为中央大学）教授兼扩充教育处处长，提出了民众教育的主张。1928 年创办江苏省立教育学院，先后任院长和实验部主任，研究和实验民众教育。1932 年倡议成立中国社会教育社并任总干事，创设河南洛阳和广东花县两个民众教育试验区。抗战胜利后，任上海教育局社会教育处处长。1947 年任联合国教科文组织中国委员会委员，后又任联合国远东基本教育会议中国代表团顾问。中华人民共和国成立后担任教育部社会教育司司长。主要著作有《民众教育》、《中国成人教育》等。

俞庆棠一生从事教育事业，在她的教育生涯中，她把自己的毕生经历都奉献于中国的社会教育事业上，为中国社会教育事业的发展作出了重要的贡献。尤其她对社会教育作用的论述，丰富和扩大了教育功能的内涵，具有重要的意义。

首先，她认为发展社会教育有助于"开民智"。

她针对近代中国社会的积贫积弱，认为民众智能的低下是一个重要的原因，要建设国家必须改变这种状况，而改变这种状况就必须重视教育，然而，办教育只靠学校教育是力量有限的，为了使全民都能够接受教育，她强调必须发展社会教育事业，社会教育事业可以从更为广阔的意义上"开民智"，她说：

> 教育等于 to enlighten 加 to enliven。to enliven 的意思是：开民智；to enlighten 的意思是：做人的人生观。所以，教育的意义，不但开通民智，更须培养正确的人生观，乃做人之道也。①

从这个意义出发，她认为社会教育的最高理想，就是使全民众在整个社会生活中，智能和道德前进、向上。

---

① 茅仲英主编：《俞庆棠教育论著选》，人民教育出版社 1992 年版，第 39 页。

她是这么说也是这样做的，在由她所创办的试验区中，俞庆棠始终把"开民智"放在社会教育的一个重要地位，从知识的传授，到课程的开发；从方法的指导，到各种方案的实施，她都能从民众社会生产和生活出发来从事教育事业。这种把"开民智"的思想与社会教育实际相结合的主张与实践，为我们留下了一个重要的教育经验。

其次，她认为发展社会教育可以改良社会，促进社会的进步与发展。

俞庆棠重视社会教育并非只是摇旗呐喊，她把广泛的社会教育活动与其思想结合起来，在社会教育的实践活动中实现着她的主张。她开辟社会教育试验区，创办中国社会教育社等。通过社会教育的实践使她认识到，发展社会教育事业可以改良社会，可以促进社会的进步与发展。她说："社会教育既建筑于民众生活之上，就应具有推进社会的力量。"[1]

更为可贵的是俞庆棠看到了社会进步中经济生活对于社会发展的作用，并认为社会教育应该为民众经济的发展服务，她制订了"唤起民众促成全国经济计划"，"以民众教育完成全国经济计划"等方案，提出从事民众经济生活的教育事业应该注意两点：一是"民众教育应注重直接生产者"。她说："民众是直接生产者；增进生产能力，要从直接生产者做起。学校式职业教育宜于培养高级技术和管理人员。且这种教育事业亦应建筑于直接生产之需要上。"[2] 二是"民众教育对于经济建设之直接和间接的影响"。她说："教育不能直接解决土地与资本问题，而能直接增进人工之效率（如知识、技能、方法）。但群众知识增高以后亦未尝不可间接影响于土地与资本的利用。"[3] 可见，随着社会的发展，俞庆棠对社会教育作用的认识，也在逐渐深化之中。

最后，她认为发展社会教育可以扩充学校教育的功能。

社会教育事业既然很重要，但其事业由谁来推动呢？人力和物力从何而来呢？俞庆棠赞成由学校来推广社会教育事业的做法，并担任中央大学区扩充教育处处长。在做扩充教育处处长时期，她推崇由扩充教育处来推广社会教育事业，并认为大学扩充教育有扩充社会教育的职能。她说：

[1] 茅仲英主编：《俞庆棠教育论著选》，人民教育出版社1992年版，第102页。
[2] 同上书，第299页。
[3] 同上书，第306页。

"扩充教育原为大学教育的推广，但是现在扩充教育的意义，不限于此。"

> 扩充教育的范围，从现在的事实看来，有社会教育，……再从社会的眼光看，扩充教育就是社会教育，……扩充教育以全社会为对象，适应社会各种需要，不择人，不择地，随处可以有教育的设施。①

在实际工作中，俞庆棠则认为通过举办民众学校的方式来实施社会教育更为有效，所以，她极力主张各地应大量举办民众学校，以实施对民众有计划、有目的、有组织的教育，对此，她说："实施民教，仍需有一种控制的环境，一种基本的组织。这种基本的组织，最通行的当推民众学校。"② 民众学校的创办无疑是中国近代教育史上的一个创举，它对于满足和拉动民众的受教育需求对于普及文化知识，扩大受教育范围起到了积极的促进作用。而俞庆棠在民众学校方面的试验和工作，为我们积累了大量的经验。

（二）傅葆琛社会教育思想

傅葆琛（1893—1984），四川成都人。1918 年毕业于美国俄勒冈州森林学院，同年曾赴欧洲各地为华工教育服务，编辑过识字课本。1921 年返美进入康奈尔大学农业研究院研究乡村教育。1924 年获乡村教育博士学位。1924 年冬，应中华平民教育促进会总干事晏阳初的邀请，回国任该会乡村教育部主任，开始从事乡村教育试验活动。著有《民众教育学》、《乡村民众教育概论》等著作。

傅葆琛在乡村平民教育试验活动中，十分重视社会教育的作用。他认为社会教育比平民教育的范围和对象要大，发展社会教育可以"开民智"，改良社会，弥补家庭和学校教育的不足，他说：

> 社会教育就是社会的教育，社会化的教育，以社会为对象的教育，它必须努力于社会各分子的健全和整个社会的改造与进步，③

---

①　茅仲英主编：《俞庆棠教育论著选》，人民教育出版社 1992 年版，第 6 页。

②　同上书，第 191 页。

③　陈侠、傅启群编：《傅葆琛教育论著选》，人民教育出版社 1994 年版，第 380 页。

因此，社会教育的内容要广泛、多样。他说："它的目标不只是为少数不识字、失学、缺乏生计、不会行使公民权利的人，解决他们的问题，而是要为全国人民谋幸福，为整个民族求解放。"① 从这个教育目的出发，他认为社会教育的内容应根据民众生活和需要来确定，不能超越民众现实的生活，因此，他把社会教育的内容，按重要性和难易性作了试验性分类研究：

| 根据重要性的排列 | 根据难易性的排列 |
| --- | --- |
| 1. 健康教育 | 1. 语文教育 |
| 2. 生计教育 | 2. 休乐教育 |
| 3. 品格教育 | 3. 社交教育 |
| 4. 家事教育 | 4. 艺术教育 |
| 5. 政治教育 | 5. 科学教育 |
| 6. 语文教育 | 6. 健康教育 |
| 7. 休乐教育 | 7. 生计教育 |
| 8. 科学教育 | 8. 家事教育 |
| 9. 社交教育 | 9. 政治教育 |
| 10. 艺术教育 | 10. 品格教育② |

内容确定以后，他认为应该运用社会教育的特殊功能促进社会教育目的的实现。社会教育的特殊作用主要有：

首先，"社会教育具有积极和消极两种含义"。

傅葆琛认为：

> 消极方面，对人而言，在给予一般失学民众以补救和补习教育的机会，对社会而言，在消弭社会的痛苦，与解决其当前之问题。积极方面，对人而言，在给予各种人以生活和做人所需之教育，使其生活日趋于美满，使其人格日趋于健全。对社会而言，在运用教育的力量，促成社会的发展与进步。③

---

① 陈侠、傅启群编：《傅葆琛教育论著选》，人民教育出版社 1994 年版，第 380 页。
② 同上书，第 236 页。
③ 同上书，第 378 页。

其次，"社会教育具有纵横两种力量"。

傅葆琛认为：

> 横的方面在使教育的机会均等化、普遍化，使全国人民都有享受教育的可能，全国文化得呈平衡发展的现象。纵的方面在继续不断提高一般人的知识程度，使全社会文化水准逐渐上升。①

再次，"社会教育具有学校式和社会式两种实施方式"。

社会教育的实施通过两种方式进行：一种是学校式的社会教育，通过识字学校、补习学校、民众职业学校、民众讲习学校来实施；一种是民众社会教育方式，通过各式各样的社会教育机构与设施来实施。他说：

> 社会教育具有学校式和社会式两种实施方式。学校式的实施，必须有学校的形式和方法——课程、教师、教材……社会式的实施，则无一定的形式和方法，随时随地，均可施教，所谓因地制宜，因人而施教也。②

最后，"社会教育具有固定的与流动的两种组织"。

傅葆琛认为：

> 固定的组织有一定的地点、实践、程度等。流动的组织则尽量迁就受教者的生活，随之流动，务使适应其需要，如巡回施教等工作，所谓将教育送上门去是也。③

通过上面的论述可知，傅葆琛已经把社会教育的内容和社会教育的形式结合起来进行探讨，从而使社会教育的理论与事业显得更为充实有效，便于实施。这种理论与实践相结合，内容与形式相统一的教育试验探索，为我们今天发展各种教育事业提供了有益的启示。

---

① 陈侠、傅启群编：《傅葆琛教育论著选》，人民教育出版社1994年版，第378页。
② 同上。
③ 同上。

## 四　雷沛鸿、陈礼江的社会教育思想

### (一) 雷沛鸿社会教育思想

雷沛鸿 (1888—1967)，广西南宁人，中国近代著名教育家。1913
年公费留学英国克里福学校，第一次世界大战爆发后赴美国入密歇根大
学、欧柏林大学学习政治和教育，毕业后入哈佛大学研究院，获哲学硕
士学位，1921 年回国，先后在暨南大学、中央大学、浙江大学、中山大
学、江苏省立教育学院等校任教，1936 年获美国哈佛大学博士学位。曾
任广西省长公署教育科长、广西省政府委员兼教育厅厅长、广西大学校
长及西江学院院长等职。主要著作有《成人教育论丛》、《国民基础教育
论丛》等。

在广西任职期间，他结合国内外的经验，于 1933 年开展普及国民基
础教育运动，将儿童教育与成人教育、学校教育与社会教育合并办理，形
成了广西国民教育的特色。他在广西的国民教育实践中，从实践的亲身体
会中认识到，学校教育和社会教育应该合起来办。他说："中国的教育设
施，通常分为两大类：一类是学校教育；一类是社会教育。""到现在我们
感觉到两种教育并立或对立，是不合理的，应该合作起来。"① 他分析了
两种教育的起源与发展，认为人类最初的教育形态是社会教育，到了后来
才出现了学校教育，"学校教育不过是社会教育的一部分"，可是到了后
来，学校教育在发展中却出现了"喧宾夺主"和"反客为主的现象"，
"一般人都存着教育只限于学校教育的观念"，而"社会上反将社会教育
忘弃"，② 这种状况对中国教育的发展"发生了很大的流弊"。中国自废科
举，兴学制以来，教育的发展"形成了两种现象：一是学校差不多代表教
育的全体；二除去学校以外，几无教育可言。"现在人们逐渐认识到"将
教育限于学校之内，是不合理的，应将教育范围扩大起来"，因而寻求社
会教育的途径来改造学校教育，在学校外办社会教育，但将社会教育与学
校教育分开来办，"这样做法，并不足以解决教育上的问题，相反的发生
浪费、支离破碎等流弊"。③

---

① 韦善美主编：《雷沛鸿文集》(下册)，广西教育出版社 1990 年版，第 165 页。
② 同上书，第 168 页。
③ 同上。

他分析了当时对社会教育与学校教育关系的"各种调和办法",提出了"社会教育与学校教育合流的主张"。① 他首先认为,二者的合流在理论上是有根据的,他说:

> 一切社会制度均具有教育的功能,而学校只是社会制度的一种。文化的遗传要靠一切社会制度(如家庭制度、徒弟制度、行会制度等)来传递社会经验、知识技能等,学校既不是传递文化的唯一机关,所以学校制度应与其他各制度切实联系,使教育透过一切社会制度。②

他认为把教育分为正式教育和非正式教育,把学校教育看成正式教育,把社会教育看成为非正式教育,这种划分"是不合理的",这样使学校教育"太偏枯"而使社会教育难以制度化,应该使社会教育与学校教育合流。其次他强调就"事实观察"苏联教育就是社会教育与学校教育合流的一个"例证",他认为苏联教育体系分为两大类:一类是儿童教育和青年教育;一类是成人教育,"全国各种学校,总名曰社会教育。一切学校应以社会为教育,应该是属于社会的,应该是透过社会一切制度的"。③

他同时列举了广西办理国民教育的做法,认为国民教育应该是所有国民的教育,不应该仅局限于儿童和青少年,成人教育也应该包括在内,他说:

> 广西国民基础教育包括儿童教育、青年教育、成年教育等,所有村街国民基础学校或中心国民基础教育,并没有学校教育和社会教育之分,所以我们推行国民基础教育,已将学校教育和社会教育合流,国民基础学校以社会为教育,是属于乡村社会,透过全社会的公民,它包括学校教育和社会教育,以学校为全社会的中心,所有民团地方自治等,均以学校为原动力。④

---

① 韦善美主编:《雷沛鸿文集》(下册),广西教育出版社1990年版,第168页。
② 同上书,第169页。
③ 同上书,第170页。
④ 同上。

雷沛鸿关于学校教育与社会教育合流的主张与实践，代表了当时教育界主张二者合流的思想，反映了当时一些人主张社会教育与学校教育合起来办的意见，这种思想与实践丰富了近代教育发展的理论，具有一定的创新意义。

（二）陈礼江社会教育思想

陈礼江（1896—?），江西九江人。早年留学美国，获帝堡大学学士、芝加哥大学硕士。回国后历任武昌高等教育系主任兼教授、江苏省教育厅厅长、国立中山大学教授等职。1930年，担任江苏省立教育学院教务主任，大力推广民众教育和社会教育，对社会教育的理论与事业，有一定的研究。著有《民众教育》和《社会教育的意义与事业》等书。

陈礼江认为社会教育就是正式学校教育以外的教育，社会教育有消极和积极两方面的意义，他说："就消极的方面说，社会教育是一种补救的教育；就积极的方面说，社会教育是一种彻底的教育。"① "补救的教育"是给一切未受国民基础教育的成年失学民众以补习的基础教育，"彻底的教育"是要给受过基础教育的民众以继续的教育，使教育范围尽量的扩大，真正做到教育社会化、生活化地步。根据这样的思想他给社会教育下了一个完整的定义，他说：

> 社会教育是国家或私人欲使教育范围扩张，在普通正式学校以外，另办的各种各样的非定式的教育。它包含各种教育机关和事业，应用各种方法和手段，给予一切未受国民基础教育的成年民众以补习的基础教育，及受过教育（无论何种程度）的民众以继续的教育。其目的在扩充教育权利享受的机会及增高社会全体的教育程度，以期社会全民生活的向上和国家社会的改进。②

为了更好地使人了解社会教育的任务与特点，陈礼江和欧美进行了比较，分析了中国社会教育的特殊性。他认为，欧美的成人教育和我国的社会教育相类似，但二者存在着明显的不同。他说："欧美各国的成人教育迄于今日，是要使大学教育大众化，并使成人教育大学程度化。所以在他

---

① 陈礼江：《社会教育的意义与事业》，正中书局1937年版，第2页。
② 同上书，第3页。

们看来，今日的成人教育，是高等教育的一部分，是高等教育的扩张和继续。"而中国的社会教育，要把最大的力量，用在失学民众补习教育上，"中国目前社会教育的任务，重心在于失学民众的基础教育，并不在于把大学教育大众化"。①

之所以国内外有巨大的差别，他分析认为，欧美各国的成人教育已经发展了十几年，甚至百年，国民有了相当的教育基础，所以，通过成人教育的方式来从事继续教育，是为了进一步地提高程度。而我们中国，他说：

> 不论是政治、经济、文化都很落后，一切的一切，都落在人家的背后。现在我们国内的教育情形，尚与百数十年前英国开始提倡成人教育的情形相仿佛。我们国内目前尚有百分之八十的民众不知政治为何物，不知团体为何物，没有组织能力，没有民族意识，也不知科学为何事，交通有何用，更不知如何改进生产技术，如何充实国民经济，而且也不会看报、读书、写信、记账。因此，中国目前的社会教育，不得不把大部分的力量用之于如英国百数十年前所推行的民众基础教育，即今日所大声疾呼的失学成年民众补习的国民基础教育。②

他认为，正因为我国的教育历史与背景和欧美有很大的不同，所以才构成了我国从事社会教育的特殊性，也正是由于有这种特殊性，所以才决定了中国社会教育的任务。

1. 社会教育的任务

陈礼江认为，中国社会教育的任务是由中国特殊的国情所决定的，从目前来看，他认为有三个方面：

（1）协助中小学校训练青少年儿童

他认为开展社会教育可以弥补中小学校教育的不足，这是当前中国社会教育的一个主要任务。因为，社会教育主要面向的是成人，即儿童的父母，如果不对儿童的父母施以教育，而只对儿童施教，那么教育很难有成

---

① 陈礼江：《社会教育的意义与事业》，正中书局 1937 年版，第 14 页。

② 同上。

效，所以，社会教育的任务是通过教导儿童父母的方式，来协助教育儿童，以形成社会教育的合力。

（2）给予失学成年民众补习国民基础教育

他认为一方面应当学习国外从事普及教育的做法，对儿童实行强迫义务教育。另一方面也应看到，我国约有百分之八十的失学民众没有受过基本的国民教育，而对他们施以教育不可能通过学校教育的方式来实施，所以，最好的办法就是采用社会教育的途径，这是目前我国社会教育的一个主要任务。

（3）给予已受教育的人们继续受教育的机会

他从"教育就是生活"出发，认为即使受过教育的人，无论何种程度，都应接受继续教育。欧美各国的社会教育偏重于成人的继续教育，是因为他们的国民有相当的教育基础，而我国大多数国民受教育程度都不高，所以，必须通过社会教育的途径为国民提供各种接受教育的机会以使国民能够接受各式各样的继续教育，这也是目前我国发展社会教育的主要任务。

陈礼江认为，社会教育与民众教育合流使社会教育的特点日益明显，随着社会教育的发展，社会教育的事业已经成为整个教育事业的一个重要组成部分。从特质来看，他认为社会教育有如下几个特点。

2. 社会教育的特点

（1）"社会教育受教的人是全民"

他通过和学校教育的比较认为，接受学校教育的人是青少年和儿童，在全体国民中是有限的学生群体，从当时来看，接受学校教育的人，只占国民的千分之二十六，解决这个问题，在当时民穷财尽的情况下，依靠发展学校教育是不行的，这不仅受经费、设施等因素的制约，而且国民自身条件，诸如经费、时间、精力等也难以保证，所以，发展社会教育的事业，采取各式各样的社会教育设施与机构，为国民提供各种受教育的机会与场所，是目前情况下的最好选择。而社会教育它的施教对象是有教无类的，是全体国民。他说，社会教育的对象没有任何的限制，无论是何种阶级，无论是何种职业，社会教育的事业都不把他们排除在外，这是社会教育的一个重要特点。

（2）"社会教育受教的时期是终身"

他认为学校教育除受经济条件所限以外，还受时间和年龄条件所限，学校教育的这个特点，使它难以承担全民教育的责任，而发展社会教育则弥补了学校教育的这个缺点，使接受社会教育的人不受时间和年龄的限制，既可接受补习教育，也可接受继续教育。社会教育使人受教的时期延长于终身，这是社会教育的一个重要原则和特点。

（3）"社会教育的内容是整个的生活"

他从"教育就是生活"这个理念出发，认为社会教育的内容，应该服务于民众整个的生活，社会教育内容应该是人生活的整体。他列举了当时较为著名的社会教育试验区的施教内容，如定县的各种农业指导；邹平的保卫团组织；无锡的民众教育工作等；其社会教育的教育内容，已经涵盖了诸如语文、生计、公民、健康、家事、技术等方方面面。社会教育内容的广泛性，使社会教育的事业显得更为重要，它对于社会的改良、文化知识的普及与传播，起着重要的作用。

（4）"社会教育实施的方式不定"

他认为，社会教育的对象是全民、受教时间是终身、受教内容又是生活的全体，所以，其接受教育的方式也必然是各式各样的。社会教育通过各种设施机构来实施教育活动，为民众提供各种接受教育的场合、场地，这是区别于学校教育的一个重要特点。他总结认为，社会教育的实施方式可以有学校式、家庭式和社会式三种，无论哪一种方式，都应该灵活多样，适应民众的受教育需要。他认为应该发展广泛的社会教育事业如图书馆、茶园、公园、剧场、书场、体育场、民众教育馆、合作社、改进社、谈话会、读书会，等等，同时改进传统的各种社会教育活动，使传统的社会教育活动有新的教育内容。

总之，陈礼江对社会教育任务与特点的论述，是对近代社会教育产生以来，人们对社会教育认识的一个总结，他从理论上进一步地阐述了社会教育存在与发展的必然，明确了社会教育的任务、对象、内容和方式，对于人们全面了解社会教育事业，把握社会教育事业的发展，有积极的意义。在他的这些论述中，我们可以看到许多现代教育思想观念的萌芽，如终身教育、继续教育、成人教育等，他的这些有益的探讨，对于人们全面认识教育，推进各种教育事业的发展无疑具有积极的意义。

## 第四节　我国近代乡村社会教育

自20世纪20年代中期以后，在五四时期出现的一些教育团体、教育组织，开始把自己的活动中心由城市转向农村，致力于农民教育和农村社会改造，教育史上把这些活动称为乡村教育运动。关于乡村教育运动的研究成果已经很多，但却很少有成果是从国民教育思想和国民教育制度的角度来进行分析研究的，因而往往把乡村教育看成一种独立的教育思潮或教育实践活动。如果我们把乡村教育放在国民教育思想和制度这一大的范围内考虑，就会发现乡村教育和平民教育的性质一样，在教育指导思想上，是面向农村，提高农民素质的一种教育主张；在制度层面上，是学制系统以外的一种教育实践活动；在实践层面上，是利用社会教育设施而进行的有计划、有目的、有组织的教育活动。

由此可以看出，乡村教育运动实际上是一种社会教育事业。梁漱溟在谈到乡村建设与社会教育的关系时曾认为，乡村建设和社会教育，"好像两道河流，上游不是一个源头，而下游则彼此汇合为一流了"。"不但社会教育将汇归于乡村建设，乡村建设之所归趋，亦终不能外乎社会教育。"他进一步指出：

> 中国的民众多在乡村，故民众教育即乡村民众教育。中国是乡村社会，故社会教育即乡村社会教育。此种教育，是很活的、很实际的教育；此教育即乡村建设。[①]

所以，从社会教育的意义上来看乡村教育运动，它是在中国独特的社会现实背景下，由教育家和教育团体所开展的一种特殊的社会教育实践活动。回顾这一时期乡村教育的理论与实践，对于我们总结历史经验，重视农村社会教育，认识中国教育的国情，有着积极的借鉴意义。

## 一　独特的社会现实：农村的危机

中国自古以农立国，农村社会的人口问题、经济问题一直是中国社会各种问题产生的一个渊源。农村社会结构的变化与流动也一直是中国社会变迁的主体。五四运动以后，由于中国社会经济与政治的剧变，再加上自然灾害和军阀混战，使农村面临着严重的社会危机。农民普遍的贫困化使大量农民为生活所迫纷纷外出，流向社会各个层面。据 1927 年国民党农

---

[①]　马秋帆编：《梁漱溟教育论著选》，人民教育出版社 1994 年版，第 186—188 页。

民部统计，全国的游民当时约 2000 万人。① 在 20 年代，日本学者田中忠夫曾对江苏、安徽、山东、直隶、浙江第省的农民离村作过估计。他认为在上述省份中，大约有 4.6% 的农民离村。② 这些离开家乡的农民，进入到社会各个阶层，增加了社会的动荡和不安。据 1920 年中国生计调查会的调查，全国游民阶层所从事的不正当活动有数百种，主要有：土匪、娼妓、乞丐、盗贼等。③ 此外，一大批农民进入城市，成了中国产业工人的主要来源。从下列的调查表中可以看出当时工人的出身情况。

20—30 年代部分城市工人出身情况简表④

| 被调查单位 | 年份 | 被调查工人数（人） | 农民出身的工人（人） | 百分比（%） |
|---|---|---|---|---|
| 大连码头 | 1925 | 100 | 69 | 69.0 |
| 久盐大业 | 1926 | 86 | 51 | 59.3 |
| 塘沽碱厂 | 1926 | 50 | 22 | 44.0 |
| 中兴煤矿 | 1931 | 985 | 503 | 51.0 |
| 上海印刷 | 1935 | 189 | 151 | 79.0 |

农村的这种状况制约着中国社会的改良与进步，成了当时中国社会不稳定的一个重要根源，任何一种先进的思想、制度在这样"国民程度"的背景下，都难以立足。面对这种现实，一些进步的知识分子，看到了只在城市里搞平民教育对中国社会来说是杯水车薪，以往在城市里搞平民教育是走错了路。

　　因为中国以前的教育走错了路，忽略了百万个乡村，直到民国八年，才有些人觉得义务教育的重要，不仅在少数的都市城镇，而尤重在这百万个乡村。由于这样一个觉悟，乃正式的起来提倡乡村教育运动。⑤

所以，独特的社会现实，孕育了解决现实问题的独特的想法，乡村教

---

①　朱汉国主编：《中国社会通史·民国卷》，山西教育出版社 1996 年版，第 261 页。

②　同上书，第 260 页。

③　同上书，第 261 页。

④　刘明逵编：《中国工人阶级历史状况》，中共中央党校出版社 1985 年版，第 167 页。

⑤　古楳编：《乡村教育》，长沙商务印书馆 1939 年版，第 60 页。

育运动在这样的背景下发生和发展起来。

## 二　独到的教育理念：通过教育改造乡村

　　面对着中国社会这一严重的现实，如何整治乡村、改良社会，成了这个时期先进知识分子关注的一个热点。李大钊早在 1919 年 2 月就认为"中国农村的黑暗，算是达于极点"，"我们中国是一个农国，大多数的劳工阶级就是那些农民。他们若是不解放，就是我们国民全体不解放"。[①]他号召青年和知识分子到农村去。在一些先进人物的呼吁下，"到农村去"，"到民间去"，"复兴农村"，"建设农村"等口号屡见报端。但是到农村去怎么做？从哪里入手？一些先进人士的认识却不同：有的以教育为中心，有的以生产为中心，有的以政治组织为中心，有的以自卫组织为中心，有的着眼于改造乡村生活，有的把政治、经济和教育事业综合进行。虽然着眼点不同，但"一般均由教育开其端"，[②]虽然范围逐渐扩大，但"仍以教育为枢纽"。[③]

　　因此，从教育入手，通过教育改造乡村的想法，成了这个时期一些进步知识分子的一种独到的教育理念，从具有代表意义的教育家的主张来看，均反映了这种认识。陶行知提出了"平民教育下乡"的主张，他认为"乡村教育是立国之大本"，乡村教育办的好坏关系重大，"办的好，能叫农民上天堂；办的不好，能叫农民下地狱"。[④]晏阳初认为："农村是中国85% 以上人民的着落地，要想普及中国平民教育，应当到农村去。"[⑤]傅葆琛也认为："要建设中国，必先建设中国的乡村，因为乡村是中国社会的基础，一切问题的重心。"[⑥]黄炎培则认为："吾尝思之，吾国方盛普及教育，苟诚欲普及也，学校十之八九当属乡村。"[⑦]另一位倡导职业教育的人士江问渔也认为："我们提倡职业教育之初，诚然多着眼在都市工商

---

① 李大钊：《青年与农民》，《李大钊选集》，人民出版社 1959 年版，第 146—149 页。
② 中国大百科全书出版社编辑部编：《中国大百科全书·教育卷》，中国大百科全书出版社 1985 年版，第 411 页。
③ 同上。
④ 陶行知：《中国乡村教育之根本改造》，《陶行知全集》第 1 卷，湖南教育出版社 1985 年版，第 654 页。
⑤ 马秋帆编：《晏阳初教育论著选》，人民教育出版社 1993 年版，第 48 页。
⑥ 傅葆琛：《乡村运动中之乡村教育》，《中华教育界》第 22 卷第 4 期。
⑦ 《〈农村教育〉弁言》，《黄炎培教育文选》，上海教育出版社 1985 年版，第 93 页。

业；但后来我们晓得在中国这样国家而谈职业教育应当以农业为主要。"
"我们不去培养什么新农业人才，而我们去养成新农民。新农民的养成自
然不是将农民抽出到农村外可以去训练成的。——只有到农村里面去训练
养成他。"① 梁漱溟更是从文化的高度来论述乡村建设的重要性，他说：

> 中国社会是以乡村为基础、并以乡村为主体的，所有文化，多
> 半是从乡村而来又为乡村而设。……中国近百年史，可以说是一部
> 乡村破坏史。正因为如此，中国乡村不得不自救，不得不开展乡村
> 建设运动。②

那么乡村建设从哪里入手呢？他认为，建设的工作应该从教育入手，
"我们一点一滴的教育，就是一点一滴的建设；一点一滴的建设，无非是一
点一滴的教育；只有从一点一滴的教育着手，才可以一点一滴的建设"。③
这些教育家在通过教育入手，达到改造乡村，进而改造社会的认识
上，取得了共识。在这种独到的教育理念指导下，这些先进的知识分子纷
纷走向农村，开展轰轰烈烈的乡村教育试验活动。

### 三  独立的试验活动：面向农民

所谓独立的试验活动，主要指在国民教育思想和制度的范围内，乡村
教育是一种有自己的计划、组织和目的的教育试验活动。这种活动不是政
府组织和推动的，和当时的学校教育制度也没有什么联系，各个试验区之
间也没有统一的组织和管理。各个试验区在指导思想、组织计划及设施建
立与活动等方面均是独立的，在相对独立的领域内，各个试验区独立地开
展自己的试验活动，形成了这个时期社会教育发展色彩斑斓的一幕。

概括起来，这个时期乡村教育试验活动的主要典型有以下几个。1.
河北定县乡村改进试验区。由中华平民教育促进总会创办，代表人物是晏
阳初，从 1926 年开始进行乡村平民教育的试验。2. 江苏省昆山县徐公桥
乡村改进区。由中华职业教育社创办，代表人物是黄炎培，从 1926 年 6

---

① 江问渔：《教育改进与农村教育》，《中华教育界》第 22 卷第 4 期。
② 《乡村建设》第 5 卷第 1、2 期。
③ 马秋帆编：《梁漱溟教育论著选》，人民教育出版社 1994 年版，第 191 页。

月开始进行乡村改进试验。3. 南京晓庄试验乡村师范学校。由中华教育改进社创办，代表人物是陶行知，从 1927 年 3 月开始进行乡村教师培养的试验。4. 主张乡村建设者的早期试验活动，主要以梁漱溟为代表。（他们的乡村建设试验活动主要从 1931 年 6 月以后开始的）。这些试验区在社会教育上的共性和个性以及这些共性和个性与国民教育思想和国民教育制度的关系，具体有这样几个特点：

1. 在教育制度方面，它们都是学校教育制度以外的教育活动，和当时的学制几乎没有任何联系

这种情况，一方面表明了乡村教育运动的独特性，另一方面也表明了当时的教育制度并没有把乡村民众作为教育的对象来考虑，全体国民都应该受教育的思想观念还没有形成，建立国民教育制度的观念尚在认识之中。这从晏阳初最初搞平民教育的一些认识中可以看出这一点。他认为："现在全国只有最少数的人民得受教育，其余最多数的人民，全没有教育。"① 对于失学的儿童"假使政治上了轨道，还有受教育的机会"，② 然而对于失学的青年和成人"政府对于他们不负责任，社会对于他们没有设法补救，真是不幸极了"。③ 所以他主张发展平民教育以补这种不足。

梁漱溟在乡村建设实践中，也逐渐看到了这一点，他说："在中国的今日，即应着重成人教育。"④ "此刻的中国，天然的要注重民众教育，或说社会教育。" "成人教育施行的方法：一方面须要民众教育；一方面要构造一特殊环镜——置受教者于其地而教育之。"⑤ 可见当时从事乡村教育的教育家，也已经在实践活动中逐渐认识到了，应该给失学民众创造一种"特殊的环境"。但是由于社会环境和历史条件所限，这种构建国民教育制度的想法，并没有健全地发展起来，随着抗日战争的爆发，各种试验活动随即停止。由此可以看出，在教育制度领域内，乡村教育运动是一种独立的教育实践和实验活动。

2. 在实施的主体上，这些试验活动都是由教育团体组织和推动的

这些实验区的实验活动，虽然后期受国民政府的制约和控制，但在

---

① 马秋帆、熊明安编：《晏阳初教育论著选》，人民教育出版社 1993 年版，第 31 页。
② 同上。
③ 同上。
④ 马秋帆编：《梁漱溟教育论著选》，人民教育出版社 1994 年版，第 191 页。
⑤ 马秋帆、熊明安编：《晏阳初教育论著选》，人民教育出版社 1993 年版，第 31 页。

行政方面不直接受政府的领导和管理，在业务方面也不受政府的指导。虽然在经费方面有的试验区直接或间接地受政府的赞助，如晏阳初主持的河北定县乡村改进试验区，其经费主要靠美国民间成立的平民教育基金会筹集和美国政府援华拨款；梁漱溟主持的山东邹平乡村建设试验区，经费主要靠军阀韩复榘的供给。但是其试验活动主要是团体行为而不是政府行为。

由此可以看出，乡村教育活动从主体上看不是政府组织和推动的，由此它就不具备全国参与活动的性质，而是由少数人在少数地区进行的试验活动。这些试验活动如果从教育史上来评价，作为一种教育事业，乡村教育无疑是一种重要的社会教育活动，是一种伟大的教育实践。但是如果作为一种社会事业，乡村教育对中国社会的改造实验活动，在当时的社会背景下无疑是杯水车薪，不是根本的出路。

3. 在教育对象上，各个试验区虽然都是面向农村、面向农民，但在具体的教育对象上有些差别

陶行知的晓庄师范学校是一种乡村学校类型的社会教育，是通过培养乡村教师来改造乡村学校，进而实现改造乡村、教育农民的目的。因此，他为乡村师范学校提出的任务是："负有训练乡村教师、改造乡村生活的使命。"[1] 晏阳初在河北定县的乡村平民教育试验，其教育的对象和在城市的平民教育对象有一定的差别，初期在城市里其教育对象是："应受平民教育的平民，从狭义讲，就是指这一般失学的青年和成人；从广义讲，就是一般粗通文字没有常识的男女，也应包括在内。"[2] 到了农村以后，针对农村的实际状况，其教育的对象逐渐全面和具体。采用学校式的教育方式来教育农村青少年；采用社会式的教育方式来教育成人及一般民众；采用家庭式的教育方式来教育老人、妇女和幼童等。在这些广泛的教育对象中，尤以青年农民的教育为主。晏阳初后来总结道：

至于我们的对象除去使青年人（学校式）、成人、老人（社会式）、旧式妇女（家庭式）都受教育外，更有广大青年农民的普遍性的教育，

---

[1] 陶行知：《师范教育下乡运动》，《陶行知全集》第1卷，湖南教育出版社1985年版，第601页。
[2] 马秋帆、熊明安编：《晏阳初教育论著选》，人民教育出版社1993年版，第31页。

我们以为中国一般人民老的太老，小的太小，担负目前救国建国的事不能特别希望他们，而且要教育他们，都非我们一时的能力所能顾及的，唯已过学龄时期而未受正式教育的这些大多数青年农民，实不能不给以一种教育，因为他们都是中国救国建国的中坚分子。①

因此，他主张："中国这大多数青年农民的教育问题，实为今日中国的基本问题。""今日农村运动的主要目标，要特别注重在农村的青年男女。这些青年他不但可以为既往的好手，又可以为未来的良工。"②

由黄炎培和江问渔等主持的中华职业教育社在江苏昆山徐公桥的农村试验区，则更注重从农村整体上对农民进行教育，他们的乡村教育的目标是培养"新农民"，因而其教育的对象是农村所有的农人。

梁漱溟后来在山东邹平的乡村建设试验，其教育的对象则主要以成年农民为主，兼顾儿童和青年。他尤其注重乡村成年农民的教育，他说："乡村建设之教育一面，眼前可做之事甚多；而要以民众教育为先，小学教育犹在其次。"③"在中国的此刻，已非平常时期，应着重成人教育，应以全力办民众教育，办理社会教育。"④

从各个试验区的教育对象来看，虽然各有侧重，但其中一共同点都是以学制系统以外的民众为主。

## 四 独有的教育经验：重视农村社会教育

由上所述可知，独特的社会现实，孕育出独到的教育理念，独到的教育理念促使教育家和教育团体开展起独具特色的教育试验活动。近代乡村教育试验活动，在中国教育史上虽然存在的时间较短，但它短暂的一瞬却为中国教育史留下了灿烂的一章，为我们发展教育事业，认识中国的国情，重视社会教育，尤其重视农村社会教育提供了许多重要的教育经验。

第一，农村社会教育关系到农村社会的改造和稳定

晏阳初认为中国农村社会有四大病，即"贫、愚、弱、私"，必须通

① 马秋帆、熊明安编：《晏阳初教育论著选》，人民教育出版社1993年版，第54页。
② 同上书，第61页。
③ 马秋帆编：《梁漱溟教育论著选》，人民教育出版社1994年版，第46页。
④ 马秋帆、熊明安编：《晏阳初教育论著选》，人民教育出版社1993年版，第191页。

过生计教育救"贫"，文艺教育救"愚"，保健教育救"弱"，公民教育救
"私"，以实现农村社会的改造和对农民的救治。梁漱溟则认为，在农村
"学校教育和社会教育不可分"。他说："让社会教育和乡村教育合流的是
中国社会问题。申言之，让教育往乡村里跑的是中国的社会问题。"而进
行乡村教育则是解决这些问题的有效途径。留美乡村教育博士、著名教育
家傅葆琛则指出，开展乡村教育可以"减除文盲与愚民，促进社会的安宁
和平"。众多教育家们的共识，点明了乡村教育对于乡村社会的积极意义。

第二，开展农村社会教育可以"开民智"、"作新民"

晏阳初强调"中国真正最大之富源不是煤，也不是铁，而是3万万
以上不觉的农民"，他说："要是把农民智慧发展起来，培养起来，使他
们有力量自动地改造，改造才能成功……建设才会生根……民族才有真
正复兴之日。"所以他把乡村的教育试验，看成在探索一种"新民教育
的方案"。傅葆琛在从事乡村教育的实践中更加深刻地认识到："我们中
国现在社会上的种种扰乱，政治上的种种腐败，外交上的种种损失，都
是因为民智的低下，教育的堕落。所以我们要想改造中国，第一步应该
做的事，就是提高民智。"可见发展农村社会教育是提高农民智慧与素
质的有效途径。

第三，开展农村社会教育，可以为农民提供各种受教育的机会

近代以来，教育家们从通俗教育到平民教育、从乡村教育到民众教育
作了不少的努力。蔡元培在介绍国外大学实施扩充教育时曾说，欧美大学
在实施推广教育时，在农村的大学指导农人生产和生活。傅葆琛教授也认
为，欧美各国扩充教育很发达，各级各类学校，应该把自己的教育事业推
向农村。俞庆棠教授则强调，在农村开展教育要利用农村的社会特点和农
人实际，应该采取各种社会教育形式，利用各种社会教育手段来教育民
众，引导民众。从近代社会教育发展的实际状况来看，各种社会教育的设
施、机构与活动，已经逐渐在农村生根，如简易识字学塾、阅报处、讲演
所、戏剧、电影、各种报刊等，这些广泛的社会教育事业，为农村民众接
受新的知识，提供了各种可以利用的场所和场地，所以，从经验来看，在
农村开展广泛的社会教育事业有助于增加农民受教育的机会。

第四，农村社会教育的开展，可以弥补农村家庭教育和学校教育的不足

晏阳初在开展乡村平民教育的过程中认识到，只在农村搞"义务教
育"，效果是有限的，如果农村的父母兄长得不到教育，那么对儿童的

"义务教育"则"事倍功半"。陶行知则公开指出，中国在乡村开展的教育"走错了路"。他说："中国现在的乡村学校，老实说来，确实不能适应乡村的需要，在农村需要一种大众教育运动，来弥补学校教育的不足，这是由农村的社会特点所决定的。"

第五，农村社会教育是一种面向农民、适应国情的中国式的教育事业

晏阳初认为中国举办的新式教育，完全是从西方抄袭来的，而西方的教育是一种都市教育，是和其政治、经济、社会相适应的，所以不完全适合中国的国情。尤其在乡村里办教育，实际上是诱使农村青年往城市里跑。梁漱溟也批评这种"都市教育"和"人才教育"，认为"新式教育的结果，就是一批一批地将农村人家子弟诱之，驱之于都市而不返"。所以造成城市里"不嫌人才少，反苦人才多"，大量的人员"无事可干"，而农村又出现了大量的事情无人去干的情况。

总之，近代乡村教育的试验活动，为我们今天的教育发展提供了许多值得认真思考的教育经验，近代教育家们的许多教育言论，也为我们提出了许多值得进一步思考的问题。它启示我们，在发展教育的过程中，必须从国情和民情的实际出发，不要只重学校教育而忽视社会教育，不要只重都市教育而忽视民众教育，不要只重儿童或青年的教育而忽视学校外的广大"失学者"，农村的社会教育应该面向农村，面向农民。

# 第五节　我国近代苏区社会教育

苏区的社会教育是新中国教育产生与发展的重要源头。苏区是第二次国内革命战争时期中国共产党创建和领导的革命根据地，当时根据地政权采取苏维埃（即代表会议）形式，所以称苏维埃政府，根据地简称苏区。苏区大都处在偏远的山区，交通以及物质和文化生活条件非常落后，再加之国民党军队的封锁和"围剿"，苏区的军民始终处于频繁的作战环境之中。与此同时，苏区大多数劳苦民众文化教育水平较低，工农红军中存在大量文盲，严重影响着红军的战斗力和苏维埃政权建设。在这种条件下，中国共产党和苏维埃政府没有放弃教育工作，而是把教育工作看作争取革命胜利的一个重要条件，作为一件大事来抓。从当时苏区各项教育工作来看，我们发现，苏区面向劳苦民众的社会教育搞得有声有色，成效显著，积累了大量的教育经验。

### 一　制订社会教育政策的出发点：一切为了工农

苏区制订社会教育方针、政策是在 1930 年以后出现的。1930 年 9 月，在瑞金县苏维埃政府制订的目前文化工作总计划中，"社会教育"被作为"目前教育方针"的一项内容首次提出。总计划中规定：社会教育是"普遍而深入的提高群众阶级觉悟、政治水平、文化程度"的教育。① 1930 年 11 月 18 日永定县第十区第一次工农兵代表会议案中，社会教育也作为一项内容被列出，议案中规定："社会教育问题"包括"1. 工农补习夜学要普遍设立；2. 俱乐部不可单纯娱乐须注意宣传群众教育群众；3. 书报社可附设俱乐部；4. 设识字运动处；5. 设红报张贴处；6. 各处都要美术化使群众欢喜到来"。② 可见，这个时期的根据地，社会教育已经受到一定的重视，并在一些议案和政策中逐渐体现出来。

1931 年 11 月，根据地召开了中华苏维埃第一次全国工农兵代表大会，成立了工农民主政府，宣布全部政权属于工人、农民、红军士兵及一切劳苦民众。苏维埃政权的工农性质，决定了其教育的性质是"一切工农劳苦群众及其子弟，有享受国家免费教育之权，教育事业之权归苏维埃掌管"。③ 由于这样的教育性质，1933 年 8 月 12 日，川陕省第二次全省工农兵代表大会通过《目前形势与川陕省苏维埃的任务》的决议，提出当前的教育任务是：

> 广泛的发展苏区的文化教育，工作的重心应当是社会教育，各处都办工余学校、俱乐部、识字班、读报班加紧识字运动，使苏区工农大家能识字。④

此外还通过了《青年文化教育决议》，指出："要大大的开展社会教育，各县要成立青年新剧团、俱乐部、列宁公园、红场等多多的设施……"⑤

---

① 江西赣南师专教育教研室编：《中央苏区教育资料选编》，江西赣南师专教育教研室 1980 年版，第 23 页。

② 同上书，第 145 页。

③ 《老解放区教育资料》（一），教育科学出版社 1981 年版，第 27 页。

④ 戴续威编：《川陕省革命根据地文化教育资料选编》，西南师范学院教育系教育史教研室 1980 年版，第 6 页。

⑤ 同上书，第 9 页。

1933 年 8 月 30 日，少共中央局和中央教育人民委员会联席会议通过了《关于目前教育工作的任务与团队对教育部工作的协助的决议》，强调在目前的环境下，"必须把教育的中心工作放到：（一）社会教育，（二）普通教育上面去。极大的发展社会教育……"① 1933 年 10 月 20 日，中央文化教育建设大会通过《目前教育工作的任务的决议案》，指出：

> 苏维埃教育工作发展的前提，须要吸收工人、农民和红色战士以及一切劳动者，积极参加教育事业。特别是参加一切国民教育和社会教育建设。②

同时强调：

> 社会教育是我们一个有力的武器，是吸收工人、农民和红色战士及广大工人群众参加文化教育工作的武器。必须有系统的领导发展消灭文盲运动，俱乐部、列宁室、工农剧社、蓝衫团等等工作。大会同时指出社会教育的发展，并提到顶（点）上去。③

至此，社会教育在各种议案中占据了重要的位置，在苏区文化教育政策中，社会教育成了一个重要的内容。

1934 年，苏区召开了第二次全国苏维埃代表大会。毛泽东在大会的报告中，对苏区的教育进行了总结，并提出了苏维埃文化教育的总方针：

> 在于以共产主义的精神来教育广大的劳苦民众，在于使文化教育事业为革命战争与阶级斗争服务，在于使教育与劳动联系起来，在于使广大中国民众都成为享受文明幸福的人。④

---

① 江西赣南师专教育教研室编：《中央苏区教育资料选编》，江西赣南师专教育教研室 1980 年版，第 9 页。
② 《江西苏区教育资料选编》，江西教育出版社 1960 年版，第 136 页。
③ 同上书，第 137 页。
④ 江西赣南师专教育教研室编：《中央苏区教育资料选编》，江西赣南师专教育教研室 1980 年版，第 1 页。

这个方针进一步明确了苏区教育的目的和方向。根据这样的方针和政策毛泽东代表中央又提出了苏维埃文化建设的中心任务："是厉行全部的义务教育，是发展广泛的社会教育，是努力扫除文盲，是创造大批领导斗争的高级干部。"①

可见在苏区三项教育任务中，社会教育是其中的一项，被列为苏维埃文化教育建设的中心任务。从此，重视和发展社会教育成为苏区文化教育建设中的一项重要方针。在这些方针与政策的指导下，苏区面向工人、农民、红色战士和一切劳动者的社会教育事业蓬勃地发展起来的。

## 二 社会教育运行的保障：一切依靠工农

由于苏区特殊的环境和条件，不可能建立稳定的教育体系，所以，苏区从当时的实际情况出发，为了战争和巩固政权的需要，依靠群众建立了较灵活的教育制度。社会教育行政制度和学校教育的社会教育作用就是在苏区教育的实践中逐渐形成和发展起来。

（一）建立社会教育行政制度

1931 年苏区临时中央政府成立以后，在中央人民政府中设立教育人民委员部。1933 年 4 月 15 日，人民委员会批准通过了《省、县、区、市教育部及各级教育委员会的暂行组织纲要》，规定在省、县、区、市设教育部，教育部分两科：普通教育科和社会教育科，同时规定了各科的职责：

1. 普通教育科的任务是管理成年补习教育、青年教育（如夜校、识字运动等）及儿童教育（如列宁学校）等。

2. 社会教育科的任务是管理俱乐部工作，地方报纸，书报阅览所，革命博物馆及巡回讲演等。②

1934 年 4 月，教育人民委员部修订了《教育行政纲要》，在第一章"教育部的组织系统和经费"中重新规定：

1. 中央教育人民委员部分为：（1）初等教育局；（2）高等教育局；（3）社会教育局；（4）艺术局。其任务是："初等和高等教育两局，协同管理普通教育；社会教育局和艺术局协同管理社会教育。"

---

① 江西赣南师专教育教研室编：《中央苏区教育资料选编》，江西赣南师专教育教研室 1980 年版，第 1 页。

② 《江西苏区教育资料选编》，江西教育出版社 1960 年版，第 101 页。

2. "教育部在教育方针及政策上领导全国学校教育（普通教育）及社会教育。各级教育部除直接指导所办学校外，必须负责协助或领导各种社会教育及一般文化革命运动的团体"。在"社会教育方面，必须依靠群众办的俱乐部、工农剧社、苏维埃剧团、工农通讯协会、赤色体育会……尤其是消灭文盲协会，应当同这些团体建立最密切的关系，并予以文化教育方针上的领导"。

3. 省、县设教育部，分为普通教育科和社会教育科。

4. 区在教育部长之下，设区教育委员。区教育部不分科，但必须兼顾普通教育和社会教育。

5. "教育部的基本组织为乡教育委员会"。"乡教育委员会在区教育领导之下监督并检查列宁小学的工作，以及各乡社会教育的进行。"[①]

由此可见，苏区从中央到地方建立了完整的社会教育行政制度，这使苏区社会教育的发展有了基本的制度和组织保证，是社会教育事业发展的基础。

（二）学校教育制度的社会教育作用

苏区除了建立社会教育行政制度以外，从当时苏区学校教育制度的建设来看，其学校教育制度在某些方面也具有社会教育的性质，发挥着社会教育的作用。

1934年，中央文化教育建设大会通过《苏维埃学校建设决议案》，在《决议案》中规定："苏维埃学校制，是统一的学校制，没有等级，对于一切人民，施以平等的教育，所以需要普遍的消灭文盲，普遍的进行义务教育。"[②] 在学校的种类上，规定设有下列学校：

1. "第一类的学校属于青年和成年的教育，主要的是消灭文盲的教育，同时更进一步提高青年和成年的文化和政治水平。"这类学校有：（1）夜学校和星期学校；（2）短期的职业学校；（3）短期的政治学校；（4）短期的教员训练班。

2. "第二类的学校，是劳动小学校。他的任务，是培养共产主义的新后代。"这类学校包括：劳动学校和儿童补习学校。

3. "第三类的学校，是劳动学校和大学专门中间的学校。"这类学校包

---

① 《江西苏区教育资料选编》，江西教育出版社1960年版，第1—3页。

② 同上书，第139页。

括（1）列宁师范学校；（2）职业学校；（3）政治学校；（4）蓝衫团学校。

4. "第四类学校，即大学，它的任务是培养高等专门人才"。①

从这些学校的种类来看，第一类和第三类的学校均具有成人教育的成分，在教育对象、培养目标、学习期限以及场所设置等方面具有社会教育的性质与功能。由此可以看出，在学制系统方面，苏区把面向青年和成年的教育放到了主要的地位。

此外，苏区在建立社会教育的行政制度过程中，还由中央教育人民委员部制定了一些法令和条例，以便进行领导和管理。如1934年由教育部颁发的《苏维埃教育法规》就辑有各种教育法规24种之多，其中社会教育法规有7项。②

苏区学校教育制度具有社会教育作用是从苏区教育对象的实际状况出发制定的。面对着广大的劳苦民众，苏维埃政府依靠工农办学，为了工农办学，使各级各类学校充分发挥社会教育功能，最大限度地教育各类弱势群体，为劳苦民众接受文化知识，提高受教育水平作出了重要的贡献。

## 三　发展广泛的社会教育：从工农中来，到工农中去

"发展广泛的社会教育"是苏区文化教育事业的一项中心任务，在社会教育的方针、政策以及制度方面已经充分地体现出来，那么苏区的社会教育是如何开展的呢？概括起来，苏区的社会教育事业主要包括两个方面：一是学校式的社会教育；二是群众式的社会教育。

### （一）学校式的社会教育

学校式的社会教育主要指社会教育的活动是通过学校教育的方式来组织和实施的，采取学校式的组织、制度、形式，运用学校式的方式、方法，来从事社会教育的实践活动。苏区在这一方面的社会教育事业主要有以下几种类型：

### 1. 工人业余补习学校

工人补习学校的目的是"提高工人的文化政治水平，扫除工人中的文盲，加强工人工业技术上的进步"。③ 教育对象"除吸收一切工人，及其

---

① 《江西苏区教育资料选编》，江西教育出版社1960年版，第139—141页。

② 中国大百科全书出版社编辑部编：《中国大百科全书·教育卷》，中国大百科全书出版社1985年版，第354页。

③ 《江西苏区教育资料选编》，江西教育出版社1960年版，第74页。

家属来校学习外，在可能范围内，还须吸收附近群众来校学习"。在教育对象上是极其广泛的。学习时间"每天日间或夜间，随各处情形自由决定，但要不妨碍各工人的做工，使每人每天至少须受一点钟的教育"。[①]可见工人业余补习学校和正规的学校教育有大的不同，它是一种较灵活的社会教育机构。

2. 夜学校和半日学校

夜校的任务是"在不妨碍群众的生产和工作的条件下，于短期间扫除文盲，与提高群众的政治文化水平"。[②] 通过晚间对失学男女进行教育的学校称为夜学校。"半日学校的办法与夜学校同。凡是夜间不便而白天有闲暇的人，就可以进半日学校"。[③]

3. 识字班

识字班是为"一切不能加入夜校或半日学校的完全文盲"所设的。1934 年 4 月教育人民委员部重新审订并通过了《识字班办法》，指出："凡是政府机关，群众团体的基本单位。均得在自己的列宁室创办识字班。"[④]

从上述机构的教育目的、教育对象以及教育方式、方法来看，这些学校的设立和近代以来出现的以学龄儿童、青年为对象，以人才培养为目的的学校教育制度，有着很大的不同。它是从群众的实际情况和需要出发，以识字为基本目的，利用学校式的形式，有计划、有组织地对广大的失学民众开展的社会教育的实践活动。

（二）群众式的社会教育

群众式的社会教育或可称为公共式的、大众式的、社会式的社会教育。主要指社会教育的实践活动是在公共场所、场地，利用公共的机构，采取大众式的组织，群众式的参与方式，所开展的教育实践活动。

在苏区，公共式的社会教育主要有扫除文盲运动、俱乐部、工农剧社、苏维埃剧团、识字牌、阅报处、墙报等。

1. 扫除文盲运动

苏区开展的群众式、公共式社会教育事业很多，在这些事业中，扫除

---

① 《江西苏区教育资料选编》，江西教育出版社 1960 年版，第 75 页。
② 同上书，第 106 页。
③ 同上书，第 72 页。
④ 同上书，第 127 页。

文盲运动是当时最基本、最富有成效的一种运动。

首先，苏区一直都十分重视扫盲运动方针与政策的制定。1933 年 10 月中央文化教育建设大会通过了《目前教育工作的任务的决议案》指出："大会同时指出社会教育的发展，并提到顶（点）上去……为着有系统的领导消灭文盲运动，大会提议发展消灭文盲协会。"① 在这次大会上通过了《消灭文盲决议案》认为：

> 苏区的文盲是过去地主资产阶级遗留下来的一个障碍物，我们必须扫除这一障碍物，而且在工农管理政权下，有充分的可能扫除这一障碍物，但须有计划的有组织的定期的进行工作。②

要求"从中央到地方均组织消灭文盲协会，成为独立系统的广泛的群众组织"。③ 在这种精神的指导下，1934 年 3 月消灭文盲协会临时中央干事总会重订了《消灭文盲协会新章程》，由教育人民委员部批准通过。《章程》中指出："消灭文盲，提高广大劳动群众的文化水平和政治水平，这是苏维埃革命的重大任务之一。""为着最大多数工农群众的学习识字和取得最低限度的常识起见，为着发展成年劳动者有系统的补习教育起见，我们组织了消灭文盲协会。"④ 至此，苏区消灭文盲运动已经有了比较完备的方针和政策，这些方针、政策是苏区扫盲运动蓬勃发展的思想基础。

其次，扫盲运动的组织和领导。扫盲运动是在中央教育人民委员部的直接领导下，在苏区各地开展起来的一场群众运动，在《消灭文盲决议案》中规定："今后的组织，仍当以乡为基本组织。每乡设立一个消灭文盲协会。""从乡到中央，均组织消灭文盲协会，成为独立系统的广泛的群众组织。在行政上，受各级教育部指挥、监督并帮助工作进行。"⑤ 由此可见，苏区的扫盲运动，已经有了完备的组织领导系统。

最后，扫盲的方式、方法。"识字的办法有夜校、识字组与识字牌。

---

① 《江西苏区教育资料选编》，江西教育出版社 1960 年版，第 121 页。

② 江西赣南师专教育教研室编：《中央苏区教育资料选编》，江西赣南师专教育教研室 1980 年版，第 121 页。

③ 同上。

④ 同上书，第 124 页。

⑤ 同上书，第 121 页。

夜校有一定的地点，识字组在群众的家里，识字牌在道路的旁边。"① 在《识字班办法》中规定："随时、随地、随人数都可以教（即是在乘凉时、喝茶时。三四个人都可以教）起初划地为字。随后各立一簿，或用识字片……，各人自立簿子记录，每日所识的字，规定几天或一星期由消灭文盲小组组长收齐送交教员看改。"② 毛泽东在对长岗乡的社会教育调查时，总结了当时的一些识字教法：

> 随时、随地、随人数。喝茶时，一个人，三个人，五个人。起初，画地为字，随后各立一簿。学写起来，字从"桌椅板凳猪牛鸡鸭"写起。各人簿子，大约十天由组长收齐，送"夜校老师"看改。"写的多写的好"的给以口头夸奖。字，组长有不晓得写的，问夜学老师，夜学老师有不晓得的，问日学老师。③

在当时社会教育的一些成人读本里面也有一些识字方法的介绍。如在一册由徐特立编写的《成人读本》扉页上写道：

> 参加生产的和参加革命工作的人都利用闲空的时间读书识字。最好的方法，就是同吃饭的，同睡觉的，同工作的人。从二人到五人，编成一小组。把所有识字的人和不识字的人配合。用所有识字的，教所有不识字的。就是用工作人员，教工作人员；战斗员教战斗员，群众教群众，老公教老婆。在睡觉的时候，吃饭的时候。凡一切闲暇的时候，个别来教。这样教法，可以不要教员，不要学校，不要课本，又不妨碍工作。④

可以看出，苏区当时的扫盲识字办法是非常灵活、多样的。这种群众性的社会教育活动无疑是苏区人民的首创，在中国社会教育的发展史上具有重要的价值。

---

① 江西赣南师专教育教研室编：《中央苏区教育资料选编》，江西赣南师专教育教研室1980年版，第122页。
② 同上书，第127页。
③ 《毛泽东文集》第1卷，人民出版社1993年版，第308页。
④ 《徐特立教育文集》，人民教育出版社1986年版，第35页。

由于苏区的扫盲运动，动员广泛，组织严密，方式、方法多样，因而使苏区的扫盲运动发展迅速，成绩十分突出。苏区的扫盲运动，完全是一种为了群众利益，依靠群众的组织，从群众中产生，在群众中活动的一种卓有成效的社会教育事业。

2. 俱乐部

1934 年 4 月教育人民委员部制定了《俱乐部纲要》指出："俱乐部是苏维埃社会教育的重要组织之一。"① 确实，在苏区社会教育事业的发展中，俱乐部具有十分重要的作用，是苏区社会教育比较突出的事业之一，其许多做法具有开创意义。

（1）俱乐部的目的与任务。"俱乐部应该是广大工农群众的'自我教育'的组织，集体的娱乐、学习、交换经验和学识，以发扬革命情绪，赞助苏维埃革命战争，从事于文化革命为目的"。② 从这个目的出发，苏区建立俱乐部的任务是"俱乐部的一切工作都应当是为着动员群众来响应共产党和苏维埃政府每一号召的，都应当是为着革命战争，为着反对封建及资产阶级意识的战斗的"。③ 基于此，苏区把俱乐部的建设看成一件大事。

（2）俱乐部的设置、部员。在《俱乐部纲要》中规定："俱乐部是每一级政府机关或每一个大的工厂企业，每一地方的工会，合作社之内的组织。乡村的俱乐部，同时也是该乡一切农民基本群众的俱乐部。"④ 在设置上突出了俱乐部的群众性和社会性。此外，在俱乐部中，要求附设列宁室、识字班、图书室及墙报等，还要求有运动场或游艺室的设备。从设置上看，俱乐部是一个设施比较齐全的群众性活动场所。

（3）俱乐部的组织形式。在《俱乐部纲要》中规定："应当适合着当地的条件去进行组织工作，而用不着纸面上的呆板的条规，来束缚自己。"⑤ 根据这样的原则，苏区的俱乐部大体上有较简单的和较复杂的两种。简单的俱乐部一般设在乡村，其组织分为三部分：演讲股，负责讲演事项；游艺股，负责组织歌谣、音乐、图画、戏剧以及体育游艺等；文化

---

① 《江西苏区教育资料选编》，江西教育出版社 1960 年版，第 83 页。

② 同上。

③ 同上。

④ 同上。

⑤ 同上书，第 87 页。

股，负责编辑墙报，布置图书室，组织读报，组织识字班等。随着群众文化水平的提高，在一些条件比较好的地区和单位，也有一些较复杂的俱乐部，其组织的三个方面，则更加具体和复杂。可见苏区的俱乐部以其灵活的组织、多种多样的形式，在苏区的社会教育事业中起着重要的作用。

（4）俱乐部的活动方式。俱乐部是群众组织，因此"俱乐部的工作必须深入群众，在乡村农民中，在城市贫民中，尤其是文化水平较低的群众中，一定要尽量利用最通俗的广大群众所了解的旧的形式而革新他的内容"。① 基于这样的原则，俱乐部的活动方式是多方面的，主要有讲演、游艺、文化工作等。由于俱乐部的活动适合群众的需要，便利群众的参加，所以真正体现了社会教育的群众化和群众组织的社会教育化。

3. 工农剧社和苏维埃剧团

工农剧社和苏维埃剧团一直是苏区重视的社会教育事业。在有关社会教育的政策、决议和行政制度中，多次强调苏区要发展剧社和剧团，并指出它的重要性。1933 年 10 月，中央文化教育建设大会通过《目前教育工作的任务的决议案》指出："社会教育是我们一个有力的武器，……必须有系统的领导发展……工农剧社等工作。"② 1934 年 3 月江西省第一次教育会议《社会教育问题的决议案》中指出："社会教育的各种工作包括，工农剧社和苏维埃剧团。同时强调：各俱乐部、各区、县、乡都可以组织剧社，在这个基础上，组织临时苏维埃剧团，其任务是在县教育部的领导下，出发各乡作短期巡回表演。"③

4. 识字牌、阅报处、墙报

苏区的社会教育事业因为是一种群众性的教育事业，所以，它处处体现出一种公共性和大众性。公共性是指一切公共的场所、设施都具有社会教育的意义，社会教育无所不在；大众性是指苏区的一切人员都是教育者，也都是受教育者，社会教育无处不有。这从相当广泛的识字牌、阅报社、识字处、墙报等设施中，可以看出这一点。④ 仅从毛泽东在 1933 年11 月写的《长岗乡调查》和《才溪乡调查》中我们可以了解一下这两个

---

① 《江西苏区教育资料选编》，江西教育出版社 1960 年版，第 85 页。

② 同上书，第 137 页。

③ 江西赣南师专教育教研室编：《中央苏区教育资料选编》，江西赣南师专教育教研室 1980年版，第 21 页。

④ 同上书，第 140 页。

乡的社会教育情况，对于长岗乡的识字牌，毛泽东写道：

> 每村一块，钉在路旁屋壁。牌上绘图写字，两天三天一换。一天一换或四天五天一换间或也有的。每次，少的两个字，多的三个字，没有不绘图的。日学老师负责。此法效大。①

对于上才溪乡的调查，毛泽东写道：

> 读报团：设于俱乐部内，有一主任，逢圩日（五日一圩）读《斗争》、《红中》、《通知》、《阶级分析》等。每次最少五六十人听，多的八九十人。
> 识字牌：六块，设置于通路处。
> 墙报：四处，每村一处，在日校门外。②

对于下才溪乡的调查，毛泽东介绍说："识字牌，五块；墙报五块；读报团，一处，也是每五天逢圩日一次。"③ 可见在当时，这些公共式的社会教育活动，已经是相当广泛而普遍的。

从苏区社会教育的方针、政策，社会教育制度以及社会教育的各种事业中，我们可以看出：苏区的社会教育在中国近代社会教育发展史上，是一种全新的社会教育事业，在社会教育思想上，它既反封建的社会教化，又反帝国主义的奴化，同时也反对国民党专制、独裁的法西斯教育。它把社会教育的发展和工农自身的政治、经济利益结合起来，发展社会教育从根本上是为了工农自身的解放。因此，它就摆脱了封建教化的愚民性质，摆脱了西方社会教育家所倡导的"助人"和慈善的成分。苏区的社会教育是一种立足于工农，一切为了工农，在工农中活动，在工农中发展的社会教育。所以，在思想层面上是一种新的飞跃，是一种质的变化。它标志着中国社会教育思想在近代艰难发展和选择中找到了一条适合国情的社会教育发展之路。在社会教育制度上，苏区的社会教育制度和以往封建的教化

---

① 《毛泽东文集》第 1 卷，人民出版社 1993 年版，第 308 页。
② 同上书，第 341 页。
③ 同上。

制度以及民国以来形成的社会教育制度有着截然不同的性质；苏区的社会教育制度是一种群众性的教育制度，群众组织，群众参与，群众领导，因而它摆脱了过去教育制度与行政的"官方化"和"权利化"，从更广泛的意义上来组织工农，为工农服务。在社会教育的实践上，苏区的社会教育实践是生动活泼、多种多样的。完全是一种广大群众自己的事业，从群众中来，到群众中去，依靠群众，为了群众，因此，就能调动广大群众的积极性。这和封建教化的那种"表面必须听，心中一肚气"以及平民教育初期在农村的"冷清"场面形成了鲜明的对比。正如毛泽东在当时总结苏区教育时所说：

> 谁要是跑到我们苏区来看一看，那就立刻看见这里是一个自由的新的光明天地，这里一切文化教育机关，都操在工农劳苦群众手里，工农和他们的子女，有享受教育的优先权，苏维埃政府用一切方法，来提高工农的文化水平，为了这个目的，给予群众以政治上与物质条件上一切可能的帮助。①

总之，重视社会教育是苏区教育发展中一条成功的经验。苏区的社会教育也正是以其崭新的思想、灵活多样的制度和行之有效的实践，为中国教育发展史留下了灿烂的篇章。

---

① 江西赣南师专教育教研室编：《中央苏区教育资料选编》，江西赣南师专教育教研室 1980 年版，第 34 页。

# 第四章　社会教育与其他教育关系的历史考察

近代社会教育产生以后，它和学校教育、家庭教育以及学制系统是什么关系一直受到人们的关注，在一定时期甚至引起争论。同时，我国近代也是一个教育名词剧增的时代，受日本及欧美教育思想的影响，各种各样的教育名词、概念，在我国教育界纷纷出现，使人"眼花缭乱"，应接不暇。这些丰富的教育概念，一方面增长了人们的知识，开拓了人们的视野，启发了人们的思维。但另一方面许多相近、相关或相同的概念，也增加了人们认识与理解的难度，引起国人一些不必要的争论。

自社会教育名词出现以来，和社会教育相近、相关的概念就有十数个之多，如国民教育、通俗教育、平民教育、乡村教育、民众教育、扩充教育、补习教育、成人教育、社会式教育、社会的教育、全民教育、大众教育、生活教育，等等。这些名词、概念伴随着社会教育术语的出现和社会教育的发展，在其周围形成了一个庞大的教育概念群，引起了人们的注意。为了更加准确地了解社会教育的含义，清晰地认识社会教育的发展历程，清楚地分析社会教育与其他相近、相关教育概念的关系，我们从历史发展的视角，考察社会教育和这些教育概念在近代相生、相伴、相争的历史过程。

## 第一节　社会教育与学校教育、家庭教育

社会教育一词最早是由日本传入我国的，受日本社会教育的影响，社会教育作为一个教育概念在近代的出现，最初就是和学校教育及家庭教育相对而提出的。近代较早介绍日本社会教育概念，出现在《教育世界》1902 年 8 月第 31 号上，文中介绍了日本教育家佐藤善治郎关于社会教育的概念。

余所谓社会教育者，对学校教育而言，目的在高社会之智识、道德而已。……今夫高社会之智德者，以扩充学校教育为主，固无俟言。然社会之阶级、贫富之种类之不齐，不可置于一律之教育制度下也。①

这里社会教育的含义是与学校教育相对而言的。1903 年 6 月 10 日《游学译编》第 8 册载文《论学校对家庭与社会之关系》，文中提道：

吾尝闻东西诸教育学者论教育曰：教育之事，析分三段。幼年受教于父母，曰家庭教育。稍长就业于师傅，曰学校教育。处事、接物、立身、行事，曰社会教育。②

文中明确指出了社会教育是与家庭教育、学校教育相对的。

所以从起点上看，人们最初对社会教育概念的认识，就是和学校教育、家庭教育相对地来认识的。把社会教育看成和学校教育、家庭教育相对独立的一种教育领域。在这种认识的基础上，人们日益关注社会教育与学校教育及家庭教育的关系。

《教育泛论》（佚名）的作者较清晰地指出：③

有社会之教育。有学校之教育。有家庭之教育。家庭教育范围狭。而学校教育与社会教育之范围广。家庭教育之势力小。而学校教育与社会教育之势力大。欲养成国民，不可不注意于学校教育。欲改良风俗，不可不注意于社会教育。学校教育所以充足国民之实力，社会教育所以鼓舞世界之动机。学校教育主于严整、平实。社会教育主于活泼、高尚。

文中强调了三种教育形态的独立性、特点及作用，除了认为这三者之间是不同教育的形态，有区别以外，更多的人士则比较重视它们之间的联系，从补充与促进家庭教育和学校教育，以及扩充学校教育等角度来论述

---

① ［日］佐藤善治郎：《社会教育法》，《教育世界》1902 年 8 月第 31 号。
② 佚名：《论学校对家庭与社会之关系》，《游学译编》1903 年第 8 册。
③ 佚名：《教育泛论》，《游学译编》1903 年第 9 册。

它们之间的关系。《教育泛论》的作者同时指出：

> 就形式而论，则学校教育者主也，社会教育者辅也。就精神而论，则社会教育者，始之，有组织学校教育之原动力，继之，有监督学校教育之持续力，终之，有改良学校教育之猛进力。专恃学校教育而无社会教育，不足以立国，至易明之理也。

这里指出了社会教育对于学校教育的作用是"组织学校"、"监督学校"及"改良学校"，强调了社会教育对于学校教育的促进作用。

在《游学译编》所载《社会教育》（佚名）一文中，作者认为"社会者，构造国家之原质也"，影响一个国家社会发展及变化的重要力量是社会教育，他认为家庭间接受社会的影响，学校只不过是社会的一部分，是"出入家庭、社会间之一过渡时代耳"，① 其影响是有限的。所以三者相比，社会教育更为重要。在这里作者把社会教育的作用放到了三者的首位。

辛亥革命后，相继开展的通俗教育、平民教育、民众教育的教育家都看到了学制系统的缺欠、认识到了学校教育的不足，主张从补充学校教育、家庭教育和扩充学校教育的角度来论述三者的关系。如蔡元培主张设社会教育司的初衷，就是为了"提倡成人教育、补习教育起见"，② 以"兼顾多数年长失学之成人"，而就当时学制体系来说，学制中根本就没有补救年长失学者的措施，所以社会教育行政的确立，从一定意义上是为了弥补学校教育制度的欠缺。

对此许多教育学者和教育家都有论说。余寄认为："由教育方面着想，教育之机关，固以学校为主。"但是如果没有社会教育的"协力"作用，其目的很难完美。所以他认为，只想通过重视学校教育而不顾社会教育来实现教育目的的想法是"妄也"。③

平民教育家晏阳初也认识到：

> 中国近几十年来教育上最大的错误，在于一切制度方法材料多半

---

① 《社会教育》，《游学译编》1903 年第 11 册。
② 高平叔编：《蔡元培教育论著选》，人民教育出版社 1991 年版，第 707 页。
③ 余寄：《社会教育》，中华书局 1917 年版，第 2 页。

从东西洋抄袭来的，那工商业发达的国家的都市人的教育，如何能适合尤滞在农业时代的中国社会的需要？我们初到乡间，看见农民的失学，慨叹中国的教育不普及，后来在乡间久住，才知道幸而今日中国的教育不普及。否则真非亡国不可。这并非愤激之谈，因为农村青年，未入学校以前，尚能帮助他的父母，……可是一旦入了学校，受了一些都市文明的教育，他简直变成一个在乡村不安，到城市无能，不文不武的无业游民。①

他分析中国现在所谓的"新教育"：

并不是新的产物，实在是从东西洋抄袭来的东西。日本留学生回来办日本的教育；英美留学生回来办英美的教育，试问中国人在中国办外国教育，还有什么意义？②

所以现在的情况是，学校教育越办越大，结果毕业就是失业。而乡间那些急待救助的失学大军，却无人过问。因此，他主张"要创造一种中国教育"，以适应中国的情形。这种教育就是中国的平民教育事业。对于平民教育和学校教育及家庭教育的关系，他认为学校教育和家庭教育都很重要，但他认为，如果没有平民教育的配合，儿童的教育：

在学校里所学的一点好教训，就无形中在家里打消了。在这种情形下，纵使"义务教育"实行全国，若无"平民教育"来先教义务学校里学生的父母兄长，"义务教育"的效力一定是事倍功半的。

基于此，他强调，在目前的中国，无论是救国还是救民，都应该首先从被学制忽视了的成人教育做起，要特别注重青年失学者。他虽然认为"平民教育"和"社会教育"有别，但二者均是学制系统以外的教育事业，却是一致的。他说："所谓'社会教育'，是一种辅助正式学校的教育，……对于教育事业却有间接的影响。"③ 梁漱溟也批评"都市教育"

---

① 马秋帆、熊明安编：《晏阳初教育论著选》，人民教育出版社1993年版，第65页。

② 同上书，第160页。

③ 同上书，第25页。

和"人才教育"，认为中国近世办的教育是模仿的结果，"中国三四十年来，学校教育之大弊在离开社会，以致妨碍社会于无穷"，① 其后果是：

> 所以三十年间新式教育的结果，就是一批一批地将农村人家子弟诱之驱之于都市而不返。②

十几年来人才教育的结果是：

> 乃时至今日，不嫌人才少，反苦人才多。不但军界人才多，法政人才多，即农业工业人才亦摆起来，没有用。始恍然几个专门人才决救不得国。……于是民众教育之呼声大起。③

"矫正此弊"，他提出了"社会本位的教育系统草案"。在学校教育和社会教育的关系上，他强调"学校教育社会教育不可分"，认为"学校教育为教育之中心设施或正统"，"社会教育为片面的补充的设施，非正规教育"。学校教育和社会教育二者是不能独立分开的，分开无"学理真据"，形式上也很难，他强调二者应该"融合归一"，形成一个"完整合理的一个教育系统"，④ 才能完成其教育任务。

傅葆琛认为：

> 我国自改革教育制度以来，偏重城市，漠视乡村，故城市中之教育已渐次发达，而乡村间之教育制度依然望尘莫及。⑤ 不仅乡村教育不发达，而且从整个学校组织来看，"正式学校教育的缺点有四"：1. 组织太机械，时间上和年龄上难有活动；2. 课程太繁重，不能适应学习者的需要；3. 时间太冗长，生活繁忙的人，无暇能继续；4. 费用太多，受经济压迫的人无力求学。⑥

---

① 马秋帆编：《梁漱溟教育论著选》，人民教育出版社 1994 年版，第 112 页。
② 马秋帆、熊明安编：《晏阳初教育论著选》，人民教育出版社 1993 年版，第 78 页。
③ 同上书，第 79 页。
④ 同上书，第 100—102 页。
⑤ 陈侠、傅启群编：《傅葆琛教育论著选》，人民教育出版社 1994 年版，第 74 页。
⑥ 同上书，第 105 页。

所以民众教育的产生，就是为了补足学校教育的这种不足，从二者关系上看，民众教育就是"正式学校的补助教育"。

陶行知公开指出"中国乡村教育走错了路"，他说："中国现在的乡村学校，老实说起来，确实不能适应乡村的需要"，"传统教育是为办教育而办教育，教育与生活分离"，"为教育而办教育，在组织方面便是为学校而办学校，学校与社会中间造了一道高墙"。① 因此，他主张学校和社会的关系是"社会就是学校"，"生活就是教育"。"社会与学校打成一片，社会教育与学校教育打成一片"。②

俞庆棠则从民众社会教育的角度来认识学校教育制度的不足。她说："学校的内延，不等于教育的内延，所以教育不等于学校。"③ 她指出：

> 中国现行教育，只有学校系统，而无教育系统；而学校系统中，但列学校教育（注意，这是指儿童和青年的教育），而不列民众教育。

因此，现行学制的主要缺点是：

> 甲、忽略了失学成人；乙、教育时间是集中在儿童及青年期；丙、因上述关系，学校教育与学生生活及社会需要脱了节；丁、教育机会不均等。④

所以"民众教育，可以说是为了学制系统不完全而发生的"。在二者的关系上，她强调："学校教育是重要的，但大家感觉过去的学校教育，并没有走上它应走的途径，所以又想从社会教育来尝试一个新的途径。"⑤

综合考察上述不同时期不同教育家的主张，我们可以看出，他们在论述社会教育与学校教育及家庭教育的关系上，有这样几点共识：

1. 都主张扩大教育的含义，不要把教育仅仅理解为学校教育或学生

---

① 张达扬、李红梅编：《陶行知论普及教育》，安徽教育出版社1886年版，第57、62、77页。
② 《陶行知教育文选》，教育科学出版社1981年版，第151页。
③ 茅仲英编：《俞庆棠教育论著选》，人民教育出版社1992年版，第39页。
④ 同上书，第183页。
⑤ 同上书，第108、183页。

教育，教育的含义无论在作用、目的以及方式、方法等方面都是及其丰富的，而社会教育就是教育含义的丰富和扩大。

2. 认识到社会教育与学校教育及家庭教育是三种不同的教育形态，分属教育的不同领域，各有自己的作用与特点。

3. 他们都看到了学校教育的不足，认识到了教育制度的缺欠，强调从西洋模仿来的教育制度不适合中国的情形和现状，应该发展社会教育以弥补这种不足，社会教育是适应中国实际的一种新教育。

4. 他们都认识到社会教育对学校教育和家庭教育有补充、扩充和促进的作用，虽然各自强调的角度和重点不一样，但其本质是相同的。

# 第二节　社会教育与通俗教育、平民教育

在教育思想层面，"社会教育"、"通俗教育"与"平民教育"出现在20世纪初期，并先后形成一种教育思潮；在教育制度层面，三者在教育法令和教育政策上，被接受的时间不一，三者在产生源头以及历史发展上，就存有争议。

## 一　社会教育与通俗教育

在教育法令上，"通俗教育"这个词，最早是在晚清学部普通司设师范科时掌管"通俗教育"的事项中出现的。清政府被推翻以后，民国元年在教育部设社会教育司，在法令上开始使用"社会教育"一词。从社会教育司掌管的事项来看，通俗教育是当时社会教育司推行的一项重要工作，这是这两个名词在法令上的最早使用。

但是二者在逐渐发展起来的社会教育的思想和实践中是什么关系呢？它们之间有什么区别和联系呢？因为它涉及社会教育的执掌事项，为此近代以来曾引起了许多人的争议，区分两者的异同也就成了社会教育司确立以来许多教育人士所关注的一个较为重要的话题。我们试就几种不同的认识来简略分析一下它们之间的区别与联系。

（一）"通俗教育非社会教育"

马宗荣从当时通俗教育研究会所研究的事项以及教育部社会教育司的组织和执掌来分析认为，"通俗教育专以扩充浅学者或无学者的文化财为中心目标"，而"社会教育是整个生涯的教育，是充实人生的教育，无学

者、浅学者、有识者的教育，均属社会教育的范围"，所以"通俗教育非社会教育"，① 二者是有区别的。

陈礼江则从教育内容深浅的观点来谈二者的区别，他认为：

> 提倡通俗教育的人士，鉴于一般的学校教育内容是太深奥了，普通没有受过教育的民众是没有方法接受的，所以他们主张为民众而设施的教育，要力求通俗。故通俗教育只是一种浅近化、简单化、普通从容的教育，而不能包括较高深的教育在内。而社会教育则既包括通俗的教育，也有较高深的教育，所以二者是有一定的不同。②

傅葆琛从民众教育的角度来认识通俗教育和民众教育的区别，他认为"通俗教育，顾名思义，当然是一种普通从俗的教育。所谓通俗，就是要浅显明白，人人容易了解的意思。……通俗教育的目的，只在一般失学或教育程度太低的人"。③ 而民众教育除包括一切通俗教育的机关之外，尚有不通俗的教育机关。所以通俗教育也只是民众教育的一部分，不能说通俗教育就是民众教育。可见这些学者在论及通俗教育与社会教育的关系时，首先承认的一个观点就是二者是有区别的。

（二）"通俗教育为社会教育的一部"

陈礼江认为通俗教育"特别注重于通俗"，而社会教育不仅有通俗的教育，也有较高深的教育，如图书馆是社会教育事业，而图书馆里的书籍，有通俗的读物，也有专门的著作。所以"社会教育可以包括通俗教育，而通俗教育则并不包括社会教育"，④ 强调了两者的隶属关系。马宗荣在区别两种教育的不同点时，也认为"两者均以全民为对象，均是利用余暇的教育，有多式多样的机关，故可承认通俗教育为社会教育的一部"。⑤ 俞庆棠在分析民众教育和通俗教育的关系时也指出，通俗教育时期的"通俗教育会含有现在民众教育馆的意义，亦可说民众教育馆是脱颖

---

① 马宗荣：《现代社会教育泛论》，世界书局1934年版，第12、13页。
② 陈礼江：《社会教育的意义及事业》，正中书局1937年版，第4页。
③ 陈侠、傅启群编：《傅葆琛教育论著选》，人民教育出版社1994年版，第103页。
④ 陈礼江：《社会教育的意义及事业》，正中书局1937年版，第4页。
⑤ 马宗荣：《现代社会教育泛论》，世界书局1934年版，第13页。

于通俗教育会的"。①

两者的包含关系在教育行政及教育政策上，体现得更加明显。如民国初年首设社会教育司，在社会教育司掌管事务中，有"关于通俗教育事项"。至国民政府成立时期的社会教育司，也有"关于通俗讲演事项"的规定。从教育行政来看，自社会教育司确立以来，通俗教育始终是社会教育司所掌管的一项教育事业。在教育政策上，通俗教育也是隶属于社会教育范围内的。如1914年12月，教育部公布《整理教育方案草案》，认为"社会教育范围至广，即学校以外之教育无不包含之，今顾以其程度为区分标准，于学艺的之外则有通俗的，其数最多"，② 其通俗的社会教育事业包括，通俗教育、通俗讲演、通俗书报报章等。1919年3月，教育部公布《全国教育计划书》，在属于社会教育事业的事项中，包含着"通俗讲演所之扩充及补助"、"制造通俗教育用具"等项目。③

通过上面的比较，可以知道，近代出现的社会教育与通俗教育，二者是既有区别又有联系的教育思想与事业。从区别来看，它们各有自己产生的背景和时间，各有自己的教育内容与特点。从联系来看，在范围上，通俗教育是社会教育的一部分，在内容上，通俗教育是社会教育的专项活动，在时间上，通俗教育是社会教育的一种阶段性事业。随着后来平民教育及民众教育的兴起，通俗教育被包含在这更加广阔的教育事业之中。

## 二　社会教育与平民教育

"平民教育"是受新文化运动中民主、平等思想以及杜威平民主义、民治主义教育主张的影响，在五四运动时期出现的一个教育名词，并在各种教育团体及教育家的推动下逐渐开展起来的一种新的社会教育事业。从平民教育的思想和实践来看，平民教育也是学制系统以外的一种教育活动，因此它和社会教育的关系也一直受到教育人士的关注，产生了各种认识。

（一）"平民教育不是社会教育"

晏阳初公开指出平民教育和社会教育是不同的。他认为"所谓'社会

---

① 茅仲英编：《俞庆棠教育论著选》，人民教育出版社1992年版，第164页。
② 《中华民国教育法规选编》，江苏教育出版社1990年版，第19页。
③ 《中华民国史档案资料汇编》第三辑教育，江苏古籍出版社1991年版，第56页。

教育'，是一种辅助正式学校的教育。……一种间接的或附带的教育事业"，这种事业有两种"通性"，一是"假定受教者已经受过基本教育"；二是"和学校系统内的教育事业只有间接的关系"。而平民教育则不然。他说："受初级平民教育者都未曾受过基本教育，目的就在给他们这种基本教育。"所以"不能说平民教育就是社会教育"。① 傅葆琛也认为他们有别，认为"平民教育，就字面说，是为与贵族相对的平民办的教育，……所以平民教育，只是一般人的教育，一种阶级教育"，是社会上"一部分人的教育"，这一部分人"只限制在失学的人和程度太低的人"，而"社会教育是学校教育外的一切教育"，所以其范围和对象要比平民教育广。②

（二）"社会教育是平民教育的一部分事业"

晏阳初在强调二者的分别时，也看到了它们之间的联系，他认为平民教育的工作可以分为两步：第一步是"识字教育"；第二步是"继续教育"。在平民教育所从事的"继续教育"事业中"有和社会教育相仿佛的"。所以他认为"社会教育是平民教育的一部分事业"。③ 由于他有这样的认识，所以在他的平民教育主张中，很少用社会教育的用语，由他所主持的定县平民教育试验区，则把"社会式教育"作为一种工作方式。

（三）"社会教育可以包括平民教育，平民教育却不能包括社会教育"

陈礼江认为，平民教育的立足点"是从受教者资产的多寡及社会地位的高低等观点着眼，而特别着重于平民"。他说，从事平民教育的教育家们，"他们看到一般的教育太贵族化了，有钱的贵族，可以受教育，无钱的平民，不能受教育，而平民需要教育却是很迫切的，因而有所谓平民教育"，这种教育"只是一部分人的教育，一种阶级的教育"，而社会教育是全民的教育，不分阶级，所以说"社会教育可以包括平民教育，平民教育却不能包括社会教育"。④ 马宗荣认为平民教育与社会教育的共同点是"利用余暇"的教育，"故平民教育为社会教育之一部"。⑤

从社会教育司确立以来的教育行政和教育政策来看，至 1922 年"新学制"颁布以前，其社会教育行政，没有掌管"平民教育"的事项，由

① 马秋帆、熊明安编：《晏阳初教育论著选》，人民教育出版社 1993 年版，第 25、26 页。
② 陈侠、傅启群编：《傅葆琛教育论著选》，人民教育出版社 1994 年版，第 103、104 页。
③ 马秋帆、熊明安编：《晏阳初教育论著选》，人民教育出版社 1993 年版，第 26 页。
④ 陈礼江：《社会教育的意义及事业》，正中书局 1937 年版，第 5 页。
⑤ 马宗荣：《现代社会教育泛论》，世界书局 1934 年版，第 13 页。

教育部制定的各项有关社会教育的章程中，也没有"平民教育"的提法，可见"平民教育"事业完全是由教育团体和教育家推动发展起来的，所以说在教育行政上，平民教育不属于政府推动的社会教育事业。直到1922年"学制改革"时期，在改革标准上，始才有"发挥平民教育的精神"，可在社会教育的行政和法规中仍然没有"平民教育"的事项。国民政府成立以后，由于"民众教育"的兴起，国民政府试图把平民教育纳入民众教育运动之中，在一些法规和政策上零星有一些"平民教育"的提法。如1931年国民政府拟订《三民主义民众教育具备的目标》，在导言中云：

> 平民识字运动是教育的一部分，在民众教育内仅占相当的地位。而民众教育的中心工作，断不能仅仅是识字，还要注重公民和生计教育，并且要把"平民教育"、"民众运动"打成一片的革命化的民众教育。[①]

由此可见，国民政府试图把平民教育纳入民众教育运动之中的用意是十分明显的。而在这个时期民众教育在教育行政上是由社会教育司来主管的，在社会教育的行政和政策上，大量采用"民众教育"的提法，"平民教育"的用语仍然很少见。这表明在当时政府看来，平民教育并非是一种独立而特殊的教育活动，并没有超出社会教育的范围。

从近代教育史上看，社会教育与平民教育是既有区别又有联系的两种教育思想和实践活动，其区别在于，社会教育是由政府认可和推行的一种教育事业，在教育行政和法令上均有一定的地位，而平民教育则是由教育团体和教育家所倡导和推动的，是一种民间的社会教育事业。正因如此，两者在施教的目的、对象、内容及形式等方面均有一定的差异。但是两者又是互相包含的教育事业。平民教育产生以后，立即以其强大的影响力，超过了当时教育部所推动的通俗教育活动，这个时期"平民教育成为社会教育的中心"。[②] 从平民教育的事业来看，其所采用的"社会式教育"，其实质是"应用各种社会教育方式来试验，使大多数农民接受教育"的[③]。

---

[①]　《中华民国史档案资料汇编》第五辑第三编教育，江苏古籍出版社1994年版，第700页。
[②]　马宗荣：《社会教育纲要》，商务印书馆1937年版，第140页。
[③]　《中华民国史档案资料汇编》第五辑第三编教育，江苏古籍出版社1994年版，第775页。

民众教育兴起以后，平民教育的许多事业归属于民众教育，如平民学校改为民众学校等，平民教育由民间的社会教育事业逐渐成为民众教育的一部分，归属于政府社会教育行政的管辖。

## 第三节    社会教育与扩充教育、民众教育

社会教育自 20 世纪初期产生以后，经历了 20 世纪 20—30 年代教育制度以及教育行政的反复更替，在国外教育的思潮影响和国内教育改革需要的背景下，社会教育与这个时期先后出现的扩充教育、民众教育发生争议，引起众多教育家的关注。

### 一    社会教育与扩充教育

教育法令上采用"扩充教育"一词是在国民政府设立大学区时期，于教育行政系统中设"扩充教育处"，负责掌管"区内劳农学院、劳工学院及关于社会教育之一切事项"[1]。虽然大学区制不久就取消，但由于"扩充教育处"曾取代"社会教育司"的行政地位，因而受到人们的关注。两者在教育行政、教育思想及实践等方面是一个什么关系？由于认识的不同，形成了人们的各种看法。

（一）扩充教育包含社会教育

蔡元培一直主张"大学教育的扩充"，他多次论述应该推广这种教育，并认为这是消除教育不平等，制止教育行政官僚化和腐败的一项重要措施。早在 1916 年 12 月 27 日，他在《北京通俗教育研究会演说词》中，就对德国各大学的学生及教授，利用余暇时间到课外讲演的活动表示赞赏。他主持北京大学期间，十分鼓励学生参与校外的社会教育活动，他说："五四以来，学生多组织平民学校，教失学的人以普及知识及职业，是一件极好的事。"[2]并支持北京大学对校役开夜班以及举办平民夜校。他很推崇美国的"大学推广教育"，认为大学应该举办社会上的文化事业，

---

① 《中华民国史档案资料汇编》第五辑第一编教育（一），江苏古籍出版社 1994 年版，第 25 页。

② 高平叔编：《蔡元培教育论著选》，人民教育出版社 1991 年版，第 287 页。

他说："美国人服务社会之精神，不可多得"，"中国社会教育很少，应学美国尽量发展"。① 对此他在《教育独立议》一文中提出了"大学兼办社会教育"的主张：

> 分全国为若干大学区，每区立一大学，……一区以内的中小学校教育，与学校以外的社会教育，如通信教授、演讲团、体育会、图书馆、博物院、音乐、演剧、影戏……与其他成年教育、盲哑教育等等，都由大学办理。②

基于这样的认识，蔡元培主张在全国设大学区制，并担任大学院院长，在大学区设扩充教育部，掌管社会教育等事宜。至此，在教育行政上，社会教育成了扩充教育的一部分事业。从主张设社会教育司，以对"失学民众"施以"成人教育和补习教育"，到设立扩充教育处负责社会教育事项，这一名称的变化，表明了蔡元培对社会教育的认识发生了转变，这一方面是由于受法国教育体制（如大学区制）和美国（如大学推广教育）的影响，另一方面也是蔡元培坚持教育独立主张的体现。虽然大学区制成立不久即被取消，但扩充教育的思想却传播开来，对以后学校兼办社会教育的法令及制度的颁布与实施，产生了积极的影响。所以，从蔡元培后期的主张来看，扩充教育的提出是包含着社会教育，而此时其他一些教育家也有此认识。

曾担任中央大学扩充教育处处长的俞庆棠，在分析扩充教育的意义和范围时说，"扩充教育原为大学教育的推广，但是现在扩充教育的意义，不限于此"，她认为：

> 扩充教育的范围，从现在的事实看来，有社会教育——狭义的社会教育，如图书馆、体育场、通俗教育馆等，……再从社会的眼光看，扩充教育就是社会教育，广义的社会教育，……扩充教育以全社会为对象，适应社会各种需要，不择人，不择地，随处可以有教育的设施。③

---

① 高平叔编：《蔡元培教育论著选》，人民教育出版社 1991 年版，第 347 页。
② 同上书，第 378 页。
③ 茅仲英编：《俞庆棠教育论著选》，人民教育出版社 1992 年版，第 6 页。

可见她所认识的扩充教育是包括社会教育事业的。

（二）"扩充教育不能包括社会教育"

陈礼江认为，"扩充教育是以大学为出发点而设施的一种社会教育事业。它是从原有的正式学校教育的观点出发而特别着重于将学校内的教育扩充到校外去"。他说："欧美各国的大学，看到教育不应当只限于学校的围墙之内，而应当扩充到校外的民众，所以有所谓的扩充教育。"从这方面来看，"这种扩充教育当然应归在社会教育范围之内，但社会教育并不限于扩充教育，故扩充教育不能包括社会教育"。① 可见他对二者关系的认识，正好和蔡元培等人的观点相左。

（三）社会教育、民众教育与扩充教育有别

傅葆琛认为，民众教育、社会教育与扩充教育，各有各的"界限范围"，不能互相混淆，它们之间也不能互相包含。他说，扩充教育也可称为推广教育，欧美各国很是发达，施行这种教育的机关，多半是大学。"美国各大学，皆设有扩充教育部或推广教育部，所举办之教育事业种类甚多"，所以"扩充教育，是指由某教育机关扩充或推广出来的教育"，而社会教育和民众教育却不一定依赖一个教育机关去扩充才能成立。所以"此两种教育，各有他们的界限范围，我们应当认得很清楚的"。②

从上述这些观点来看，对社会教育与扩充教育关系的认识，显然存在着一些差异和争论。这种认识的不同，既与每个人立足的角度不同有关，也与每个人对国外各种教育认识的程度有关，同时也是国内教育行政制度的反复变化，以及这个时期社会教育、民众教育、平民教育及扩充教育等教育名词交互使用的反映。

## 二　社会教育与民众教育

"唤起民众"是孙中山的遗言，在这个口号的指导下，"在国民革命军北伐的过程中，中国各地掀起了民众运动的浪潮，有所谓农民运动、工人运动、青年运动、妇女运动等等。这些民众运动的浪潮，助长了国民革命军北伐的声威，对于国民革命军北伐的告成，是有很大的帮助的"。③

---

① 陈礼江：《社会教育的意义及事业》，正中书局 1937 年版，第 4 页。
② 陈侠、傅启群编：《傅葆琛教育论著选》，人民教育出版社 1994 年版，第 104 页。
③ 陈礼江：《社会教育的意义及事业》，正中书局 1937 年版，第 7 页。

所以从民众教育产生的渊源来看，北伐时期的民众运动是民众教育产生的一个社会基础。

国民政府成立以后，面临着一个十分重要和紧迫的问题就是如何对待民众，如何唤起民众和训练民众，而"民众教育便是这种课题的唯一答案"，[①] 这样在民众运动中孕育而生的民众教育，成了这个时期占主导地位的教育思潮。1931 年国民政府拟订《三民主义民众教育具备的目标》道出了开展民众教育的本意：

> 现在所谓民众运动，不是民众自己的运动，而是我们教育民众的运动，总要把民众教育好了，民众运动才名副其实，而民众教育又是真正的建设的民众运动现在正值训政时期，训政重在训字，训就是教育，训政的对象是民众；所以训政可说就是民众教育。[②]

在这以后，1932 年 7 月教育部《修正各司分科规程》和 1933 年 4 月国民政府公布《修正教育部组织法》中，在社会教育司掌管事项中，第一条就是"民众教育事项"，[③] 至此在教育行政上，民众教育成了社会教育工作的首要事项。但是民众教育究竟是一种什么教育？它和社会教育是什么关系？自民众教育出现以来，就一直争议不断。纵览各种意见，对两者的争议主要有如下几种观点：

（一）民众教育和社会教育是有区别的

傅葆琛认为，"社会教育和民众教育，有相同的地方，也有不同的地方，绝不可混为一起的"。他说"社会教育是学校教育外的教育"，[④] 而民众教育则包含学校式与社会式两种教育，所以既不能说社会教育比民众教育范围大，也不能说民众教育比社会教育范围大，两者各有各的含义和界限，不能混在一起。

（二）"民众教育是社会教育的一部分"

俞庆棠认为社会教育有广狭的分别，"广义的社会教育就是全民教育，

---

① 陈礼江：《社会教育的意义及事业》，正中书局 1937 年版，第 8 页。

② 《中华民国史档案资料汇编》第五辑第三编教育，江苏古籍出版社 1994 年版，第 700 页。

③ 《中华民国史档案资料汇编》第五辑第一编教育（一），江苏古籍出版社 1994 年版，第 63 页。

④ 陈侠、傅启群编：《傅葆琛教育论著选》，人民教育出版社 1994 年版，第 103、104 页。

以社会全民为对象，……狭义的社会教育，就是失学青年的基本补充教育"。她说："现在的民众教育，也可以说是社会教育的一部分，但是民众教育的事业，有学校式的，就称为民众学校教育，社会式的，就称为民众社会教育。总之，是社会教育的一部份。"她从教育行政和教育法规上分析，也认为"民众教育属于社会教育的范围之内"。①

（三）"民众教育的范围，可以大于社会教育"

时任江苏省立教育学院副教授研究实验部副主任的甘豫源则认为：

　　社会教育，在习惯上以至在教育法规上包括民众教育。但社会教育的意义，通常只包括学校教育以外的教育，而民众教育有学校教育与社会教育二种。民众教育的范围，解释起来，可以大于社会教育。②

（四）"民众教育就是社会教育，社会教育就是民众教育"

陈礼江认为，社会教育与民众教育：

　　它们实在是一而二，二而一，民众教育就是社会教育，社会教育就是民众教育。二者只是同物而异名，再也分不出此疆彼界。好似一个人既有了名字又有别号一样。③

他考察了社会教育和民众教育产生的渊源以及二者发展运行的轨迹，认为二者有逐渐出现合流的趋势，无论在教育行政、教育对象、内容及设施等方面，"在今日而说社会教育就无异是说民众教育，说民众教育也就无异是说社会教育，社会教育和民众教育再也不能分家了"。④

马宗荣也认为"社会教育与民众教育是名异而实同的物"。他通过对民国元年社会教育司确立以来所推行的社会教育事业，和1928年国民政府成立以后社会教育司所掌管的社会教育事项相比较，认为"实无何等的

---

① 茅仲英编：《俞庆棠教育论著选》，人民教育出版社1992年版，第27、28页。
② 同上书，第124、125页。
③ 陈礼江：《社会教育的意义及事业》，正中书局1937年版，第6页。
④ 同上书，第10页。

差异，故广义的民众教育，即是社会教育。狭义的民众教育是以幼年失学的成人为对象而施以启蒙性的教育的社会教育，即一般所谓的成人教育"。① 他认为把民众教育分为学校式和社会式两种是没有根据的，这种划分"根本不能成立"，同时批评把社会教育看作比民众教育范围大和把民众教育看作比社会教育范围大的观点，强调：

> 社会教育的界说，既不较民众教育的界说为小，亦不较民众教育的界说为大，故民众教育即社会教育。他们同是全民的教育，同是整个生涯的教育，同是充实人生的教育，同是利用余暇的教育。②

上述这些对社会教育与民众教育关系的不同认识，表明了人们在这个问题上存在着争论，其争论主要集中在以下几个方面。1. 名词含义之争。社会教育和民众教育的内涵到底是什么？一直没有取得共识。有人认为社会教育就是民众教育，有人则指出它们之间有别，有人提出社会教育有广义和狭义之分，民众教育也有广义和狭义之别，两者有重合之处，也有不同之处；2. 范围之争。社会教育与民众教育谁大谁小，谁包含谁也一直存有不同的认识。有人认为社会教育范围大，可以包含民众教育。有人认为民众教育范围广，其事业涵盖了社会教育。有人则认为他们之间各有各的界限，不能相混；3. 形式与设施之争。有人认为社会教育是学校外的一切教育事业，没有统一、固定的形式，有人认为民众教育有学校式和社会式两种，社会教育仅指社会式的民众教育，不包括学校式民众教育，有人则认为社会教育和社会式的教育不是一个含义。

虽然对社会教育与民众教育关系的认识有不同看法，但也有一定的共识。这种共识表现在：1. 都认为社会教育与民众教育是当时学制系统以外的教育事业；2. 都认为二者的教育对象是面向全民，其侧重点是失学的青年与成人；3. 在教育内容上它们是一致的。可见社会教育与民众教育之争是在有同有异中进行的。

① 马宗荣：《社会教育纲要》，商务印书馆1937年版，第44、45页。
② 马宗荣：《现代社会教育泛论》，世界书局1934年版，第12页。

# 第四节　社会教育与补习教育、成人教育

自晚清新政以来，"补习教育"、"成人教育"就陆续成为教育界关心的话语，二者在发展过程中和社会教育出现了关系之争，引发了众多教育家的重视。

## 一　社会教育与补习教育

补习教育在清末颁布的"癸卯学制"中就曾出现过，当时的特点是"补习教育与高等小学平行"。[①]　在教育行政上，补习教育归学部实业司管理。民国元年至国民政府成立时期，教育部官制和分科规程中均有由"实业教育司"和"普通教育司"掌管"实业补习学校"的事项。国民政府成立后，经过设立大学区和取消大学区的教育行政转换过程，至 1932 年教育部颁布《修正各司分科规程》和 1933 年国民政府公布《修正教育部组织法》，此时把"补习教育"事项放到了社会教育司的执掌之下，并相继颁布了《职业补习学校规程》（1933 年 9 月）和《各省市推行职业补习教育办法大纲》（1936 年 2 月）等，试图使补习教育制度化。补习教育从由"实业教育司"和"普通教育司"执掌，到由"社会教育司"执掌，这样一个变化，使人产生了社会教育与补习教育是什么关系的疑惑，对此许多人提出了不同的看法。

（一）"补习教育应该归在社会教育范围之内"

蔡元培为了使教育能够"兼顾多数年长失学之成人"，主张设社会教育司以"提倡成人教育和补习教育"，从他的这种主张来看，补习教育应该属于社会教育范围内的事情。但是自民国元年至 1932 年以前，由教育部颁布的各种教育规程和法令里，社会教育司所掌管的事项中，却没有成人教育和补习教育的项目。梁漱溟从"社会本位的教育系统"这一认识出发，认为"社会教育为片面的补充的设施，非正规教育"，它应该包括"补习教育"。[②]　陈礼江则认为，补习教育"它是从受教者程度不足的观点出发而特别着重于补习"的一种教育，如我国的失学民众补习教育。他强

---

①　陶行知制图：《新教育》第 4 卷第 2 期。

②　马秋帆编：《梁漱溟教育论著选》，人民教育出版社 1994 年版，第 101 页。

调补习教育"亦是正式学校系统以外的一种教育，应该归在社会教育的范围之内"，① 但社会教育的范围比补习教育要大。

（二）补习教育"是一种民众教育"

傅葆琛认为：

> 补习教育也只是为一部分的民众办的。补习，是指一般已受过一点教育而程度太低者而言，如美国规定的法律，凡十四岁至十八岁的青年，未曾在小学校毕业者，皆须受强迫的补习教育。这种教育，课程的组织，学科的选择，多与正式小学不同，故不能归入正式学校教育系统内，只可算是一种民众教育。②

但他认为，民众教育的范围比补习教育范围要大。他说："至于普通一般失学人的教育，不得说是补习，因为他们一点教育根基都没有，从何补起？从何习起？所以有人把补习教育就当做民众教育，恐怕是由于不明了民众教育的范围的缘故，只窥见豹的一斑，还未见全豹呢？"③ 可见在他看来，补习教育应该是民众教育范围内的事情。

（三）民众教育是成年补习教育

孟宪承对补习教育专门进行了研究，他认为"成年补习教育之在中国，为萌芽时代"。④ 他通过对国外补习教育的研究，认为"所谓成年补习教育——包含各种不同的阶段、目的和内容"，而"中国成年补习教育——应就最低的阶段"⑤ 做起，因为我国的义务教育"至今还没有厉行"，失学的儿童尚得不到教育，再对广大的失学成人实行补习，实在"是一件至艰极巨的事情"，"所以我们如谈到成年补习教育，只容许在最低阶段上着想，那是毫无可疑的"。那么在我国这种成年补习教育应该怎样组织呢？他说："成年补习教育机关的组织，应集合教育，建设，民政各行政机关和学校，以及其他教育，建设的团体"⑥ 来共同组织实施。

① 陈礼江：《社会教育的意义及事业》，正中书局1937年版，第4页。
② 陈侠、傅启群编：《傅葆琛教育论著选》，人民教育出版社1994年版，第103页。
③ 同上。
④ 周谷平、赵卫平编：《孟宪承教育论著选》，人民教育出版社1997年版，第172页。
⑤ 同上书，第154、155页。
⑥ 同上书，第155、156、159页。

　　有了这种组织，成年补习教育，至少成为各部分政治上的一种共
同责任，共同事业；没有，则始终把艰巨的事业，推在力量薄弱的教
育机关或学校身上，让"教育界"声嘶力竭，别人只袖手旁观。①

　　这样依靠教育机关来推行成年补习教育，怎样才能组织的了呢？所以
他主张应该成立中央、省、县各级补习教育委员会，负责组织和施行补习
教育。根据这样的想法，他分析了当前的民众教育，认为和平民教育一
样，在范围、方法等方面都是对成年的补习教育。他说："至于我国现在
所提倡的民众教育，即是以前的平民教育，……实则民众教育名词的本
身，亦有令人发生疑问和误会之处。总之此种教育皆为成年补习教育，毋
用怀疑的。"② 在他看来，民众教育的"所作所为"并没有脱离"补习教
育"的范围。

　　上述的三种观点，反映了人们对社会教育与补习教育关系的认识，很
显然每个人都是立足于自己的立场来谈二者之间的关系的，认为社会教育
重要，那么补习教育就属于社会教育范围；认为民众教育重要，那么补习
教育就应该归于民众教育范围；认为补习教育重要，则民众教育就是一种
补习教育。这种分析在理论上都有道理，谈起来都可以"理直气壮"，
因为它们所论的问题，在实质和精神上都是一回事，那就是学制以外广
大的失学者的教育问题，是由社会教育来规划，还是由民众教育来统筹
或由补习教育来组织，只不过是各人所依据的名词及思想的不同而已，
可见这种不必要的争论是与当时不断变化和修正的教育制度，以及各种
各样的教育名词的混用分不开的。这在成人教育与社会教育的关系上也
充分地表现出来。

## 二　社会教育与成人教育

　　"成人教育"自晚清新政改革以来，就一直是教育界频繁使用的一个
热点名词，有关国外"成人教育"的报道在各种报刊杂志上屡见不鲜。但
是奇怪的是，综观社会教育司确立以来的教育部官制以及分科教育规程，
在社会教育司所掌管的事项中，从未出现过"成人教育"的提法，也未有

---

①　周谷平、赵卫平编：《孟宪承教育论著选》，人民教育出版社1997年版，第161页。
②　同上书，第173页。

有关成人教育的事项，在所颁布的各种教育法规和章程中，没有一个专门的成人教育法规和章程。这就和教育思想界要求重视成人教育，发展成人教育的呼声形成了强烈的反差。

（一）"成人教育为社会教育之一部"

蔡元培说，他主张设立社会教育司的目的是为了"提倡成人教育与补习教育"，这种说法表明了在蔡元培的教育主张中，"成人教育"应该属于社会教育范围内的事情。对此陈礼江有更明确的认识，他说：

> 成人教育英语为 Adult Education，世界各国都有这种教育的事业。他是从教育对象年龄大小的观点出发而特别着重于成人，因为大家觉得儿童和青年固须受教育，成人也应该受教育，所以有所谓成人教育。①

他认为学校教育的对象，在一般看来只限于儿童和青年，所以"成人教育是正式学校系统以外的教育，应当归在社会教育的范围之内"。② 马宗荣也认为：

> 成人教育，他的对象是成人，非全体的民众。然成人教育的目标，是想充实人生，实施整个生涯的教育，注重利用余暇，采多方面教化制。故成人教育为社会教育之一部。③

傅葆琛则强调成人教育和民众教育都是正式学校教育之外的教育，但民众教育比成人教育范围大，他说："民众教育包括一切年龄的人；成人教育是专为成年的人办的。所以成人教育只是民众教育的一部分。"④ 上述人士的观点反映了一个共同认识，那就是成人教育是社会教育或民众教育范围内的教育事业。

（二）社会教育属于"成人教育的范畴"

俞庆棠认为，成人教育"和社会教育一样，也没有公认的定义"，⑤

① 陈礼江：《社会教育的意义及事业》，正中书局 1937 年版，第 5 页。
② 同上。
③ 马宗荣：《现代社会教育泛论》，世界书局 1934 年版，第 13 页。
④ 陈侠、傅启群编：《傅葆琛教育论著选》，人民教育出版社 1994 年版，第 102 页。
⑤ 茅仲英编：《俞庆棠教育论著选》，人民教育出版社 1992 年版，第 125 页。

各个国家都有自己的解释和实施的办法，但是成人教育是与儿童或青年并称，社会教育和家庭、学校教育并称，因此它们都是学校教育系统以外的教育事业。她说："成人教育旨在和学校系统的教育并驾齐驱地普及中国的教育。"① 这是二者的共同点。根据这个共同点，她认为，晏阳初先生在河北定县的平民教育事业，梁漱溟先生在山东邹平的乡村建设，黄炎培和江问渔两位先生指导下的徐公桥实验村以及江苏省立教育学院的教育活动等教育事业，都是"成人教育范畴里的工作"，② 这些教育事业，在目前"是中国成人教育的四大中心"。③ 她说："成人教育在中国无疑是极端重要的。"现在"由于中国有如此多的人对成人教育感兴趣"，所以"建立一些机构是迫切需要的"。在她的倡议下，1931 年 12 月成立了中国社会教育社。她说，"这个团体和江苏省立教育学院都是世界成人教育协会的会员"。④ 可见在她的这些认识中，平民教育、乡村教育及民众教育都具有成人教育的性质，是一种成人教育事业。⑤

上述两种相对的观点，反映了人们对两种教育认识的差异，这种差异同样表现在概念之争、范围之争以及从属之争等方面，这种争议也是与当时教育行政体制的不断修正以及各种教育名词的交互混用分不开的。每一种观点都有自己的理由，仿佛都有一定的道理，因为它们各自使用的名词不同，强调的重点不同，所以每一种观点都有较为充分的论据。但在这些名词和思想的背后，却有一个共同的本质，就是他们所关注的其实是一种教育事业，因而看起来似有争议，实质上是大同小异，殊途同归。

综上所述我们可知，社会教育自近代产生以来，和其相类、相近或相关的各种教育之间的关系就一直受到人们的瞩目，考察这一时期的各种争论，我们尝试分析一下其原因、意义及实质。

首先，争论的原因。

1. 国外各种教育思潮的影响以及学习外国教育的失望是争论存在的思想渊源

国外各种教育思想及流派的广泛传播是这个时期各种教育名词和教育

---

① 茅仲英编：《俞庆棠教育论著选》，人民教育出版社 1992 年版，第 62 页。
② 同上书，第 64 页。
③ 同上书，第 60 页。
④ 同上书，第 64、65 页。
⑤ 同上书，第 60—65 页。

现象产生及发展的外因。每一个和社会教育相近或相关的名词背后，都有其文化和教育思想的渊源，而其导因基本都受到来自国外的影响，如社会教育、平民教育、扩充教育、补习教育、成人教育等。与此相反，从事社会教育的教育家们一方面承受着来自国外的教育影响，另一方面也看到了"模仿"及"移植"国外各种教育所带来的问题。他们都不约而同地表达了对学习国外教育的不满，认识到各个国家的教育有不同的情况，国外的教育是一种"都市教育"，是和其工业化、民主化及城市化相适应的，是一个长期发展的结果，而我国自从办"新式教育"以来，"头重脚轻"，只重视人才教育而使人才过剩；只注重学校教育而使广大失学者越积越多，这种现实使发展几十年的中国教育仍然没有找到自己的根基，所以他们倡导社会教育，主张发展平民教育、乡村教育、民众教育、补习教育、成人教育、扩充教育，等等，这种认识是争论存在的思想基础。

2. 国内教育行政制度的反复修正

民国至抗日战争以前，由于政府的频繁交替，使教育行政制度始终没有一个较稳定的局面，社会教育的行政制度也在这反反复复的变化中不断变革着其行政的范围和所掌的事项。通过社会教育司所掌事项的增减可以看出，由社会教育司所掌管的事项，几乎囊括了近代以来所出现的所有文化教育事业，这一包罗万象的内容，使社会教育的领域显得漫无边际，因而使在近代出现的各种对人及社会有影响的事业，几乎都成了社会教育。这样范围广大的教育领域，无疑增加了国人理解和认识社会教育的难度，从而引起一些认识的差异与争论。

3. 国内教育的负担十分严重，教育的问题千头万绪

严酷的社会与教育现实使从事教育事业的人们，看到哪儿都是重点，看到哪儿都是难点。由于封建专制的长期愚民政策，使所谓"教育发达"的我国，到了近代，人口中有 80% 的文盲，还有众多的"浅学者"和"缺乏基本常识的人"以及不断涌现的失学儿童①。这样一个严重的教育负担，办教育应该从哪里抓起？哪是重点？哪是急需？使从事教育的人们感到头绪纷繁，因而造成了抓哪里都很重要，抓哪里都是重点和急需的状况。所以从事社会教育的人，就认为社会教育应该放在首位，从事平民教育的人，则认为平民教育应该优先，从事乡村教育的人则把乡村教育看成

---

① 马秋帆、熊明安编：《晏阳初教育论著选》，人民教育出版社 1993 年版，第 1 页。

中国教育的根本，从事民众教育的人士则认为民众教育是当务之急。"在中国的此刻，已非平常时期，应着重成人教育，应以全力办理民众教育，办理社会教育"，① 这种急迫的言论，道出了当时人们的心声，同时也分化了人们发展教育的注意力，从而引起一些不必要的争论。

4. 众多教育名词、概念的交互混用

模糊了概念之间的内涵和本质，使许多的争论是由于概念的不清而引发。这种情况的发生，从思想层面上看，是由于适合我国国情的教育思想还在发展之中，也就是说，我国自己的教育思想还没有形成一定的思想理论形态，因而使这个时期的教育家无法用自己的标准来衡量各种教育的是非，从而产生争论。从制度层面上来看，则是由于国民教育制度发展不健全、不完善的结果，使本来应该通过教育制度解决的问题，而基本上社会教育化了。因而造成了这个时期教育思想和教育制度之间发展的不平衡，教育思想的发展远远地超过了教育制度的容量，超越了国情的现实和社会的实际。所以使这个时期许多看起来很"伟大"的教育思想和实践，实际上是一种教育的理想和知识分子的善良愿望，这些争论实际正是为了这种理想和愿望所作的一种实验和努力。

其次，争论的意义与实质。

和社会教育相近、相关的各种概念之争，对中国近代教育的发展产生了重大的影响，具有积极和消极两方面的意义。

从积极的方面来看，各种教育概念的传播与争论，增加了人们的教育知识，扩大了人们的教育视野，丰富了近代教育的内涵，深化了人们对各种教育的认识。对于人们教育观念的更新，教育思想的解放，深入了解中国教育的国情，有着积极的意义。我国近代以来各种新式教育观念的萌芽，诸如成人教育、继续教育、补习教育、社区教育等，和这种争论的影响是分不开的。

从消极的方面来看，各种争论也留下了一些问题，引起了人们的关注。如果从思想层面上来看，社会教育究竟有没有自己的学术领域？从制度层面上看，确立社会教育行政制度是不是正确的选择？也就是说用社会教育来统筹社会上所有的新式文化事业是否合适？从实践领域来看，社会教育应该怎样实施？从事业到设施，从组织到形式，从对象到内容，这些

---

① 马秋帆编：《梁漱溟教育论著选》，人民教育出版社 1994 年版，第 191 页。

广泛的社会教育事业，究竟怎么定位等。由于战争的爆发，使这些问题并未得到深入的思考和解决。

但是，如果从国民教育思想和制度的高度来审视这些争论，我们不难看出，这些争论都是在同一种教育范围内进行的，即学制系统以外的教育，因此这种争论的实质，实际上是对同一领域教育的论争，即如何实施对学校以外广大"失学者"和全体国民的教育。无论是通俗教育、平民教育、乡村教育，还是扩充教育、民众教育或补习教育、成人教育等，其教育的对象领域，都是针对学制以外的成人或民众。因此我们可以说，从国民教育思想和制度的角度来看，近代相继出现的这些教育都是学制以外的教育，是由政府和民间团体推动的为了提高失学民众和全体国民的素质，利用和设置各种教育设施与机构，采用各种教育形式，所开展的有目的、有计划、有组织的教育活动，它们同归社会教育领域之内。

# 第五章　社会教育功能

对社会教育功能的认识是一个历史发展过程。国外现代社会教育源于解决社会问题以及教育问题的对策，在这个过程中，社会教育对于社会的发展以及人的发展具有重要的作用。国内社会教育发源于近代"民智"开启和社会革命以及改良的需要，社会教育在中国近代经历了波澜壮阔的发展历程，承担着众多的社会功能、文化功能和教育功能，成为中国社会事业、文化事业以及众多公益、慈善教育事业的载体。

## 第一节　近代社会教育功能的发端

近代以来，人们对社会教育的功能是如何认识的，这是研究近代社会教育的一个首要问题。对社会教育功能的不同认识，直接决定着社会教育在近代中国的发展程度和"实现程度"。为什么我国近代从政府到民间，许多仁人志士都非常关注社会教育，并投入如此巨大的热情和精力？甚至在某一时期社会教育被放到了优先发展的地步？梁漱溟曾说：

> 在中国的此刻，已非平常时期，应着重成人教育，应以全力办民众教育，办理社会教育。此刻的中国，天然的要注重民众教育，或说社会教育。[①]

俞庆棠也认为，由学校教育向社会教育的转变，是中国教育界一种方向的转变，"实在是整个教育界的一个共同的趋势"。[②] 上述认识虽然不

---

① 马秋帆编：《梁漱溟教育论著选》，人民教育出版社1994年版，第191页。
② 茅仲英编：《俞庆棠教育论著选》，人民教育出版社1992年版，第108页。

一定是整个中国近代教育发展的主流思想，但在一定时期却成了许多教育人士的共识。从近代教育发展的实际状况和效果来看，近代社会教育在整个教育发展中的地位与作用是不可低估的。纵观近代以来的社会教育发展，对社会教育功能的认识，基本是从以下这五个方面来展开的。

## 一 "开民智"、"作新民"

近代最早主张"开民智"的是梁启超、严复等维新人士。内忧外患的形势，维新变法的需要，使维新人士看到了"民"的重要。他们在批判洋务派把人才看作"当务之急"、"自强之本"的观点中，最先提出了"人才"应该与"民"并重的主张，认为中国社会的自强应该是"风气同时并开，民智同时并启，人才同时并成";[①] "去千年愚民之弊，为维新第一大事也。"[②]

（一）"新民为今日中国第一急务"

基于这样的观点，维新人士主张应该"鼓民力"、"开民智"、"新民德"，大声疾呼"新民为今日中国第一急务"。[③] 在这种思想的指导下，维新人士设报馆、建学堂、组织学会、著书、翻译，一场轰轰烈烈的"开民智"的活动在这个时期展开。如果分析这些维新人士所倡导的"开民智"活动，我们可以发现：

1. "开民智"活动，是中国近代思想史和教育史上的一场重要的思想启蒙运动。

"民智观"和"新民观"的出现，突破了传统的"愚民观"和"治民观"，是对封建"政教合一"统治思想的一次极大的冲击，是对长期生活在专制统治下的广大民众的一次真正的"智力开发"。"开民智"思想的提出，启发了思想界和教育界，在这种思想的影响下，我国近代的教育也开始从狭窄的学校教育观和人才教育观，向社会教育观和国民教育观方向转变。可以说"开民智"和"新民德"思想的提出，是我国重视社会教育作用的先声。

---

① 黄珅评注：《新民说》，中州古籍出版社 1998 年版，第 2 页。
② 同上书，第 3 页。
③ 梁启超：《新民说》，中州古籍出版社 1998 年版，第 48 页。

2. 维新人士所倡导的思想和举办的事业具有社会教育意义

维新人士设报馆、建学堂、组织学会、著书、翻译等，虽然在这个时期还没有被称作"社会教育"，但是显然他们倡导的"开民智"思想以及所举办的事业，具有社会教育的性质和意义。这为后来人们在举办社会教育的事业中，继承和发展"开民智"思想奠定了基础，同时也扩大了教育的社会作用，丰富了教育的内容。

3. 维新人士"无法赢得普通民众"

维新人士"开民智"的呐喊，虽然声势浩大，但毕竟不是"政府行为"，而且受到清政府的制约与限制，所以其影响社会的效力就十分有限，大多局限在士大夫之间，"无法赢得普通民众"。"梁启超的笔，能够鼓动的主要还是有理想、有抱负的士人之心，他没能去进一步考虑如何满足普通民众的心愿。"① 所以其"致命的弱点，即思想和行动不能同步"。② 因而维新人士"开民智"的活动，很难在全国建立一个有效的教育系统，而恰恰这个教育系统就是后人十分热衷的社会教育的事业。

（二）社会教育可以增进"人民智德之健全"

民国建立以后，我国确立了社会教育的行政地位，社会教育行政机构的确立，使"开民智"、"作新民"有了制度的保证。从民国初期有关社会教育的章程及人士的言论中，可以看出，"开民智"、"作新民"是社会教育的重要任务。1915 年 7 月 16 日，汤化龙在呈大总统拟设《通俗教育研究会》文中说：

> 窃以为国家之演近，胥恃人民智德之健全，而人民智德之健全，端赖一国教育之普及。考教育普及之方法，学校以外，尤籍有社会教育，以补其不逮。③

从官方的立场，强调了社会教育对于开启"人民智德"的重要，坚持设立社会教育司的著名教育家蔡元培，在《通俗教育研究会演说词》中介

① 黄珅评注：《新民说》，中州古籍出版社 1998 年版，第 37 页。
② 同上书，第 40 页。
③ 朱有瓛主编：《中国近代教育史资料汇编·教育行政机构与教育团体》，上海教育出版社 1993 年版，第 363 页。

绍了国外大学生和教授在校外"以实用智识"教一般工人的做法，认为
"美术馆、博物馆、展览会、科学器械陈列所等，均足以增进普通人之智
德"。① 由他所提出的民国初年的教育方针"注重道德教育，以实利教育、
军国民教育辅之，更以美感教育完成其道德"。② 是一个贯穿所有教育的指
导思想。这个方针的提出，使"开民智"的思想，在教育方面有了更加明
确的内容和方向，在以后陆续开展起来的"平民教育"、"乡村教育"及
"民众教育"活动中，许多教育家都展开对"开民智"、"作新民"的论述。

　　（三）"智力竞争"的世界，需要"新民教育的方案"

　　在平民教育时期，几个重要的平民教育团体，都把开启平民的智德放
在重要的地位。北京大学平民教育讲演团设立的目的就是"以增进平民智
识，唤起平民之自觉心为宗旨"。围绕着如何提高"平民智识"，讲演团
演讲了大量的有关"公德"、"国民"、"生计"等内容。中华平民教育促
进总会设立的宗旨是"除文盲、作新民"，其主要代表人物晏阳初更是从
"作新民"的目的出发，来论述平民教育及社会教育的作用的。他在《平
民教育概论》中说："平民教育，从文字方面，以提高民智，从生产方面，
以裕民生。""平民教育运动的使命，在于'作新民'"。③ 从城市转向乡村
以后，晏阳初认识到："中国真正最大之富源不是煤，也不是铁，而是三
万万以上不知不觉的农民。"④ 而农民中最具潜力的是其智慧。他说："要
是把农民智慧发展起来，培养起来，使他们有力量自动地起来改造，改造
才能成功……建设才会生根……民族才有真正复兴之日。"⑤ 他把在定县
的实验工作，看成探索一种"新民教育的方案"，他说：

　　　　本会在定县的实验工作，意在深入民间，根据一般人的生活需
　　要，继续不断地创造新民教育的内容；根据一般人的生活习惯，继续
　　不断地制定新民教育的方法，并根据社会的演进，民族的进展，继续
　　不断地创制新民教育的方案。⑥

① 　高平叔编：《蔡元培教育论著选》，人民教育出版社1991年版，第71页。
② 　同上书，第1页。
③ 　马秋帆编：《晏阳初教育论著选》，人民教育出版社1993年版，第33、42页。
④ 　同上书，第71页。
⑤ 　同上。
⑥ 　同上。

由此可见，以平民教育为中心开展起来的社会教育的事业，无论是团体的宗旨，还是个人的主张，都把"开民智"和"作新民"，看成自己所从事教育活动的一个重要目的。

不仅平民教育思想和活动如此，在随后发展起来的乡村教育事业中，一些教育家也都十分看重社会教育的这种作用。在美国获得乡村教育博士，回国从事乡村教育的傅葆琛教授，在谈到"为什么要办乡村教育"时说：

> 我们中国现在社会上的种种扰乱，政治上的种种腐败，外交上的种种损失，都是因为民智低下，教育堕落。所以我们要想改造中国，第一步应该做的事，就是要提高民智，普及教育。①

他把当今的世界看成是"智力竞争"的世界，认为："现在中国的情形，从各方面来看，内忧外患，都是因为有'愚论'而无'舆论'，有'民国'而无'国民'。""如果中国 32000 万文盲不赶紧医治，恐怕在现今智力竞争的世界，没有中国立足之地了。"② 另一位从事乡村教育的著名教育家陶行知则从"作十万新民"的理想出发，强调应该教育"新民"具有"国民的精神"和"国民的能力"。他说："现在这种平民教育运动，就是要使平民能够读书，而且要有做人做国民的精神。""这是把公民和读书的精神化合在一处，以培植其做国民的能力。"③ 梁漱溟则从"教育要兼顾个人和社会"的"社会本位"立场出发，来谈教育对个人的作用。他说："教育这回事，恰好关系两面：一面是个人；一面是社会。……如果单从个人的立场，为个人定一个教育目标，有时会遗漏了社会，妨碍了社会；单站在社会的立场，为社会而定一个教育目标，有时又会牺牲了个人。"④ 所以他强调："我们的主张，就是社会教育、学校教育不分，合起来办。"

著名民众教育家俞庆棠也从"开民智"的思想出发，来论述民众教育

---

① 陈侠、傅启群编：《傅葆琛教育论著选》，人民教育出版社 1994 年版，第 3 页。
② 同上书，第 67 页。
③ 张达扬、李红梅编：《陶行知论普及教育》，安徽教育出版社 1986 年版，第 31 页。
④ 马秋帆编：《梁漱溟教育论著选》，人民教育出版社 1994 年版，第 205 页。

的意义与作用。她基于"教育不等于学校"的观点，认为：

> 教育等于 to enlighten 加 to enliven。to enliven 的意思是：开民智；to enlighten 的意思是：做人的人生观。所以教育的意义，不但开通民智，更须培养正确的人生观，乃做人之道也。①

从这个广义的教育出发，她强调："民众教育的最高理想，是全民众在整个社会生活中，智能道德的前进和向上。""全民众智能道德的前进和向上，整个社会的进步和愉快为民众教育的理想，亦即民众教育的最大愿望。"② 可见从事民众教育的教育家也十分看重"开民智"。

综合上述各个时期人们的思想与主张，我们可以看出，对社会教育具有"开民智"、"作新民"的认识，已经成为各个时期从事社会教育的教育家们的共识。无论是"通俗教育"、"平民教育"，还是"乡村教育"、"民众教育"，虽然主张不同，但在对社会教育具有"开民智"、"作新民"的认识上，却是一致的。社会教育具有"开民智"、"作新民"思想的提出，是和整个近代中国不断出现的"提高国民程度"，"改造国民性"等思想相适应的，这是当时社会现实的需要，是当时民众普遍素质低下的反映。这种社会教育作用观的形成，扩大了传统教育的功能观，促使人们从更加广阔的意义上来理解社会教育的作用，是近代以来发展社会教育的一条重要经验。

## 二　"改良社会"

民国以前，无论是清政府官员、洋务派，还是维新人士，大多从"国家"、"朝廷"的角度来论述教育的作用，其言论大都围绕着"治国"、"安邦"、"求强"、"求富"等思想来展开的。维新变法失败以后，随着国外"社会"观念的传播，一些有识之士开始用"社会"的观念来分析中国传统的政治、经济和文化。随着国外各种"社会学"理论的深入传播，逐渐形成了一种从"社会"出发来论述各种问题的思潮。在这样的背景下，从"社会"来看教育，从教育来看"社会"，主张"社会教育化"，"教育社

---

① 茅仲英主编：《俞庆棠教育论著选》，人民教育出版社 1992 年版，第 39 页。
② 同上书，第 123、124 页。

化”，以谋取“社会”的改良、改造及发展的言论逐渐增多起来。

（一）“国家谋社会之良善，必自社会教育始”

民国以后探讨社会教育作用的许多教育家，在主张“开民智”的同时，也提出了社会教育对于“改良社会”及“改造社会”的作用。

在通俗教育时期，汤化龙在《呈大总统拟设通俗教育研究会文》中说：

> 盖社会教育范围至广，效用至宏。举凡一国普通士庶之性情、道德、智能，皆受熏育陶于此，而国家所以谋社会程度之增进，民庶智力之扩张，本固邦宁之上理者，亦即以此为机括。①

通俗教育研究会宗旨就是“以研究通俗教育事项，改良社会、普及教育为宗旨”。② 在通俗教育研究会成立大会上，教育部次长梁善济说：“改良社会在今日最为当务之急，社会一日不改良，即国家一日无进步，此尽人而知之者。今日之社会腐败已极，果宜用何种方法以改良之，盖舍教育而外无它法也。”③ 他接着说，教育有学校教育和社会教育之殊，“第就改良社会而言，则学校教育不如社会教育”，因为“通俗教育常与一般中下级社会相接触，上自农工商贾，下至贩夫走卒以及妇人孺子，皆能直接受其感化，故其范围最广，效力最宏，而改良社会非从此着手不可。”④ 进一步强调了设通俗教育研究会的目的。

蔡元培认为“从教育着手，去改造社会，改造之点，繁不胜举”。他在“北京高等师范学校《教育与社会》社演说词”中说：

> 从“改造教育去改造社会”这句话而论，有两种解说。第一改造教育，以改造将来社会。就是学校里养成一种人才，将来进社会做事。……第二改造教育同时改造社会，就是学生或教员一方面讲学问，一方面效力社会。⑤

---

① 朱有瓛等：《中国近代教育史资料汇编·教育行政机构与教育团体》，上海教育出版社1993年版，第363页。

② 同上书，第364页。

③ 同上书，第369页。

④ 同上。

⑤ 高平叔编：《蔡元培教育论著选》，人民教育出版社1991年版，第264、265页。

这种主张和他后来坚持大学向社会开放，以及学生和教师应该为社会服务的思想是相一致的。

在这个时期出现的一些介绍国外社会教育及研究社会教育的著作，也从"改良社会"、"谋社会之进步"等方面，来论社会教育的作用。由通俗教育研究会编著的《调查日本社会教育纪要》（1916年）一书，在绪言中写道：

> 人生于世，不能离群而独立，即无日不在社会之中。社会者集个人而成，而个人者乃社会之分子也。个人良否其现象恒著于社会。而社会良否，其影响亦及个人。于是国家谋社会之良善，必自社会教育始。①

并认为社会教育的作用可以"为国家养成有用之人才，为社会增进文化之程度。日训国人。力谋公益。"② 在介绍完日本社会教育以后，作者在结语中大声疾呼：

> 嗟呼！吾国社会之腐败，至今而极矣。呼卢掷雉，遍于闾阎，选舞征歌，充于都市。以酒食相征逐，而道德日见丧亡。以冶游相招呼，而廉耻莫之爱惜。臧修游息，宁有高尚之观瞻。触目惊心，半属靡靡之声乐。若此者，皆无社会教育之故也。夫社会一洪炉耳，青年一矿质耳。投矿质于洪炉，人知必为其所熔化。置青年于恶社会则惑焉。是所谓目能视千里，而不能自见其睫者也。况社会为人民所结成。人民为国家之分子，社会之善否，影响立及于国家。载舟覆舟之喻，古人非我欺也。治国家者，顾可忽视社会教育也哉。③

这种言论虽然有些夸大社会教育的作用，但是反映了作者对社会改良的期盼，以及对社会教育作用的重视。余寄在《社会教育》（1917年）一

---

① 唐碧：《调查日本社会教育纪要》，通俗教育研究会1916年版，第1页。
② 同上。
③ 同上书，第91页。

书中谈到社会教育的必要时也说:"由社会方面着想。凡欲使社会进步者,即不可不有此教育。所以谋社会之发达也。"① 可见这个时期,虽然社会教育的思想理论还在形成的起步阶段,但社会教育具有改良社会的功效,已经受到人们的重视。

(二)"教育应尽推进文化改造社会之功"

在平民教育时期,从事平民教育的团体以及主张平民教育的教育家,在从事社会教育的实践中,体现其"改良社会"与"服务社会"的功能。北京大学平民教育讲演团把自己的主张直接体现在改良社会的实践中,用自己的行动证明社会教育的巨大作用。平民教育社则以"研究宣传实施平民教育"为主,他们的目的"总的是主张通过教育的革新来改造社会,认为教育的'根本改造'是社会改造的根本。"② "我们在教育上应当使人人明白人类互助的真义,明白个人在社会应做的事,那时军阀自然不能存立,社会阶级自然可以化除。这就是'平民教育'之最后目的。"③ 平民教育家晏阳初在突出平民教育具有"除文盲,作新民"的作用时,也强调平民教育的社会功能。他说:"教育界可以支配中国,支配前途,改造社会,有史可证。"④ "平民教育运动的使命在于'作新民'",其内容重要一项为"养成社会健全的分子,发展社会的事业。"⑤ 他通过调查中国社会:

> 发现社会病为,"贫"、"愚"、"弱"、"私",随以四种教育来救治,即生计教育救"贫",文艺教育救"愚",保健教育救"弱",公民教育救"私"。而以学校、社会、家庭三方式教育为推行之方法,以期达到政治、教育、经济、自卫、卫生、礼俗六大建设。⑥

可见晏阳初在自己所从事的平民教育事业中,已经形成了一套通过教

---

① 余寄:《社会教育》,中华书局1917年版,第2页。

② 田正平:《中国教育思想通史》第6卷,湖南教育出版社1994年版,第309页。

③ 同上。

④ 马秋帆、熊明安编:《晏阳初教育论著选》,人民教育出版社1993年版,第7页。

⑤ 同上书,第42页。

⑥ 中国第二历史档案馆编:《中华民国史档案资料汇编》第五辑第一编,江苏古籍出版社1994年版,第766页。

育改良社会，拯救乡村，救治社会病的做法。平民教育的思想与实践，发挥了重要的社会教育的作用。

梁漱溟始终坚持"学校教育、社会教育不可分"，① 他强调学制应该"以社会教育为本而建树一系统。"在他提出的"社会本位的教育系统草案"中，强调"教育应尽推进文化改造社会之功"。他认为现时的中国正处于"改造时期"，"完成社会改造的工程即教育，……而今日中国所需完成的工程——教育——乃特大；非特有设施，将必无从完成其改造"。② 这个设施就是他所提出的"社会本位的教育系统"。他说：

> 本案以社会运动纳于教育系统中，直以教育解决社会问题。自一面言之，为教育本身的改造；自另一面言之，即正所以改造社会。以教育促社会于生产，还以社会促教育于生产；自来言生产教育者，未或能见及此也。③

他在谈到"社会教育与乡村建设之合流"时说："让社会教育与乡村教育合流的是中国社会问题。申言之，让教育往乡村里跑的是中国的社会问题。""教育界之趋向社会教育，社会教育之趋向乡村建设，正为他们渐渐看清他们必须负担的大工程——建设新社会，完成革命的工程。"④ 而所有这一切"乡村建设的根本意义，就是开辟建立新组织制度，完成中国社会的改造与革命"。⑤ 主张通过社会教育来改造社会，是梁漱溟教育思想中的一个基本点。他说："社会改造时期之教育宜着重于成人"，"中国此时不应视成人教育或社会教育为临时补充枝节应付之事，而应认为教育上主要工作。"⑥

（三）"学校没有改造社会的能力，简直可以关门"

从事乡村教育的著名教育家傅葆琛由于有国外的经历，所以他更加注重从"国家"、"社会"及"民族"的角度来论说社会教育。对于平民识

① 马秋帆编：《梁漱溟教育论著选》，人民教育出版社1994年版，第100页。
② 同上书，第103页。
③ 同上书，第114页。
④ 马秋帆、熊明安编：《晏阳初教育论著选》，人民教育出版社1993年版，第187页。
⑤ 同上书，第214页。
⑥ 同上书，第113页。

字,他说:"一国的文字,一国的人无论男女老幼,都应该知道。知道本国文字的人越多,国家越强;知道本国文字的人越少,国家越弱。"① 只有全国人人都识字,"中国才有不瞎、不聋、不哑、有知识、能自立的国民。有了这样的国民,才能办地方自治,监督政府,防御外侮,改良社会,发展农、工、商、矿各种实业。然后政治才得清明,民生才得充裕"。② 因此,他认为中国乡村社会的状况,决定了"乡村教育乃改良乡村社会经济状况之先决条件也"。③ 而中国的民众教育目的之一就是"使教育早日普及,减除文盲与愚民,促进社会的安宁与和平"。④

陶行知从"创造一个四通八达的社会"这个理念出发,认为平民教育要下乡,要有"一种勇往直前改造社会的精神",他说:

> 学校是为社会设立的。学校而没有改造社会的能力,简直可以关门。现在社会要改造的地方很多,我们改良社会的法子无穷。⑤

他为晓庄试验乡村师范学校确立的教育目的之一,就是"养成改造社会的精神"。可见主张乡村教育的教育家们,也强调社会教育在改良、改造社会中的作用。

著名民众教育家俞庆棠在论及社会教育作用时指出:"社会教育既建筑于民众生活之上,就应具有推进社会的力量。"⑥ 她重视成人社会教育,认为"以民众教育来发展成人隐而未发的能力,为社会之用;更以民众教育来指导成人个人生活与社会生活之方法,这是推进社会一种最有效的动力"。在强调社会教育对于"社会"作用的同时,更可贵的是,俞庆棠已经看到了社会中经济对于社会发展的作用,并认为民众教育应该为经济的发展服务,她说:"唤起民众促成全国经济计划","以民众教育完成全国经济计划"。⑦ 那么民众教育应该如何为经济服务呢?她认为有两点应注

---

① 陈侠、傅启群编:《傅葆琛教育论著选》,人民教育出版社 1994 年版,第 10 页。
② 同上书,第 6 页。
③ 同上书,第 17 页。
④ 同上书,第 97 页。
⑤ 张达扬、李红梅编:《陶行知论普及教育》,安徽教育出版社 1986 年版,第 5 页。
⑥ 茅仲英主编:《俞庆棠教育论著选》,人民教育出版社 1992 年版,第 102 页。
⑦ 同上书,第 306 页。

意：一是"民众教育应注重直接生产者"。她说："民众是直接生产者；增进生产能力，要从直接生产者做起。学校式职业教育宜于培养高级技术和管理人员。且这种教育事业亦应建筑于直接生产之需要上。"二是"民众教育对于经济建设之直接和间接的影响"。她说："教育不能直接解决土地与资本问题而能直接增进人工之效率（如知识、技能、方法）。但群众知识增高以后亦未尝不可间接影响于土地与资本的利用。"① 由此可见，随着社会的发展，教育家们对社会教育作用的认识也在逐渐深化之中。

综合上述的主张，我们可以看出，社会教育具有"改良社会"和"改造社会"的作用也是从事社会教育事业教育家们的共识。正是在这种思想的指导下，众多的教育家、教授、学者纷纷走出学校，走出都市，深入乡村，来到平民中间和农民交朋友。他们所从事的"平民教育"、"乡村教育"、"民众教育"等，从思想层面上看，是一种通过教育来救国，通过教育来拯救社会的教育理念；从实践层面上看，则是一场伟大的社会教育实践活动。社会教育具有"改良社会"和"改造社会"功能观的提出，标志着教育家们对社会教育作用认识的深化。

### 三 服务于社会革命

中国近代"社会教育"的用语和观念产生于甲午战争以后，它不仅适应了当时"开民智"以及"改良社会"、"改造社会"的要求，而且还被当时主张社会革命的人士所看重，被当作社会革命的武器，广泛应用于革命事业之中。社会教育为革命服务，革命离不开社会教育，也成了近代有关社会教育作用论的一个重要命题，并一直受到革命人士的重视。从近代兴起的革命运动中，我们可以处处看到社会教育的"身影"，在有关革命人士的言论中，也能听到他们关于社会教育的论述。

（一）"革命教育者，惟有社会教育之可言也"

早在留日学生创办的《游学译编》中，就曾登载了大量的有关社会教育服务于革命的文章。《游学译编》1903 年 9 月第 10 册载文《民族主义之教育》（佚名），文章中说：

> 支那民族经营革命之事业者，必以下等社会为根据地，而以中等

---

① 茅仲英主编：《俞庆棠教育论著选》，人民教育出版社 1992 年版，第 306 页。

社会为运动场。是故下等社会者，革命事业之中坚也，中等社会者，
革命事业之前列也。故今日言革命教育者，必在两等社会。此两等社
会之教育事业，不在家庭教育，不在学校教育，而在社会教育。是故
言革命教育者，惟有社会教育之可言也。①

在作者的论述中，把革命看成中国当前的首要任务，并认为教育应该
为革命服务，而这种教育事业的形态就是社会教育，并鲜明地提出了社会
教育的革命意义。

那么这种社会教育事业应该怎样组织和实施呢？作者认为：

　　对于中等社会教育之事业有四。一曰结集特别之团体；二曰流通
秘密之书报；三曰组织公共之机关；四曰鼓舞进取之风尚。② 对于下
种社会之教育有三：一曰与秘密社会为伍，转移其旧思想而注入之新
思想。转移其旧手段而注入之以新手段。二曰与劳动社会为伍，改革
其旧知识而注入之以新知识，变易其旧习惯而注入之以新习惯。三曰
与军人社会为伍，破坏其旧势力而耸动之以新势力。排斥其旧事功而
歆羡之以新事功。三者之妙用，存于两方面：一曰结集通俗讲演之会
场；二曰流通通俗讲演之文字。

可见在作者的眼里，为革命服务的社会教育其范围是比较广泛的，
"组织团体"、"秘密结社"、"散发书报"、"与秘密社会、劳动社会、军人
社会为伍"等都成了社会教育的事业。

这种社会教育的事业应该由谁来组织和实施呢？作者谈道：

　　夫担任此教育事业者何人也？是故以教育主义结集之团体所承
任，而亦不专以教育主义结集之团体所主持也。夫社会教育者与家庭
教育、学校教育异。家庭教育主于渐，而社会教育主于顿，学校教育
主于详，而社会教育主于略。③

---

① 《游学译编》1903 年第 10 册。

② 同上。

③ 茅仲英主编：《俞庆棠教育论著选》，人民教育出版社 1992 年版，第 306 页。

所以"是故吾党志士，苟无意于教育则已，有意于教育，则不可不言革命教育，言革命教育，不可不身任革命教育之一员"。① 文章鲜明地反映了作者试图通过社会教育来鼓动革命，组织团体以及团结志士仁人的用意，在这里社会教育具有了强烈的革命性。

（二）"革命成功全赖宣传主义"

在这以后，《游学译编》1903 年第 11 册以《社会教育》为题，对社会教育的作用进行了系统的论述，更进一步地阐述了社会教育在革命中的作用。文中认为，地球上有空气套，它主宰人类的"荣悴生死"，社会也有一种"空气套"，亦主宰社会的"荣悴生死"。那么影响社会的这种"空气套"是什么呢？文中说：

> 民族之进化也，在历史上常循螺线而递进，而此螺线之回环周匝，即以表识此空气套波动之痕迹，造成此波动之原因，其力量之雄大伟岸，不可思议者，必归于社会教育。②

紧接着文章分析了家庭教育、学校教育和社会教育的关系，指出：

> 人之生也，胎孕于社会，茁壮于社会，老死于社会。其蜷伏于家庭者不过脱离襁褓数年间事，而此数年间事者，固常间接受社会之影响。若夫所谓学校云者，则又不过分割社会之一部分。以为出入家庭社会间之一过渡时代耳。故二者实皆宗祢社会教育之潮流以为规律。③

在这里，作者从比较的角度说明了家庭和学校是社会的一部分，家庭教育与学校教育的规律受社会教育的规律所制约，其教育的作用是有限度的，从而突出了社会教育的重要。基于这样的认识，作者认为社会革命应该首重社会教育。他说："以笔舌革命者易，以血肉革命者难，以血肉革命者易，以精神革命者难。吾梦寐革命，吾俯仰泣涕以思吾社会教育之情态。"④ 针

---

① 茅仲英主编：《俞庆棠教育论著选》，人民教育出版社 1992 年版，第 306 页。
② 佚名：《社会教育》，《游学译编》1903 年第 11 册。
③ 同上。
④ 同上。

对当时中国"腐败"、"堕落"的"社会情态",作者悲怆地写道:"吾不敢谓吾民族终可以永世堕落于吾辈之手,吾不敢谓吾民族终可以永撄苦痛于吾辈之目,吾乃以冥思暗索以求吾所理想之社会教育。"① 虽然上述言论有夸大社会教育作用的成分,但社会教育确实有组织群众、发动革命的作用。而革命人士也确实在后来的革命斗争中通过运用社会教育的手段,来组织群众,宣传思想,争取革命胜利的。

这篇文章,可以说是目前所见到的国人最早的有关社会教育的专论。从其内容来看,国人最早的关于社会教育的论述一开始就是和社会革命结合在一起的,这是由中国当时的社会特点所决定的。这种观点在民主革命的先行者孙中山以及其他革命者的言论中也有充分的体现。孙中山在总结辛亥革命的经验时说:"改造中国的第一步只有革命。"② 教育是革命事业的一部分,应该为革命服务。他虽然没有直接论述社会教育的作用,但他主张"教育就是宣传","革命成功全赖宣传主义"③,则是从更广泛的意义上来看社会教育的作用。因此,他在总结武昌起义成功的经验时说,"这种成功,完全是由于宣传奋斗的成功"④,若"希望我们的革命完全成功,便要恢复武昌起义以前的革命方法,注意宣传",⑤ 可见社会教育对于辛亥革命的胜利起到了重要的作用。邹容则从"革命之前,须有教育;革命之后,须有教育"⑥ 的观点出发,强调教育在整个革命过程中的作用。从革命人士的这些主张来看,社会教育服务于革命的观点,在中国社会教育思想史上具有重要的影响。

## 四 弥补家庭教育和学校教育的不足

一些论者从家庭教育、学校教育和社会教育的关系上论述社会教育的作用,认为社会教育的重要作用之一是能够补充家庭教育和学校教育的不足。

---

① 佚名:《社会教育》,《游学译编》1903 年第 11 册。

② 舒新城:《中国近代教育史资料》下册,人民教育出版社 1981 年版,第 1012 页。

③ 《宣传造成群力》,《孙中山选集》,人民出版社 1981 年版,第 556、557 页。

④ 同上。

⑤ 同上。

⑥ 邹容:《革命军》,中国近代史资料丛刊《辛亥革命》第 1 册,上海人民出版社 1957 年版,第 349 页。

（一）"兼顾多数年长失学之成人"

蔡元培主张设社会教育司就是为了"兼顾多数年长失学之成人"，以弥补学制体系的不足。他说"照现在教育状况，可分为三个范围：一是家庭教育，二是学校教育，三是社会教育"①。在《辅助国民教育运动》序中，他指出，对农、工子弟，应该提倡灵活的学校教育形式，并认为书中所提出的"移教就蒙"之法，可以"补正式学校之不足，其于教育普及上，必有极大助力，无可疑也"。② 对于社会教育可以弥补家庭与学校之不足，许多教育家和学者都有论说。

1913 年谢荫昌写《社会教育》一书，书中介绍了社会教育的五种概念，但他认为"当代教育家之公认"的概念是"为已卒业于家庭、学校之教育者，认为国家之一员，而以补习的施以种种之教化，维持其家庭、学校教育之结果，且益发展之。是之教育，亦名社会教育"。③ 这个概念是"最稳健之学说"。

1917 年余寄在《社会教育》一书中也认为"由教育方面着想，教育之机关，固以学校为主，然欲举完全之美果，则非有待于社会之协力不能，所以使学校教育之目的，完全奏功也"。④ 通俗教育研究会在翻译介绍日本《通俗教育事业设施法》时认为："其编纂意趣谓国民教育决非学校教育所能完成，必赖通俗教育补足之。"⑤ 后来通俗教育研究会在《调查日本社会教育纪要》一书中进一步强调："社会教育者，以狭义言之，则补助家庭教育、扩充学校教育者也。"⑥ 晏阳初则从平民教育的角度来看社会教育对于家庭与学校的作用，他说：

> 所谓"社会教育"，是一种辅助正式学校的教育，譬如图书馆本身就不在正式的学校系统内；但他对于教育事业却有间接的影响。学生到图书馆里阅读书籍，一方面帮助校内的正课，一方能引起他们研

---

① 高平叔编：《蔡元培教育论著选》，人民教育出版社 1991 年版，第 392 页。
② 同上书，第 392、621 页。
③ 谢荫昌：《社会教育》，中华书局 1913 年版，第 3 页。
④ 余寄：《社会教育》，中华书局 1917 年版，第 2 页。
⑤ 伍达：《通俗教育事业设施法》，通俗教育研究会 1912 年版，附页。
⑥ 唐碧：《调查日本社会教育纪要》，通俗教育研究会 1916 年版，第 1 页。

究的兴趣。①

梁漱溟认为"学校教育、社会教育不可分":

> 正唯传统学校教育有所不足，或且日益形见其缺短，乃有今日所
> 谓社会教育（或民众教育或成人教育）起为补救。此固近今史实之所
> 昭示矣。②

## （二）"中国乡村教育走错了路"

从事乡村教育的陶行知，在教育实践中也看到了传统教育的不足，他
说："中国乡村教育走错了路!"③ "中国现在的乡村学校，老实说来，确
实不能适应乡村的需要。"所以，中国需要一种大众教育运动。从事大众
教育的目的"在于弥补正规学校教育之不足"。④ 傅葆琛也有此认识，针
对当时有人认为社会教育和学校教育相重复的观点，他说：

> 社会教育不但不扰乱或妨害正式学校教育的工作，而且能补救它
> 的缺漏，补助它的不逮，使国家整个的教育，不致有顾此时失彼之遗
> 憾，而收圆满的效果。⑤

他对民众教育的评价很高，认为民众教育适合中国的实际情况，尤其
在对旧教育的改革和建立新教育的过程中，作用更大。他说：

> 民众教育是现代革新的教育，是补救以往教育缺点的教育，是补助
> 现今各种教育不足不逮的教育，是合乎时势潮流的教育，是最活动、最
> 经济、最能适应民众生活需要的教育，是寻求民众、迁就民众、深入民
> 间的教育，不是坐待民众、希望民众来就我受教育的教育。⑥

---

① 马秋帆、熊明安编：《晏阳初教育论著选》，人民教育出版社 1993 年版，第 25 页。
② 马秋帆编：《梁漱溟教育论著选》，人民教育出版社 1994 年版，第 102 页。
③ 张达扬、李红梅：《陶行知论普及教育》，安徽教育出版社 1986 年版，第 57 页。
④ 同上书，第 235 页。
⑤ 陈侠、傅启群编：《傅葆琛教育论著选》，人民教育出版社 1994 年版，第 379 页。
⑥ 同上。

正因为有了这样的认识，这些教育家们对自己所从事的教育事业，才充满了信心、兴趣和希望。

### 五　扩充学校教育效能

补充家庭教育和学校教育，其含义是指社会教育可以弥补家庭及学校教育的不足与缺陷，是针对家庭教育和学校教育的弊病而言，要求"社会要教育化"。而扩充学校教育则是立足于学校，主张扩大学校教育的功能，发挥学校教育服务于社会的作用，使"教育社会化"。因此，二者在含义上是有区别的。在近代社会教育的发展过程中，主张社会教育具有扩大教育功能的言论，处处可见。蔡元培是主张通过社会教育来扩充学校教育作用的代表人物，他扩充学校教育的思想主要有：

（一）扩大教育的内涵

"教育"这个概念在近代被广泛使用，使很多人都把"教育"仅和"学校"联系起来。蔡元培针对这种对教育含义误解的现象，说："教育并不专在学校，学校以外，还有许多机关。"

> 教育决不是专为儿童而设，凡年长的人，无论其从前是否进过学校，也不可不给他有受教育的机会。例如补习学校，平民大学等。教育亦并非全靠学校，如演讲会、阅书报室都是教育，如动物园、植物园、博物院、图书馆、戏院、影戏馆都有教育的作用。①

（二）扩充大学教育功能

他十分欣赏国外大学在校内外兼办社会教育的做法。在《考察欧美教育回国大会上演说词》中，介绍美国的大学时说："（美国）大学的目的，要把个个学生养成有一种服务社会的能力。……而且一切文化事业，都由大学包办，如巡回图书馆、巡回影戏片、函授教育等等。在工商业的都会，大学就指导工厂、商业；在农业的州府，大学就指导农人。""欧洲大学教授也有暑期讲习会、或平民大学等"。②

《在北京通俗教育研究会演说词》中，他结合自己在欧洲的经历，介

---

① 高平叔编：《蔡元培教育论著选》，人民教育出版社1991年版，第451页。
② 同上书，第358页。

绍说:"鄙人在德国时,尝见彼邦之大学生徒,每于校外出其所长,教授一般工人以实用知识或外国语言。至法国则有所谓平民大学,为大学教员所组织,专在夜间讲演,无论何人均得入校听讲,不因贫富年龄之故稍有歧异。"①

在这种思想的指导下,他所主持的北京大学对校役开设夜校,他也鼓励学生在校外参加平民教育活动。他说:"现在各学校创立平民学校、讲演所等等,都是学生在校即效力社会的表现。"② 由于有这样的认识,后来在他主持"大学院"及"大学区"时期,在行政系统中,增添了"扩充教育部","管理区内劳农学院、劳工学院及关于社会教育之一切事项"。③ "扩充教育"取得了在教育行政上的地位,

(三)"学校要社会化"

针对有人提出学生毕业以后,对于环境不能适应、不能满意的情况,蔡元培说:

> 这是学校与社会不能联络的结果。因为现在的学校教育,书本上的空话太多,实际上作事、作人的训练太少了,所以,学生到社会上,多不能适应环境。现在解决的办法,要使学校能社会化。④

扩大教育的范围,是蔡元培一贯的主张。他在《教育事业的综合》一文中,提出了两个观点:一是"不要忘了中小教育与大学教育打成一片";二是"以学校为中心点,而把一切特殊教育事业都归纳进去"。他说:

> 就教育而言,如党义教育、社会教育,以及检查私塾、改良风俗等事,虽非学校教育所包含,而未尝不可利用学校出发点。学校的建筑、设备、人才,都可以利用。⑤

---

① 高平叔编:《蔡元培教育论著选》,人民教育出版社 1991 年版,第 68 页。
② 同上书,第 65 页。
③ 中国第二历史档案馆编:《中华民国史档案资料汇编》第五辑第一编,江苏古籍出版社 1994 年版,第 25 页。
④ 高平叔编:《蔡元培教育论著选》,人民教育出版社 1991 年版,第 635 页。
⑤ 同上书,第 553 页。

从蔡元培的这些观点来看，他所倡导的"扩充教育"，实际上是主张学校要承担社会教育的功能，而社会教育亦应承担扩充学校教育的作用。后来其他的一些教育家也有类似的论述。从美国回来的傅葆琛对"扩充教育"有直接的体会，他说：

> 扩充教育，也可以说是推广教育，英文叫做 Extension Education。欧美各国，这种教育很是发达。施行这种教育的机关，多半是大学。美国各大学，皆设有扩充教育部或推广教育部，所举办之教育事业种类甚多，有学校式的，也有社会式的。又有专为青年谋扩充教育者，名为青年扩充教育（Junior Extension Education）。①

所以他认为，"扩充教育，是指由某教育机关扩充或推广出来的教育"。曾担任中央大学扩充教育处处长的俞庆棠，对"扩充教育"的意义和范围以及和社会教育的关系，曾进行了专门的论述。她在《扩充教育的意义与范围》一文中说："扩充教育（Univerity Extension）原为大学教育的推广，但是现在扩充教育的意义，不限于此。"她说：

> 扩充教育的范围，从现在的事实看来，有社会教育——狭义的社会教育，如图书馆、体育场、通俗教育等；劳动教育分劳工与劳农；民众教育——即平民教育；职业教育；各种补习教育；特殊教育，如慈善机关、监狱、低能、盲哑等之教育实施；公民教育；艺术教育，都可以包括在扩充教育范围之内。再从社会的眼光看，扩充教育就是社会教育，广义的社会教育。……又从社会的分子讲，扩充教育也就是民众教育——是广义的民众教育。②

虽然在这个时期，"扩充教育"和"社会教育"二词，在教育行政上互相混用，但从"扩充教育"的作用上看，采用这个概念，无疑反映了一些教育人士主张扩大教育的功能，发挥社会教育的作用的思想，但另一方面由于"社会教育"、"民众教育"、"扩充教育"以及"平民教育"等词

---

① 陈侠、傅启群编：《傅葆琛教育论著选》，人民教育出版社1994年版，第104页。
② 茅仲英主编：《俞庆棠教育论著选》，人民教育出版社1992年版，第6页。

语的相互混用，也影响着人们对一些教育现象的认识。所以俞庆棠有时用民众社会教育的提法，试图涵盖这些教育现象，但无论怎样提，其思想的核心是"我们要把教育的目的扩大起来"。可见"扩充教育"的出现，在一定意义上，扩大了社会教育的范围，深化了人们对教育的理解，为后来国民政府使社会教育及学校兼办社会教育的法制化、行政化，奠定了思想基础。后来国民政府颁布了大量的学校兼办社会教育的法规，与这种思想的影响不能说没有一定的关系。

综上所述，从近代人们对社会教育作用的认识中我们可以看出，社会教育在中国近代的产生与发展，有其重要的社会根源和思想根源。它适应了近代中国民族救亡及社会革命的需要，满足了人们"开启民智"、补充及扩充学校教育的愿望，可以说社会教育在中国近代的"实现程度"正是与这深刻的社会需要分不开的。不同时期的人们对社会教育作用的认识，反映了当时人们对社会教育的总体认识水平和理解能力，而对社会教育作用认识的深化，又扩大了人们对近代教育的理解，丰富了教育的含义，拓宽了教育实践的范围与途径。

# 第二节　社会教育促进社会发展的功能

社会教育促进社会发展的功能指的是社会教育的社会功能，表现在社会教育对于社会发展具有促进作用。"任何教育均有一定的社会功能，唯其性质与强度因情不同而已"，[1] 社会教育是教育的一种形式，它在适应和促进社会发展的过程中，表现出许多社会教育独有的，不可替代的功能。社会教育的存在与发展，有助于社会治理、有助于社会建设、有助于社会和谐。

## 一　有助于社会治理

社会治理，就是政府机构、社会组织、企事业单位、社区以及个人等主体行为者，通过平等的合作型伙伴关系，依法对社会事务、社会组织和社会生活进行规范和管理。社会治理是对社会管理的深化，社会治理是当代民主的一种新的实现形式，更多地强调发挥多元主体的作用，更多地鼓

---

[1]　吴康宁：《教育社会学》，人民教育出版社 1998 年版，第 367 页。

励参与者自主表达、协商对话，并达成共识，从而形成符合整体利益的公共政策。

社会治理主要是在政府和社会组织推动下，为促进社会各系统有效、高质、协调运行，对社会结构的各种组成、社会生活的不同领域以及社会发展的各个环节进行组织、协调、监督、控制和援助的过程。社会治理的基本任务是协调社会关系、规范社会行为、解决社会问题、化解社会矛盾、促进社会公正、应对社会风险、保持社会稳定等。

从国内外历史经验来看，成功的社会治理都离不开社会教育的辅助作用。社会教育是为了辅助解决各种社会问题，化解社会矛盾，救助各种弱势群体，增强社会治理的实效性，通过提高全体国民的素质，弥补家庭教育和学校教育的不足，利用和设置各种文化教育机构与设施，采取各式各样的教育活动，所进行的一种有目的、有计划、有组织的教育。

德国早在 20 世纪 20—30 年代，在工业社会发展的初期，就认识到，由于竞争的激烈和信仰的失调，尤其要提倡社会的养护与照顾，颁布了《青少年福利法》和《青少年法庭法》，并出现了社会教育运动。日本"社会教育"的用语产生于明治中期，从源头上看，日本社会教育的观念也是"在以资本原始积累所带来的劳动问题和社会问题不断涌现的背景下"[1] 出现的，社会教育的最初意义也是"以社会对策性、慈善性为主要特征的"。[2]

从社会教育发展的基本特征来看，社会教育事业有助于社会治理。

首先，社会教育的教育性和对策性有助于社会治理。教育性是指社会教育是一种教育事业，对全体国民都具有教育的意义，发展社会教育有利于"民智"的开启、知识的普及和民德的提高，如近代在中国出现的民众学校、民众教育馆、图书馆、讲演所等；对策性是指社会教育也是一种社会事业，它直面各种社会问题，并以其广泛的教育机构、设施与活动，辅助这些问题的解决，如近代各国普遍重视的民众教育运动，普遍设立的教养院、救济所、养老院、孤儿院以及民风、风俗的改良，等等。

其次，社会教育的灵活性和多样性有助于社会治理。社会教育通过各种教育机构与设施实施对各阶层人群的教育、照顾与帮助。和学校教育主

---

① 梁忠义主编：《当代日本社会教育》，山西教育出版社 1994 年版，第 4 页。

② 同上。

要在学校面向青少年施教相比，社会教育对象是面向全体国民，尤其以学制系统以外的广大民众为主，因此社会教育就不能像学校教育那样固定、机械，它是通过灵活的方式、多样化的设施来组织民众、教育民众的，如近代中国和日本普遍关注的图书馆、展览馆、公园、民众娱乐、电影院、剧院、街头讲演，等等，就是通过灵活、多样的形式，对民众进行教育的。

最后，社会教育的福利性、公益性和慈善性有助于社会治理。无论是欧美、日本，还是近代中国，社会教育观念的产生，一开始就具有慈善性，它是通过教育手段实施对社会各类弱势人群的救助，这种观念的产生，对于缓解社会矛盾，减轻民众的负担，辅助解决各种社会问题起到了积极的作用，如近代在日本和中国出现的教养院、孤儿院、感化院、济生会、养老院，等等，都是作为社会教育产生和发展的。同时，许多学校式的社会教育机构，如简易识字学堂、半日学校、民众学校、民众识字处等，也通过免收学费、赠送书籍等形式体现出一定的福利和慈善成分。

从现实社会发展的需要来看，社会教育有独特的教育理念，有自己独到的施教领域和丰富多彩的教育实践活动，是一个国家教育整体中的一个重要组成部分，是一个不容忽视的教育领域。社会教育事业是政府以及社会各组织机构推动下的，社会各组织机构参与协作的有目的、有计划、有组织的教育行为，具有辅助进行社会治理的必要性和可行性，也具有辅助社会治理的积极性和参与性。社会教育是有目的、有计划、有组织的教育事业，发展社会教育事业，为有效社会治理提供宣传职能、学习职能，为社会大众提供知识与智力的基础以及国民素质的保障。

## 二　有助于社会建设

社会建设内容丰富，范围广泛，社会建设的根本目的是促进社会和谐、促进社会进步、促进社会公平公正、促进社会的发展和人的发展。在社会建设的诸多事项中，社会建设的核心内容是发展社会事业，社会事业是关系人民群众核心利益的公共事业，具有公益性、公众性和非营利性等特点。社会事业是社会发展以及人的发展的物质依据，社会事业是社会和谐以及社会进步的物质基础，是社会公平公正的物质保证。

从国内外社会建设的历史经验来看，一个国家的社会教育机构与设施是社会事业的一个重要组成部分，具有公益性、福利性、公共性、教育性等特点。发展社会教育事业，可以促进社会事业的发展，优化社会建设结构，完善社会服务功能，促进社会各组织发展，有助于社会建设。

我国近代教育家在开展通俗教育、平民教育、乡村教育和民众教育运动中就已经认识到，发展社会教育是中国由传统社会向现代社会转型所不可缺少的。教育家认为，中国"贫、愚、弱、私"的国民素质，天灾人祸的社会现实，发展社会教育有助于社会的改良，有助于辅助解决各种社会问题。从 1912 年教育部设立"社会教育司"，至 20 世纪 30 年代，各项社会教育事业发展如滚雪球一样越滚越大。据民国教育部 1931 年 3 月 3 日调查全国社会教育设施，被认定的有关社会教育的事业竟达 60 多项①，诸如一般的文化机关：图书馆、博物馆、展览馆等；一般的公益事业：阅报处、识字处、浴池、体育场、公园等；一般的福利事业、慈善机构：救济所、教养院、养老院、孤儿院等；一般的教育机关：民众学校、民众教育馆、民众补习学校等都是社会教育事业，此外，诸如改良小说、戏曲，改良民俗，各种讲习会、讲演会等在近代也都是作为社会教育发展的，可见社会教育事业自产生之日起，所承担的不仅仅是教育事业，而是社会建设的公益福利事业。

现代的社会事业是指为了社会公益目的，由政府或其他社会组织举办的从事教育、科技、文化、卫生等活动的社会服务事业。社会事业包括教育事业、科技事业、文化事业、医疗卫生、劳动就业、社会保障、体育事业、社区建设、旅游事业、人口与计划生育等方面。从国内外经验来看，发展社会教育有助于社会事业的建设。

首先，发展社会教育有助于公益性教育事业的建设。社会教育工作及其活动的产生就是起源于"教育帮助"和"社会帮助"。社会教育各项机构与设施的出现也是作为公益性事业发展的。大力发展社会教育，可以为公益性教育提供帮助，为弱势群体提供"教育援助"，缓解优质教育资源的不足或不均衡。

其次，发展社会教育有助于公益性文化事业的建设。各种类型、各种层次、各种区域的图书馆、博物馆、文化馆、科技馆、艺术馆等事业的建设，既有助于文化事业的发展繁荣，也有助于社会教育功能的发挥。这些文化事业可以通过丰富多彩的文化教育活动，实现着社会教育效能的提升。

最后，发展社会教育可以促进社会保障、社区工作和劳动就业工作的

---

① 《中华民国史档案资料汇编》第五辑第一编（教育），江苏古籍出版社 1994 年版，第 715 页。

开展。通过各种形式的社区教育、社区学院、补习教育等，可以促进社区建设；通过各种社会教育公益性服务措施，诸如养老机构、学前教育机构、儿童乐园等，可以为社会保障提供依托；通过发展各种社会教育机构设施，可以带动就业，促进公益性事业的发展。

### 三　有助于社会和谐

和谐社会是一个民主法治、公平正义、诚信友爱、充满活力、安定有序、人与自然和谐相处的社会。和谐社会的思想基础是民主科学、人权平等，和谐社会的制度保障是民主法制、公平、公正、公开，和谐社会的实践活动是公民做主、公民参与。和谐社会的建设依赖于制度创新提供的保障，依赖于国民素质提升提供的"民心"基础，依赖于民主法治建设提供的社会运行机制。上述所有的成果，都离不开社会教育的作用。因为社会教育的公益性、教育性、对策性和灵活性等特点，为和谐社会的建设提供国民心理准备，发展社会教育事业可以"得民心"、"倡人权"，通过社会事业的公益性，促进社会的和谐。

从历史经验来看，近代社会教育理论与事业的产生，一开始就具有强烈的福利、慈善和助人的色彩，它通过各种教育机构与设施，采取各种实践活动实施对社会各阶层人群的救助与教育，以使无法进入学校的人有接受教育的机会。如近代相继出现的简易识字学塾、半日学堂、露天学校、平民学校、民众学校等等，它们通过免收学费、低收费或赠与各种书籍的方式，以实现对失学者的救助与教育，这些类型的学校最初是面向失学的儿童，但随着发展，人们逐渐认识到失学的成人应该是救助的重点，所以后来此类学校逐渐以失学的成人为教育的对象。此外，一些公共式的社会教育机构与场所在近代也经历了由少数人的特权转向多数人的权利；从面向"士人"，到面向公众；从以儿童为主，向民众方向变化的转变，如图书馆、博物馆、公园、电影院、剧院，等等。正因为社会教育事业具有慈善和福利色彩，所以使社会教育的机构与设施普遍受到社会各界的欢迎，因此，近代以来社会教育的事业发展越来越大，从清末时期的少数几项，发展到后来已达60多项，广泛的社会教育机构，存在于社会的各个角落，在提高"民智"，普及知识的同时，也对于"民心"的养成起到了积极的作用。

这种作用，在近代的革命事业中体现得尤其明显。辛亥革命时期革命者就十分重视运用社会教育的手段来组织人力，并且认为在革命时期社会教育比学校教育更为有效。

> 今日言革命教育者，……不在家庭教育，不在学校教育，而在社会教育。是故革命教育者，惟有社会教育之可言也。①

后来孙中山在总结辛亥革命成功时说："这种成功，完全是由于宣传奋斗的成功。""教育就是宣传。""革命成功全赖宣传主义。"②

中国共产党革命事业的成功，苏区的社会教育事业也起了十分重要的作用。中国共产党把争取劳动人民的受教育权利和广泛的社会教育实践相结合，对于争取群众的支持，取得了大量的成功的经验，如苏区开展的群众扫盲运动，建立工农业补习学校、识字班，广泛设立群众俱乐部等，正如毛泽东所说："苏维埃政府用一切方法，来提高工农的文化水平，为了这个目的，给予群众以政治上与物质上一切可能的帮助。"③ 正是因为这种一切为了群众、一切依靠群众，从群众中来、到群众中去的社会教育实践活动的成功，才使得中国共产党的革命事业有了广泛的群众基础。因此，发展广泛的社会教育事业是"得天下"、"得民心"的一条重要的经验。相反，如果不重视社会教育，那么社会教育的手段就很有可能被反面势力所利用，如各种黑社会势力、邪教势力等。所以，历史与现实的经验教训表明，社会教育是一个不容忽视的教育领域，因为它是"慈善"性质？还是"剥削"性质？关系到"民心"的得与失。

从现实来看，发展广泛的社会教育事业也是"得人心"、"得民心"的一条重要的经验，图书馆、博物馆、文化馆、科学馆、公园等免费开放，为广大民众提供发展和接受文化教育的机会，各种公益性文化教育活动满足和激励着人民不断增长的文化需求。正是这些"得人心"、"得民心"的社会教育事业的发展，才为人的全面发展，为社会的和谐发展奠定

---

① 《游学译编》1903 年第 10 册。
② 孙中山：《宣传造成群力》，《孙中山选集》，人民出版社 1981 年版，第 556、557 页。
③ 江西赣南师专教育教研室编：《中央苏区教育资料选编》，江西赣南师专教育研究室 1980年版，第 34 页。

着社会心理基础。

# 第三节　社会教育促进教育发展的功能

社会教育促进教育发展的功能指的是社会教育的教育功能，通俗理解就是社会教育对于教育的作用。教育家杜威曾言："教育是社会的过程，也是社会的功能。"① 从社会视角来看，社会具有教育的功能，"社会即学校"、"生活即教育"。联合国教科文组织国际教育发展委员会在编著的《学会生存》中多次强调"必须超越学校教育的范围，把教育的功能扩充到整个社会的各个方面"，社会的教育功能不是学校的特权，"所有的部门——政府机关、工业交通、运输——都必须参与教育工作"，② "社会作为一个整体将有更重要的教育作用"，社会包含有巨大的潜力，"城邦是最好的教师"。任何一个社会都会通过各种方法，使社会及其文化得以延续，并力图促使它的每一个成员"社会化"，发展成为符合该社会要求的人。任何一个人，也是该社会的产物，印有该社会的痕迹，体现该社会的特点。一个人素质的高低，一个国家人才的成长，以及社会和人全面发展的程度与水平，不仅仅与学校教育有关，更有社会的作用。"教育是整个社会的目的，这个城邦就教育人"。③

## 一　有助于教育目的的实现

教育目的是指教育所要培养的人的质量和规格的总要求，即解决把受教育者培养成什么样的人的问题。教育目的是所有教育工作的核心，是所有教育活动的出发点和归宿，无论什么教育都必须为教育目的服务。教育目的的实现要通过所有教育来完成，只凭一种教育或只重视发展一方面教育，教育目的很难实现。换句话说，就是家庭教育、学校教育和社会教育必须为教育目的服务，教育目的必须通过家庭教育、学校教育和社会教育来完成。

社会教育是社会各种机构组织有目的、有计划、有组织的教育，社会教

---

① 吕达、刘立德、邹海燕主编：《杜威教育文集》，人民教育出版社 2008 年版，第 96 页。

② 联合国教科文组织国际教育发展委员会编著：《学会生存》，教育科学出版社 1996 年版，第 201 页。

③ 同上。

育的目的性是其一个重要特征，也必须为教育目的服务，也有为教育目的服务的任务和能力，社会教育的发展有助于教育目的的实现。

从历史经验来看，自近代社会教育产生以来，教育家们普遍认为中国各种社会问题的出现都与"民智"高低有关，与民众素质有关，所以，他们认为必须通过发展社会教育来"开民智"、"除文盲、作新民"、提高"国民的精神"和"国民的能力"，发展社会教育有助于国家教育目的的完成。

现代社会，发展社会教育的理论与事业，确实有助于普及知识，"开启民智"，实现教育目的。

首先，社会教育的思想理念，是突出社会的教育功能，强调社会各个方面的教育作用，强调社会本身就是一个教育场所，也就是说一个国家的教育不仅仅指学校教育这一种形式，社会的政治制度、文化建设、风俗改良等本身就具有教育的意义，社会教育的这种观念，为教育目的的完成提供着"大教育"保障。

其次，社会教育的机构与设施广泛存在于社会的各个角落，通过这些机构与设施来组织社会各阶层的民众，这对于普及文化知识、启发民众、教育群众有着十分重要的作用。这些设施与活动，为各个阶层人群提供了接受各种教育的机会与场所，其教育意义是不可低估的。社会教育通过各种场合，各种机会促进教育目的的实现奠定着国民素质基础，为青少年全面发展提供智力支持。

最后，社会教育包含着社会德育、社会智育、社会体育、社会美育、社会生活教育等诸多内容，这些内容的实施，有助于促进人的全面发展，促进社会和谐建设，从而有助于国家教育目的的实现。

## 二　有助于深化教育领域综合改革

深化教育领域综合改革，主要是要求教育改革要注重改革的整体性、系统性与协同性。各种教育形式在完成教育目的的过程中，要互相协同、互相合作、互相联系、互相促进。发挥整个社会的作用，强化整个社会的育人之责。"社会作为一个整体将有更重要的教育作用"，"教育是整个社会的目的"。[①]

---

① 联合国教科文组织国际教育发展委员会编著：《学会生存》，教育科学出版社1996年版，第201页。

（一）开发社会教育资源促进学制体系的完善

学制体系是一个国家各级各类学校教育制度的系统，它规定各级各类学校的性质、任务、入学条件、学习年限以及它们之间的关系。学制体系具有强制性、统一性、标准性等特点，通过传授学科知识，有目的、有计划、有组织地培养学生成才。学制体系在促进青少年全面发展方面具有局限性，历史经验表明，仅凭学制体系人才很难成长，人的素质也很难提升。国内外成功的经验表明，学制体系的局限性可以通过开发社会教育资源来弥补，社会教育事业的发展可以促进教育体制进行深化改革。

《学会生存》作者建议："教育的机构和手段必须大大增加，使人们比较容易得到教育，使个人有尽可能多的选择机会。教育必须具有真正群众运动的方式"，"教育不应再限于学校的围墙之内。所有现有的机构（无论是否为了教学而设置的）和各种方式的社会经济活动都必须用来为教育宗旨服务"。①

丰富的社会教育资源可以弥补学校教育的不足，促进学制体系的完善。

首先，专门社会教育资源，如青少年宫系列场所，是青少年接受校外教育的基地，是实践育人的平台，补充着学校教育的不足，延伸着学校教育的作用，丰富着广大青少年的校外教育活动。学校教育资源与社会教育资源的协同合作，发挥着巨大的教育作用，共同促进青少年的成人、成长与成才。

其次，以图书馆、博物馆、科学馆、文化馆、文化遗产基地等场馆为主的社会教育综合资源，满足和激励着青少年以及社会每一个人的文化需求，这些场馆资源，以其丰富多彩的社会教育活动，补充着学校教育的薄弱，丰富着社会教育的手段，满足着人们闲暇时间的文化教育需求。

最后，市场发育起来的各种社会文化教育机构，诸如民间办学、社会力量办学、团体训练、活动营地、拓展训练等，满足着青少年发展的身心需要，这些文化教育机构，以其多姿多彩的活动吸引着青少年以及公民的参与，这些机构与设施，是教育事业发展的重要补充，是社会教育的重要力量，在深化教育领域综合改革过程中，要不断地发展其积极有效的教育效能。

---

① 联合国教科文组织国际教育发展委员会编著：《学会生存》，教育科学出版社 1996 年版，第 225 页。

（二）社会教育的发展，可以破解教育制度改革的难题、可以减轻学校学业负担、可以促进教育公平

教育体制改革最难以破解的就是高考制度改革，高考作为一种选拔制度，制约着教育体制、学校体制、教学制度等方方面面，高考多年累积的教育问题，诸如片面追求升学率、学生负担过重、教育资源分配不公、人才难以成长、素质提升过慢等难以找到真正突破的方案，一些改革措施，也是修修补补，成效不大。多年以来难以破解的教育问题，通过发展社会教育可以找到解决的思路和办法，借鉴国内外的成功经验，通过整理、规范、发展社会教育事业可以减轻学校学业负担，可以辅助高考改革，可以促进教育公平。具体措施简要如下：

1. 采用学分银行制度，通过学校教育与社会教育的双重赋分，破解高考制度改革的难题

学校教育教学的各种考试成绩、各种课程设置、各种活动计划等均采用学分制，把考试分数转化成学分累积，这是考核学生学业成绩以及升学成绩的依据之一；社会教育的实践活动，社会教育的项目设置，参加社会教育的数量以及成绩，由各种社会教育机构赋予学分，作为学校学生考试以及升学成绩的依据之二。两种成绩的总和即是一个学生的高考成绩，成为其升学、择校的依据。

这种做法既可避免一次考试定终身，减轻高考的压力，也可控制校外补习的规模和强度，同时也能促进社会教育事业的发展。正如《学会生存》作者建议："考试不是一个结论而是一个起点的标志。""大中小学生成绩的真正评定，不应以简单的、速决的考试为基础，而应以全面观察整个学习过程中的工作为基础"。[①]

2. 采用学校教育与社会教育联携互动教育机制，减轻学生学业负担

学校教育赋予学科成绩学分，社会教育赋予校外活动、体验、动手能力的学分，学校教育学分与社会教育学分的结合促进学生全面发展，减轻学校学业负担，同时加强实践育人环节，培养学生的实践能力和社会适应能力。这种考核方法借鉴国外学分银行考核办法，将学生的考核成绩分化成两部分，学校考试成绩是其中一部分，社会教育活动、体验、参观、互

---

① 联合国教科文组织国际教育发展委员会编著：《学会生存》，教育科学出版社 1996 年版，第 246 页。

动、动手等是考核的第二部分。

这种考核方式，可以促进学生走出教室、走出校园、走出各种辅导班，利用课余、假期等时间走向博物馆、图书馆、科技馆、文化遗产基地，走向青少年宫、青少年活动营地等场所，从而实现减轻学生负担过重的问题。

社会教育的功能在于促进学生的社会适应能力，促进学生的社会化进程，培养学生的社会人格和协调、沟通、合作的能力。消除学校教育的壁垒，在人格养成、非智力因素培养等方面，具有学校教育不可替代的作用。发展社会教育可以健全国民教育体系、深化教育领域综合改革，为青少年全面发展创造最优的教育条件。

### 三　有助于拓展提升学校教育效能

学校教育是培养学生成长、成人、成才的主要力量，是学生全面发展的主要教育场所。但是，学校教育的力量如果仅限于学校教育范围之内，仅在学校围墙之内下功夫，其教育的效果很难实现。历史与现实的经验表明，要实现学校教育效能的最大化，就必须拓展与提升学校教育的效能，而学校教育效能的提升离不开社会教育的作用。

扩充学校教育的效能，就是促使"教育社会化"，突出教育的社会功能，使学校成为所在社区的教育中心、文化中心，为地方社区的发展，提供知识、思想与智力的支持。拓展与提升学校教育的效能，就是克服学校教育的保守性和封闭性，强调学校应该通过加强与社会各界的联系，通过争取社会各方面的配合，共同教育学生。学校要争取社会各界对教育的参与、关注与支持，协调社会各方面的教育影响，在教育学生的过程中，促进学校的发展，促进社会的进步。

各级各类学校拓展与提升教育的效能，就是要求学校要实施扩充教育，把自身的教育事业推向社会，学校要有服务社会、指导社会、救助社会的精神，学校在这样做的同时，对自身的发展也有着积极的促进作用。

首先，在扩充教育实践中，可以培养锻炼学生的全面素质。近代的学生教育实践表明，学生参加社会教育实践活动，对于自身知识、能力的提高具有帮助作用，许多杰出的人物在回忆学生时代时，都认为"两耳不闻窗外事"的闭门读书是不符合学校精神的。

其次，在扩充教育实践中，可以发挥教授和教师的作用，在服务社会的同时，提高自己，锻炼自己，走与生产劳动相结合的道路。"五四"后，一些知识分子和劳苦大众相结合，闯出一条中国革命的新路，就是一个很好的体现。

最后，在扩充教育实践中，可以促进学校整体的改革与发展。一方面扩充教育的实践为学校的教学和科研提供着施展的舞台，另一方面又为教学和科研充实内容；一方面通过社会教育实践，扩充学校的影响，另一方面和社会各个方面的联系与合作会促进学校的建设。近代许多学校校长既是教育家，又是社会活动家，扩充教育的实践，使他们和其所在的学校与社会的关系不是隔离的，而是密切相连的。

学校通过扩充教育的实践，在服务社会、服务民众的同时，也为自身的发展拓宽了空间，丰富了施教的领域，培养和锻炼了一批人才，历史经验表明，学校应该"开门办学"，学校在社会进步事业上应开"风气之先"，为社会的发展提供思想、知识与智力的支持，成为社会进步的动力之源。

学校实施扩充教育的实践，是在国外学校扩充教育思想的影响下，在国内社会改革和教育发展的需要下产生和发展起来的。学校扩充教育的实施，使学校的教育功能发生了重大的变化，它经历着从少数人享有受教育的特权，向多数人应当具有受教育权利的转变；从面向"士人"精英，到面向平民及民众的转变；从以校内"学生"为主，到兼顾学校以外广大"失学者"的转变。这对于促进教育公平，提高学校办学效能具有积极意义。

## 四　有助于促进终身教育发展，建设学习型社会

终身教育、终身学习不仅仅是一种教育思想理念，在现代社会发展中更是一种教育制度、教育实践、教育活动。就个人而言，终身学习是一种生活方式，是一个人持久的竞争力；就国家层面来看，终身教育是国家的核心竞争力，需要通过法律和制度加以推行。从国内外终身教育或终身学习的推动来看，从终身教育实施的效果分析，一个国家或地区终身教育或终身学习的推进与实施，都离不开社会教育的作用。在有些国家或地区社会教育新的发展理念以及新的改革措施，就是通过大力发展社会教育促进终身教育或终身学习的实施。

韩国 1982 年 12 月 31 日颁布了《社会教育法》。该法的宗旨是："本法旨在赋予国民以终身接受社会教育的机会，提高国民素质，使其为国家

和社会发展作出贡献为目的。"① 随着终身教育理论的发展，韩国认识到社会教育实际是一种推行终身教育的教育理论与事业，于是在 1987 年 10 月 29 日修订的宪法中规定："国家要振兴社会教育。"1999 年 8 月 31 日把《社会教育法》更名为《终身教育法》，通过法律肯定社会教育的地位，明确社会教育的任务，推动了韩国终身教育的发展。

社会教育的理念是促进教育无所不在、无处不在、无时不在。教育目的上是推进终身教育；教育对象上是面向全民教育；教育内容上是生活全部的教育；教育方式上是灵活多样的教育。运用全社会的力量有计划、有目的、有组织地实施教育和学习活动。社会教育在理论上是教育形式的一种，在制度上是国民教育制度的重要组成，在实践上为全体国民提供各式各样的学习机会。

国内外社会教育的理论与实践表明，社会教育事业是推动国家终身教育发展，促进学习型社会建设的主要推动力。社会教育的发展为终身教育、终身学习提供机会、场所、场地。社会教育在制度、实践、活动等方面，能够保障终身教育的实施，能够促进终身教育的发展，能够使学习型社会的形成成为现实。

社会教育产生与发展的历史经验与现实告诉我们，社会教育理论与事业不仅在社会发展和人的发展方面具有不可替代的作用，在推进终身教育，促进学习化社会的形成等方面也具有不可替代的作用。日本许多教育家在总结国力强盛的原因时，都认为，对于经济落后，"民智"低下以及社会问题增多的国家来说，发展社会教育是一个成功的经验。日本近代著名教育家吉田熊次认为：

> 德、法、英之有今日，非由于学校教育之力，实有赖于彼邦社会教育者甚大，若不注意及此，而只重视学校教育，国家终难自强。②

日本现代学者新堀通也认为"社会教育远在学校教育之前就已经存在，即使今天，正如其定义所表明的那样，它起的作用也远比学校更为重要"。③

---

①　孙启林主编：《世界教育大系——社会教育卷》，吉林教育出版社 2000 年版，第 110 页。

②　[日] 吉田熊次：《社会教育的设施及理论》，上海中华书局 1935 年版，第 2 页。

③　[日] 新堀通也：《社会教育学》，张惠才等译，春秋出版社 1989 年版，第 1 页。

　　我国近代社会教育的产生与发展，也是在惨痛的教训中开始起步的，由于长期的办教育只重学校、只重人才、只重学生，所以使我国的教育发展，忽视了学校外各个阶层国民素质的提高，因而使近代以来"民智"问题、"国民程度"问题、"国民性"问题一直成为社会全面进步的羁绊。为了解决这些问题，近代以来许多教育家试图发展通俗教育、平民教育、乡村教育、民众教育等来补救这种不足。

　　如果总结社会教育的功能，我们得到的重要启示就是在社会建设和社会管理的过程中，要对社会教育予以关注。在发展教育事业的过程中，要重视社会教育的研究与落实，发展广泛的社会教育事业，规范社会教育的领域，整理旧的社会教育机构与设施，创造社会教育的新体系。

# 第四节　社会教育促进青少年全面发展的功能

　　社会教育自产生之日起就以"生活帮助"、"文化帮助"、"心理帮助"等辅助社会问题以及教育问题的解决，随着社会教育发展的公益性、福利性、慈善性等教育性质的确立，社会教育在促进社会发展、促进教育发展、促进人的全面发展等方面作用日益凸显。青少年教育始终是社会教育关注的对象，社会教育在促进社会发展、教育发展的过程中，对于青少年的身心发展有何作用？如何定位？这是社会教育学原理必须回答的问题。在社会教育机构领域，存在着大量的青少年教育设施，诸如青年宫、少年宫、青少年宫、青少年活动中心、儿童活动中心、青少年科技馆、青少年活动营地、青少年教育基地等青少年教育活动场所。这些机构与设施是青少年校外教育的主要阵地，是青少年校外活动的主要场所，在促进青少年全面发展方面具有特殊的功能。

## 一　青少年全面发展的内涵

　　青少年的全面发展是包含德、智、体、美、劳诸多要素的发展，青少年的全面发展是一个全体、全面、全方位、全过程的发展，青少年的全面发展是社会整体发展作用的结果。马克思曾说："人的本质是社会关系的总和。"人的发展也同此理，是整个社会作用的产物，青少年全面发展的程度与水平与整个社会作用的力量分不开。学校教育在促进青少年全面发展方面作用重大，但是，不要过分夸大学校教育的作用，不要盲目拔高学校教育的功能，学校教育发展的实践表明，仅凭学校教育，青少年很难做到全面发展，社会教育在促进青少年全面发展过程中，具有不可替代的作用。

（一）青少年的发展

人的发展是指作为个体的人从出生到生命终止这一过程，随着年龄的增长，在身体和心理两个方面的积极变化过程和完善过程。教育学意义上的人的发展主要指青少年的发展，是指青少年个体从出生到成人这一过程，随着年龄的增长，在身体和心理两个方面的变化和完善过程。人的发展的内涵决定了人在成长的过程中需要身体发展和心理发展的"知识帮助"。

1. 青少年的身体发展

青少年的身体发展包括机体的正常发育和体质的增强，这两方面是互相促进的。机体的的正常成长，是身体发展的基础，促进体质的增强；体质的增强为个体发育提供保障，促进个体健康成长。青少年身体发展的内涵决定了青少年在成长过程中，需要得到"生理的帮助"和"体育的帮助"。

2. 青少年的心理发展

包括认识的发展和意向的发展两个方面。认识是人对客观世界的反映，表现为感觉、记忆、思维等形式；意向是人对待客观世界的态度，表现为需要、兴趣、情感、意志等形式，二者是互相联系的。青少年心理发展的内涵决定了青少年在成长过程中需要得到"心理帮助"和"教育照顾"。

青少年的身体发展和心理发展密切相关，互相制约、互相促进。

3. 青少年身心发展的特点

青少年身心发展具有一定的顺序性和阶段性；青少年身心发展速度具有不均衡性，个体有高峰低谷，群体有年龄特征；青少年身心发展具有稳定性和可变性，在不同条件下，有不同特点；青少年身心发展具有个别差异性，不同人在同一方面发展不同，同一方面发展在不同青少年中有差异。教育工作者要了解青少年身心发展规律和特点，要遵循青少年发展规律和特点。

青少年身心发展的内涵与特点决定了教育工作要目的多样、内容多样和形式多样。整齐划一的学校教育很难做到因人施教，发展差异，必须有社会教育的参与和配合。青少年身心发展特点与规律是社会教育存在和发展的理论基础，是构建社会教育体系，寻找社会教育路径和方法的重要依据。

（二）青少年的全面发展

人的全面发展是指人的体力和智力的充分的、统一的、自由的、协调的发展，人的全面发展的科学观点是马克思的人的全面发展学说。马克思分析了现实社会中的人和人们所处的社会关系，考察人片面发展过程中的危害，通过科学的历史分析，指出人的全面发展是人的最高自我解放，是人发展的最高境界，认为人的全面发展只有通过合理的制度才能完全彻底地实现，并认为造就全面发展的人的唯一方法是教育与生产劳动相结合。

人的全面发展理论具有极高的教育学意义，教育是培养人的事业，教育的工作是培养人的工作，无论是什么形态的教育，都不能回避人的发展这个问题，都必须为人的全面发展服务。正因为如此，人的全面发展学说是我国教育目的的理论基础，是我国一切教育的出发点，学校教育、家庭教育以及社会教育都受其制约并为其服务。

青少年是教育的主体，无论是教育对象的数量，还是教育结构的各个层面；无论是学校教育、家庭教育，还是社会教育，青少年都是绝大多数的受教育者。所以，教育学上研究人的发展，主要指青少年的发展，人的全面发展主要指青少年的全面发展。

青少年的全面发展是在身心发展上的全面进步，是在发展层面上的全面展开。主要要素包括：

1. 青少年体力、智力获得全面的、充分的、协调的发展

人的体力和智力是构成人的劳动能力的要素，从生产力和劳动力这个视角，提出青少年的全面发展是体力与智力的广泛的、统一的发展。体力指的是人体所具有的自然力，智力指的是精神方面的能力。

2. 青少年个性的自由发展

从人是自然以及社会的主人和人的生命价值的视角，认为青少年的全面发展是每个人个性的张扬，特长的展现，是个体自我价值实现的体现。个性是全面发展的构成要素。

3. 青少年道德和审美的高度发展

从"人的本质是社会关系总和"视角，认为青少年的道德素质和审美情趣是构成全面发展的要素，是健康社会和健康个体的构成要素。

从各种视角考察，青少年全面发展的构成要素主要包括：体力、智

力、个性以及道德和审美，这些要素伴随着青少年的成长、成人和成才，是任何一种形式的教育所不能忽略的问题。

青少年身心发展和全面发展的构成要素，是社会教育存在与发展的理论基础，是社会教育发挥功能的依据，要准确认识社会教育在青少年全面发展过程中的功能定位，分析影响青少年全面发展的因素，破解青少年全面发展的难题，就必须了解制约和影响青少年全面发展的因素。

（三）影响青少年全面发展的因素

传统上认为影响青少年身心发展的因素是遗传、环境、教育和人的主观能动性。遗传是生物基础，是人发展的物质前提，影响人身心发展的可能性、阶段性和差异性；环境是外部条件的综合，包括家庭环境、学校环境和社会环境，环境在人的发展过程中起重要作用，学校教育环境在人的发展中起主导作用；人的主观能动性是指个体积极主动认识世界、改造世界的心理倾向和实际行为，在人的发展过程中是内部因素，发展的内因，起积极促进作用。

现代社会，影响青少年全面发展的要素出现了新的特点，按照马克思论述全面发展的经典观点，认为人的全面发展只有通过合理的社会制度才能完全彻底地实现，并认为造就全面发展的人的唯一方法是教育与生产劳动相结合，我们认为现代社会影响青少年全面发展的根本因素主要来自三个方面：制度因素、教育因素和个体因素。这三个因素存在于青少年成长、成人以及成才的各个阶段，不同时期、不同个体、不同群体，各自作用不同，每一个因素都有该因素的主要矛盾、主要问题，是影响与制约青少年全面发展的主要力量。

1. 制度因素：社会问题与矛盾起制约作用

马克思全面发展的观点认为，人的全面发展只有通过合理的社会制度才能完全彻底地实现。依据于此，可见影响青少年全面发展的因素主要来自各种制度因素，在青少年全面成长、成人、成才的过程中，影响其全面发展的主要矛盾是个体成长过程中所遇到或经历的社会关系、社会问题和社会矛盾。这些社会问题、矛盾广泛存在于家庭、社会以及教育的方方面面，表现于青少年成长过程中遇到的升学、考试、关系、名誉、就业等成长环节。

这些来自社会各方面的问题与矛盾，以各种形式表现出来，诸如不公正、不公平、不公开、不民主、不安全、不友好等，使青少年在困惑、愤怒与冲突中，影响个体的身心发展，影响着个体发展过程中的知情意行。所以说，影响青少年全面发展的主要因素是来自制度层面的社会问题与社会矛盾。

2. 教育因素：教育与生产劳动相结合起方法作用

马克思全面发展的观点认为造就全面发展的人的唯一方法是教育与生产劳动相结合。依据于此可知，影响青少年全面发展的教育性因素是没有做到教育与生产劳动相结合，表现在家庭教育不结合，学校教育没结合，社会教育少结合。尤其，在青少年全面发展过程中起主导作用的学校教育，通过实践育人、劳动育人、生产育人等促进全面发展的教育性因素，十分弱化。各类学校育人环节占主导地位的仍然是教书育人、考试育人、课堂育人和书本育人。

教育与生产劳动的严重脱节，造成学生学业负担过重，成为教育发展中的"老大难"问题，许多教育矛盾无法根本解决，实践育人得不到落实，严重影响与制约着青少年身心的全面发展。

3. 个体因素：主观能动性起内因作用

个体因素发展的可能性来自遗传，但是，发展的现实性却来自人的主观能动性，个体主观努力是指个体积极主动认识世界、改造世界的倾向和行为，是人发展过程中的内部因素，发展的内因。青少年全面发展的倾向、程度和标准是个体主观内因和环境外部内因，诸如社会以及教育因素共同作用的结果。

面对丰富多彩的生活世界，现代社会影响青少年全面发展的因素日益复杂多样，社会环境、教育环境、影视媒体、网络传媒等，但是，所有这些因素，都是外部环境的外因，而个体的主观选择和能动起着积极的调控作用，因此，在青少年成长、成人、成才过程中，如何培养其主观选择能力，调动其主观能动性，发挥个体的适应调控功能是社会以及教育必须考虑的问题。

二　社会教育在青少年全面发展中的功能定位

影响制约人全面发展的因素有很多，如何使这些影响因素化成促进因素，发挥各种因素的积极作用，各种教育的功能尤为重要，有目的、有计划、有组织的教育，就是在人的发展和社会发展过程中，对于全面发展起积极主导作用的力量。

在青少年全面发展的过程中，家庭教育、学校教育、社会教育是三位一体的，从出生到大学毕业，在青少年时期，三种教育伴随左右，影响成长。这三种教育是青少年全面发展的载体，各有各的作用和价值，为了准确清晰地分析社会教育在青少年全面发展中的定位，必须了解这三种教育在人全面发展中的各自功能。

（一）家庭教育根基作用

家庭教育在青少年全面发展过程中起着奠基作用。青少年全面发展的各项要素都与家庭教育有关。青少年成长过程中的道德要素受家庭推崇的价值观的影响，父母的公民观念、公德意识、道德行为、道德意志，通过言传身教、耳濡目染、潜移默化的方式影响着青年人的成长。青少年成长过程中的智力因素，家庭教育也起着奠基作用，家庭早期的智力开发、家长自身教育学知识和文化程度以及对子女的教育，对子女的成长影响深远，家长的兴趣、特长以及教育期望，对子女的成才起着基础导向作用。青少年的体育素质、审美情趣、特长专才以及生活知识技能与家庭环境和教育的关系重大，直接起着根基作用。

家庭教育在青少年全面发展过程中的局限很多，诸如家庭教育的私有化、家庭影响的多元化、家庭教育过程的无组织化，导致仅凭家庭教育，青少年的全面发展受到制约。

（二）学校教育主导作用

学校教育在青少年全面发展的过程中起着导向作用。学校是有目的、有计划、有组织培养青少年成长、成人、成才的场所。学校的一切工作都有教育和引导的作用。学校实施全面发展的教育是全力促进青少年全面发展的主要力量。通过实施德育、智育、体育、美育以及劳动生活教育，促进青少年智力、体力、个性、道德、审美的发展。

学校的德育主导着青少年思想道德认识，通过系统的、反复的道德教育，灌输着社会的道德要求。学校的智育主导着青少年掌握知识的水平和能力，影响着智力发展的程度和性质。学校的体育遵循青少年身心发展特点，主导着青少年体力发展的方向和水平，引导着青少年体育素质和技能的发展程度。学校的美育以及劳动生活教育主导着青少年的审美情趣、初步的鉴赏美、创造美的能力。引导着青少年基本的生活技能、社会技能和生存技能。

学校教育在青少年全面发展过程中的局限也很多。学校教育的制度化、组织化以及教育方式的机械化，难以促进个性因素的发展，难以做到因材施教，难以照顾特殊性和复杂性。青少年全面发展的各项要素仅凭学校教育之力也很难有所作为。

（三）社会教育保障作用

社会教育在青少年全面发展的过程中起着保障作用。青少年全面发展的各项要素和指标，按着马克思主义全面发展经典观点来看，是在合理的社会制度下，教育和生产劳动相结合的产物。教育与生产劳动相结合是造就全面发展的人的唯一方法。

青少年的全面发展仅凭家庭教育或者学校教育很难做到教育与生产劳动相结合，很难实现教育与生产劳动相互结合，没有二者的结合，青少年的全面发展完全是一句空话。多年以来，全面发展的教育实践已经证明了这一点。不仅全面发展如此，青少年的素质教育也如此，素质教育没有教育与生产生活劳动相结合的实践，没有实践育人的环节，提升人的素质也是一句废话。

社会教育在青少年全面发展的过程中起着保障作用。主要是通过社会教育实践环节，可以做到教育与生产劳动相结合，可以做到实践育人。社会教育的体验式教育方式，可以培养青少年的道德情感、道德意志、道德行为，在学校德育培养道德认识的基础上，通过道德教育与道德实践的结合，促进道德的发展。社会教育的个性化教育，可以丰富青少年知识兴趣的选择，在学校智育的基础上，促进学校智育与社会智育的结合，通过社会智育和生产生活实践相连，促进青少年智力因素的发展。社会教育的活动式教育，可以促进学校体育和社会体育的结合，通过体育教学和体育实践的结合，促进青少年体力的发展。社会美育以及社会生活知识技能教育，是促使学校美育和生活知识教育结合的有效手段和途径。

社会教育在青少年全面发展过程中的功能定位不能盲目夸大或者拔高，仅凭社会教育青少年也很难实现全面发展或素质的提升。社会教育也有自身的局限性，要通过家庭教育和学校教育的配合以及形成的教育合力，才能够为青少年的全面发展提供一个完整的教育保障。

## 三　社会教育促进青少年全面发展的特殊效能

青少年全面发展是在身心发展过程中体力、智力、个性、道德以及审美等方面充分的、自由的、协调的发展。这些发展要素伴随着青少年从出生到成长、成人和成才的全过程。要促进青少年的全面发展，必须通过制度力量、教育力量和社会力量的合力。

马克思认为人的全面发展只有通过合理的社会制度才能彻底地实现，并认为造就全面发展的人的唯一方法是教育与生产劳动相结合。从这个经典论述中可以看出，影响青少年全面发展的因素，主要是社会制度、社会关系以及教育制度和教育关系。而社会教育恰恰是结合社会和教育两方面的力量，通过社会的教育功能以及教育的社会功能，积极完善地促进青少年的全面发展，既补充着学校教育、家庭教育的不足，也调控着社会各种因素的影响，在青少年成长、成人、成才的过程中，社会教育具有促进青少年全面发展的特殊效能，而且是不可缺少和不可替代的。

教育学意义上，青少年全面发展包含德智体美劳诸多方面的内容，体现知情意行等诸多思想、情感、行为等要素，这些内容和要素的养成以及发展，是家庭教育和学校教育所完成不了的。从国外公民教育经验来看：

> 美国的青少年公民教育充分利用了社会教育的覆盖性和渗透性，通过政府、非政府组织、大众传媒、宗教等途径，在全国形成了良好的教育氛围和环境，使得社会教育成为青少年公民教育的重要途径。①

从历史与现实的经验来看，青少年的全面发展必须伴有社会教育的参与，必须发挥社会教育的作用，必须借助社会教育促进全面发展的教育功能。

（一）发展社会教育，有助于促进青少年成长

青少年的成长是一个发展过程，从幼儿期到青春期近 20 年的成长历程，历经小学、初中、高中、大学等几个阶段，成长于家庭、学校、社会等各种场所，经历父母关系、亲属关系、师生关系、同学关系、同乡关系、朋友关系、长辈关系以及上下级关系等各种社会关系的洗礼。青少年在成长的过程中，交织着思想上的矛盾与冲突，身体上的疾病与忧患，心理上的困惑与斗争以及社会适应的不适与反抗。青少年成长过程中的所有这一切，都需要知识援助、心理援助、教育援助和关系团体的援助。

---

① 王琪编著：《美国青少年公民教育理论与实践研究》，北京理工大学出版社 2011 年版，第 134 页。

教育发展的事实表明，社会教育在青少年成长过程中的援助作用是不可或缺的，是不可替代的，社会教育的发展可以辅助青少年健康成长。

社会教育是家庭、学校教育之外，由全社会所实施的有目的、有计划、有组织的教育。社会教育开展的教育服务，提供的教育产品，传授的教育技能，创设的教育环境以及社会教育的公益性、援助性和灵活性等特点，恰恰满足着青少年成长过程中需要帮助和援助的需要。社会教育通过丰富多彩的形式，满足和提供各个年龄阶段青少年的身体需求、心理需求和教育需求。社会教育的无处不在、无所不在、无时不在，使青少年处处感到温暖，时时感受关怀，这对于青少年的健康成长具有积极的作用。

（二）发展社会教育，有助于保障青少年成人

现代社会学的观点告诉我们，社会具有教育的功能，也称为人的社会化过程，即社会通过各种教育方式，使自然人逐渐学习社会知识、技能与规范，从而形成自觉遵守与维护社会秩序的价值观念与行为方式，取得社会人的资格的教化过程。

从幼儿到成人是一个复杂的过程，在这个过程中，一个人所处社会的社会化机制，对一个人的教育、影响、塑造至关重要。人的本质是社会关系的总和，人的素质是社会教化的结果。一个社会教育先进而发达的社会，能够辅助培养一个未成年人顺利成人，而在一个存在教育缺陷的社会，人的成长和成人也是有缺陷的。

> 教育工作者应该经常静下心来以提醒自己，教育并不只是在学校围墙之内进行的。他们应该认识到，儿童从他的校外经验中所得到的教育，就如同从他的校内经验中所得到的教育一样。实际上。对于儿童的未来发展来说，校外非正规教育有时比校内正规教育更为重要。①

发展良好的社会教育，可以为青少年的成人提供良好的环境保障，可以为青少年的成人提供丰富多彩的精神食粮。学校教育之外，由社会所开展的教育服务，提供的教育产品，可以丰富未成年人的社会活动空间，弥补学校教育、家庭教育的不足和缺陷，满足各个年龄阶段青少年成人过程

---

① ［美］约翰·S. 布鲁巴克：《教育问题史》，单中惠、王强译，山东教育出版社 2012 年版，第 362 页。

中所需要的教育援助、心理援助、活动援助和文化援助。

青少年的全面发展需要制度的力量、社会的力量和教育的力量的合力才能够实现。社会教育的功能恰恰融合着社会的力量和教育的力量，控制着社会上各种因素的影响，延伸着学校教育的正能量，为青少年的全面发展创设条件，提供保障。

（三）发展社会教育，有助于锻炼青少年成才

青少年全面发展的最终目的是成才，而成才是在青少年时期不断享有成功的基础上实现的。成功就是逐步实现有价值的理想，达成所设定的目标，得到你想要的结果，它是人生价值的体现，是青少年成才的基础和第一步，是人生较为现实的理想。

学校教育，往往过分强调人才观，无限夸大和拔高教育的作用，对青少年成才的期望值过高，而往往适得其反。

青少年成才是一个漫长而复杂的过程，其间需要多种教育的加工，需要多种培养的合力。然而人才的成长以及产生，并非仅仅是学校教育培养的结果，人才主要是社会锻炼而成，人才是成功不断累积的结果。学校教育在青少年成才的过程中起到知识的加工、技能的培训、能力的养成等智力品质的塑造。社会教育则在青少年的成功上下功夫，使每一个人在人生的每一个阶段都体验到成功的快乐，得到成功的奖赏，为进一步锻炼成才打好基础。

兴趣是成才的信号，特长有助于成才。社会教育的阵地主要是打造兴趣天地，提供特长成长的平台，通过各种丰富多彩的社会教育实践磨炼青少年成才的品质，通过各种实际的动手训练、教育场景以及竞争体验，让青少年享受成功，取得成功并锻炼青少年成才。

青少年的全面发展是一个发展过程，伴随着成长、成人和成才，社会教育在这个发展过程中起着促进作用、保障作用和锻炼作用。它延伸着学校教育功能的正能量，融合着社会的力量、文化的力量和教育的力量的合力，为青少年的全面发展保驾护航。

# 第六章　社会教育的教育者与受教育者

社会教育作为一种教育形式，必然包含着社会教育主体与客体这两个基本要素，即教育者与受教育者。这是社会教育原理必须明确的基本问题，也是社会教育存在与发展的基础因素。

## 第一节　社会教育的教育者

从广义教育来看，凡是对人的身心发展产生影响的人都是教育者。社会教育是广义教育中一切有组织的教育，所以，社会教育的教育者不同于广义教育者，它是社会教育过程中，实施有目的、有计划、有组织的教育工作的人。

社会教育的教育者是社会教育实践活动的主体。在社会教育的过程中，把受教育者作为教育对象，有目的、有计划、有组织地以教育者自身的教育活动促进受教育者身心的发展和变化，在社会教育过程中起着主导作用。

从国内外社会教育发展的理论与实践来看，社会教育的教育者普遍存在并不断发展，成为世界各国各个历史时期社会教育发展的推动力量，在人类教育事业进步的历程中，有着自己的理论定位和实践角色。

从理论层面来看，社会教育在中国传播之初，早期的社会教育理论家就关注和论述了社会教育的主体与客体，并认为这是社会教育事业的两个基本要素。

1903 年，在留日学生主编的《游学译编》中发表过《社会教育》一文，文章中谈到"言社会教育者，有社会教育之主体，有社会教育之客体"。①

---

① 佚名：《社会教育》，《游学译编》1903 年第 11 册，第 4 页。

1925 年马宗荣著《社会教育概说》，认为：

> 社会教育的主体为社会——社会全体负这社会教育的责任，不拘个人与团体。教育者可以做社会教育的主体。学者、商人、工人、农人、军人或宗教家，只愿为社会服务，均可以做社会教育的主体。国家、地方政府、学校、教育会、商会、工会、农会、兵营、庙宇、教会、图书馆、报馆以及其他一切团体，无一不可做社会教育的主体。[①]

马宗荣认为"社会教育的本旨是由道德、学术、政治、实业、艺术和体育各方面，以启发一般社会民众的智识为标准。那么凡关于上述任一方面未成熟的人，无论为男女，为老少，不拘其职业与阶级，均为社会教育的客体"。[②]

1935 年，日本社会教育学家吉田熊次著《社会教育的设施及理论》，认为"社会教育既是教育之一种，应该有教育的主体和客体"，"发起教育作用者——教育的主体，被主体所影响者——教育的客体"。[③]

从实践层面来看，社会教育的教育者，在历史各个时期都普遍存在。上古时期的"司徒"掌管教化，"其职责在掌邦教，教化庶民，是我国教育设官之始。那就是教育专官，也可以说就是管理社会教育的主管长官"。[④] 在这以后，各朝出现的"乡师"、"乡大夫"、"州长"、"党正"、"族师"等都负责本地的社会教化，成为社会教育的专职教育者。

1912 年，民国教育部在教育行政上设立"社会教育司"是近代社会教育的教育者，有法律地位、有行政依据、有职业依托、有专业任务的开始。在社会教育行政的推动下，社会教育的教育者日益发展壮大，成为教育事业发展的一个重要人力资源。

从国外经验来看，世界许多有社会教育行政的国家，社会教育的教育者都有自己的职业名称，都有自己的管理岗位、专业岗位和工作岗位。日

---

① 马宗荣：《社会教育概说》，商务印书馆 1925 年版，第 2 页。
② 同上书，第 3 页。
③ ［日］吉田熊次：《社会教育的设施及理论》，上海中华书局 1935 年版，第 9 页。
④ 钟灵秀：《社会教育行政》，正中书局 1947 年版，第 9 页。

本自确立社会教育行政地位后，社会教育的"指导者"就成为一种专门的教育岗位，包括社会教育"行政机关的指导者、社会教育设施的指导者、社会教育学习的指导者和社会教育有关团体的指导者"几类。[①]

国内外社会教育理论以及实践的经验表明，社会教育的教育者是普遍存在的教育现象，在推进人类教育事业整体进步的过程中，社会教育的教育者是不可缺少的，也是不可替代的。根据社会教育的概念以及各国经验，社会教育的教育者主要有三类：社会教育管理者、社会教育研究者以及社会教育工作者。

## 一　社会教育管理者

社会教育管理者是执行社会教育政策、参与社会教育决策、制订社会教育事业发展计划、组织开展社会教育活动、指导援助社会教育工作、监督评价社会教育工作的人员。

从世界各国社会教育发展的经验来看，有社会教育制度和行政的国家，都有各个层面的专职社会教育管理者。

日本社会教育有行政地位，文部省设社会教育部局，1988 年之前称作"社会教育局"，1988 年之后改称"终身学习局"。[②] 地方各级教育委员会设置有社会教育事务局，设置专职的社会教育主事和社会教育主事助理。日本"社会教育主事为专门教育职员，具有地方公务员的身份"。其职责"是以教育行政的立场进行有关社会教育的指导、建议，在社会教育行政中发挥核心作用"。[③]

韩国社会教育行政分为中央社会教育行政与地方社会教育行政，已经形成了分工明确的社会教育行政管理体制。"在教育部设置社会职业教育局，该局下面又有社会教育振兴科与社会教育制度科负责加强社会教育管理"。地方教育厅下设"社会教育体育局"，局下设有"社会教育科"，从事社会教育管理的人员，《社会教育法》期间称为"专门要员"，《社会教育法》改称《终身教育法》后，称为"教育士"。韩国"教育要员"或"教育士"是指"以社会教育为宗旨而设立的机关和设施中工作的，在整

---

①　孙启林主编：《世界教育大系——社会教育卷》，吉林教育出版社 2000 年版，第 337 页。

②　同上书，第 333 页。

③　同上书，第 338 页。

个为使社会教育卓有成效的运营的计划、实践、指导与评价的过程中起到核心作用的社会教育专门指导者"。①

我国专门社会教育管理者，产生于 1912 年民国教育部设立"社会教育司"，初期的社会教育管理者已经具备了专业素质。

"社会教育司第一任司长夏曾佑（1863—1924），26 岁中举人，1896 年与严复等创办《国闻报》；1905 年清政府派五大臣出洋考察，他为随员之一。1912 年 5 月被任命为民国教育部社会教育司第一任司长，至民国四年八月调任北京图书馆馆长。第二任社会教育司司长高步瀛（1873—1940），1902 年赴日留学，毕业于宏文师范学院。更值得关注的是当时社会教育司第一科科长是后来成为著名思想家的周树人（鲁迅），他曾留日八年，回国后于民国元年八月被任命为社会教育司第一科科长，主管图书馆、博物馆、美术馆、动植物园及美术展览、文艺音乐和调查及搜集古物等事项。这些工作与他主张通过文艺、文学来教育民众，改造"国民性"以及"要立国，首先要立人"的主张有重要的联系。社会教育司第二科科长王章祜，也是留日学生出身"。②

南京国民政府期间，教育部设立"社会教育司"下设二科，省级社会教育行政，在教育厅下设第三科管理，市县设教育局也有专门负责社会教育的科室和人员。

1949 年 11 月 11 日中华人民共和国教育部成立，设社会教育司主管全国社会教育事业，著名社会教育家俞庆棠任首任社会教育司司长，主持拟订 1950 年社会教育规划，但由于积劳成疾，俞庆棠不幸于 1949 年 12 月 4 日去世。社会教育行政在位 3 年，1952 年 11 月 15 日教育部撤销社会教育司，从此社会教育失去了在教育行政管理中的地位。社会教育管理者至此没有行政依托，失去了社会教育管理的岗位，社会教育管理逐渐被其他管理所取代，社会教育事业逐渐被分化到其他各种事业之中。

## 二    社会教育研究者

社会教育研究者是专门研究社会教育学术、探讨社会教育理论、宣传社会教育思想、传授社会教育技能、培养社会教育人才、组织社会教育学

---

① 孙启林主编：《世界教育大系——社会教育卷》，吉林教育出版社 2000 年版，第 369 页。
② 王雷：《中国近代社会教育史》，人民教育出版社 2003 年版，第 53 页。

术活动的专家、学者和研究人员。

社会教育研究者为社会教育发展提供理论支撑，为社会教育工作提供知识基础，为社会教育的开展提供技能服务，社会教育研究者是社会教育的专门人才，一个地区社会教育发展的程度以及效果与该地区社会教育研究者人才的数量与质量有很大的关系，因而，社会教育研究者本身就是一个社会教育的教育者。

我国社会教育专门研究者及其学术团体产生于 1912 年民国教育部设立"社会教育司"之后。为了推广通俗教育，教育部颁布了"《通俗教育研究会章程》"。章程中规定：（1）本会以研究通俗教育事项、改良社会、普及教育为宗旨；（2）研究事项分小说、戏曲、讲演三股"。[①] 这以后，全国各地通俗教育研究会也相继成立，据《教育部行政纪要》1917 年统计，全国共成立通俗教育研究会 232 所，会员达 12922 人。[②]

五四新文化运动以后，随着平民教育、乡村教育、民众教育以及工农教育的兴起，社会教育研究者和研究团体开始分化，逐渐形成了各种教育思潮和教育流派，一批知识分子和研究者也纷纷走出校园、走出都市、走向乡村，把社会教育研究与社会教育实践相结合，形成了近代以来色彩斑斓的社会教育画卷。

20 世纪 20—40 年代，中国许多著名教育家关注过社会教育，留下许多精彩的篇章，他们也成了中国近代最早关注社会教育，研究社会教育的研究者。蔡元培坚持设立"社会教育司"，主张大学兼办社会教育；陶行知提出"创造的社会教育"主张，"要解放民众的创造力"；晏阳初关心平民教育可采用"社会教育"的方式；梁漱溟主张"社会教育与学校教育不分"；雷沛鸿主张"学校教育与社会教育合流"；俞庆棠主张社会教育有"推进社会发展的力量"等。与此同时，在中国近代涌现出一大批社会教育研究者，这些学者、专家研究社会教育学术，发展社会教育事业，取得了令人瞩目的成绩，许多学者研究社会教育学术都有自己的社会教育学术著作，从而成为知名社会教育学家。如马宗荣、陈礼江、吴学信、钟灵秀、谢荫昌、余寄、唐碧、常道直、孙逸园、张志澄、李蒸、蒋建白、陈友松、仲靖澜等，据不完全统计，自 1912 年教育部设立"社会教育司"

---

① 王雷：《中国近代社会教育史》，人民教育出版社 2003 年版，第 44 页。
② 同上。

至 1949 年，有研究著述的社会教育学者多达数十人，社会教育研究著作多达数十部。

20 世纪 20—40 年代，还涌现出一大批培养社会教育人才，训练社会教育工作者的机构，为社会教育的持续发展提供着源源不断的人力资源，这些机构主要有：

江苏省立教育学院；浙江省立民众教育实验学校；河北省立民众实验学校；山东乡村建设研究院；河南民众师范学校；广西普及国民基础教育研究院；上海大夏大学教育学院社会教育学系；上海市立新陆师范社会教育科等。①

1952 年撤销社会教育司以后，社会教育学术经历了波澜起伏的历史发展过程，社会教育研究者，也随着历史的发展此起彼伏，至 1976 年教育学术的逐次繁荣，社会教育学术也逐渐由点到面的发展起来。由于社会教育没有行政依托，没有管理地位，社会教育没有专业地位和学科地位的支撑，社会教育的发展受到了限制。截至目前（2013 年），社会教育没有专门研究团体、没有专业研究杂志、社会教育人才以及研究者、工作者没有专门的人才培养学院，没有社会教育本科专业、社会教育硕士点和博士点。社会教育这样一种发展局面，使得社会教育研究者很少、很难形成学术力量，很难涌现出有影响的研究成果，社会教育的发展也就很难得到学术力量的支持，因而，为教育发展的整体推进带来了严重的后果，终身教育法制定不出来，终身教育体系建立不起来，终身教育实践的路径难以找到，弱势群体教育得不到救助，学习化社会的建设以及社区教育的推行发展缓慢，学校教育改革的许多难题难以破解，素质教育效果不高以及实践育人环节薄弱等。

目前，中国教育的发展需要社会教育学术的繁荣，需要得到社会教育学术的支持，需要通过社会教育的发展为教育改革寻找推动力，需要社会教育的发展破解多年教育改革解决不了的难题，需要社会教育研究者队伍的壮大来繁荣中国教育学术。历史经验表明，社会教育研究者的学术研究是不可缺少的，社会教育研究的学术地位是不可取代的。

### 三  社会教育工作者

社会教育工作者是以社会教育工作为职业的专职人员，他们是社会教

---

① 蒋建白、吕海澜编著：《中国社会教育行政》，商务印书馆 1937 年版，第 87 页。

育的实施者，是社会教育实践的教育者主体，通过社会教育工作者有目的、有计划、有组织的工作，实现着社会教育的功能，完成着社会教育的任务。

从国外经验来看，社会教育工作者作为一种专门职业，各国情况不一。日本有社会教育行政，其"行政机关的指导者、社会教育设施的指导者、社会教育的学习指导者和社会教育有关团体的指导者"，[①] 实际上就是专职社会教育工作者，行政机关人员可以称之为"社会教育管理者"，其他则是"社会教育工作者"，是社会教育专职人员，诸如"社会教育设施的指导者"包括公民馆主事、图书馆司书和博物馆学艺员等。韩国有专职"社会教育指导员"，这些人员是指"在社会教育机构或团体里为有效地达到社会教育目标而与相关人士一起工作并发挥他们的影响力，使自己所属的机构和设施能够继续维持和得到发展的人"。[②]

俄罗斯设有专门的"社会教师"队伍，"社会教师是从事社会教育工作人员的总称"。"1995年6月俄联邦国家高等教育委员会发表了《高等职业教育国家教育标准》，其中对高等师范教育培养社会教育工作者做了内容和水平方面的最低标准要求。该文件是俄罗斯历史上首次对社会教育工作者的培养进行系统全面的规范，具有重要的指导作用"。[③]

从国内历史经验来看，自1912年民国教育部设立"社会教育司"开始，"社会教育人员"就已经成为一种专门职业，包括社会教育"行政人员与实施人员两大类"[④]，"行政人员"是社会教育管理者，"实施人员"是"各项社会教育实施机关之主任人员及全体工作人员统为社会教育实施人员"，即社会教育工作者。这两类人员"此社会教育行政当局对于所属社会教育行政人员及实施人员之任用、考核、训练、修养、待遇、保障诸问题，所当特别注意也"。[⑤] 自1912年至1949年，社会教育"实施人员"的职责、检定、培训、任用、待遇等有着十分详细的法律保障和行政支持。

从社会教育发展的现实情况来看，社会教育目前不是一种职业，也不

---

① 孙启林主编：《世界教育大系——社会教育卷》，吉林教育出版社2000年版，第337页。
② 同上书，第367页。
③ 同上书，第345页。
④ 蒋建白、吕海澜编著：《中国社会教育行政》，商务印书馆1937年版，第81页。
⑤ 同上书，第82页。

是一种专门的工作。在教育法令、教育政策以及教育行政上，社会教育没有地位、没有依据和凭证。许多机构，在理论上是社会教育性质，但是，在实际工作中，却不是社会教育机关，管理也不属于教育部门。如许多青少年宫、儿童活动中心等隶属共青团管理、妇联管理等。图书馆、博物馆隶属文化事业。教育电视台、教育报刊、教育出版社、教育网站等，也很难认定这些机关是社会教育单位。

为了统整社会教育资源，有效发展社会教育事业，强化社会教育的效能，发挥社会教育在促进社会建设和社会和谐方面的作用，发挥社会教育有助于实现教育目的，有助于推进学习化社会建设和促进终身教育发展的功能，借鉴国内外的社会教育经验，我们应该明确社会教育工作者的法律定位、职业身份与政策保障，明确哪类人员是专职社会教育工作者，明确哪些机构是社会教育机构。根据社会教育机构的教育性质，明确社会教育人员的职责、任用、培训、考核和待遇。

根据我国社会教育的发展状况，我们认为，我国社会教育工作者应该包括两方面人员：一是社会教育专门机构人员；一是公益性文化机构人员。

（一）社会教育专门机构人员

社会教育专门机构人员，指的是在政府机关、社会团体、集体或个人设置的，专门从事社会教育工作的机构、组织、团体和活动场所，从事社会教育工作的人员。主要包括社会教育活动场所工作者、社会教育组织团体工作者和社会教育媒体工作者。

1. 社会教育活动场所工作者

社会教育活动场所是从事社会教育工作的专门设施，是为了社会教育工作专门建立起来的物化的教育空间，它有固定的地点、基本的设施和活动的场地等社会教育要素。在这些机构单位工作的人员可以称其为社会教育工作者。主要包括青年宫、少年宫、青少年宫、青少年活动中心、儿童活动中心、青少年科技馆、青少年活动营地、青少年教育基地、儿童博物馆、少儿图书馆等。

2. 社会教育组织团体工作者

社会教育组织团体工作者是各种以社会教育目的结成的从事社会教育工作的人员。主要包括各级青少年宫协会、全国青少年校外教育工作联席会议和关心下一代工作委员会等，在这些团体工作的人员是社会教育工作者。

3. 社会教育媒体工作者

社会教育媒体是指传播各种教育信息的媒介，也称教育传播媒体或称教育传媒。教育媒体是丰富多彩的媒体资源中以社会教育为目的，突出教育主题，开展教育业务，开发教育产品，提供教育服务的传播媒体。主要包括教育电视台、教育广播电台、教育报刊、教育杂志、教育出版社、教育网站等，在这些机构工作的人员是社会教育工作者。

（二）公益性文化机构人员

文化事业机构是指由国家设立，承担政府交办或鼓励支持的公益事业职能，不以营利为目的、面向公众提供公共服务的文化设施。主要包括文化馆、博物馆、图书馆、美术馆、科技馆、纪念馆、工人文化宫等公共文化服务设施和爱国主义教育示范基地等。在这些机构工作的人员是社会教育工作者。

文化事业设施的性质是国家基本公共服务体系的一部分，隶属国家公共文化服务体系的文化服务设施。这些文化服务设施所开展的工作，组织的各种活动，均有社会教育职能，对于推进终身教育，促进学习化社会建设，促进青少年全面发展是一个重要的方法路径。在社会教育工作上，具有公益性、均等性、基本性、便民性等特点，所以，其工作人员必须受社会教育原则制约，为社会教育任务服务，它们的职业身份是社会教育工作者。

值得关注的是，现代社会的发展日新月异，各种文化产业设施以及各种传播媒体广泛存在于社会的各个层面，影响于受众群体的方方面面。在这些机构工作的人员，更为复杂多样，难以规范、难以确定其工作性质。但是，这些工作却有极强的社会教育效能，所以，从事文化产业和大众媒体的人员是具有社会教育作用和影响的文化工作者。

大众媒体主要包括电视媒体、广播媒体、平面媒体、网络媒体、户外媒体和手机媒体等，各有社会教育功能与特点。大众媒体设施要坚持社会教育效益与市场经济效益相统一的原则，要坚持文化的先进性、健康性，面向社会教育群体，开发有利于身心发展的文化品牌，提供公益性、援助性的文化服务。

社会教育是大众媒体设施功能之一。《学会生存》作者强调要扩展"校外的潜力"，指出："有许多媒体，从它的广义来讲，可以或可能用于教育目的，但并不限于严格的教育活动和教育方法，它们的发展也可以包括在教育扩展的范围以内。"①

从全社会关心教育的角度来看，社会上一切机关单位、组织团体、机构设施，只要是社会一分子，其设施就有社会教育的任务，应该通过各种方式，力所能及的开展社会教育，所以，社会上一切机构的一切成员，只要开展有组织的教育活动的人，就是有社会教育任务的工作者。

联合国教科文组织国际教育发展委员会编著《学会生存——教育世界的今天和明天》，书中强调，教育的功能不是学校的特权，"城邦是最好的教师"，"所有的部门——政府机关、工业交通、运输——都必须参与教育工作"。②

社会各机构在可能的条件下，要尽可能对学校开放，协同学校教育学生，促进学生发展。可以通过举办中小学生开放日，大学生课堂等方式，把学校师生请进机关单位，通过参观、座谈、讲座、展览、活动等方式，直接对学生进行教育。在这种意义上来说，整个社会就是教育者。

各级各类学校开放自身教育资源，使学校成为所在地的"教育中心"、"文化中心"，主动承担教育者身份，开展社会教育为社区发展服务，学校的人力资源是开展社会教育的主要力量，要充分利用自身的教育资源与优势，在实践育人的过程中，与社会各界协同建设学习化社区，为终身教育的发展提供路径。从这种意义来看，各级各类学校是具有社会教育任务的社会教育者。

## 第二节　社会教育的受教育者

社会教育的受教育者是指在各种社会教育活动中接受教育者的教育，从事学习的人。受教育者是教育的对象，是学习的主体，也是构成教育活动的基本要素。

从国外经验来看，一些发达国家的社会教育机构与设施，主要是根据社会教育对象来施设的。这些社会教育对象主要包括：婴幼儿、儿童、青

---

① 联合国教科文组织国际教育发展委员会编著：《学会生存——教育世界的今天和明天》，教育科学出版社1996年版，第62页。

② 同上书，第201页。

少年、成人、妇女、高龄者、特殊群体、在校学生等。

美国的社会教育机构丰富多样。"美国学者也一般按活动对象将社会教育机构分为成人教育机构和儿童、青少年校外教育机构两类"。[①] 以成人为教育对象的机构主要有："独立的成人教育机构、学校教育机构、半教育性机构和非教育性机构"[②]；以儿童、青少年为对象的机构主要有：儿童、青少年博物馆、校外俱乐部、少年城等。英国以儿童为对象的社会教育机构，主要有游戏班、玩具图书馆等，以成人为对象的机构，主要有国家推广学院、开放大学等。日本社会教育的分化设施，主要是根据教育对象来划分的，诸如少年教育设施，主要以小学、初中为教育对象，包括少年自然之家和儿童文化中心等；青年教育设施包括国立和公立的青年之家等；妇女教育设施，主要有妇女会馆等。

我国社会教育对象从近代以后开始转型。清末推行"识字运动"过程中，其教育的对象主要是"年长失学及贫寒子弟无力就学者"，当时主要社会教育机构是"简易识字学塾"。1912 年民国教育部设立"社会教育司"开始推广通俗教育，这个时期的教育对象，从"成人"教育为起点，逐渐向"社会"、"国民"方向变化，社会教育对象开始由"点"到"面"地发展起来。平民教育时期，其关注的教育对象，也经历了"城市平民"到"乡村平民"的转变，最后落实到以"青年农民"为重点。随后，发展起来的"民众教育"、"工农教育"在教育对象上各有指向和重点。

由于战争以及革命的影响，我国近代社会教育面临着十分沉重的教育负担，面对着广大的"愚人"群体、"文盲"群体和"失学"群体，面对着人口众多，素质差，"国民程度低"的现实，社会教育需要帮助以及救助的对象多而复杂。因此，自近代始，社会教育机构与设施的发展已经远远超出了"教育"这个范围，据国民教育部统计，截至 1931 年被认定的社会教育事业竟达 60 多种，[③] 诸如一般的文化机关：图书馆、博物馆、展览馆等；一般的公益事业：阅报处、识字处、浴池、体育场、公园等；一

---

① 孙启林主编：《世界教育大系——社会教育卷》，吉林教育出版社 2000 年版，第 131 页。
② 同上。
③ 中国第二历史档案馆编：《中华民国史档案资料汇编》第五辑第一编，江苏古籍出版社 1994 年版，第 715 页。

般的福利事业、慈善机构：救济所、教养院、养老院、孤儿院等；一般的教育机关：民众学校、民众教育馆、民众补习学校等都是社会教育事业。此外，诸如改良小说、戏曲，改良民俗，各种讲习会、讲演会等在近代也都是作为社会教育发展的。这些"扩大的社会教育事业"主要是由于近代受教育群体对象的千差万别以及教育发展"欠账"太多所导致的。

从社会教育发展状况来看，社会教育突出的是社会有组织的教育，是社会各界齐心协力，共同参与的教育，所以，社会教育的受教育者是全体国民，教育对象是全民教育，社会教育也可理解为是以社会教育的方式，对社会全体人员实施的教育。按对象不同，可以实施不同的社会教育。

## 一　婴幼儿社会教育

婴幼儿是指出生至入学前（0—6岁）的学龄前儿童，婴幼儿的社会教育主要是在家庭之外的教育活动。教育目的与任务是使婴幼儿得到良好的保育和教育，促进婴幼儿身心的健康发展与全面发展。

婴幼儿时期，由于是义务教育阶段之外的儿童，所以没有纳入统一的学校教育制度体系，因而，难以得到教育制度的保障，所以，这个时期婴幼儿的社会教育显得格外重要。

社会教育对婴幼儿身心发展有着特殊的意义。一些研究成果表明，人生四五岁之前是智力发展最为迅速的时期，婴幼儿早期经验能改变脑的结构，适时适当的大脑刺激与训练，能有效地促进儿童脑力的发展，所以，婴幼儿时期的早期智力开发，早期教育帮助，科学的教育内容以及科学的教育方法，对婴幼儿的成长以及将来的成才很有帮助。同时，通过学龄前社会教育机构可以辅助家庭教育的改善，减轻母亲的养育负担，有助于职业女性的社会工作。

婴幼儿社会教育的主要内容要照顾婴幼儿的身心发展特点，要考虑一般性与特殊性的关系，要考虑教育性与养育性的关系，要注意健康发展与全面发展的关系。不要使婴幼儿教育学校化，不要使婴幼儿教育成人化。在体育方面，要发展儿童的运动能力，促进身体骨骼、肌肉的生长和动作技能，提高他们的体质；在德育方面，要注意培养良好的习惯，初步的文明礼貌训练；美育方面要培养孩子对音乐、美术、舞蹈、文学等方面的兴趣，养成初步的审美能力；社会生活教育要传授基本生活知识，训练生活自理能力，养成科学、卫生、健康的生活方式。

婴幼儿社会教育的形式要丰富多彩、多种多样，主要通过游戏、歌谣、手工、活动、音乐、舞蹈以及欣赏美术，亲近大自然等方式进行。婴幼儿尽量避免班级课堂教学，一定要设计游戏课程、活动课程。婴幼儿社会教育的设施要注意发展大量的公益性的儿童博物馆、儿童图书馆、儿童游戏场、玩具博物馆等。各种教育媒体要注意开发婴幼儿的教育产品和教育项目，在少儿图书、少儿影视、少儿动画片、少儿节目以及学龄前少儿广播等方面，有目的、有计划、有组织地开发婴幼儿教育项目品牌，形成一大批科学、健康、益智性的婴幼儿教育产品，以促进婴幼儿身心全面发展。

## 二　青少年社会教育

社会教育领域所指的青少年主要是以 7—24 岁年龄阶段的学龄青少年，泛指 7—11 岁的童年期、12—17 岁的青春期和 18—24 的青年期。这个时期的社会教育对象主要包括校内青少年的社会教育、校外青少年的社会教育和特殊青少年的社会教育。

校内青少年的社会教育，主要针对小学生、初中生、高中生、大学生开展的校外教育活动，从社会教育视角看，是有组织的教育活动。校内青少年社会教育的目的是通过实践育人，使他们获得家庭与学校不易学到或十分薄弱的学习经验、社会经验，培养其自动、自发活动的能力，从而实现教育目的，促进身心健康，促进青少年的全面发展。在校青少年社会教育的方式方法，应根据学生对象的年龄特征、心理特点以及所在学校的区域特点选择进行。各级各类学校应该制订本校校外教育活动计划，形成校外教育活动制度，发展实践育人的品牌项目，坚持经常持久，成为一个学校的教育特色。

校外青少年的社会教育主要是指青少年的学校后教育，包括在职的青少年，辍学、退学的青少年以及待业的青少年等。这部分青少年的教育，由于其存在的特点，应该主要依靠社会教育力量来帮助。由于教育对象的复杂与分散，社会教育机构与设施应该通过团体辅导的方式来进行组织教育，如借助社区委员会、关工委、青少年教育保护办公室、团组织、工会、妇联等，组建各种青少年团体，吸引青少年参加，同时对他们进行文化辅导教育、道德法制教育、职业培训教育以及生活技能教育等。

特殊青少年的社会教育主要是指生理、心理、智力与正常儿童发展水平有别的异常青少年，包括盲、聋哑、肢体残疾、弱智等青少年以及行为品德异常的犯罪、犯法青少年，包括劳动教养以及依法判刑的青少年等。特殊青少年除了在特殊教育机构接受教育之外，在社会教育领域应该得到关照，应该得到社会各界的教育照顾，除了成立满足数量需要的特殊教育机构之外，社区组织、街道组织以及政府机构，要采用社会教育手段，对特殊儿童青少年给予支持，对这部分青少年进行基本文化知识教育、基本生活知识教育以及基本道德法制教育，使他们逐渐成为对社会有用的人。

根据国内外青少年社会教育活动经验来看，不同的青少年群体可以运用不同的社会教育方法，一些共同的历史悠久的品牌项目，在长期的社会教育实践中积累了许多成功的经验，应该得到继承与发展。

（一）童子军

童子军是一个诞生于近代的教育项目。是一个国际性、按照特定方法进行的青少年社会教育运动。童子军运动的目的，是为青少年提供他们在生理、心理和精神上的支持，培养出健全的公民，最终目的希望青少年将来能够对社会作出贡献。

童子军运动采用军事运动方法，此方法强调以实际的户外活动作为非正式的教育训练方式，内容包括露营、森林知识、水上活动、徒步旅行、野外旅行和运动等。1912年中国第一个童军团成立，随后童子军运动推广至整个中国，在近代曾辉煌一时。

（二）儿童博物馆、儿童图书馆

儿童博物馆，也称儿童发现中心、青少年科技中心、青少年科学博物馆等。是近代在西方国家兴起的儿童社会教育机构。儿童博物馆是专门为儿童所设立的，为儿童提供快乐教育，鼓励学习与发现，激发儿童的好奇心和多样兴趣，通过触摸、动手、娱乐、体验、互动等方式，在一个愉悦、生动的教育环境中，认识世界，了解科学发明，从而达到教育儿童的公益性教育机构。

儿童博物馆的设置强调"以儿童为中心"，将各种展览放置到各种活动区域，通过让儿童"参加游戏"的方式体验和动手。许多儿童博物馆都有相同的标语"我听到了就忘记了，我看见了就记住了，我做过了就理解了"[1]，通俗易懂地表达了儿童博物馆的教育思想。

---

[1]　杨玲、潘守永主编：《当代西方博物馆发展态势研究》，学苑出版社2005年版，第132页。

儿童图书馆是一项以儿童为服务对象的公益性文化事业，担负着向广大儿童传播科学文化知识、传承优秀传统文化和提供青少年素质教育的任务。少年儿童图书馆作为一项非营利机构是由国家全额拨款的教育文化事业，其经营不是以利润为向导，而是以文化价值为中心。通过搜集、整理、收藏、保存儿童类文化教育图书，提供给少年儿童阅读、参考、学习以及开展各种教育活动。儿童图书馆是青少年社会教育的重要机构，可以通过展览咨询、专家讲座、研讨座谈、互动体验等方式开展丰富多彩的青少年教育活动。

（三）少年自然之家、青年之家

少年自然之家、青年之家是日本青少年社会教育设施。少年自然之家是以小学生、初中生为教育对象的活动场所。少年自然之家使少年儿童通过集体食宿生活、野外活动、观察大自然等种种体验活动，培养他们熟悉自然、热爱自然、开阔视野和健壮体魄、增加社会知识、提高社会能力。"通过集团住宿生活来体验学习纪律、协作、有爱、服务等社会价值，获得在家庭和学校通常不能获得的经验来谋求少年身心的健康发展"[1]。

青年之家以高中生、大学生为教育对象，设施分为国立、公立、民营三种。主要教育目的是"培养规律、合作、友爱及服务的精神；学习自律、责任感及实践的能力；加强共识、爱乡、爱国，并培养国际理解的精神；提高素养、净化情操、增强体力"。[2]

少年自然之家和青年之家是有目的的社会教育机构，设施齐全，活动内容有承办的指导事业和主办事业两种，承办的事业主要内容有野外的各种文化体育活动、团体住宿训练和指导者的研修事业；主办的事业有研修会、讲演会、父母亲与孩子野营等集会。

（四）青少年宫

青少年宫是综合性的青少年儿童校外教育机构，是由社会各相关部门为青少年举办的学校之外的文化教育设施。少年宫是苏联时期针对青少年设置的最为典型和最重要的社会教育机构。我国目前青少年宫系列场所主要有：青年宫、少年宫、青少年宫、青少年活动中心、儿童活动中心、青少年科技馆、青少年活动营地、青少年教育基地等活动场所。

①　孙启林主编：《世界教育大系——社会教育卷》，吉林教育出版社 2000 年版，第 171 页。
②　［日］新堀通也：《社会教育学》，黄振隆译，（台北）水牛出版社 1991 年版，第 160 页。

青少年宫的任务是面向广大青少年儿童，协助学校开展校外、课外活动，通过组织丰富多彩的富有趣味性、实践性、教育性的活动，对少年儿童进行公民基本品质教育，发展少年儿童在科学技术、文学艺术、体育等方面的兴趣与特长，并培养少年的动手能力、研究能力、创新能力和科学精神。

青少年宫通过各种活动载体、品牌项目、体验互动等方式来完成教育任务，完成实践育人，弥补学校教育的不足，继续学校教育的影响，协同学校、家庭、社会各界的教育合力，共同辅助青少年的成长、成人与成才，促进青少年的全面发展。

（五）夏令营、冬令营

由社会各相关部门组织发起，利用暑假或寒假设置野外营地，让青少年学生在愉悦的活动中得到身心休息、放松，接受教育和锻炼的校外教育组织形式。夏令营、冬令营的选址要在自然环境优美之处。按活动内容，夏令营和冬令营组织多种多样、丰富多彩的主题活动，诸如科技、天文、地理、航空、航海、艺术等。

夏令营与冬令营的类型众多，按种类可分为国内营和国际营，国内营又分为英语营、军事营、国内游学营、减肥营、体育拓展营、综合素质营等；国际营分为美国营、澳洲营、英国营、欧洲营、新加波营、韩日营、加拿大营、潜能训练营、学习方法训练营等。

夏令营、冬令营是实施素质教育的有效途径，是提高未成年人思想道德教育的重要渠道，是学校教育和家庭教育的良好补充。通过一种不同于学校和家庭的生活，尝试一种全新的生活体验。使每个孩子都能积极参与，获得了很大的乐趣和帮助，提升自己的能力，磨炼参加者的意志，训练参加者的野外生存技能，锻炼和发展自己的人际关系，培养学生团结协作的精神。夏令营、冬令营活动的特点是一种体验，它使学生融入社会的大课堂。

（六）儿童公园、儿童乐园

儿童公园是社会提供给儿童游戏、娱乐、体育锻炼、科学普及、文化学习及接受教育的公共园地。儿童公园的设置可以专门设置或由其他公园附设。公园可以是综合性游戏、娱乐或文化教育场所或者是儿童主题公园，如儿童科普公园、儿童益智公园等。儿童公园占用公共场地，应该隶属于公益性教育机构，实行免费或低费。

儿童乐园是设在公园、街道、社区、村庄、大型超市、商店、工厂、机关里的儿童校外游乐场所。选址就近方便儿童游乐，常设项目适合地点以及儿童的需求，一般有滑梯、跷跷板、木马、秋千等活动设施。在市场的推动下，国内外一些有影响、有规模的儿童游乐项目，以各种主题的形式，成为新时期儿童乐园的品牌，诸如儿童软体游乐场、儿童发现王国、儿童欢乐世界、儿童水上乐园等。

这些儿童游乐园充满刺激、挑战、运用现代科技，发挥活力和想象力，成为儿童游乐的著名品牌。

儿童公园、儿童乐园，集娱乐、健身、益智、教育为一体，是广大少年儿童的专业性公园，有些已经成为中小学生校外教育基地、德育基地和社区教育基地，成为少年儿童旅游、休闲、娱乐的最佳去处。

（七）电视台青少频道、青少年报刊、杂志、图书、青少年网站

在纷繁复杂的大众传播媒体中，教育媒体是社会教育机构与设施，教育媒体包括教育电视台、教育广播电台、教育报刊、杂志、教育出版社、教育网站等。这些专门的社会教育机构，都有专门的青少年教育基地，开展青少年教育服务、传授青少年教育技能、提供青少年教育产品。

除了专门的青少年传播媒体之外，在大众媒体中存在大量的以青少年为对象的传播媒体，如电视台青少频道、青少年报刊、杂志、图书、青少年网站等。这些传播媒体定位于青少年的传播，立足青少年教育、引领青少年追求，在青少年的成长过程中作用巨大，成为新时期影响青少年成长、成人、成才的重要因素。

1. 电视台青少频道

在电视台专门设置的青少年儿童频道，以广大青少年儿童为传播对象，通过各种栏目、项目、活动，传授各种知识、提供各种技能、传播各种思想，开发各种教育学习用品。一些电视台青少频道的栏目主要有：青少栏目、成长课堂、青少剧场、亲子教育、百科探秘、动画乐园、智力快车、音乐快递、动漫世界、快乐体验、七巧板、少儿新闻、自然传奇等。一个频道或一个栏目，俨然就是一所学校，担任着教育者，充当着教科书，体现着教育的过程，以丰富多彩的教育方式方法引导着青少年受众群体的参与和体验，促进着受众者身心的发展。

2. 青少年报刊、杂志、图书

以青少年为对象的青年报、少年报、青少年杂志以及有关青少年文

化、科技、教育、文学、历史、艺术、地理、军事、游戏、动漫等图书，已经成为青少年校外学习的重要精神食粮。

青少年报刊、杂志、图书是各种知识、信息以及经验的重要载体，是青少年社会教育的重要因素，它们是青少年校外教科书，是学校课堂教学的重要补充，对丰富学生知识、拓展视野、促进身心全面发展有着重要价值。

青少年报刊、杂志、图书应该坚持文化育人、教育育人的原则，树立积极、健康、向上的办刊理念，成为青少年健康成长的有力助手，成为提升青少年素质的重要力量，成为校外教育、课外教育的重要参考书。

3. 青少年网站

以青少年为对象，专门为青少年设置的各种综合性、专题性网站，如青少年教育网、青少年文学网、青少年学习网、青少年健康网、青少年维权网等。青少年网站以服务青少年的需求为宗旨，逐渐成为运用网络文化元素吸引青年的新载体和引导青年的新途径，为校外组织通过新媒体融入青年提供有力支撑。

青少年网站通过栏目设置，用文字、图片、动漫、音视频、论坛、博客、微博、手机、网上直播等多种手段，向青少年网民发布丰富多彩的信息，内容包括政治、经济、社会、文化、娱乐、时尚、教育、心理等各个方面。成为青少年校外以及课外接受信息的重要载体与平台，其范围之广、受众群体之多、影响之大是社会教育领域不可低估的。

## 三 成人社会教育

成人社会教育的对象，从年龄来看，主要是 25—60 岁的社会成人。成人社会教育是与成人学校教育相对的一个概念。成人学校教育是正规成人教育，是成人获取学历、学位或是各种证书的教育，旨在为了谋生、就业或是升职、晋级等。成人学校教育是以学校为主体的专门教育机构所进行的有目的、有计划、有组织的教育，包括各级各类成人学校或普通高校的成人教育学院，包括初等、中等、高等成人教育、继续教育等层次以及函授、网大、电大等类型都是正规成人学校教育。

成人社会教育是一种非正规或不正规教育形式，不是获取学历、学位或是各种证书的教育，不是以谋生就业或是升职晋级为目的，而是以激励和满足成人学习需要，旨在提升成人综合素质，促进成人身心全面发展的教育。成人社会教育是成人正规教育体系之外的一切有组织的教育行为和非正式的学习方式。之所以称其为成人社会教育，主要是因为成人这些非正规或不正规教育形式是由社会各组织机构举办的，成人社会教育是在成人社会生活之余、在成人职业工作之余、在成人休闲娱乐之余进行的。

（一）成人社会教育的意义

如果说成人学校教育关注的是成人个体的发展，那么成人社会教育关注的是成人群体的发展，关注的是由成人组成的"社会"的发展。在人的群体中，成人是主导社会发展的核心力量，成人"民智"的高低，成人"新民"的质量以及成人"群心"的构成，从民族视角看，关系到一个民族的质量以及一个民族的发展程度；从区域视角看，关系到一个地区的发展水平和现代化程度，所以，成人社会教育的"社会"意义大于"教育"意义。

1. 开展成人社会教育，可以"开民智"、"作新民"，提升"国民程度"

中国近代以来，在"开民智"、"作新民"的进程中，走过了艰难的历程，思想家与教育家普遍认识到，"开民智"、"作新民"的艰难与成人贫、愚、弱、私的"国民程度"有重要的关系。中国教育的发展不应该仅仅解决人才问题，不应该只在儿童身上下功夫。中国教育的自强，还要关注"成人"、关注"民众"、关注"平民"。梁漱溟认为，"在中国的此刻，已非平常时期，应着重成人教育，应以全力办民众教育，办理社会教育"，① 中国需要除旧布新，而旧是在成人的身上，除旧必须对成人下功夫；布新，也尤须对成人而言。对于重视成人社会教育甚至有人疾呼"……我们中国，已经到了绝地。倘若只希望教养小孩子起来挽救，无疑待挹西江水，再苏涸辙之鱼……救国的责任，全在我们的肩上，我们的社会教育事业，如果办不出成绩来，中国恐将不救了……"② "……社会教育事业是鉴于学校教育之收效迟缓而起的新事业，社会教育事业是救中国危亡的唯一生路"。③ 这些慷慨激昂的言辞，留下了近代有识人士的呐喊，留给后人以深深的思考，它告诉我们，中国的国情、民情和成人传统，需要我们重视成人社会教育来开启民智、重作新民、提升国民素质。

---

① 马秋帆编：《梁漱溟教育论著选》，人民教育出版社 1994 年版，第 191 页。
② 彭百川：《教育与民众》第 4 卷第 2 期。
③ 同上。

**2. 开展成人社会教育，可以提高成人社会质量，增强社会的教育功能，有助于社会建设**

由成人主导的社会质量，不可能超越成人的素质，一个区域的发展水平，不可能超越该地区成人素质的发展程度，一个地区的发展状况与该地区成人质量有极为密切的联系。

在美国获得乡村教育博士，回国从事乡村教育的傅葆琛教授，在比较中美国民质量时谈到"我们中国现在社会上的种种扰乱，政治上的种种腐败，外交上的种种损失，都是因为民智低下，教育堕落。所以我们要想改造中国，第一步应该做的事，就是要提高民智，普及教育"。① 他把当今的世界看成"智力竞争"的世界，认为：

> 现在中国的情形，从各方面来看，内忧外患，都是因为有"愚论"而无"舆论"，有"民国"而无"国民"。②

社会教育的理念是突出社会的教育功能，发挥社会各个方面在"改良社会"中的作用，运用社会的各种手段提高民众的素质。这种教育思想的产生是由中国特殊的国情所决定的，是解决各种社会问题的一项重要教育对策。这条经验告诉我们，政府和社会的各项政策制定、制度改革及文化建设都应该考虑到教育的功能，增加教育的因素，教育"必须超越学校教育的范围，把教育的功能扩充到整个社会的各个方面"，③ 亦即在"治民"的过程中，要考虑"教民"，在"得民心"的实践中，要注重"改社会"。

**（二）成人社会教育的特点**

成人社会教育的特点是与成人学校教育的特点相比较而言。成人学校教育具有计划性、目的性、组织性、专门性、稳定性、系统性等特点；成人社会教育则是非正规、不正式、形式多样、方式灵活，不具有强制性，不需要具备任何条件和资格，教育与学习随时随地的举行，因此，成人社会教育特点突出，不可替代。

---

① 陈侠、傅启群编：《傅葆琛教育论著选》，人民教育出版社 1994 年版，第 3 页。
② 同上书，第 67 页。
③ 联合国教科文组织国际教育发展委员会编著：《学会生存》，教育科学出版社 1996 年版，第 201 页。

1. 成人社会教育的对象可以互相转化

成人社会教育以全民教育为对象，任何一个人既可能是教育者，也可能是受教育者，一个人在某一领域是教育者，在另外一个领域可能是受教育者，在某个领域是专家教授，在另外一个领域可能是小学生，在社会教育领域，教育者和受教育者是互相转化的。例如，一个法律教育者，可能在经济商贸领域是受教育者；一个经济学家，在医学领域可能是文盲；一个高水平医学大家，在工业生产领域可能无知，等等。由于知识的激增、科技的快速发展以及学科门类、专业门类的增加，一个人不可能精通社会所有领域的知识，一个人不可能是全才。在这种情况下，成人接受教育以及成人主动、自觉、自动地变换教育者与学习者的角色具有必要性与可行性。

2. 成人社会教育的设施丰富多彩

成人社会教育是为成人提供的非正规学习或非正式学习。它既可能有目的，也可能无目的；既可能有组织，也可能无组织；既可能有计划，也可能无计划。成人接受教育以及成人自动学习，是在成人的社会生活之中，在成人的社会工作之中，在成人的社会休闲之中。成人社会教育是一个无处不在、无所不在、无时不在的教育。无论你是在工作，还是在休闲；无论你是在旅途，还是在逛街，成人社会教育的理念，就是促使教育与学习内容时刻伴随着你，时刻影响着你。

成人社会教育的这些理念，要求成人社会教育的机构、设施、场所、场地要广泛存在于社会的各个角落，一个图书室、一个阅报栏、一个福利广告、一条标语、一场公益讲座等，虽然显得很普通，但它所潜在的教育意义与作用却是无法估计的，有时甚至比机械的说教更为有效。

这些灵活多样的设施主要有：成人专门教育设施、团体与媒体提供教育服务，如文化馆、科技馆、成人教育团体、成人教育报刊杂志、成人教育图书、成人教育电视频道、节目以及网络等为成人提供教育与学习的项目。成人综合教育机构与设施，如隶属文化事业的图书馆、博物馆、文化遗产、文化广场等，为成人提供教育服务。隶属文化产业的大众传播媒体（电视台、广播电台、报刊杂志、出版社、网络媒体、手机媒体）书店等为成人提供教育产品。同时，可以促进各级各类学校资源对社会成人的开放，如学校图书馆、学校博物馆、学校体育场等，为成人提供学习与活动的文化空间。

3. 成人社会教育的方式方法灵活多样

成人生活工作的特点使其不可能进入学校学习，因此，成人社会教育的灵活性、方便性、参与性以及非强制性就显得十分重要。成人教育领域的复杂性与多变性，使得成人社会教育必须尊重成人的社会特点，了解成人受教育的特性，采用成人能够接受的教育形式，满足和激励成人教育的需求。

无论何种社会组织机构，开展成人社会教育都要注意以下一些方式方法。

（1）专题讲座

针对热点问题、焦点问题、难点问题以及各种专业题目，聘请组织专家、学者以及各方面人士进行专题讲座，通过专题讲座集中话语，解释疑难，回答问题。专题讲座是社会教育的重要方式，方便灵活，意义突出，任何一个社会机构、社会组织，利用一定的场所、场地、社区等都可以组织各种专家讲座、学者讲座、名人讲座以及各种专业、学科的讲座。

（2）咨询交流

社会各组织机构利用公共的场所、场地、设施等，可以进行各种专题咨询交流，组织人士，组织社区成人，就社会某一问题、某一现象，进行专家咨询或专业交流，以便获得知识，学习技能，互相沟通，交流经验。咨询交流是现代社会获取信息，学习知识的重要渠道，人们在交流中互相理解，增进认同，是现代成人教育不可缺少的内容，尤其现代社区建设，人与人之间的交流更为必要。

（3）研讨座谈

各种社会组织机构举办成人关心的研讨会、座谈会，组织各界群体参加，针对社会上的热点问题、难点问题、焦点问题进行研讨，进行讨论、辩论、座谈等。研讨可以举办研讨会，诸如网络成瘾问题、学校安全问题、学生就业创业问题等，座谈可以聘请名家主持，针对问题集中话语进行交流。

（4）各种活动

各种社会组织机构利用自身资源举办各种成人教育活动，丰富成人教育实践活动，搭建平台，创设载体，创新实践模式，诸如公益活动、道德实践活动、学习活动、竞赛活动等。通过活动引领成人的休闲娱乐，通过活动激励和满足成人的文化教育需求。

（5）展览展示

展览展示是社会各单位利用自身的资源优势，把自己的专业成果、服务项目、各种成绩推向社会，面向社会施教，通过各种知识的、技能的服务，来实现成人的社会教育的指导。展览是通过各种展览品的陈列介绍，将所要表达的教育内容和信息，直观展现给参观者，以实现教育的目的与效果。

（6）互动体验

社会教育实施者和受教育者进行现场互动，通过表演、展演、参与活动等方式，积极参加学习教育交流，在科学技术、文艺演出以及动手实践中，亲自实践，亲手体验，提高生活技能的方法。诸如书法学习、乐器学习、舞蹈学习等。

## 四　老年人社会教育

老年人社会教育主要以 60 岁以上的人为教育对象。随着人口老龄化的到来，世界各国的老龄教育成为一个共同的话题，引起社会各个方面的关注。

老年人社会教育的目的就是使老年人能够幸福、健康地度过晚年，实现老有所依、老有所养、老有所学、老有所为、老有所乐。基于老年人社会教育的这个目的，依据老年人生理、心理、生活以及社会的特点，老年人的社会教育就要不断满足和发展老年人的需要。

（一）老年人社会教育工作的作用

老年人的社会教育对于社会的发展、对于人的发展都具有十分特殊的功能。

1. 老年人的社会教育工作可以辅助老年人健康养生，抗衰益寿。

科学研究表明，勤于用脑可以延缓脑细胞的老化，老年人通过灵活多样的教育学习活动，可以帮助他们学习新的知识、新的技能、新的信息，学会科学用脑和勤于用脑。通过养生健康教育，可以有助于老年人掌握必要的卫生保健知识，提高自我养育能力，养成科学健康的生活习惯。通过学习活动，诸如咨询展览、交流座谈以及各种学习活动，可以增加生活乐趣，陶冶情操，保持乐观态度，有助于身心健康。

2. 老年人的社会教育工作有助于提高老年人闲暇生活质量，提升老年人幸福指数，促进家庭、社会的和谐进步。

老年人退休离开工作岗位后，有充足宽裕的时间。如何使生活有意义、有质量，不仅是老年人自己需要思考的问题，同时，家庭、社会以及国家必须通过发展老年人社会教育工作来激励和满足老年人不断增加的物质以及文化教育需要。这是社会文明的需要，是社会和谐的需要。

老年人社会教育工作是一个国家文明程度的标志，是一个国家或地区福利程度以及生活质量高低的标志，一个地区高龄者或长寿者越多，表明该地区的生活质量以及幸福指数越高，一个地区老年人社会教育事业发展得越好，该地区幸福指数就越高。

3. 老年人的社会教育工作有助于开发利用老年人力资源、智力资源，为社会的发展、文化的保存以及教育的功效发挥作用。

老年人经过一生的知识积累，经验丰富，对于家庭、社区以及文化的传承与发展是一笔重要的财富。在老年人群体中，有各种专门人才、专家人才，他们有着十分丰富的知识经验和业务能力，有些人身体健康，精力充沛，乐于奉献，充满热情，可以说他们是社会发展的"智囊团"，是一支重要的文化教育力量。通过发展老年人社会教育工作，使这些"热心人士"老有所为、老有所用，这对一个社区的文化传承以及社区教育工作都有极大的帮助。

（二）老年人社会教育工作的特点

老年人社会教育工作的性质应该突出公益性、福利性和非功利性，养老应该成为社会保障事业，这是一个国家或地区能否成为福利社会或福利社区的一个标志。

1. 老年人社会教育内容的丰富性

老年人社会教育内容的确定要根据老年人生理、心理、生活以及精神需求进行选择，内容丰富多彩和多种多样。诸如公益与福利保障政策与制度、养生健康与卫生、人身安全与法律、家庭邻里关系以父际、时事政治与社会问题、生活兴趣与生活技能、社会活动与职业生活、宗教信仰与闲暇时间安排等。

2. 老年人社会教育形式的多样性

根据老年人的实际状况，社会教育的形式应该多种多样。诸如咨询展览、讨论座谈、专家讲座、参观游览、学习展示等，教育的内容与方式融合在老年人生活之中，体现"生活就是教育"，做到"教育就是生活"。

3. 老年人教育机构与设施的便利性

老年人生理、心理以及生活特点，决定了老年人的社会教育场所应该采取就近方便进行，便于老年人的活动和休息。老年人社会教育机构主体是养老机构，是按照服务协议为收住的老年人提供生活照料、康复护理、精神慰藉、文化娱乐等服务的社会综合性机构。它可以是独立的法人机构，也可以是附属于医疗机构、企事业单位、社会团体或组织、综合性社会福利机构的一个部门或者分支机构。

养老服务是一种全人、全员、全程、全方位的服务。养老机构主要类型有敬老院、福利院、养老院、老年公寓、护老院、护养院、护理院等。

# 第七章  社会教育内容与方法

在建设学习型社会视域下，社会教育的地位以及作用日益彰显。社会教育在教育性质上是继续教育；在教育目的上是全面发展教育；在教育对象上是全民教育；在教育空间上是全面教育。社会教育的这个特点，决定了社会教育的内容与方法必须依据社会以及教育对象的多方面需求。按着社会教育促进人与社会全面发展的要求，选择教育内容与方法，从而促进学习型社会的形成与发展。

## 第一节  社会教育内容

社会教育的内容是由社会教育的目的所决定的，它受一定社会政治、经济、文化所制约，反映着一定社会政治、经济、文化、教育、科学发展的要求，同时又为一定社会的政治、经济、文化发展而服务。从历史来看，我国自古十分重视社会教化，但内容由于受封建专制政治的影响，社会教化仅仅以道德教化为主。步入近代以后，受西方社会教育思想的影响，以及国内社会发展和革命的需要，传统社会教化内容逐渐由点到面地丰富和发展起来。如从清末的简易识字，逐渐向"开民智"、"新民德"等方向发展。新中国成立以后，社会教育的内容有了新的发展，尤其改革开放以来，适应我国政治、经济、文化与社会的全面进步，社会教育的内容也逐渐丰富和扩大，其领域与范围越来越广阔。广阔的社会教育内容，对于文化知识的普及、全民受教育水平的提高，起着越来越重要的作用。

但是，也应当看到，社会教育内容领域，由于其教育的特殊性，在社会教育内容的确定、传播及学习等方面，也暴露了一些问题。由于长期以来我们偏执于学校教育内容与课程的研究与实验，而忽略了对社会教育内容的关注。所以，随着社会改革的不断深入，这些问题也通过各种形式表现出来，并不断地冲击和影响着社会的进步。具体表现在，封建腐朽道德意识的抬头、社会迷信的增长等现象的出现与传播等，这就为我们重视与研究社会教育的内容敲响了警钟。而社会教育的内容往往表现在社会生活、生产与活动之中，所以，研究社会教育内容，提高社会教育内容的科学化是具有重要意义的。

我国社会教育内容从理论与实践两方面来看，大致可分为五个方面，即社会德育、社会智育、社会体育、社会美育和社会生活教育，是互相联系、互相制约、互相作用的。社会德育是社会教育的核心，它规定和影响着其他各育，而社会德育不能孤立地进行，必须有社会智育、社会体育、社会美育和社会生活教育的配合。在社会教育的实践中，必须有效地将各育结合起来，使社会教育为完成教育目的服务，为推进终身教育服务，为建设学习化社会服务，为促进青少年全面发展服务。

社会教育内容的选择，因教育对象的不同，应选择不同的内容，内容具有对象、时代、阶段和重点的不同。但是无论哪种教育对象，都要突出学校教育内容之外的特点，要弥补学校教育内容的不足，要扩充学校教育的内容，要有助于学校教育内容的实现。

## 一　社会德育

社会德育，亦即公民道德教育，是按照社会的要求，从事社会教育的教育者，有目的、有计划、有组织地对社会受教育者进行政治思想和道德行为规范的社会教育活动。一个历史时期道德内容的确定都是与这个时期社会政治、经济、文化的发展的要求相一致的，体现着一定的时代性和针对性。

社会德育的主要任务是促进社会与人的发展。社会德育是帮助个体顺利完成社会化的过程，促进人的全面发展和个性道德以及审美的高度发展。与学校德育不同，学校德育的重点是通过系统的传授德育知识、德育原则，通过德育教学以及各科教学完成德育任务，重在道德认识的提高。社会德育的重点要通过德育活动、道德体验、道德实践，重在养成道德行为、道德意志和道德情感。

社会德育在内容选择上，要帮助受教育者树立社会意识、形成社会观念、塑造社会人格、养成社会能力、学会社会规范、了解社会文化、懂得社会礼仪、会用社会技能、融入社会生活。

（一）社会德育的意义

社会建设是物质文明与精神文明共同建设，协调发展，在推进精神文明建设过程中，公民道德教育是一项重要的任务。百年以来，我国公民道德教育的经验表明，社会德育在提升国民素质的过程中是一项十分艰巨的工程。

1. 开展社会德育可以实现依法治国和以德治国相结合。

依法治国与以德治国相结合是社会建设的重要治国方略。如何实现二者的结合？广大民众能够理解、接受和付诸行动是一个基本的知识与精神的前提。百年以来依法治国的实践表明，法律并不是万能的，任何一种法律制度的实施与运行，都需要一定的道德相配合。法律法规健全了，但如果没人懂法，法律知识得不到普及。如果有人知法犯法、有法不依、执法不严，那么，这就不仅仅是法律问题。所以，物质与精神，法制与德治，他律与自律是一个社会发展建设的整体，不能偏执一隅。

然而，公民道德建设并非像法律制度建设那样，可以颁布法规，可以明令执行，可以通过法律制裁等方式来强制。道德建设是不能强制的，也不是颁布了纲要、开了座谈会就能实现的。公民道德建设是一个教育的过程，从本质上讲是一个社会教育的过程。他需要有先进群体的推动，需要有反映先进生产力要求的知识内容，需要有一个潜移默化的教育方式，通过反复的实践使基层民众理解、接受和付诸行动。历史与现实的经验表明，社会德育也必须发扬教育与生产劳动相结合的优良传统，促使社会德育内容与受教育者的社会实践相结合。

2. 开展社会德育可以实现新的"化民成俗"。

"化民成俗，其必由学"是我国古代社会教化的重要传统，它的意义是指通过社会教育的手段与方式，以使民众形成良风美俗。传统的教化对于我国国民性的形成，对于社会的稳定以及各民族的认同感和归属感起到了重要的作用。但是，近代以来，由于封建统治的解体，受西方各种文化教育思潮的影响以及国内社会革命与教育发展的冲击与影响，传统的教化体系日益瓦解，其教化形式与内容也逐渐走向崩溃，用什么样的思想内容来教化民众，使民众具备什么样的良风美俗，自近代以来就一直受社会有识人士所关注。从梁启超的"新民说"，到鲁迅的"国民性"改造。从平民教育家、乡村教育家们的社会教育实践，到中国共产党把马克思主义普遍真理与中国革命具体实践相结合。艰难的探索和曲折的道路，使人们认识到了先进的思想理论必须和人民的政治、经济、文化利益相结合，并真正为人民而服务。

新的形势下，随着社会建设以及先进文化教育事业的发展，民众的良风美俗也必须要引导改良。诸如节假日的社会活动，过年、过节的礼仪活动，等等，都需要有新的知识、新的观念、新的方式来推动，而这些对于公民道德建设是一个长期稳固的基础性工程。

3. 开展社会德育可以探索新形势下公民道德教育的新方式。

传统的社会教化，其组织形式是通过官方和民间两方面来进行的。官方教化组织形式主要有：社学、书院、保甲、旌表等；民间教化组织形式主要有：宗教、乡约、私塾、义学、戏曲等。由于受生产力发展和封建制度的制约，传统教化组织形式是较为单一的。近代以后，由于社会教育理论与事业的兴起，社会教育的机构与设施开始在民间的各个角落生根。据民国教育部统计，截至 1933 年，我国社会教育的机构、设施与活动已经发展到 60 多种。诸如图书馆、博物馆、电影院、剧院、展览馆、公园、体育场、阅报栏等设施与机构，在近代都是作为社会教育事业产生与发展的；再如一些活动，改良小说、戏曲，改良民风、民俗等，也是社会教育内容的一种。但是由于战争与革命的影响，使近代以来的社会教化形式，在转型中始终没有建立起一个有效的社会教化体系。新中国成立后经过"文化大革命"的破坏，尤其把知识青年"上山下乡"推向了极端。使社会教育事业遭到了严重的损失，知识青年的"上山下乡"也没有创造出一个新式的"化民成俗"的社会教育体系。

历史的经验表明，公民道德教育形式不要仅仅采取学校道德教育的形式来进行。公民道德教育要和公民的生产、生活实践相结合。尤其要以活动为载体，创建各种丰富多彩的教育形式来满足和拉动公民受教育的需求，而在这样的活动实践中，要充分发挥大学的开展与推动作用。近些年来，各个大学所参与开展的活动，诸如"文化惠民"、"艺术惠民"、"希望工程"、"三下乡"、"文化扶贫"、"教育扶贫"、"科技大篷车"、"送温暖"、"志愿者"、"手拉手"、"幸福工程"、"扶残助残"等活动，就有着丰富的社会教育内涵，创造了多种在社会进行公民道德教育的新形式。但有些活动不能是短期行为，应该在实践中摸索出适合新的形势特点的公民道德教育的新体系。

（二）社会德育的内容

从历史上来看，古代社会教化的内容是较为单一的伦理道德，因为实施教化的是封建政权。近代社会教育内容的确定，由于开展者有不同的开展主体，所以，社会教育内容经历了由"简易识字"，向"全面培植"方向的转化。所以说，任何一个历史时期道德内容的确定，都是与这个时期社会政治、经济、文化的发展的要求相一致的，体现着一定的时代性和针对性。

现代公民道德建设的过程，实际上是社会教育和社会实践相结合的过程，社会教育是建设的基础。开展社会德育，在内容上也要注意时代性和针对性，要密切公民的生产与生活实际，在结合时代要求的过程中，使公民道德教育做到深入民心，深得民心，为人民所信服，取得人民的支持。

公民道德教育核心价值应该是以人为本，坚持民主科学发展观，树立正确的世界观、人生观、价值观，在全社会大力倡导"爱国守法、明礼诚信、团结友善、勤俭自强、敬业奉献"的基本道德规范，努力提高公民道德素质，促进人的全面发展，培养一代又一代有理想、有道德、有文化、有纪律的合格公民。

1. 社会公德。

社会公德是全体公民在社会交往和公共生活中应该遵循的行为准则，涵盖了人与人、人与社会、人与自然之间的关系。社会的不断发展，公共生活领域的扩大，人们交往和依赖越来越强，社会公德在维护公共利益、公共秩序，保持社会稳定等方面更加突出。所以，社会德育要推动公民在社会公德方面的进步，大力倡导以文明礼貌、助人为乐、爱护公物、保护环境、遵纪守法为主要内容的社会公德，鼓励人们在社会上做一个好公民，通过各种制度，促进社会公德的纪律化，要求每一个公民，要遵守公共规则，按公共秩序办事，养成公民习惯。

2. 职业道德。

职业道德是所有从业人员在职业活动中应该遵循的行为准则，涵盖了从业人员与服务对象、职业与职工、职业与职业之间的关系。现代社会的发展，使职业的专业化要求越来越高，因此，其竞争也愈演愈烈。在倡导人们树立自立意识、竞争观念、效率观念、民主法制和创新观念的同时，还应该对人们进行以爱岗敬业、诚实守信、办事公道、服务群众、奉献社会等为主要内容的职业道德教育。使社会从业者对自己所从事的职业有一个正确的职业观念、职业态度和职业技能。在自己的岗位上，有一个良好的职业纪律和职业作风，依靠自己的信誉来进行竞争，依靠自身的职业形象来取信于市场，赢得顾客。社会德育可以把社会知识教育、技能教育、专业教育、培训教育与职业道德教育相结合，在提高从业人员职业技能的过程中，完善其职业道德。

3. 家庭美德。

家庭美德是每个公民在家庭生活中应该遵循的行为准则，涵盖了夫妻、长幼、邻里之间的关系。社会德育可以通过指导家庭教育等方式，引导家庭教育走向科学化、民主化。在社会德育的过程中，渗透对家庭美德的指导，倡导尊老爱幼、男女平等、夫妻和睦、勤俭持家、邻里团结为主要内容的家庭美德。

总之，开展公民道德建设，在内容、方法、形式等方面和学校道德教育是有不同的。它必须要坚持道德教育与社会建设相结合的原则；坚持注重效率与维护社会公平相结合的原则；坚持把社会管理和道德教育建设相结合的原则。从社会民众的实际出发，结合社会教育的事业与活动来进行，使道德教育的内容渗透到丰富多彩的教育活动之中去。

## 二　社会智育

社会智育主要指社会教育者对社会教育对象，通过有计划、有目的、有组织的教育活动，传授文化科学知识，培养受教育者的各种专业技术、技能，发展其智力，提高其从业能力的社会教育过程。

社会智育与学校智育既有联系，又有区别。联系是指作为教育的一个组成部分，二者在智育的原则、规律与方法等方面有着共同之点，在内容方面也有一定的共同之处；区别在于二者的侧重点不同。学校智育的对象是本校学生，目的是为了提高学生的知识、技能和智力水平。内容是通过各种专业课和教育教学活动来进行。社会智育的对象是整个社会，在年龄、职业、受教育程度等方面千差万别。

社会智育在内容选择上，要与学校智育有别。社会智育要突出能力、技能、特长、特色，在学校学科知识的基础上，发展其应用能力、实践能力、动手能力和创新能力。要通过体验式、游戏式、趣味式、活动式等方式，寓内容于其中。

（一）社会智育的意义

社会智育关系到整个民族的文化素质，关系到整个民族的智力水平，关系到一个国家的人才成长，关系到一个国家人力资源的开发。在推进社会建设以及社会管理的过程中，有目的、有计划、有组织的社会智育工程必须得到足够的认识与发展。

1. 开展社会智育可以"开民智"，提高民众科学文化素质。

近代以来，一些进步的思想家教育家就认识到，中国之所以国弱、民穷，一个重要的原因就是"民智"未开，"国民程度"太低，为此，他们大声疾呼"开民智"，"新民为今日中国第一急务"。许多思想家教育家为了提高"民智"，掀起了许多轰轰烈烈的社会教育试验活动，如通俗教育、平民教育、乡村教育、民众教育等。历史的经验表明，社会智育是中国社会教育事业中一个基础性内容，因为，智育是先进科学文化知识的载体，是开发民智，提高民众生产和生活技能的主要手段。通过社会智育，可以把各种先进的科学文化知识传播到社会的各个阶层，尤其没有受过任何教育的社会弱势群体。

从国外经验来看，国外有许多通过大学进行社会智育的经验。美国大学教育均有扩充教育和推广教育的功能。许多大学都设有扩充教育处或推广教育部，负责大学教育对外的推广。大学在城市则指导社会内的工厂；大学在乡村则负责指导农民的生产和生活。大学于社会举办各种社会教育事业，也一直是美国高等教育的一个重要传统。韩国在发展的关键时期，也首先是由大学来倡导"新生活运动"，逐渐成为全国的一种"新社会运动"，对于韩国社会的发展、经济的繁荣、民众生活水平的提高，起到了重要的促进作用。我国近代以来，也有过大学区制的试验，设立扩充教育处负责大学教育的推广与扩充，虽然试验时间较短，并没有成功，但由大学来开展社会教育的做法却得到了推广。

2. 开展社会智育可以有助于社会民众生活质量的提高。

民众生活质量的提高需要具备的因素很多，诸如生产知识、生产能力、经营技术、专业技能、商贸知识与技能、各种服务的知识与规范，等等，所有这些知识与技能的获得，都离不开教育与学习，这些教育与学习从何而来，社会智育的开展应该成为社会教育的主要力量。为此，世界各国都发展社会教育事业，并把它看成实现学习化社会的基础，实现终身教育的基地。国外通过大学广泛地参与社会教育事业，是有一定道理的。因为，大学的教育职能之一就是为社会服务，大学具备人才、知识与专业的教育优势，有雄厚的教育资源，即使是很小的服务，对社会来说，对社区来说，都是一个很大的帮助。所以，大学应该广泛介入社会教育事业的发展，通过社会智育的实施，为民众生活质量的提高服务。

3. 开展社会智育可以扩充各级各类学校教育的效能。

从历史上来看，各个国家的各类学校均有从事推广教育的经验，学校在把教育事业推向社会的过程中，对学校自身来说也有积极的促进作用。

首先，各级各类学校在开展社会智育的过程中，可以全面培养和提高学校学生的素质。各级各类学校学生有社会实践的机会和场所，可以实践自己在学校内学过的知识与能力，学习与实践的互相结合有助于各级各类学校社会经验的丰富和各种能力的增长。为此，国外许多各级各类学校都把具有社会服务经验看成学生优先择业的条件之一。

其次，各级各类学校在开展社会智育的实践中，可以发挥各级各类学校教师与教授的作用。一方面有实践与服务的机会；另一方面可以提高自己的教学能力。一方面可以通过社会服务，寻求专业与知识的增长点；另一方面社会可为各级各类学校的教育科研提供场所。

最后，各级各类学校通过开展社会智育，可以促进学校智育教学的改进，开发校本课程，提供实习基地，寻求科研课题等。总之，各级各类学校不应该关起门来把办学只为人才培养和科研教学而服务，国内外经验表明，人才培养和科研教学离开社会这个大舞台，其生命力是有限的。

（二）社会智育的内容

在知识社会时代，社会智育的内容应该是"知识的全部"。遵照"全民教育"的基本目标"每个人——无论他是儿童、青年还是成人——都应能获益于旨在满足其基本学习需要受教育机会"[1]的基本学习内容，包括"人们为能生存下去，充分发展自己的能力，有尊严地生活和工作，充分地参与发展，改善自己的生活质量以及作出决策所需要的"[2]。

1. 基本文化知识教育。

主要指作为一个公民所必须具备的基本的知识与学习能力，包括本民族的语言、文字、拼音、书写等基本知识与技能的教育；包括基本数学运

---

①　吴德刚：《中国全民教育问题研究》，教育科学出版社1998年版，第371页。

②　赵中建：《全民教育——世纪之交的重任》，四川教育出版社1999年版，第17页。

算的知识与能力。这些基本的文化知识与能力，主要通过语文教育和数学教育来进行，使社会内"失学者"、受教育程度较低者，以及各种弱势群体，能够运用语言交流，能够掌握基本的读、写、算知识与能力。

近代以来，这种教育被视为扫盲教育。随着教育的发展，人们受教育程度的增高，扫盲教育逐渐向偏远地区发展。这种基本知识教育也主要是面向农村社会。但近年来，由于城市流动人口，外来人口的急剧增加，农村大量的文盲和半文盲涌入城市。随着户籍改革的深入，这些农村人口长期定居于城市，在城市中生产、生活与工作。这些人的教育问题无疑增加了城市社会教育的难度，给城市社会教育带来了一系列问题。但城市社会教育又不能回避这个问题。所以，社会基本知识教育在当前还是必需与必要的。

2. 基本科学知识教育。

基本科学知识教育主要是围绕着社会民众生活与生产的实际需要来组织内容。其目的是为了提高民众的生产与生活的质量，为他们的实际需要而服务。包括：健康的知识；卫生的知识；保健的知识；安全的知识；防火、防盗、防灾的知识；环境保护的知识；家教与家政的知识；用水、用电、用气的知识；家居美化、休闲娱乐的知识。在这些广泛的科学知识内容中，社会智育方面应突出以现代科技教育的普及与传播为主。因为，现代生产与生活大都与各种科学技术相联。新产品、新技术的广泛利用和大众化，使各种声、光、化、电的技术含量较高的产品进入家庭，而这些方面知识的普及却远远滞后于新产品的使用，导致各种事故频繁发生。所以，在社会中进行基本的科学知识教育是开展社会智育的主要工作。

3. 基本技术技能教育。

科学知识是提高生产与生活质量的基础，各种技术技能则是现代人立身、立业的基本保证。社会的发展使人们生产与生活的专业化、业务化日益增强，干什么都需要知识与技能，尤其社会内的各种服务，诸如商贸、物业、管理、保安等。知识与技能掌握的程度，直接影响到其工作的质量和成效。所以，社会各类人员，必须先培训后就业，在就业过程中，也必须时刻学习新的技术和技能。这就为开展社会智育提供了广阔的施教空间和领域，要开展社会培训教育，把科学技术技能送到千家万户，送到每一个社区。

4. 基本智力素质教育。

发展智力，培养创新能力是当今贯穿于世界各国教育改革与发展的一个主题。任何一种教育形式，任何一种领域内的教育都不例外，因为，它关系到"民智"的开启，关系到民族科学文化素质的提高，关系到世界的竞争与发展。所以，国外大力倡导终身教育，提倡建设学习化社会，其目的就是从国民的基础做起，提高国民的整体素质。近代以来，人们始终关注的"民智"问题、"国民性"问题、"国民程度"等问题，就与国民智力的培养和开发有关，甚至有人认为，我国近代以来之所以积贫、积弱，一个重要的原因就是民智的低下。所以，"开民智"的思想一直是近代教育发展的一个主导思想。

基本知识教育、基本科技教育以及社会的智力开发是社会智育的一个重要任务，应该贯穿于社会教育事业的方方面面，体现在社会各种教育活动之中。通过各种形式的教育事业与活动来启发民众的思考力，培养其观察力、想象力和创造力。同时，要使这些智力发展表现于各项事业的建设与活动之中，如在学习活动中，发展其自学能力；在社会公共事业维护过程中，发展其表达能力，参政、议政的能力；在社会建设过程中，发展其独立工作的能力和动手操作的能力；在科学发明与实验过程中，发展其创造能力等。

### 三 社会体育

社会体育是广义体育的组成部分，是指社会教育者，为了提高社会受教育对象的身心健康水平，增强人们的体质，丰富人们的社会体育文化生活，所开展的有目的、有计划、有组织的体育活动。

（一）社会体育的意义

"体育"在我国近代一开始就是作为教育的一个重要组成部分而出现的。从"军国民教育"到"体育"，近代以来许多有识人士，看到中国人体质不强，屡受外人欺辱，一个重要原因就是体育不振。所以，他们呼吁"尚武"、"鼓民力"、"鼓民气"，摆脱"东亚病夫"的辱名，主张大力发展体育运动。体育关系到一个民族的身体素质，关系到一个国家的凝聚力，关系到一个社会的健康水平。

1. 社会体育可以促进公民的全面发展。

社会体育是社会教育的一个重要组成部分，也是一个人全面发展的重要条件。对个人来说身心健康是全面发展的基础，同时身心健康可以有助于其道德水平的提高，有助于知识的学习与智力的发展。对社会来说，体育是联系社会民众的纽带，通过开展丰富多彩的社会体育活动，可以增进人与人之间的了解和友谊，培养集体主义和团队精神。同时，体育活动可以丰富人们的业余生活，指导人们形成健康的生活方式。对社会教育来说，社会体育的开展可以促使社会体育工作成为全社会有计划、有组织的团体行为，从而，使社会体育能够全面地促进民众素质的提高。

2. 社会体育可以促进全民健身。

从历史的经验来看，社会任何一种进步事业，最初都有发动者，在发动力量的推动下，然后，才逐渐成为社会自身的行为，体育活动也是一样。当近代社会体育活动在中国出现的初期，人们观望大于参与，社会体育运动很晚才成为民众自觉的行为，在体育运动方面，各级各类学校以及进步的体育团体则开风气之先河。可以说社会孕育着丰富的体育教育资源，诸如体育场、体育馆等体育设施；再如体育活动，当今世界已经成为社会生活不可缺少的一部分，人人对体育活动都感兴趣，实际上就是缺少推动的力量。现在人们休闲的时间越来越多，闲暇时间发展社会体育大有用武之地。

3. 社会体育可以普及体育、健康、卫生、保健等方面的知识，激励和满足公民对体育的需求，形成文明健康的生活方式。

开展社会体育可以促进各种体育知识的普及与传播，通过开展各种体育活动，满足和拉动社会民众对体育的需求。随着社会的发展，人们社会闲暇的时间越来越多，需要丰富生活内容的要求日益强烈，而社会内的体育活动，却没有相应的发展，这十分不利于社会的发展与稳定。人们的假期越来越长，如果相应的活动没有发展的话，那么，人们就会厌倦长假。如果人们无事可作，那么很有可能无事生非，长期以往会产生不良的生活方式，对社会、对个人的发展不利。

（二）社会体育的内容

社会体育与学校体育重点不同。社会体育内容更多的是考虑社会体育对象的实际情况，是从社会体育的特点出发来设计内容的。社会体育重在全民健身、全面参与，重在把体育和健康、卫生、保健以及文明的生活方式结合起来。在全面健身的指引下，利用体育设施，发展体育项目，组织体育活动。青少年社会体育要与老年人、妇女以及成人有所区别，在内容选择上要突出有利于青少年健康成长和喜闻乐见的项目，以促进其全面发展。

1. 体育运动项目

根据社会体育设施发展的实际状况，不同的社区可以开展各式各样的体育运动，如田径运动，包括走、跑、跳跃、投掷等活动；体操运动，如保健操、器械操、徒手操等；球类运动，如篮球、排球、足球、乒乓球、手球、羽毛球等；武术，如太极拳等，此外还有游泳、爬山、越野、军事体育、滑冰等。各种体育项目的开展，要根据社区内的体育运动设施发展状况来决定。如有体育场，可以利用其设施开展丰富的体育活动；如体育设施发展较差，没有地点和场所，可以因地制宜地发展一些小项目，如羽毛球等。

社会体育设施应该成为社会发展的一个重要的基础性设施，应该作为社会建设的一部分加以考虑。根据社会的特点可以发展各种有特色的社会体育机构与设施，这对于引导社会体育事业的开展，发展体育运动，增强人们体质具有十分重要的意义。

2. 全民健身运动

全民健身不仅仅是一个口号，它应该通过丰富多彩的体育活动来实施。而要真正做到全民都来参与健身，就必须发展社会体育活动，因为社会体育活动扎根社会，立足基层，贴近民众，所以，只有社会体育搞好了，才能真正实现全民健身。开展全民健身运动，社会体育应该做好如下工作。

（1）宣传鼓励。通过各种形式的宣传教育活动，提高社会民众对社会体育的认识，发展从事体育活动的观念，转变人们的思想，认识到开展社会体育以及参加全民健身是每个人生活的一部分，应该大力提倡和发展。

（2）争取社会配合。推动社会工作增加体育活动的内容，争取社会各界在体育设施、场地、器材等方面的支持。

（3）提供体育教育指导。大学可以通过体育专业来为社会体育工作培养人才，培训教员，为社会的各种体育运动提供必要的知识、技术等方面的指导。

（4）组织开展活动。根据社区的情况，发展有特色的体育运动项目，可以提供组织、计划、实施、服务等。

（5）为所在社会提供全民健身的帮助。学校的体育场所，应该利用业余时间对社区开放，社会根据体育场所的利用状况，开展相应的活动。

### 3. 社会卫生保健运动

社会体育活动是通过积极的体育锻炼以增强人们的体质。社会卫生保健活动则是通过普及卫生知识，培养社会成员的良好卫生习惯。对社会生活、生产和环境实施卫生监督，防治疾病，从而达到提高全民的健康水平。

开展社会卫生保健方面主要工作有：

（1）要对社会成员进行卫生保健知识教育。通过开展爱国卫生运动和办讲座、专刊、图片展览等方式，经常在社会普及有关生理卫生、公共卫生、环境卫生、饮食卫生、医疗卫生等方面的基本知识，提高全社会卫生保健水平，培养良好的卫生习惯。

（2）要普及环境保护、劳动保护、食品卫生、防疫检疫等卫生法规常识，发动全民积极参与和支持卫生监督。通过标语、板报、专栏及发送宣传品等方式，使社会民众了解社会卫生，个人保健对于民族素质的提高起到关键作用。

（3）大学相关专业，尤其医学专业、卫生专业、保健专业等，要经常组织下乡、下厂、进入社会等活动，设立咨询点和社会各种教育机构合作开展社会公益活动，通过公益活动，把卫生、保健等知识技能送到社会千家万户。

## 四　社会美育

美育是美学教育，也称审美教育。社会美育就是在社会中，对社会受教育者进行美学知识传授，培养其正确的审美观和感受美、鉴赏美、创造美的能力的社会教育活动。

社会美育与学校美育不同，首先，社会美育的对象是社会全体成员。对象的特点决定了美育需求的多样性、美育内容的丰富性和美育形式的多面性等。其次，社会美育的内容丰富多彩。不同的社区具有不同的美的条件，如何使社会自然美、艺术美、社会美相结合，形成社会美的特色，这比学校美育更有难度。最后，社会是美育素材的天然宝库，美育资源丰富。

### （一）社会美育的意义

人类的发展实际上就是按着美的规律来造型。无论是社会发展，还是人的发展，美的规律、美的目标都是发展程度的重要标志。所以，爱美、追求美和创造美已经渗透到生产与生活的方方面面。社会美育在提高人的素质和改善生活质量等方面的作用越来越突出。

1. 社会美育有助于物质文明和精神文明的建设。

社会美育在两个文明建设中的作用与地位越来越突出。在物质文明建设中，美育教导人们任何一种物质创造与生产，都离不开美的原则和规律。其一，社会美育教导人们要按美的要求来美化环境，改造自然。社会美化、净化、绿化已经成为社会建设的一个重要指标，如何做到环境美，美的知识与能力需要社会美育的教育和指导；其二，社会美育要教育社会民众在参加社会生产与生活的过程中，在创造物质财富的实践中，追求审美的要求。如劳动产品的审美价值、劳动成果的审美要求、劳动过程的审美原则等。实现生产与生活过程中追求美的统一。

在精神文明建设中，社会美育的意义更为突出。首先，社会美育可以教导人们追求真、善、美，抵制假、恶、丑。通过美的人物、美好的行为、美丽的风景等，使人热爱自然、热爱家乡、热爱祖国。其次，社会美育可以丰富人们的精神生活，提高人们审美能力。做到美育和德育相结合，促进公民道德建设。

2. 社会美育可以促进社会成员的全面发展。

社会美育是使社会成员得以全面发展中不可缺少的组成部分，通过社会美育可以促进社会智育、社会德育、社会体育、社会生活教育的发展。首先，社会美育与社会德育互相包含、互相渗透、互相影响。德育教人心灵美、语言美、行为美。美育教人认识、追求和创造真、善、美。其次，美育和智育也关系密切。美育教人以美学的知识、能力，通过美育可以发展人的想象力、观察力和思维力。智育通过科学知识的传授，智力与能力的发展，可以为美育提供科学的美的知识，为人们鉴赏美、识别美和创造美提供知识与能力。再次，体育和美育更不可分。体育本身就是通过美来吸引人、教育人。而美育教人去欣赏美、感受美。体育美和艺术美的结合，可以使人的生活充满美的享受和乐趣。最后，美育和劳动教育、生活教育也不可分。劳动过程、劳动成果都有美的因素，而美的规律、美的原则贯穿于生活与生产的方方面面。

3. 社会美育可以为学校美育创造更好的美育环境。

学校美育可以说是社会美育的一部分，学校美育的成效与社会美育有着重要的关系。社会美育有众多的表现形式。青少年、学生在社会的生活并不比在学校的生活少。家庭在社会，家长也在社会，学生节假日也离不开社会。所以，社会美育建设的好与坏，对青少年的成长也有着十分重要的关系。学校开展社会美育，从学校的角度来看，实际上也是在建设校外美育环境。校外美育的建设可以为学校美育提供更好的条件，可以弥补学校美育的不足，可以发挥社会美育对学校美育的积极作用。

（二）社会美育的内容

社会是美育素材的天然宝库，孕育着丰富的美育资源。如何开发和利用社会美育资源，是开展社会美育教育的一个关键环节。

社会美育的内容要利用社会美的因素、美的条件，突出自然美、生活美和艺术美的教育，要促使社会美育和社会德育相结合，要做到物质文明与精神文明共同发展。

1. 自然美的教育。

大自然是美育的丰富源泉，是最易受社会民众接受的审美对象。社会中自然美的素材丰富多彩，形态万千，基本上可分为两类：一种是经过人类改造和加工的自然对象的美。如公园、山景、园林、博物馆等；另一种是天然存在的自然美。如山林、大海、建筑、街道、名胜古迹等。这些美的素材都孕育着丰富的知识，是一种重要的教育资源。它可以启发人们的智慧，培养人们的情感，丰富人们的生活。如何使这些美育资源化为巨大的教育力量，是社会教育发展中一个重要的课题。

开展社会自然美教育，应该注意以下几点工作。

（1）宣传教育。通过各种形式的宣传活动，引导社会民众参与各种挖掘、欣赏、创造自然美的活动中来。发现身边美的材料，享受身边美好的自然景观，充分利用社区内部的自然美，为美好的生活服务。

（2）参与活动。举办各种形式的审美活动、旅游活动来带动社会民众对美的追求和向往。如旅行、露营、登山、遍访名胜古迹等。

（3）挖掘、整理社会内的自然美。如深入社会进行写生、摄影、采集标本、创作诗文、撰写游记等。

（4）指导、帮助社会内自然美的建设。为社会人工美景提供设计和指导；为社会自然景观设计发展规划，组织各种参观活动等。

2. 生活美的教育。

生活美也是社会美育的一个重要源泉。它包括环境美、家庭美、心灵美、行为美等因素，体现在民众的日常生活之中，通过美好的事件、美丽的心灵、美好的行为表现出来。生活中的美对民众的作用是潜移默化、耳濡目染的。

（1）发现、挖掘社会生活美的素材。根据教育与教学的需要，深入社会发现、挖掘各种生活美的资料，如优秀人物、典型事迹等。整理与建设生活美的素材。

（2）指导社区建设生活美。通过多种形式运用知识帮助社区设计规划环境美。举办各种有关生活美的活动，使社会活动充满美的因素，能够吸引人。

（3）参与各种社会实践活动，把美的因素带入活动之中。如结合讲座、座谈、交流、展览、参观等活动，向民众进行美的知识教育，增加民众对美的追求与爱护。

3. 艺术美的教育。

艺术美是指艺术家运用一定的创作手段，对自然美、社会生活美，经过艺术加工，通过各种艺术形式和作品表现出来的美。艺术美是反映在社会之中，通过社会各种艺术形式表现出来的各种艺术美，其形式是非常丰富的，如电影、电视、戏剧、音乐、舞蹈、图画、版画、杂技、曲艺、建筑等。各种艺术形式的美都有自己的特点，其作用和功效是不同的，每一个社会都有自己特殊的艺术形式，所以，在运用艺术美的教育实践中不必追求统一，应当尽量发展特色。

（1）学校要做到艺术惠民。把学校美的艺术带到社会，满足和拉动社会民众对艺术美的追求。大学服务社会形式多样，利用各种艺术形式为社会服务也是其中的一种。为此，大学应当通过各种艺术手段、作品把美好的艺术带入社会，如文艺演出、话剧、巡回艺术表演等。

（2）要发现、利用和挖掘社会各种艺术美的资源。社会内有各种艺术家，诸如音乐家、画家、书法家、文学家等，此外，还有各种能工巧匠，这些都是社会天然的艺术美育资源，发动他们为社会艺术美教育服务，无疑是一个既方便又有成效的事情。

（3）指导、参与社会艺术创作活动。社会教育其形式是较为丰富的。通过艺术形式实现美育与德育、智育的结合，无疑是社会教育一种最好的形式。各级各类学校可以参与各种事业。如文学创作、艺术欣赏、卡拉OK活动和艺术表演等。

社会美育是社会教育的一个组成部分。社会美育要坚持思想性和艺术性的统一，坚持教育性和科学性的统一，坚持以教育为主和为社会服务相结合的统一，做到既能促进学校美育的发展，又能促进社会美育的进步。

### 五　社会生活教育

社会生活教育就是社会教育组织者在社会劳动过程、生活过程之中，对社会受教育者，开展的旨在提高其生活质量、学习生活常识、掌握生活技能的各种教育活动。

社会生活质量，是由多种因素制约，社会生活教育主要是在这些因素中，提高其知识与技能因素、生活方式因素以及社会环境因素等。

社会生活教育应该是社会教育内容的重点。其内容的选择要依据于教育对象社会生活的需要和发展来确定，从教育对象的需要来看，社会生活教育内容应该是社会生活的全部，做到"教育即生活"、"生活即教育"。

青少年社会生活教育的重点主要是生活知识技能教育。如安全教育，包括交通安全、防火安全、防盗、预防各种自然灾害等教育；吃、穿、住、行等生活的知识与技能教育；家庭实用知识技能教育；商贸知识技能教育等。

马克思主义认为，教育与生产劳动相结合是造就全面发展的人的唯一方法，仅凭学校教育的内容，很难完成教育与生产、生活相结合，所以，社会教育内容的选择重点应放在社会生活教育领域。

（一）社会生活教育的意义

学习化社会教育的一个重要任务就是提高人们的生活质量。开展社会生活教育的根本目的是为了提高社会民众的生活质量。而一个人的生活质量、一个家庭的生活质量、一个社会的生活质量，是由多种因素造成的。社会生活教育就是通过各种教育活动促进这些因素的改变，促进积极因素的增加。

1. 社会生活教育可以普及现代生活科学文化知识。

知识经济时代。生活的方方面面都离不开科学知识，可以说，现代生活就是以科学知识为基础的生活。因而生活质量的提高，与科学知识的普及和掌握有着密切的联系。从这个角度来说，科学知识的普及是现代科学教育中一个十分重要的问题，各个国家在科学普及上都不遗余力。从我国近代历史来看，最初人们把"技术"看作一个国家强盛的标志，因而把学习西方的技术看作"当务之急"。可后来人们发现"技术"并不是万能的。如果民众素质差，民众没有科学知识，那么再好的技术也发挥不了作用。所以，才主张"开民智"、"作新民"。但科学知识怎么普及？由谁来普及？普及到什么层次？发挥社会教育的作用是世界各国一个普遍推行的做法。如美国大学的推广教育、扩充教育；日本的社会教育；韩国的"新社会运动"等，在这方面都积累了大量的经验。所以，从历史与现实的经验来看，开展社会生活教育，可以把科学文化知识普及到社会的基层。深入到民间，深入到社会的每一户民众。

2. 社会生活教育可以提高社会民众的生活技能。

职业教育是培养从业人员的职业技能。而生活教育同样也要培养人的生活技能。尤其现代社会的发展，各种先进的科技手段，进入社会，走入家庭，从知识经济的角度来看，现代社会和现代家庭是依靠技术支撑起来的。从社会来说，物业管理、社会服务、技术含量越来越高；从家庭来看，各种电、声、光、水、气等应用与维护都需要相应的知识技能。近些年以来，社会与家庭各种事故的频频发生，与知识和技能的缺乏有重要的关系。这些知识与技能怎样来获得，社会生活教育的开展很有必要。所以，开展社会生活技术教育，可以使各种技术深入到社会，深入到家庭，促使人们认识现代生活技术的重要性，用科学的知识技术来指导生活。

3. 社会生活教育可以形成社会民众良好的生活方式。

现代医学和心理科学的发展表明，许多疾病的产生与传播，与不良生活方式有关，而不良的生活方式是由长期的生活习惯所造成。不良的生活习惯则与社会内的生活设施、条件以及家庭生活的状况有联系，如何改掉不良的生活习惯，形成良好的生活习惯，学习、接受教育和指导，从事积极的社会活动，是一个重要条件。开展社会生活教育就会为这些人的学习、受教育、参加社会活动，提供条件，社会的宣传、鼓动和举办活动可以为社会民众树立正确的观念，形成科学的生活观，为追求良好的生活方式来参加社会工作与活动。

4. 社会生活教育可以推进民风、民俗的改革。

通过发展社会教育来实现新的"化民成俗"，一直是近代以来许多仁人志士为之奋斗的目标，但是，由于战争与革命的影响，使"化民成俗"始终没有完成。新中国成立以后的"文化大革命"把这种"化民成俗"的想法推向了极端，走向了反面。如何实现新的"化民成俗"？如何使民众养成新的民风、民俗？由谁来开展这种新民风、新民俗的养成？近代以来许多思想家、教育家为此花费了大量的心血。从通俗教育、平民教育，到民众教育、工农教育，许多试验活动搞得轰轰烈烈。这种试图通过社会教育来开展"化民成俗"的实践，虽然成效不大，但为我们今天发展教育事业提供了许多重要的启示，那就是，民风、民俗的改良，要通过社会教育的方式来进行。

（二）社会生活教育的内容

如果说社会智育、社会德育、社会体育、社会美育是为了提高公民的素质，那么社会生活教育则是为了提高社会民众的生活质量。社会生活教育内容的选择要依据于社会民众生活的需要和发展来确定，应该说社会生活教育是社会民众生活的全部。杜威"教育就是生活"的主张应该作为确立社会生活教育的准则。

社会生活教育是在这种生活全部教育的基础上，所进行的一种有重点、有选择、有针对性的教育。社会生活教育内容，从国内外历史与现实的经验来看，任何一个时期社会生活教育都受时代的影响，从而呈现出一定的重点，这个重点是由民众生活需要与发展以及现状和程度所决定的。现阶段，中国社会生活教育主要包括生活知识技能教育、亲职教育、环境教育和休闲教育。

1. 生活知识技能教育

社会教育的内容应该是社会生活的全部，而生活的全部应该围绕着公民的生活需要与发展来展开。从公民生活的需要与发展来看，社会生活教育应该包括以下几个重点。

（1）安全教育。包括交通安全、防火、防盗、预防各种自然灾害等教育。这种教育应该是市场经济发展初期社会教育内容的一个重点。从各国社会教育发展的初期来看，这类教育内容的确定，应当具有一定的对策性和针对性。针对社会频发的事件，进行有针对性的教育。可以通过讲座、展览、报告、标语等形式，采用社会教育的手段，对全体民众进行多方面的教育活动，使安全教育深入社会的每一个角落。

（2）吃、穿、住、行等生活的知识与技能教育。这是生活质量提高的基础性教育活动。包括吃、穿、住、行、用等方面的知识学问与技能，也是应该天天讲、月月讲的。可以通过板报、图书室、座谈、讲座等方式，把这些知识技能传送到千家万户。不断增强民众在这一方面的学习和自学。这对于改进落后的生活方式，用科学的知识学问来指导生活很有帮助。

（3）家庭实用知识技能教育。

各种电器纷纷进入家庭，而相应的知识也应该进入家庭。诸如维护、保险、使用等知识与技能，应该成为社会知识教育的常课。通过板报、阅报栏、标语、图书、讲座、座谈等方式，使各种知识与技能经常被社会民众了解和掌握。应该经常指导社会的知识技能讲座，以促进社会民众自觉地学习与交流。

（4）商贸知识技能教育。

市场经济的发展，一方面繁荣了经济，丰富了商品，为人们的生活创造了许多方便条件。但另一方面，各种假冒伪劣商品，各种欺诈性宣传和经销，也充斥着社会的每一个角落。影响和干扰着民众生活质量的提高。但这一方面的教育和学习却远远没有跟上市场经济的发展，尤其是面向社会的教育和宣传，在许多方面更是一片空白。所以，通过各种形式的社会教育，来提高人们识别真假，打击伪劣的能力。

（5）健康养生教育。

随着人们生活水平的提升，人们日益增长着对健康养生知识技能的需求。社会生活教育应该通过各种渠道，采取各种方式，让每一个公民学习健康养生知识，让每一个公民在任何一个年龄段都具备符合其身心发展需要的健康养生知识。针对中国公民的身心特点，健康养生知识技能应该成为人们学习的重要内容。社会生活教育通过电视、网络、手机、电影、广播等现代传播媒体，举办丰富多彩的科学健康养生知识讲座，各种公众式社会教育阵地。诸如图书馆、博物馆、科学馆、文化馆、青少年宫等，举办各式各样的活动，促进科学健康养生知识技能的传播。

2. 亲职教育

家庭教育是侧重于指导父母对孩子的教育，亲职教育是以家长为教育对象的教育，包括做父母者和即将做父母者，如何扮演父母的角色，如何成为成功的父母。

亲职教育在国外早已发展，如美国社区学院的家政教育，日本公民馆为"未来父母"所开设的各种讲座等。由于社会的急剧变化，家庭结构的转型及家庭成员之间的交流和依赖越来越少。家庭在现代社会应当具有什么功能，如何做父母等许多问题困扰着年轻人。由于家庭文化知识以及观念的发展远远滞后于经济与社会观念的发展，所以，各种由于家庭衍发的社会问题越来越多。如青少年犯罪、自杀、出走等。如何稳定家庭，如何对父母进行有效的教育指导,"有效扮演父母角色"的亲职教育,成为各国教育界共同关心的课题。

开展亲职教育,只要通过合适的方式,组织家长学习,了解孩子的教育以及自己的教育,一定会取得父母的支持。

(1)帮助父母了解亲职教育的目标。包括帮助学生家长了解其子女的身心发展规律与过程;了解作为现代父母应有的角色与权利;了解父母与孩子之间应当具有的正确观念和态度;学习合理有效地教育子女的方法等。

(2)做好在校学生的教育工作。学校要开设合适的课程或讲座,对未来父母进行家庭教育、婚姻教育、性的教育及法律法规教育等。

(3)探讨学校实施亲职教育的有效方式。如开发课程、开设讲座、举办座谈会、召开研讨会、建立家长学校、进行家长访问等。此外还可以为社会各种家庭教育机构或实施家教人员提供资料、影片、咨询和辅导。有条件的学校可以发行家庭教育刊物等。

3. 环境教育

环境教育,顾名思义就是通过教育的过程,促进国民对环境的认识,养成爱护环境的态度和保护环境的行为。这种教育的过程是透过学校教育、家庭教育和社会教育共同进行的,是当前我国社会教育的一个重点。因此,社会生活教育就应该把环境教育作为一项重要教育内容来抓。

社会环境教育主要是指社会作为一个教育实施机构,在对公民进行环境教育的过程中,促进全民对环境的重视,以形成自觉爱护环境和保护环境的行为。其实施环境教育的主要内容有:

(1)增强全民对环境教育的认识。让普通民众了解环境教育的意义与目的。包括环境保护的观念、环境保护的知识、对待环境的态度和处理保护环境所需的技能。

(2)增强社会民众对社会环境,对本人所处环境的认识和保护。了解社会环境所含的范围。如空气污染、自然平衡、森林和树木的保护、噪声污染、土地资源利用、水资源的保护、动物、植物的保护以及城市公共设施的维护等。

(3)探讨社会环境教育的新方式。如组织环境保护小组,深入社会调查研究,指导社会环境保护工作。配合相关专业加强实施环境实习和实践。举办各种环境教育活动,动员社会民众积极参加。举办各种环境讲座、座谈和展览,普及各种环境保护的知识。

**4. 休闲教育**

经济的发展，科技的进步，社会的日益文明，使得人们工作的时间越来越短，休闲的时间日益增多。如何对待休闲？如何利用休闲？成为现代社会人们普遍关心的问题。因而，使休闲教育也成为当代教育发展过程中一个颇为引人注意的一个问题。

休闲教育实际上就是通过教育的过程，培养学习者运用休闲时间，安排休闲活动，享受休闲生活的过程。使其能够在休闲的时间里面，从事适当活动，发展身心，愉快生活。

（1）让学习者了解休闲教育的目标。包括休闲的意义、休闲的权利、休闲的责任、休闲的计划和选择、如何利用休闲的资源，等等。

（2）让学习者明白休闲的含义。学会如何休闲，包括知识性休闲、教育性休闲、娱乐性休闲、艺术性休闲、服务性休闲、体育性休闲等。在对休闲了解、认知、决定等方面，使休闲向健康、科学、教育、娱乐等方面发展。

（3）研究探讨推行休闲教育的好方式。开发休闲的课程，开设有关休闲的讲座，开展有关休闲的活动。以学校社团为中心有计划地开展休闲教育等。

（4）大学利用节假日、周末等休闲时间，参与开展社会各种休闲活动。指导学生与家长学习休闲，把休闲教育作为一个重要的教育事业来对待。

（5）为社会民众提供休闲教育指导。包括各种咨询、板报、讲座、座谈等方式，利用社会的各种教育机构与设施，开发休闲教育事业。

现代社会是一个竞争的社会，同时也是一个休闲的社会。人们的余暇时间如何度过，是衡量社会生活质量高低的一个重要因素。通过社会休闲教育指导，把高尚、文明、健康的休闲方式带入社会，带进民众的日常生活之中。

# 第二节　社会教育的方法

社会教育的方法是完成社会教育目的，实现社会教育作用的手段与方式，无论是教育的组织者社会各界，还是受教育者，有计划、目的、有组织的教育都通过一定的方法得以实现。

社会教育的方法依据，来自社会教育的理论、社会教育政策和社会教育实践三个方面。现代社会教育的理论，强调发挥全社会的作用。《学会生存》作者指出："教育正在继续不断地发展，而成为一种全社会的职能。"① 教育不只是学校的事情，教育是整个社会的责任，强调在社会领域，教育无处不在、无所不在、无时不在，这种社会教育观，要求全社会都要开展有目的、有计划、有组织的针对各种教育对象的教育。社会各级组织、机构、团体、设施、场所、场地等在开展任何一项活动的过程中，都要考虑到教育问题，增加教育的因素，运用适当教育的方法。

社会教育方法的政策依据是来自教育法规中有关社会教育的规定。在《国家中长期教育改革与发展规划纲要》中，强调义务教育阶段要减轻中小学课业负担，《纲要》中提出要"关心社会教育，帮助子女养成良好习惯，促进学生健康成长"。在人才培养体制改革，创新人才培养模式中强调要"充分利用社会教育资源，开展各种课外、校外活动。加强中小学校外活动场所建设"。在保障措施，推进终身教育体制机制建设试点中论述"统筹开发社会教育资源，积极发展社区教育"。这些规定，指明了社会教育的一般方法和实施路径。

社会教育方法的实践依据来自各类社会教育设施丰富多彩的实践活动。主要有专门社会教育设施的方法实践、综合社会教育设施的方法实践和社会开放设施的方法实践。

依据上述社会教育理论、政策与实践，我们从教育学意义上尝试分析社会教育的一般方法，根据社会教育业已存在的形式和实施的方式来划分，以便明确社会教育的存在，更好地发挥社会教育的功能。

## 一　公共式教育方法

公共式教育方法，也称社会式或大众式教育方法。主要指利用公共场所、场地、设施或利用社会各组织团体开展社会教育的方法。公共社会资源根据自身的特点与实际，可以举办多种多样的社会教育实践活动，诸如咨询展览、研讨座谈、专题讲座、互动交流等，可以举办青少年开放日、专家进校园、学生进企业等活动。

---

① 联合国教科文组织国际教育发展委员会编著：《学会生存》，教育科学出版社1996年版，第261页。

公共式教育方法种类很多，根据社会教育设施的不同，可以有多种方法门类，诸如集会教育方法包括演讲会、讨论会、辩论会、音乐会、运动会、看电影、展览等，使参加者达到兴趣愿望的满足。

公共文化教育资源诸如图书馆、博物馆、文化馆、传媒教育、社区教育等文化教育组织，是实施社会教育的重要路径，可以采用丰富多彩的社会教育方式，针对各种对象实施社会教育。

城市公共文化广场是符合中国国情、民情的富有文化教育内涵的社会教育阵地，具有空间开阔、容纳人数众多等特点。各类城市文化广场，可以开展各种形式的文化教育活动，诸如比赛活动、展演活动、体育活动等。

大众传媒资源日益发达，形式广泛，产品多样，电视资源、广播资源、影视资源、网络资源、报刊杂志资源以及广告资源等都是社会教育的载体，都可以成为开展社会教育的渠道，可以采用各种方式方法进行专题式社会教育。

在各种公共式教育方法中，发挥教育效能最为突出的是图书馆、博物馆和文化馆。我们简要分析其社会教育方法。

（一）图书馆的社会教育方法

图书馆是社会教育机构，承担着重要的社会教育职责。从我国图书馆发展史来看，近代图书馆的出现一直作为社会教育机构与设施，在行政管理上归社会教育司执掌，在业务上归社会教育司指导。图书馆以社会教育事业而定位，图书馆有"市民大学"的称号，图书馆是"社会教育活的中心"。由于图书馆是社会教育事业，所以，其职能和方法就受教育规律所制约，而突出其教育的功能。

从国内外做法及历史经验来看，图书馆的社会教育方法丰富多彩，要根据社区经济、文化、受教群体的特点来设置和采用。

在经济和文化发展的社区，可以设立较为大型的图书馆；在经济和文化发展相对较为落后的社区，可以开设小型的图书室或阅览室；城市的书店、书摊、书报亭等，凡是以经营书刊为业务的地方，应该成为社区教育的机构与场所，应该在经营图书和报刊的过程中为社区民众提供更为广泛的教育服务。

由于社区的发展，人们闲暇的时间越来越多，因此，社区民众对学习及受教育的要求也变得更加多样化，所以，图书馆的教育方法应该随着社区的发展不断地调整其服务的内容。归纳起来，图书馆的社会教育方法，应该注意以下几方面。

1. 收集、保存民众所需的各式各样的图书资料，尤其注意收集乡土资料和具有地方特色的文献史料。

2. 为社区民众提供其所需的生产生活图书资料。根据本社区的实际，了解社区民众的学习需求，在搜集和整理的基础上，形成本社区图书供需特色。

3. 为社区民众提供各种学习与知识咨询。图书馆应该成为当地的信息中心，指导社区民众利用图书和学会学习。

4. 图书馆应该和各级图书馆保持联系，互相协作借阅图书资料。可以附设分馆或图书流动站等。

5. 图书馆应该办活，成为社区"活的教育中心"。可以主办各种读书、用书活动。如读书会、研究会、座谈会、鉴赏会、展览会、讲演会等，通过比赛、奖赏等方式，拉动民众的学习要求。

（二）博物馆的社会教育方法

我国近代博物馆的出现，最初以社会教育事业而定位。现代博物馆是作为文化事业而发展的，其各种事业归文化部门来管理。虽然博物馆仍然具有社会教育的功能，但在教育的程度与形式等方面，已经远远不能适应时代的要求，而相比世界各国，博物馆事业发展已经有几百年的历史，在形式、种类等方面，已日益呈现出一种博物馆体系，向多元化、多方面方向发展。在许多国家和地区，博物馆仍然作为教育事业在发展，受教育部门的指导和管理，因而，博物馆教育事业也越来越发达。

博物馆在国外已经有很长的发展历史。美国学者布郎·古德博士曾与1895 年为近代兴起的博物馆下了一个定义，他说："博物馆是保存最能充分说明自然现象及人类生活的物品，并充分利用这些来增进人们的知识和进行教育启蒙的机关。"① 联合国教科文组织的国际博物馆理事会，在1974 年的理事会上对博物馆的定义是。

博物馆是指为社会及其发展服务以及向民众公开的非营利的常设机关。是以研究、教育及娱乐为目的，收集、保管、研究、传达、展

① 梁忠义主编：《日本社会教育》，山西教育出版社 1994 年版，第 183 页。

览与人类及其环境有关的实物的地方。①

日本《博物馆法》中对博物馆的定义是"博物馆是收集、保管（含培育，下同）、展出有关历史、艺术、民俗、产业、自然科学等方面的资料，在教育的考虑下提供给一般公众利用，为促进其教养、调查研究和文化娱乐开展必要的事业，并以进行有关这些方面资料的调查研究为目的的机关"。②

博物馆是社会教育事业之一种，它最大的教育特色，在于通过博物馆的资料，即"物"的形式来实现教育目的，即它是直观的，潜移默化的。参观者无论是文化教育程度高，还是文化教育程度低，都可以从中受益。作为一种教育机关，博物馆应当采用以下教育方法。

1. 大量收集、保管和展出实物、标本、模型、文献、图标、照片、电影、录音等博物馆资料。

2. 在公众利用博物馆方面给予必要的指导、说明和建议等。编辑和分发有关博物馆资料的指南书、解说书、图标、目录等。

3. 主办有关博物馆资料的各种教育活动，如讲演会、座谈会、报告会、电影放映会、研究会等。

4. 与其他形式的博物馆密切合作，交换资料和信息，相互出借博物馆各种资料。

5. 与各级各类学校合作，联合开展丰富多彩的教育活动。与图书馆、研究所、文化馆、体育馆、美术馆等合作，相互联系，共同开展活动。

（三）文化馆的社会教育方法

图书馆是以"书"为媒介的教育机构，博物馆是以"物"为媒介的教育设施，文化馆是以"人"为教育活动的中心机构。换句话说，图书馆是通过"书"来从事教育活动的，博物馆是通过"物"来从事教育活动的，文化馆则通过"人"来从事教育活动，或者说文化馆的教育活动与事业要通过"人"来进行。

从性质上看，文化馆是省、市、县、乡各级政府文化部门设立的进行社会教育的文化事业机构，文化馆无论从历史还是从现实来看，它应以教

① 梁忠义主编：《日本社会教育》，山西教育出版社 1994 年版，第 183 页。

② 同上。

育事业而定位。它是一个地区社会教育的中心机构，其社会教育的方法应该是全方面、全方位的。

1. 为各种成人教育、培训教育、继续教育、补习教育等提供场所和场地。对各种类型的教育事业提供组织、管理和服务。

2. 和各级学校以及教育部门合作，联合举办各种培训班，为下岗、转岗及再就业的成人提供职业教育服务，为各种人群举办其所需的培训班。

3. 定期举办各种讲座、讨论会、讲演会、实习会、展览会、座谈会等，为民众的交流提供方便，提供场所和场地。

4. 文化馆和所在地的图书馆、博物馆等社区教育机构合作，为民众的学习提供图书、资料，并给予指导。在没有图书馆或博物馆的地方，可以承担一部分图书馆或博物馆的职能。

5. 举办各种文化教育活动，如文艺活动、体育活动、健身活动、歌咏活动、教育知识比赛等。通过多种形式的文化教育活动，吸引民众，教育民众。

6. 文化馆应成为当地社区民众休闲、娱乐、集会、讨论的场所，是国家教育目的实现的场所，对于辅助学校教育，指导家庭教育，实现社区教育、学校教育与家庭教育的统一，起着桥梁和纽带的作用。

## 二　专题式教育方法

专题式教育方法主要指利用现有社会的教育机构与设施，通过专题式的教育活动来开展社会教育。这种专题式的教育方法，从目前来看主要有专题讲座、研讨座谈、咨询展览、互动交流等。

### （一）专题讲座

专题讲座主要指针对社会教育的内容，拟定主题，聘请学有专长或经验丰富的专家学者，对教育对象做一次或一系列的通俗性、公开性科普讲座或学术讲座。诸如时事讲座、物价讲座、养生健身讲座、教育心理讲座、家长教育讲座等。

从世界各国社会教育采用的方法来看，各国在实施社会教育工作中，均有此做法。如美国大学的推广教育或扩充教育；法国和德国的大学教授讲习会；日本大学的公开讲座、文化讲座、夏季讲座等，面向社会各个阶层的民众开设各种专题讲座。

专题讲座具有效果十分明显的社会教育功能。首先，专题讲座把学校与社会联系起来，可以实现社会教育化和教育社会化。有助于建设学习化社会和推动终身教育的发展，有利于为普通公民谋取接受学校教育的机会，实现学校教育的大众化；其次，专题讲座把专家学者和社会民众结合起来，有助于实现知识分子人民化，人民群众知识化。对于提高普通民众的文化知识水平，提高民族的科学文化素养，使先进的思想观念深入民间有积极的促进作用；最后，通过专题讲座的方式，可以解决、回答社会民众普遍关心的社会问题、生活问题。传播新的思想观念，传播先进的科学文化知识，澄清社会上的不正确的认识，引导民众接受科学正确的思想。

专题讲座的社会教育方式简便易行，容易实施。首先，讲座方式灵活，受经济、人员、时间、场所等条件的限制较小，对各种物质设施要求不高，可以随时随地举办讲座。如在社会教育发展的初期，露天讲演、集会讲演等，曾经都使用过；其次，专题讲座的内容根据社会民众需要和发展来决定，具有针对性、时代性和灵活性。讲座是针对大家比较关心的问题，因此，很受社会民众的欢迎和支持；再次，专题讲座的形式也是多种多样的。包括讲演、演讲、报告、汇报等，可以是露天讲演，也可在会堂讲演，根据社会的情况和内容题目的情况而定；最后，专题讲座的主讲人可以请大学专家学者来主讲，也可聘请社会上有名望的人士来主讲，讲座要通俗、易懂、生动、活泼、健康向上，必须要吸引人。

专题讲座就实施来看，讲座次数可以有单次讲座和系列讲座之分；讲座方式，可以有纯粹性的专家主讲或报告，也有主讲后的发问和讨论。专题讲座的实施要有计划、有联系、有经费、有协调、有宣传、有总结等。

（二）研讨座谈

研讨座谈是指针对某一问题、现象等，由社会或教育机构或学校组织相关人员，深入社会，集中某一场所或场合，进行讨论、研究、座谈的社会教育方式。诸如社会热点问题、难点问题、焦点问题等。

专题讲座是以讲为主，侧重于以主讲人为主导，较为适合于知识、学术的传播与学习。研讨座谈，则侧重于双方的平等交流。从国内外经验来看，采用研讨座谈也是一个常用的方式。如美国的家长教师会、日本的家长教师联合会等，在学校与社会的交流中，研讨座谈是一个非常受欢迎的联谊方式。

研讨座谈社会教育效果显著。首先，通过研讨座谈增进与会者之间的交流，可以增加了解信息的渠道，沟通意见。通过研讨座谈，诸如专家学者、学生团体等，可以把学校的教育工作、活动推向社会，对于普及科学文化知识，增加社会基层民众受教育的机会，有积极的意义；其次，学校组织研讨座谈，可以增加家长对学生和学校的了解，对于共同教育学生，互相促进教育知识的普及，具有积极意义。学校通过研讨座谈，不同的大学可以和社会各种组织机构建立广泛的联系，发展校企合作、大学与事业单位的合作，在合作中寻求教育资源的开发与共享，使大学成为社会教育网络中一个起主导作用的教育中枢。在促进社会发展、促进人的全面发展方面起导向的作用。

研讨座谈的社会教育方式容易实施。首先，研讨座谈的形式较为松散、灵活和自由，不受计划性约束和各种条件的限制，可随时随地组织和实施，针对形势和问题的需要，可以经常组织社会相关人员进行研究与座谈；其次，研讨座谈的方式基本上以讨论会、座谈会为主。但根据社会的情况和问题的实际，可以组织各种研究会，开展各个方面的研讨活动等，如家长联谊会、校企联合会、社会教育委员会等。

研讨座谈在实施要注意以下几点。首先，了解需求，增强针对性。在开展研讨和座谈以前，要了解社会民众对研讨与座谈主题的兴趣。了解他们普遍关心的热点问题、重点问题和难点问题，以便增加研讨的针对性和效果。了解需求的方法，可以通过问卷、访谈或填写调查表的方式来进行；其次，聘请专家学者，突出权威性和影响力。组织研讨座谈，必须通过专家学者来进行。研讨座谈的主题、内容、形式等，与主持座谈人的学术水平与能力有很大的关系。研讨座谈的成效和影响与主持人也有重要的关系。确定好研讨座谈的主题以后，就要聘请名师，请适合主持的专业人士来参加，以提高研讨与座谈的影响与效果；再次，广为宣传，扩大影响。宣传是为了使社会每一位人士都知道研讨座谈是关系到自身的一件事情，使每个人都关心，都积极参与，要通过各种手段来扩大影响。主要有印发宣传品、张贴海报、发布消息等；最后，实施过程要认真、细致。实施者，组织者一定要在组织的过程中，做到认真、细致、谨慎。

（三）咨询展览

咨询是社会各单位利用自身的教育优势，把自己的专业成果、服务项目、各种成绩推向社会，面向社会所有公民施教，通过各种知识的、技能的服务来实现公民的社会教育的指导；展览是通过各种展览品的陈列介绍，将所要表达的教育内容和信息展现给参观者，以实现教育的目的与效果。

咨询展览是国内外常用的一种社会教育方式，国外各种博览会、展览会的发展已经有数百年的历史。我国早在维新运动时期，一些进步人士就通过产品展览、商业展览、教育品展览等方式来"开民智"、启民风。随着社会的发展，各种各样的博览会，已经成为社会进步的一项重要事业，咨询展览成为最早使用的社会教育的手段之一。

咨询展览的社会教育方式，教育效能突出。首先，通过咨询展览可以传播新的科学文化知识，传播新的科学技术技能。有助于社会风气的改善，有助于民众素质的提高，有助于满足和激励广大民众对教育与学习的需求；其次，通过咨询展览为社会基层民众提供一个学习的场所和场地。这对于平时没有机会学习的人来说，对于他们了解最新的科学文化知识，了解生产与生活的技能，有着积极的教育意义；再次，通过咨询展览可以丰富社会的文化教育生活，激励家长和社会成员参与社会教育事业的热情，了解社会教育的重要和自身受教育及学习的必需；最后，通过咨询展览可以多一个了解社会的窗口。对专家学者来说可以实践自己的知识与技能，发现新的知识与技能的增长点。对于学生来说，咨询与展览的社会实践，可以锻炼其工作能力和实践能力。对学校来说，可以多一种教育的方式和形式，对于人才成长、课程开发与科学研究来说，具有积极的意义。

咨询展览社会教育方式教育特点丰富。首先，咨询展览的目的是通过直接的、面对面的教育方式，实现社会教育的功能，完成社会教育的目的。这种功能与目的的实现是潜移默化、耳濡目染的；其次，咨询展览面向社会大众，没有固定的教育对象。它借用商品展览和展销的方式为社会基层民众提供一个接受教育和学习的场所和场地。尤其为那些在知识、技能方面急需的社会各类人员提供各种知识与技能的直接服务，是其他社会教育手段所不具备的；再次，咨询展览的内容丰富多彩。既可以根据形势的需要来确定社会教育内容，也可以长期按计划、有步骤地实施系列知识与技能的服务；最后，咨询展览的方式各具优点。咨询需要人力，需要专家与学者的参与，是人与人之间的交流活动，而展览需要物品、道具，各种书刊、图表、图片、实物等都可用于展览。

咨询展览活动要达到一定的教育效果，咨询与展览一定要注意计划、设计、内容、设备、宣传及教育等因素。咨询展览在实施步骤上，应注意以下几项：首先，制订咨询与展览的计划。主要是拟定咨询与展览的主题、内容、方式，明确主办与协办的单位。规定咨询与展览的时间、地点、对象。明确工作分配及经费预算等；其次，咨询需要的相关材料以及展览所需要的展品等；再次，宣传活动。为了提高咨询与展览的教育效果，要进行必要的宣传。其方式可以通过张贴海报、发送传单、请柬，利用各种传媒等方式来进行；最后，组织人力。咨询与展览需要现场解说和交流，因此需要大量的专业人员。

### 三　活动式教育方法

社会教育活动是指为达到某种目的而采取的有组织的行动。把它运用到开展社会教育的实践之中，则是指社会通过举办各种活动，以实际行动关心社会教育，参与社会教育，通过社会各界积极的教育实践活动，推动社会教育的发展。

活动式教育方法就是社会教育实施者和受教育者进行现场互动，通过表演、展演、参与活动、动手体验等方式，积极参加学习教育交流，在科学技术、文艺演出以及动手实践中，亲自实践，提高生活技能的方法。

社会教育活动教育方法，主要是通过体验、动手、互动的形式进行社会教育。研讨座谈和公开讲座主要是通过组织"人"来接受教育；咨询展览主要是通过利用"物"来进行教育；互动体验则是以"动"来组织实施教育，亦即通过举办"互动"方式调动人们参与社会教育。

从国内外社会教育的历史来看，互动交流逐渐成为人们普遍欢迎的社会教育方式。美国儿童博物馆多达近百个，从参观、体验、动手到互动交流逐渐成为一种十分重要的教育方式。

社会各界开展社会教育活动，其方式方法主要有以下几种：

#### （一）学习活动

社会各组织单位都可组织各种类型、各种形式的学习活动。如报告会、讲座、座谈、讨论会等，可以组织读书活动、知识竞赛活动。可以办理继续教育、培训教育、补习教育及家庭教育等，可以开展"学习练兵"、"技术表演"等活动。

各式各类的学习活动，其优点之一是学习形式的生动活泼，把学习内容寓于活动之中，能吸引社会广大青少年的积极参与，可以收到较大的教育效果；二是学习内容紧密结合实际，实践性强，便于理解和掌握；三是一些活动引进竞争机制，能激发学习的热情，提高学习者学习的兴趣。

（二）文体活动

社会各组织单位开展社会文体活动，主要是指利用自己的文体教育资源，实施对社会文体教育活动的参与、指导和帮助。在业余时间里所开展的各种各样的群众性文化体育娱乐活动。它包括两方面内容：一是文化活动，诸如文化广场活动、音乐欣赏活动、绘画、书法、影视、美术、摄影、歌咏、曲艺等活动；二是体育活动，诸如各种比赛、各种表演、全民健身活动等。

（三）道德教育活动

活动是公民道德建设的载体，是新形势下加强公民道德建设的重要途径。道德教育活动主要指由社会各界推动开展各种公民道德教育活动。它包括三方面的内容：一是为树立职业道德风尚而开展的活动。如社会内的各种奖惩活动、对各行各业的监督与评比活动等；二是为公民道德建设而开展的教育活动。如社会好家庭活动，好父亲、好母亲活动等；三是为了移风易俗而开展的民风民俗的改良活动。如社会内的节假日活动、婚丧嫁娶、红白喜事活动等。

（四）公益活动

社会各界应该参与和指导各种社会公益活动，如"文化惠民"、"艺术惠民"、"科技惠民"、"希望工程"、"三下乡"、"科技大篷车"、"送温暖"、"志愿者"、"手拉手"、"幸福工程"、"春蕾计划"、"扶残助残"等。这些活动覆盖面广，参与人数多，影响巨大。这些社会公益活动，只靠学校推动是无力的，必须有社会各界的参与，才能加大推广的力度。所以，社会各界以及学校应该利用好各种社会公益事业，作为举办社会教育的一个阵地，同时也有助于自身教育的发展。

（五）竞赛活动

社会各界举办的竞赛活动，种类繁多，如果把一些竞赛活动应用于社会教育领域，吸引社会各界青少年的参加，则可扩大社会教育功能，增加教育的影响面。这种组织各种社会竞赛活动的做法，是社会开展社会教育的重要方式之一。它包括学习竞赛活动、知识竞赛活动、文体表演活动、各种生活生产技能比赛活动等。通过竞赛活动的实施，可以丰富公民的业余文化生活，提高公众的生活质量，引导人们形成健康的生活方式。

举办各种社会教育活动都要遵循一定的步骤，按计划、有组织、有目的地进行。首先，要目的明确，主题鲜明。任何活动其突出的特点，就是具有目的性。在组织各种社会活动时，一定要目的明确，主题鲜明。这样才使其活动充满号召力和影响力；其次，计划周密，安排合理。在举办活动之初，一定要有一个完整的计划和组织保证。包括开展单位、协办单位、参与方式、活动内容、人员安排、聘请人员、经费预算、工作分配、注意事项、评定方式等。同时，在时间、地点、形式、内容等方面，要注意安排适当合理；最后，从社会实际需要出发。任何活动总需要一定的人力和物力的保证，受时间、地点、知识、技术等方面的限制。尽量利用自己的教育优势，来参与举办各种社会教育活动。要从自己的实际状况出发，来举办和承办各种社会教育活动。

## 四　学校式教育方法

学校式教育方法主要指社会各组织机构采用学校教育的方式，有目的、有计划、有组织地开展社会教育的方法。这种教育的方法是借鉴学校教学组织形式，采用小组教学或班级授课的方式，面向社会公民进行社会教育。

从历史经验来看，学校式社会教育方法有一个很长的发展过程，近代的简易识字学塾、平民学校、民众学校、工农业余学校、补习学校等是其前身。这些学校的特点，是学制体系以外的教育，教育对象具有全民性，各个时期有各自的教育重点。

从现实社会发展的实际需要来看，不同时期学校式社会教育方法有不同的名称和特点，如市民学校、农民工学校、社区学校、老年大学、妇女学校等。各种类型的学校式社会教育机构是学制体系的重要补充，也是社会教育的重要方法。

学校式教育方法主要可以分为两类：一类是社会各组织机构采用学校式教育方法；一类是各级各类学校采用学校式进行社会教育方法。

（一）社会各组织机构采用学校式教育方法

社会各组织机构包括社会教育专门机构，诸如青年宫、少年宫、青少年宫、青少年活动中心、儿童活动中心、青少年科技馆、青少年活动营地、青少年教育基地等活动场所；社会教育组织团体诸如行政组织、专业组织、联合组织等；社会教育综合机构，诸如公共文化设施、大众传媒设施和经营性文化设施等；没有教育职能的社会各界组织机构，诸如政府机关、企事业单位、人民团体以及社会各种单位组织，都可以采用学校式教育方法进行社会教育。

这类学习方法主要有：

1. 集体学习

集体学习法是组织公民群体，进行共同学习、互相交流、互相学习的方法。采用学校上课的方式，请学有专长的名家进行集中讲解，然后进行讨论、研讨的学习方式。

集体学习是学习者根据自己的希望自动形成的学习集体。集体学习可以分为大学成人教育、市民大学、社区学院、进修教育等集体活动。

集体学习是老师和学生在一定的场所根据一定的学习内容进行的学习形态，因此与学校教育有些类似。授课因为是以讲课者的讲义方法为中心，因此要注意不能忽略学习者的学习要求。

2. 个人学习

个人学习是指学习者不参与集体的学习活动而是自己利用学习材料或其他学习手段进行个别学习的方式。

社会教育要指导个人学习形态，尊重个人的学习选择和学习方式，这种方式包括自学、自我阅读、自修等方式。

3. 讨论学习

讨论学习是以讨论为中心的学习方法。这种学习方法主要以培养学习者健全的社会性人格为目的的方法。讨论法适用于各种学习活动。针对问题、针对热点组织学习者进行讨论，有利于促进新思想的传播，促进交流，有利于班级内学习氛围的形成，有利于能促进学习者之间亲密的互动关系，从而使学习者产生学习的愿望，并且能提高各自的学习效率。

（二）各级各类学校采用学校式社会教育方法

各级各类学校与社区的关系无论是在地理上，还是在物质资源上，都有着天然的联系。地理上的相连、资源上的共享，使各级各类学校与社区互相依赖、互相促进。各级各类学校的办学与发展不可能超越当地社会的政治、经济、文化条件。而社区的进步没有教育的参与和推动，也是不可能的。所以，谋求各级各类学校与社区的共同发展，是各级各类学校办学过程中一个值得重视的课题。

1. 国外学校的开放教育

国外的开放教育与开放学习是 20 世纪 70 年代开始流行于世界各国的一种教育思想和制度，是各级各类学校实施社会教育的重要方式。

开放教育（open education）是一种不要求入学资格，所有求学者均可参加的教育形式。教学不在固定的学校中，而是在学生工作、居住地进行，不需要住宿，费用较低。各级各类学校都可根据自己的情况，通过各种形式，来举办开放教育。

开放学习（open learning）和开放教育实质是相同的。是指面向社会各类学习对象，不受传统教育机构常有的种种入学条件限制，采用多种形式和手段组织进行的有计划的学习。

开放教育和开放学习的主要特征有：①教育与学习对象上，没有任何入学资格与条件限制；②教育与教学不在校园内教室中进行。学生在工作、居住的社会内随时随地学习，不受地理分隔限制；③学费开支低。住所偏远也不会增加大量费用；④利用各种多媒体技术组织教学等。

在举办开放教育和开放学习上，各国情况不同，所采用的方式也不尽一样。一些发展中国家举办开放教育和开放学习，其目的是为了扫盲教育或普及教育。而一些发达国家举办开放教育或开放学习，则更多是用于大学对社会的开放，谋取大学教育的普及和职业教育的发展。

我们从一些国家大学开放日来透视一下学校开展社会教育的做法。

大学开放日主要是指大学对社会各个方面实行固定的开放，以谋取大学和社会的联系。较为典型的开放日有：

（1）苏联时期，大学为中学高年级学生举办的开放日。目的是帮助他们了解高等学校的情况，以备毕业时选择报考院校。通常每年春季举办，通过报纸、广播、电视通报日期。届时中学高年级学生、应届毕业生和一切自愿参加者到各校，与该校教师、研究生和大学生会见，听取该校情况及毕业生工作与成就的介绍，进行实地参观，对该校进行较为全面的了解。

（2）我国香港大学对家长、学生及社会人士到学校参观举办开放日，以促进学校发展。每年有一天或几天。学校向参观者宣传学校的特点和办学的业绩，展示学校的设备、课程、学生作业、表演及名教师等，有时还举办研讨会。

国外开放教育形式多样，诸如荷兰的开放大学，法国的万森大学，加拿大开放学习联合体，美国的"无墙大学"、自由大学、周末学院，欧美的开放入学等。

学校教育在形式、体制、组织等方面，更为灵活、多样，适应不同程度学习者的需要。

2. 各级各类学校采用学校式社会教育方法

（1）大学附设中学和小学

大学附设中小学应该作为一个重要的教育政策和制度来建设。从大学附设中小学教育的实际状况来看，其教育的成效是相当大的。

首先，大学附设中小学校为大学教育提供学生来源和实习基地。其次，大学附设中小学校可以解决大学办学过程之中的后顾之忧。为教师及职工子女升学提供方便，可以减轻教师在教学与科研方面的牵累。再次，大学附设中小学校，可以带动相关教育资源的开发与利用，如共同的教育设施、机构及服务等。对于学生就业及教师之间的交流起着桥梁作用。最后，大学附设中小学校，对于高等教育与中等及小学教育的衔接、延伸和继续。探讨教育教学计划的改革与发展都有积极的作用。从实践来看，一些名牌大学的附属中小学校，在国内中小学教育实践中也都是一流的。如北京大学附属中学，中国人民大学附属中学，北京师范大学附属中学，清华大学附属中学，东北师大附属中学、小学，华东师范大学附属中学，复旦大学附属中学，南京师范大学附属中学、小学等。

大学在办学的过程中，切不可认为附设中小学校是办学的细枝末节，应该作为一项重要的教育事业来抓。尤其师范性质的学校，附设中小学应该是其师范教育体制的一部分。

（2）举办社会非正规教育

非正规教育主要是指正规学制系统以外的各种教育形式与活动，也可称为非学历教育。大学举办社会非正规教育主要是对社会民众实施各种程度的教育。其目的或是证书教育或是指导性教育，方式灵活，如各种辅导班、进修班等。同时还包括指导社会进行各种社会教育机构与设施的建设。如社会培训教育，目的是为社会各类人员提供证书教育或专业和职业培训；社会补习教育，主要是为社会各类人员提供各种程度的补习教育指导；社会家庭教育，通过家教等方式指导家庭教育的改良和各种家教服务。此外，还包括指导建设社会各种社会教育事业，如图书馆、博物馆、文化馆、阅览室、阅报栏、视听中心、娱乐中心、文化中心及广场，参与指导各种社会教育活动，如学习活动、咨询活动、展览活动、文体活动、民俗民风的改良活动等。

# 第八章　社会教育机构与设施

为了科学地认识社会教育的"社会定位"以及"教育定位",弄清社会教育的范围、边界,了解社会教育存在的形式以及功能发挥的实际情况,从而准确分析社会教育的政策依据,制度保障和方法路径,我们首先应该破解"社会教育"中"社会"这个难题。了解社会上哪些是社会教育?这些社会教育如何分类?只有弄清了"社会"这些情况,我们才能清晰地把握各种社会教育的教育特点、教育作用的发挥以及存在的问题和我们的对策。

事实上,我国目前社会教育发展状况使得社会教育成为一个十分复杂的领域,其分类研究,既没有理论依据,也没有政策、法规依据,导致社会教育实践领域,难以规范,难以整合,难以定位。社会组织架构以及职业领域,社会教育既不是职业,也不是专业;既不是单位,也不是机关,许多社会组织机构,都有社会教育的功能,但没有社会教育的任务。这样一种情况,根据社会教育的不同标准,诸如实施方式、教育对象、教育内容等可以形成多种分类。

本文依据社会教育的概念,根据社会教育的存在形式以及实施方式为标准,从社会教育专门设施、社会教育综合设施和社会教育开放设施三个方面,尝试对业已存在的社会教育进行分类研究,以寻找不同类别社会教育实施的方法和路径,为更好地提出加强和改进社会教育的决策服务。

## 第一节　社会教育专门设施

如同学校教育工作一样,社会教育工作及其活动必须有基本的活动载体才能够顺利展开,社会教育的设施是实施社会教育的媒介和手段,是开展社会教育必需的物质基础，社会教育设施存在的数量、质量和规模是社会教育事业发展水平的重要标志。

设施是为了完成工作建立起来的机构、组织、系统、设备、建筑等载体。社会教育设施就是为进行社会教育工作，实现社会教育任务而建立起来的具有社会教育意义的机构、系统、组织、设备、场所等。

社会教育的专门设施指的是由政府机关、社会团体、集体或个人设置的，专门从事社会教育工作的机构、组织、团体和活动场所等。从目前发展的状况来看，主要包括社会教育活动场所、社会教育组织团体、社会教育传媒和社会教育产品。

## 一　社会教育活动场所

活动场所是社会教育专门设施的主要物质载体和实践平台。活动场所是为了社会教育工作专门建立起来的物化的教育空间，它有固定的地点、基本的设施和活动的场地等社会教育要素。

活动场所是开展社会教育工作的物质基础和客观保障。活动场所的数量、质量以及规模，反映着社会教育的发展水平和程度。发展社会教育的一项重要指标，就是丰富社会教育活动场所，创新社会教育活动载体，为推进建设学习化社会，促进青少年全面发展提供基本的物质空间。

世界各国在社会教育活动场所的建设上，都有适合本国特点的教育空间。有些国家社会教育活动场所的建设，已经有很长的发展历史。从各国社会教育历史经验来看，社会教育活动场所的设立主要目的是为了公民，一定地域或区域的公民，开展各种有关适应社会、适应生活、适应工作需要的各种教育以及文化、体育等事业，通过这些教育活动，增加公民的文化知识、提供修养、增进健康、改进生活、增加社会福利。

基于这样的目的，各国社会教育场所以及机构设施的建立，都采取自由平等、公益免费、独立设置、方便居民等原则。一些国家的社会教育场所历史悠久、作用巨大、功能齐全、效果显著，发展速度和规模很快，取得了许多成功的经验。我们仅就一些影响巨大、设施普遍的社会教育设施个案做一研究。

（一）儿童博物馆

儿童博物馆，也称儿童发现中心、青少年科技中心、青少年科学博物馆等。在西方国家，儿童博物馆都有发展，但是主要以美国儿童博物馆最为典型。"据不完全统计，世界上 70% 以上的儿童博物馆均在美国"。① 美国儿童博物馆的建设起步于 20 世纪初，经历了试验阶段、探索阶段和发展阶段几个时期，至 20 世纪 90 年代，美国儿童博物馆的数量"全国约有 500 多座"②，成为美国儿童社会教育的一大景观。

儿童博物馆是专门为儿童所设立的，为儿童提供快乐教育，鼓励学习与发现，激发儿童的好奇心和多样兴趣，通过触摸、动手、娱乐、体验、互动等方式，在一个愉悦、生动的教育环境中，认识世界，了解科学发明，从而达到教育儿童的公益性教育机构。

儿童博物馆针对儿童设立，由政府或其他公益性团体出资兴建和管理，实行较低门票或者免费参观，在博物馆性质上，是一个公益性教育机构。

儿童博物馆的教育理念，遵循"快乐教育"、"快乐学习"，教育方式突出"动手"、"互动"，让儿童从体验、动手中学习知识、激发兴趣，从而培养其创造力、想象力以及勇敢精神和团队合作的理念。

儿童博物馆的设置强调"以儿童为中心"，将各种展览放置到各种活动区域，通过让儿童"参加游戏"的方式体验和动手。许多儿童博物馆都有相同的标语"我听到了就忘记了，我看见了就记住了，我做过了就理解了"③，通俗易懂地表达了儿童博物馆的教育思想。儿童博物馆的建筑设计也突出教育理念，遵循"多感官的体验、空间结构的组织、比例协调与空间的变换、吸引成年人和儿童"④ 的原则。

此外，美国社会教育的专门场所丰富多样，其社会教育机构设施主要是根据教育对象的不同而设置。儿童、青少年，美国除了有大量的儿童、青少年博物馆之外，还有儿童青少年校外俱乐部，"美国近 1500 多个俱乐部"，为特殊儿童设立的"少年城"等。同时，各种类型的图书馆、博物馆、科技馆等都开设大量的针对儿童青少年的教育项目。

英国针对儿童的社会教育机构与设施主要有"游戏班"，由儿童家长自发设立，为没有游戏场所的孩子们提供游戏的场所，为儿童提供丰富多

---

① 杨玲、潘守永主编：《当代西方博物馆发展态势研究》，学苑出版社 2005 年版，第 108 页。
② 孙启林主编：《世界教育大系——社会教育卷》，吉林教育出版社 2000 年版，第 140 页。
③ 杨玲、潘守永主编：《当代西方博物馆发展态势研究》，学苑出版社 2005 年版，第 132 页。
④ 同上书，第 123 页。

彩的游戏活动；"玩具图书馆"由家长自发组织，把自家玩具、图书聚集在一起，建立的简单儿童教育机构。针对成人的教育机构主要有国家推广学院、开放大学、开放学院、人力服务委员会、私人组织与民间志愿机构等。

西方其他一些国家也有数量不等、名称类似的儿童博物馆，都各具特色，成为儿童社会教育中一道亮丽的风景线。

（二）公民馆

日本社会教育机构与设施丰富多样，主要有"综合性社会教育设施，包括公民馆、文化会馆等；以职能分类的专门设施，包括图书馆、博物馆、视听中心等；以教育对象分类的专用设施，包括少年自然之家、青年之家、妇女教育会馆；开放学校"等。[①] 在这些社会教育机构与设施中，最为典型的是公民馆。

1949 年，日本颁布了《社会教育法》。明确规定公民馆是社会教育机构，指出设置公民馆的目的是为"市镇村及其他一定区域内的居民，开展各种有关结合其实际生活的教育、学术及文化方面的事业，从而谋求提高居民教养，增强体质、陶冶情操、振兴文化生活，增进社会福利作贡献"[②]。

公民馆的设置由市镇村设置，设置的原则主要有：自由平等、公益免费、作为学习机关的独立性、设置职员、地区配置、设施丰富、居民参加等。公民馆不得开展以营利为目的的事业。公民馆独立设置，归社会教育行政管理。

公民馆从事的社会教育事业主要有："实施青年学级；开设定期讲座；举办讨论会、讲习会、讲演会、实习会、展示会等；备置图书、记录、模型、资料等，并促使其利用；举办有关体育、文娱等方面的集会；谋求与各种团体、机关等的联络；将其设施提供给居民集会及其他公共目的利用"。[③]

随着终身教育的发展，日本于 1990 年 6 月颁布了《日本终生学习振兴法》。公民馆在推进终生学习方面的作用更加突出，对居民的学习提供

---

① 孙启林主编：《世界教育大系——社会教育卷》，吉林教育出版社 2000 年版，第 168 页。
② 同上书，第 169 页。
③ 同上书，第 488 页。

援助，提供保障的机会，协调各种机关的教育合作，公民馆逐渐成为日本国民推进终生学习的中心基地。

（三）青少年宫

青少年宫是综合性的青少年儿童校外教育机构，是由社会各相关部门为青少年举办的学校之外的文化教育娱乐设施。少年宫的词源来自俄语，青少年宫的设置来自50年代"借鉴苏联教育经验"的教育影响。苏联城市建立少年宫历史很长，少年宫是苏联时期针对青少年设置的最为典型和最重要的社会教育机构。世界各国都有类似的青少年教育机构，诸如日本的青少年之家、少年之家和儿童馆等，美国的儿童博物馆，英国的儿童玩具博物馆等。

我国青少年宫的建立起步于20世纪50年代，至60年代青少年宫校外教育已经基本形成规模布局，在大中等城市，条件较好的地区都建立了自己的青少年宫。1957年颁布了《关于少年宫和少年之家工作的几项规定》，明确了少年宫的教育机构定位和少年宫的机构性质是少年儿童的专门校外教育机关。

青少年宫的任务是面向广大青少年儿童，协助学校开展校外、课外活动，通过组织丰富多彩的富有趣味性、实践性、教育性的活动，对少年儿童进行公民基本品质教育，发展少年儿童在科学技术、文学艺术、体育等方面的兴趣与特长，并培养少年的动手能力、研究能力、创新能力和科学精神。

青少年宫要通过各种活动载体、品牌项目、体验互动等方式，来完成教育任务，弥补学校教育的不足，继续学校教育的影响，协同学校、家庭、社会各界的教育合力，共同辅助青少年的成长、成人与成才，促进青少年的全面发展。

我国目前以活动场所为载体的青少年专门社会教育设施主要有：青年宫、少年宫、青少年宫、青少年活动中心、儿童活动中心、青少年科技馆、青少年活动营地、青少年教育基地等活动场所。

这些活动场所是促进青少年全面发展的重要路径。青少年社会教育的项目、校外教育的课程、体验教育的拓展都离不开活动场所。青少年身体的、智力的、个性的、特长的、道德的、审美的等全面发展的要素，必须依赖充足的教育空间、丰富多彩的教育活动，才能够起着促进作用。

这些活动场所的教育方法是体验式学习、兴趣小组式学习、活动式学习，在做中学、做中教、做中求进步。活动场所不重复学校教学模式、课堂模式，按着青少年全面发展的要求设计创新教学场景、教学形式和教学内容。

在近60年的发展历程中，青少年宫积累了大量的教育经验，一些青少年宫的教育项目日益形成品牌。主要有以下几类：

（1）活动品牌

活动品牌即以活动为载体的青少年社会教育品牌。它以重大节日、重大活动为契机，紧紧围绕传承民族文化、弘扬民族精神、传播高雅艺术、普及科学知识、促进身心健康来开展。内容包括：坚定青少年理想信念、提高青少年道德品质、塑造青少年良好习惯、促进青少年身心和谐、培养青少年社会认知能力、维护青少年合法权益、才艺培养等。

活动品牌开展的形式多种多样，主要有：歌唱比赛、读书活动、评选活动、素质培训活动、科普学科活动、"小公民道德实践营"、"少年志愿者活动"、"快乐成长大世界"、"少年警（军）校"、"模拟少年法庭"等，还有很多省市和社会团体积极开展的"流动少年宫"、"艺术精品进校园"、"青少年科技节"等。

（2）培训品牌

培训品牌是以培训、补习为主要形式的青少年社会教育品牌。主要形式有青少年科学技术站、少年宫兴趣培训班、校外兴趣小组或协会、职业教育与培训、业余体校、校外文化辅助、少年宫的俱乐部、少儿社团等。

其内容包括：社会体育活动，如少年宫兴趣培训班开设田径、球类、体操、武术、军事体育活动、游戏、爬山、游泳、滑雪等课程，意在培养青少年兴趣的同时磨炼他们的意志；学科活动，这是以学习和研讨某一学科的知识和培养某一方面的能力为主要目的的校外教育活动。如数学小组、化学小组、历史及生物等小组。进而培养青少年的观察、记忆、想象、思考的能力，使他们了解、掌握学习和操作的技巧；美育活动，组织文娱活动，校外文学、艺术活动，它是借助多种文艺形式的。具体包括：小说、诗歌、散文、音乐、舞蹈、戏曲、绘画、雕塑、篆刻、书法等多门类的欣赏、评论和创造活动以及各种与之相关的座谈、表演、比赛活动。

（3）基地品牌

基地品牌是以各种主题建设基地为载体的青少年社会教育品牌。它以建立教育基地为前提，在基地基础上为儿童提供学习帮助、思想教育、课外辅助等活动。主要有这样几种形式：市儿童活动中心、流浪儿童保护教育中心、中小学素质教育示范基地和校外活动示范基地、未成年人活动室、青少年教育示范社区、博物馆、纪念馆、爱国主义教育基地、各大公园和部分游泳场馆。

各种形式的基地是校外素质教育的集中场地，成为公民教育、集体主义学习的好场所，同时为儿童提供活动中心，帮助孩子学习新的知识，了解时事。

（4）项目品牌

项目品牌是以各种教育项目为核心的青少年社会教育品牌。这类品牌不仅充分挖掘儿童在各个方面的潜质，锻炼他们的实践能力和创造能力，同时着力打造教育特色，为家长和儿童创造一个自由学习交流的场所。

"青少年空间"项目就是香港地区青少年社会教育的一项成功经验，已经有数十年的发展历程，取得了很大的成功。

"青少年空间"是面对青少年社会教育发展新的形势和青少年日益增长的多样化需求，立足社区为青少年提供综合服务的非营利性活动场所。它以服务为核心，以体验和参与为基本方式，向6—18周岁的青少年及其家长，提供成长辅导、兴趣培养、拓展训练、社会实践、网络体验、游戏娱乐、亲职教育、家庭交流等活动项目。

（5）公益品牌

公益品牌是指由非政府的、不把利润最大化当作首要目标，且以社会公益事业为主要追求目标的社会组织举办，以社会公益为性质的青少年社会教育品牌。公益品牌以强化道德人格形象，立足于人道主义精神或者构建和谐社会为理念，由社会组织出人、出物或出资赞助和支持某项社会公益教育事业的公共关系实务活动。

留守儿童教育"山田模式"、闪光教育、"六小"系列活动、"五心"养成教育、"小小鸟热线"、"单亲宝贝俱乐部"、"家长网校"、"社区小义工"、"16点驿站"、"寻找小巷足迹"等都已经成为社会教育的品牌。

（6）主题品牌

主题品牌是根据教育、教学要求和青少年的实际情况确立主题、围绕主题开展的以各种主题教育为目的的青少年社会教育品牌。一般以社会生活或现象的某一方面为题材举办，通过主题教育来澄清是非、提高认识、开展教育，促进青少年成长并使其树立正确人生观。

青少年宫开展"感恩教育"主题活动，从感恩自然、感恩父母、感恩老师、感恩学校、感恩社会等方面，对学生实施全方位感恩教育，指导学生树立正确的道德观、人生观，做一个身心健康、文明礼貌，对社会、国家有更大作为的人。在特殊的节日，如"三八"节、父亲节、母亲节、六一儿童节等，开展感恩奉献活动，让孩子们为父母做一些力所能及的事来表达孝心，并带领大家走进社区、福利院，做"感恩天使"，丰富节日的内涵。

比较成功的主题品牌包括："快乐大篷车"、"绿色心吧"、"长大不容易"、"小手牵大手、共走文明路"、"学雷锋见行动"、爱国主义教育、民族精神传承教育、诚信教育等。

（7）艺术特长品牌

艺术特长品牌是以各种艺术特长教育为特色的青少年社会教育品牌。少儿艺术特长培养不是为了培养专业艺术人才，而是培养孩子的艺术审美体验，建立良好的学习习惯，让艺术伴随着孩子美好而充实地成长。这也是大多数艺术特长品牌创立的初衷。

其主要内容包括：美术，包括绘画、雕塑、工艺、建筑等类型；音乐，包括声乐、民乐、管乐、弦乐等；舞蹈，包括生活舞蹈和艺术舞蹈两大类。生活舞蹈有习俗舞蹈、宗教祭祀舞蹈、社交舞蹈、自娱舞蹈、体育舞蹈、教育舞蹈等；艺术舞蹈根据舞蹈的不同风格特点来区分，有古典舞蹈、民间舞蹈、现代舞蹈和新创作舞蹈；表演，包括朗诵、声乐、即兴小品练习和形体练习等。

（四）少年儿童图书馆

少年儿童图书馆是一项公益性文化事业，担负着传播科学文化知识、传承优秀传统文化和提供青少年素质教育的重大任务，少年儿童图书馆作为一项非营利机构是由国家全额拨款的教育文化事业，其经营不是以利润为向导，而是以文化价值为中心。其发展程度也日益成为现代化文明的重要标志之一。

1. 少年儿童图书馆的内涵

少年儿童图书馆是搜集、整理、收藏儿童教育类图书资料供人们阅览、参考的社会教育机构。少年儿童图书馆主要面向全体少年儿童，丰富儿童课余生活，开展少年儿童课外活动。作为社会公益性机构的少年儿童图书馆，其存在是以社会服务和社会教育为目的，并为广大少年儿童提供校外教育的场所。少年儿童图书馆承载着对少年儿童进行社会教育的功能，是社会教育研究中不可缺失的重要阵地。

2. 少年儿童图书馆的价值

在社会主义市场经济体制下，少年儿童图书馆是一个以提供精神产品为主的社会服务生产者。其主要的精神产品是图书展览借阅，从而满足广大少年儿童的精神需求。少年儿童图书馆具有文化与经济两方面价值。

文化价值主要是少年儿童通过在儿童图书馆的学习，深入了解祖国文化，学习科学知识，了解祖国历史发展，获得知识与情感的体验，等等。而文化价值往往通过活动的展开、内容的观赏、儿童及家长的共同参与等方式进行，因此，就形成消费意义上的经济价值。应该肯定的是少年儿童图书馆的文化价值是首要的、主导的，经济价值是次要的、派生的。我国少年儿童图书馆应坚持"以文化价值为导向"，将社会效益放在第一位。

目前，据不完全统计，我国的少年儿童图书馆约40余所。其中，省会城市11所，分别是杭州少年儿童图书馆、合肥少年儿童图书馆、厦门少年儿童图书馆、湖南少年儿童图书馆、广州少年儿童图书馆、济南市少年儿童图书馆、山西省图书馆少儿分馆、武汉市少年儿童图书馆、沈阳少儿图书馆、长春少儿信息港、陕西省图书馆少年儿童分馆。

直辖市城市9所，分别是国家图书馆少年儿童馆、西城区少年儿童图书馆、中国少儿数字图书馆、石景山少年图书馆、延庆县图书馆少儿天地、天津市少年儿童图书馆、少儿信息港（上海少年儿童图书馆）、上海市杨浦区少儿图书馆、重庆市少年儿童图书馆。

非省会城市19所，分别是大连市少年儿童图书馆、南通少年儿童图书馆、深圳少年儿童图书馆、温州市少年儿童图书馆、湛江少年儿童图书馆、无锡市少年儿童图书馆、衡阳市少年儿童图书馆、广东佛山禅城区图书馆少儿分馆、淮南市少儿图书馆、苏州图书馆少儿园地、淮安市少儿图书馆、深圳市盐田区少儿图书馆、淄博市张店区少儿图书馆、常熟市图书馆少儿园地、长兴图书馆少儿馆、扬州市少年儿童图书馆、泸州市少儿图书馆、丹东少年儿童图书馆、邵阳市少年儿童图书馆。自治区城市1所，即广西少年儿童图书馆。

从分布来看，我国少年儿童图书馆的分布主要集中于一些经济发达地区，并以省会城市居多。西北地区较少，西部地区没有相关设置。体现出的问题是我国的少年儿童图书馆事业发展不均衡，南北差异、东西差异较大。这一现象既有我国经济发展状况的影响，也有国家在统筹社会教育发展方面不完善的因素造成。

3. 少年儿童图书馆的活动内容

我国少年儿童图书馆面向全体少年儿童，是对少年儿童进行校外兴趣培养的先导。在开展的活动内容方面，可分为视听类、活动体验类、思考探究类等几个方面。

（1）视听类

随着现代科技的发展，网络作为新的媒体传播形式日益被人们广泛使用。我国少年儿童图书馆设置了互联网主页，方便少年儿童及家长随时关注图书馆的最新动向，也便于政府教育部门随时掌握少年儿童图书馆的发展动态，及时调整政策方针，为进一步更好地建设我国少年儿童图书馆提供参考。

在具体开展的活动方面，主要包括观看社会教育内容的宣传片、教育卡通动画、观看教育影视作品等。

（2）活动体验类

活动体验是目前我国少年儿童图书馆在开展活动方面主要的举办形式。以国家图书馆少年儿童馆为例，开展的活动主要有"文津少儿讲坛"、"祖国在我心中"国庆节系列活动、"老师与我"教师节系列活动、少年儿童馆暑期图画书学习创作系列公益活动、父亲节周末故事会、"雷锋在我身边"主题系列活动、"播撒爱与智慧"益智阅读互动活动、"向狐狸们学习"童话制作等。

体验类的活动往往是培养少年儿童动手能力的重要活动，内容的丰富以及形式的多样将给不同年龄需求的少年儿童带来不同的成长体验。这一类活动多围绕重大节日展开，在具体活动安排上体现的问题是：活动多偏向于对少年儿童情感态度的培养，与生活相关的社会技能锻炼活动安排较少，缺少对少年儿童社会技能的培训设置。

（3）思考探究类

在此类活动中，主要涉及一些文化讲座和科普讲座，使得儿童在借阅图书的过程中深化对书籍知识的认识，将学到的内容有效地融入日常生活中来，开启少年儿童的智慧，培养他们在社会中的实际操作能力。因此，如何将思考探究式的活动与儿童社会教育相结合，就成为了少年儿童图书馆在开展活动设置上面临的一项新的重要任务。

## 二  社会教育组织团体

社会教育工作，是一种全社会的工作，需要全体社会成员的积极参与，需要社会各界的主动配合。为了完成社会教育任务，实施各种社会教育工作，开展社会教育活动，由政府、社会、民间结成的社会组织团体，在社会教育的发展中起着非常重要的作用，是推进终身教育发展，建设学习型社会，促进青少年全面发展的行政机制。

社会教育组织团体是推动社会教育发展的组织力量。社会教育工作是一种有计划、有组织、有目的的社会工作。社会各组织机构开展的教育服务、提供的教育产品以及传授的教育技能，都离不开组织和行政的协调、监督和评价，所以，发展社会教育的组织团体，对于推进终身教育，建设学习化社会，促进青少年教育工作，促进青少年全面发展，有重要帮助。

社会教育组织团体的教育方法，主要是统筹、规划、监督、协调、援助和奖励。通过设计教育项目、开展教育活动、搭建教育平台，为社会教育工作、为终身教育工作、为青少年全面发展开展教育服务、提供教育产品、增进社会教育的有效性和全面性。

从世界各国社会教育发展的经验来看，每一个国家在推动社会教育发展过程中，都有组织团体的力量。社会教育组织团体大致可以分为政府组织、行业组织和联合组织。

（一）政府组织：行政推动

社会教育工作主要是在政府组织的推动下，社会各界广泛参与，所开展的有目的、有计划、有组织的教育事业。政府推动下的社会教育工作是一种积极的行政力量。

各国在发展社会教育过程中都有政府组织的推动。美国社会教育工作非常具体，以成人为教育对象的社会教育机构可以分为"独立的成人教育机构、学校教育机构、半教育性机构和非教育性机构"[1] 在非教育性组织机构中，政府机构，包括联邦政府组织、州政府组织、地方政府组织均有举办成人教育的机构，军队也有举办成人教育的机构。

日本社会教育有国家行政组织和地方行政组织，国家社会教育行政组织最高掌管机关在文部省，文部省内设置主管社会教育的部局，1988年以

---

① 孙启林主编：《世界教育大系——社会教育卷》，吉林教育出版社2000年版，第131页。

前称作"社会教育局"，后称为"终身学习局"；地方社会教育行政组织设置社会教育事务局，有专职社会教育主事和社会教育主事助理，负责社会教育专门的业务技术指导。

我国目前社会教育事业没有专门的管理机构，但是有一些相关、相近的组织机构负责相应的社会教育，主要代表性的行政部门有教育部门负责的校外教育、精神文明建设指导委员会推动下的未成年人思想道德教育。

1. 教育部门推动下的校外教育

教育行政部门推动下的学校校外教育，主管部门是各级负责基础教育的校外教育处室，各地行政主管名称也有不同。主要有教育行政部门设立青少年教育保护办公室和青少年校外教育工作联席会议。这些机构、团体或组织基本上都是以青少年社会教育工作为主，负责管理、监督、统筹、协调本地青少年社会教育事业，这些由教育部门推动下的青少年社会教育，其教育的对象主要以各级各类学校学生为主，其教育领域主要是学校学生的校外教育。

2. 精神文明建设指导委员会推动下的未成年人思想道德教育

"未成年人"，在《中华人民共和国未成年人保护法》中规定："未成年人，是指未满十八周岁的中国公民。"可见这个概念与青少年概念有重复之处，只是各自强调的重点不同，二者在小学、初中和高中阶段指的是同一个青少年群体，在社会教育领域是共同的教育对象。

在《中共中央国务院关于进一步加强和改进未成年人思想道德建设的若干意见》中指出："中央精神文明建设指导委员会负责指导全国未成年人思想道德建设工作，督促检查各地区各部门贯彻落实中央关于加强和改进未成年人思想道德建设工作部署的情况，组织协调各有关部门和社会各方面共同做好未成年人思想道德建设工作。"

精神文明建设指导委员会主要负责指导未成年人的思想道德建设，在青少年社会教育工作中重点突出思想道德教育。这是精神文明建设指导委员会开展青少年社会教育的优势与特色。以思想道德建设为主题，开展活动、组织平台、发展项目以及和社会各界展开合作，逐渐形成了青少年思想道德建设体系。

（二）行业组织：专业推动

行业性社会教育团体主要是以社会教育行业为主的社会组织机构、单位结成的本行业的协会组织或团体组织。

世界各国在促进社会教育发展过程中，均有行业组织的推动，美国各种职业协会推动成人教育发展。英国创立于 1974 年的人力服务委员会，"是一个协调就业和进行职业训练的机构"，在推进就业，降低失业，开发人力资源，促进经济发展方面作用突出。

日本以团体为中心推动社会教育是日本国家的一个重要传统。第二次世界大战前是"半官半民"性的教化团体，第二次世界大战后尊重团体的自主性，各类社会教育团体多种多样。诸如一般社会教育团体有财团法人社会教育联合会、财团法人社会教育协会等；成人教育团体有财团法人全国教师与家长联合会、全日本教育家长会议等；妇女教育团体有全国地区妇女团体联络协议会、日本妇女联合会等；青少年教育团体有日本基督教青年同盟、日本红十字会少年红十字、童子军日本联盟、日本青年团协议会、全国儿童会联合会等。此外，各种社会教育团体五花八门。诸如修养教化团体、社会函授教育团体、技能教育团体、视听教育团体、社会教育设施团体、道德弘扬团体等。

我国目前有关社会教育专业或专门行业团体还很薄弱。社会教育不是一种职业，也不是专业，在各种层面上，以社会教育专业为名称的团体，被具体分化到各种事业之中。在社会教育专业团体中，有关青少年社会教育行业协会组织，国家层面的主要是中国青少年宫协会，省级层面的主要有各省青少年宫协会。

中国青少年宫协会是国家民政部注册的一级协会，接受共青团中央及国家民政部的业务指导和监督管理。中国青少年宫协会是由各级各类全国青少年活动场所组成的最高的行业协会，是一个面向全国青少年活动场所的系统，基本任务是搭建全国青少年宫系统事业发展的平台。

《中国青少年宫协会章程》中规定，"中国青少年宫协会是由青年宫、少年宫、青少年宫、青少年活动中心、儿童活动中心、青少年科技馆、青少年活动营地、青少年教育基地等青少年活动场所（以下简称青少年宫）组成的非营利性的全国行业性团体，是青少年活动场所的行业指导、协调、管理和服务机构"。"中国青少年宫协会的工作宗旨是：促进中国青少年社会教育事业，服务青少年健康成长，推动青少年宫可持续发展。"[1]

---

① 中国青少年宫协会网站，www.cnypa.org。

（三）联合组织：集体推动

联合性教育团体主要是为了形成教育合力，由政府组织机构、机关团体等相关部门结成的社会教育协调机构。

世界各国在推动各种社会教育工作上，均有联合组织。美国的青少年博物馆展览合作组织（简称 YMEC）是一个儿童博物馆之间的大联合组织。1990 年建立的一个非营利组织，由 10 家具有领导权威的儿童博物馆组成。这个联合组织的建立"作为对快速增长的儿童博物馆以及对教育、高质量、互动体验的不断增长的需求的一种回应"，① 满足儿童对跨学科的学术展览的要求，在合作进行巡回展览和共享专业资源等方面作用巨大。日本的众多社会教育团体也是联合组织，诸如图书馆团体、博物馆团体、全国视听教育联盟等。

我国具有代表性的社会教育联合团体主要是针对青少年社会教育的团体，主要有全国青少年校外教育工作联席会议和关心下一代工作委员会。

1. 全国青少年校外教育工作联席会议

全国青少年校外教育工作联席会议是负责统筹协调和指导全国青少年学生校外教育工作以及青少年学生校外活动场所建设和管理工作的团体。全国青少年学生校外教育工作由教育部牵头，中央和国家机关各有关部门、群众团体共同参与。全国青少年校外教育工作联席会议办公室设在教育部。各地参照"全国青少年校外教育工作联席会议"的组织形式也成立相应的各个层次的协调机构。

全国青少年校外教育工作联席会议的工作职责是，统筹协调和指导全国青少年学生校外教育工作，指导各省（自治区、直辖市）青少年学生校外教育协调机构的工作；统筹协调全国各级各类青少年学生校外活动场所建设、规划和管理工作；制订国家有关青少年学生校外活动场所建设专项资金的使用方案等。

2. 中国关心下一代工作委员会（简称关工委）

中国关工委是以组织老同志来进行关心、教育下一代的工作为目的的群众性工作组织。

中国关工委机构设置在国务院机关事务管理局，除中国关工委外，在

---

① 杨玲、潘守永主编：《当代西方博物馆发展态势研究》，学苑出版社 2005 年版，第 127 页。

我国各省市区县都设有关工委机构，一般各地方关工委主任多由退休的市长、人大主席、县长等人担任。中国关工委与地方关工委通过沟通信息、总结典型、交流经验、表彰先进等方式紧密联系，相互配合，共同推进全国关心下一代事业的发展。

中国关工委直属机构主要有：中国火炬杂志社；中关工委公益文化中心；中关工委事业发展中心；中关工委教育发展中心；中关工委儿童发展研究中心；中关工委健康体育发展中心。

中国关工委开展工作的主要方式是针对青少年特点，组织开展有益青少年健康成长的各种形式的活动；通过家长学校、社会活动等形式促进学校、家庭、社会教育的有机结合。

### 三　社会教育媒体

教育媒体是指传播各种教育信息的媒介，也称教育传播媒体或称教育传媒，通俗的说就是传播教育知识信息的载体或平台，从传播学视角分析指的是教育信息传播过程中从传播者到接受者之间携带和传递教育信息的一切形式的物质载体和工具。

教育媒体是丰富多彩的媒体资源中以社会教育为目的，突出教育主题，开展教育业务，开发教育产品，提供教育服务的传播媒体。无论是公立、私立或是团体、个人，教育媒体对于公民的教育引导具有多种教育功能，可以传播教育新闻、监测社会教育环境、协调社会教育关系、传承文化教育、开展教育服务、提供教育产品，传授教育技能等。

从各国社会教育经验来看，世界各国都有利用媒体进行社会教育，进行教育传播的做法。德国进行社会教育的有效手段就是利用大众传播媒体。

　　　大众传播媒体被称为与议会、政府和司法同在的"第四种权力"，为社会教育提供了非常先进的技术和优越条件①。

英国自 1924 年就将广播用于学校教育，1957 年，英国开始传送电视教育节目。由英国广播公司（BBC）和独立广播局（IBA）播放为大中小

---

① 孙启林主编：《世界教育大系——社会教育卷》，吉林教育出版社 2000 年版，第 245 页。

学设计的教育节目。① 教育节目丰富，教育内容广泛，并且日益发展。

我国社会教育媒体发展迅速，各种社会教育专门媒体涵盖了社会教育的方方面面，发挥着巨大的教育功能，影响着千家万户和成千上万的青少年。在推进终身教育，促进学习化社会的实现，促进教育公平以及青少年全面发展等方面效果突出。我国新兴教育媒体，已经成为开展教育服务、提供教育产品、传授教育技能的专门教育信息平台。主要包括教育电视台、教育广播电台、教育报刊、教育杂志、教育出版社、教育网站等。

（一）教育电视台

电视台指的是制作电视节目并通过电视或网络播放的媒体机构。教育电视台主要是制作教育节目并通过电视或网络播放的媒体机构。广义上，所有的电视台都是教育电视台，所有的电视节目都具有教育的价值，狭义上，教育电视主要指制作播放教育类节目的电视。美国传播学家施拉姆曾说过："所有的电视都是教育的电视，唯一的差别是它在教什么。"②

教育电视台性质定位是教育机构，在一些国家或地区，教育电视台隶属教育部门管辖，归属于教育事业。由于教育电视台的教育性质，所以，教育电视台要遵循教育发展的规律，要为教育目的服务，要具有教育学方面的知识体系，教育电视节目要在促进教育的发展过程中，促进社会的发展和人的发展。

教育电视台的主要任务是制作和播放教育类节目，通过各种教育节目传播教育学知识，传递教育信息，提供教育服务，传授教育技能，促进社会各类教育质量的提高和发展。

从教育学意义上看，教育电视台就是一所学校，一本教科书，一个职业教师。作为一所学校，教育节目就是各种教育课程、各种教育实践活动的载体，因此，教育电视台制作和播放的每一个节目，都应该具有教育意义，都要考虑到教育的影响和教育成效；作为一本教科书，教育电视台应该教育节目丰富，符合学生的年龄特征并激发学生的兴趣，使学生从中受到教益，从而促进其成人、成长和成才；作为一名职业教师，教育电视台应该具有教师的形象，为人师表，教书育人，通过自身渊博的学识、卓越的教学技能、高尚的人格以及教育智慧影响受教育者促进受教育者的全面

---

① 孙启林主编：《世界教育大系——社会教育卷》，吉林教育出版社 2000 年版，第 152 页。
② 胡晓玲、抗文生：《浅谈电视教育节目的发展》，《甘肃广播电视大学学报》2001 年第 3 期。

发展。

教育电视台的特殊性，决定了其教育节目制作的特殊性和播放的特殊性。

教育节目制作的特殊性，在教育新闻领域，应该立足于传播教育新闻、聚焦教育热点、评论教育时事，分析教育的成败得失，传递成功的教育经验，总结富有成效的教育规律；在各种知识类、学科类节目领域，要立足于学校之外的教育设计，辅助学校学科教学，减轻学生学业负担，帮助学生身心健康成长；在各种教育专题节目中，应该立足于家庭教育、学校教育、社会教育的难点、重点和焦点，制作教育类品牌栏目，以便影响社会、家庭和学校，从而达到教育的目的；在各种教育文化类、教育文艺类、教育娱乐类、教育体验类、教育互动类等节目领域，应该立足于教育主题，寓教于乐，采用灵活多样、丰富多彩的方式设计教育节目。与此同时，教育电视台，也要制作教育电影、教育电视剧等，通过这些文艺形式为儿童、青少年以及广大公民提供丰富的教育食粮，引领公民道德成长和素质的提升。

教育节目播放的特殊性就在于受众群体收看特殊性所制约。各级各类学校学生收看的时间有限，许多精彩的教育节目、有益的教育节目没有机会看到。另外各种电视节目五花八门，影响人们收看教育电视节目。因而，教育电视台的教育效能就十分有限，基于此，教育电视台就应该了解受众群体的收看特点，增加教育节目的吸引力，扩大教育广告宣传，提高教育节目的收视率，从而促进教育目的的实现。

我国目前教育电视台数量众多，有中央教育电视台、各省教育电视台以及科教电视台、科教频道等，已经形成了教育电视台专业体系，需要进行教育学专业的培育与提升，促使教育电视台成为真正的社会教育机构。从而推动终身教育的发展和为建设学习型社会服务。

（二）教育报刊

报刊是通过纸张把文字资料传播出去的一种工具，通过传播起到宣传、解释和教育作用。广义上，所有的报刊、杂志都是社会教育，所有的报刊、杂志登载的文章都具有社会教育意义；狭义上，以登载教育类文章，传播教育类知识信息，宣传教育思想，提供教育服务，传授教育技能的报刊是教育报刊。

教育报刊的教育性质制约着教育报刊办刊的目的和任务。教育报刊的目的是为教育目的服务，是实现教育目的的重要阵地，是完成教育任务的重要载体。

教育报刊的主要任务全面、准确、及时报道教育方针、教育政策及教育工作部署，报道教育改革与发展的动态和经验，关注社会教育热点、难点问题，反映广大教师和教育工作者的心声和意愿，宣传先进教育思想，传播科学教育知识，为教育事业提供专业化的服务。

教育报刊的教育性质决定了教育报刊杂志社是社会教育机构，应该受教育行业职业规范和专业水平所制约，决定了从业人员的职业操守和专业水平。教育类文章板块的内容、设计、登载都要符合教育的规律，符合通过教育促进社会发展和人的发展的教育要求。教育报刊要经得住历史的考验，使报刊具备历史价值、科学价值、艺术价值和教育价值。在推进建设学习化社会以及促进终身教育发展方面发挥作用。

我国目前教育报刊数量众多，有新闻类教育报刊，有学术类教育期刊，有普及类教育报刊，有行业教育期刊、专门教育期刊等，在教育领域的各个方面诸如学前教育、基础教育、高等教育、职业教育、成人教育、继续教育、教师教育等，都有自己的教育刊物。

（三）教育网站

网站是一种通信工具，是用超链接方式组成的既有鲜明风格又有完善内容的相关网页的集合。通过网站人们可以发布自己想要公开的资讯，或者利用网站来提供相关的网络服务。人们可以通过网页浏览器来访问网站，获取自己需要的资讯或者享受网络服务。广义上，任何网站都是教育机构，网站提供的产品、传播的知识、传授的技能，总能影响着人的思想、行为、知识和技能的形成或改变；狭义上，以传播教育资讯、提供教育服务、开发教育产品、传授教育技能的网站是教育网站。

教育网站的教育性质决定了教育网站是社会教育机构，应该为教育目的服务，为全面促进社会的发展与人的发展服务，为终身教育的实现，为建设学习化社会以及促进青少年全面发展服务。

教育网站的主要任务是传播教育资讯、开展教育服务、提供教育产品、传授教育技能。通过教育网页使受教育者接受科学教育知识，掌握先进教育思想，满足和提升广大教育工作者日益增长的各种教育需求，引领全民教育，促进国民素质的提高。

我国目前教育网站十分丰富，已经覆盖了教育需求的方方面面，满足着社会日益增长的教育需要。在传播教育资讯、提供教育服务、传授教育技能等方面作用巨大。

总之，教育电视台、教育报刊杂志、教育网站等教育媒体的存在是现代社会教育的重要路径，是影响广泛、受众众多、无所不在、无时不在、无处不在的新兴社会教育机构。教育媒体受众广泛的特点，使得教育媒体在推进终身教育，促进学习型社会的形成以及提升国民素质等方面效能显著。

## 第二节    社会教育综合设施

社会教育综合设施主要指具有多种工作任务，能够开展多种活动的文化事业机构与设施。文化设施分为文化事业设施和文化产业设施两个部分，文化事业设施是为社会公益目的、由国家机关或其他组织利用国有资产举办的、在文化领域从事研究创作精神产品生产和公共文化服务的公益性组织机构；文化产业设施是指从事文化产品生产和提供文化服务的经营性行业。性质上，文化事业设施具有公益性，文化产业设施具有经营性；管理体制上，文化事业设施通常实行公益性管理体制，文化产业设施实行经营性企业管理体制。

文化事业设施是国家文化事业与文化产业的载体，通过发展文化设施，推进终身教育，促进学习化社会建设，促进青少年全面发展是一个重要的方法路径。因为，文化是大教育，本质上是社会教育，在世界上一些国家，公益性文化设施归教育行政管理。文化具有育人功能，在人的全面发展中，文化是社会环境，对人的发展起制约作用。但是，文化设施的育人功能，只有通过有目的、有计划、有组织的社会教育才能够得以充分实现，所以文化设施与社会教育的结合，可以更加有效地发挥教育作用，更加自觉地为青少年全面发展服务。

文化产业设施，是为了满足广大群众多样性、多方面、多层次需求，通过市场机制、遵循价值规律，通过生产公众喜爱的文化产品，以市场交换的方式来进行的各种形式的文化设施。文化产业设施，内容丰富，形式多样，集中在文化、体育、旅游、休闲、娱乐、拓展等方面，这些设施开展文化服务、提供文化产品、传授文化技能、具有社会教育因素，因而影响人的身心发展。积极的经营性文化设施是促进青少年全面发展的重要路径，是发展社会教育过程中必须重视的一个方面，必须坚持先进文化前进方向，坚持把社会效益放在首位，社会效益和经济效益相统一的原则。

国家和地区具有社会教育功能的文化设施可以分为文化事业设施和文化产业设施两类，各种文化设施，各具社会教育特点，各具社会教育效能。《世界全民教育宣言：满足基本学习需要》中要求创造一种支持性的政策环境：

> 为了实现基础教育为个人和社会发展服务的全面实施和利用，需要在社会、文化和经济部门采取支持性政策。[①]

在文化产业设施领域，最具社会教育特点的是大众媒体设施，因此，从社会教育视角来看，社会教育的综合设施，主要有文化事业设施和大众媒体设施。

## 一　文化事业设施

文化事业设施是指由国家设立，承担政府交办或鼓励支持的公益事业职能，不以营利为目的、面向公众提供公共服务的文化设施。主要包括文化馆、博物馆、图书馆、美术馆、科技馆、纪念馆、工人文化宫、青少年宫等公共文化服务设施和爱国主义教育示范基地等。这类单位以政府为主导、以公共财政为支撑、以公益性文化事业单位为骨干、以全民为服务对象，满足人民群众的文化权益。

文化事业设施是国家基本公共服务体系的一部分，隶属国家公共文化服务体系的文化服务设施。这些文化服务设施具有多种目的，可以开展多种工作，能够组织各种活动，实施社会教育任务和工作是其职能之一。在社会教育工作上，具有公益性、均等性、基本性、便民性等特点。

文化事业设施亦可称为公共文化体育设施是政府文化服务体系中的基础性、公益文化设施，是为全体大众服务的，满足人们文化生活需要的设施，从社会教育意义来看，主要分为两类：一类是文化场馆；一类是文化广场。

---

① 赵中建编：《教育的使命——面向二十一世纪的教育宣言和行动纲领》，教育科学出版社1996年版，第20页。

（一）文化场馆

公益性文化场馆设施主要是国家设立，满足人们基本文化需要的公益性文化机构设施，主要包括公共图书馆类，诸如国立图书馆、省立图书馆、市立图书馆等；博物馆类，诸如国家博物馆、各省博物馆，各种主题、各种类型的博物馆等；文化馆类，诸如文化站等；科技馆类，诸如国家级科技馆、各省级科学宫等；纪念馆类，诸如历史人物纪念馆、重大事件纪念馆、重要贡献纪念馆等；艺术馆类，诸如美术馆、音乐馆、雕塑馆等；体育馆类，诸如体育场、体育馆、游泳馆、田径棚、风雨操场、运动场及其他各类室内外场地、群众体育健身娱乐休闲活动所需的体育俱乐部、健身房、体操房和其他简易的健身娱乐场地等。

这类文化设施以各种场馆为文化教育载体，通过场馆、场所、场地开展文化教育活动，具有多种文化功能，开展社会教育是其重要职能。

从国外经验来看，这类文化设施自产生之日起就以公益性定位，在国外一直是一种公益性文化事业。在欧美公共图书馆、博物馆等文化事业是一种重要的社会教育资源，这些文化事业在教育作用上地位明显、功能重大，是教育发展过程中不可缺少的。英国《英格兰学龄儿童免费参观博物馆提案》中指出：孩子们可以从博物馆的参观中获益，博物馆能将学校的课程内容带到生活中来——从历史、地理到科学、数学和技术。在学校感到乏味或好动的孩子可以重新开始一次关于形成我们世界的价值观、思想和信仰的博物馆或美术馆之旅。[1]

欧洲许多国家制定一系列相关的措施让人们走进博物馆，提供一条长期的、持久的途径发展博物馆的教育职能。如法国，在一年一度的"博物馆之春"活动中，由法兰西博物馆局与教育部联合向儿童推出了"带着你的父母去看博物馆"的活动，有500家法国博物馆参加了这一活动。在整整一个月的时间里，有40万法国儿童收到一封由活动主办单位发出的盛情的邀请信，他们可以凭着这封邀请信，带着父母一起去参观博物馆，而且一切是免费的。[2]

法国的"博物馆之春"不仅在法国得到社会各界的支持，欧洲各国也

---

① 安跃华：《英格兰学龄儿童免费参观博物馆提案》，《中国博物馆通讯》2003年第10期。
② 陈滢：《欧美博物馆的青少年教育》，欧阳艺术教室网站，www.ouyangart.com，2009年7月13日。

纷纷响应，2003 年有 27 个欧洲国家的 1500 家博物馆参加了这项活动，到 2005 年增加到 31 个欧洲国家的 1900 家博物馆参加了这项活动。此外，还有在德国的首都柏林举办的"漫长的博物馆之夜"活动，这项活动由政府部门与博物馆联手，每年举办两次，为包括青少年在内的民众走进博物馆提供门票、车票的种种优惠服务。

由柏林首创的"漫长的博物馆之夜"活动，正在德国和欧洲各地扩展。在美国，博物馆更是全方位成为青少年教育的重要资源。美国的博物馆协会将"教育"与"为公众服务"并列为博物馆的核心要素。88% 的美国博物馆有"从幼儿到少年"的教育项目。据保守估计，全美国的博物馆每年共为学生提供 390 万小时的服务。美国的博物馆，已经成为从小学生到研究生名副其实的第二课堂，各种层次的学生都有相当一部分正式课程是在博物馆的展厅、教室、库房和图书馆等地进行的。[①]

从国内社会教育发展历史来看，图书馆、博物馆等文化设施，自产生之日也以社会教育事业而定位，自民国初期教育部设立"社会教育司"至 20 世纪 30 年代，据民国教育部统计，截至 1931 年被认定的社会教育事业竟达 60 多种，[②] 其中包括一般的文化机关：图书馆、博物馆、展览馆等；一般的公益事业：阅报处、识字处、体育场、公园等。

新的发展时期，我国图书馆、博物馆等文化设施隶属于文化事业，但是，社会教育职能仍是其重要任务之一，在 2003 年颁布的《公共文化体育设施条例》中规定：

> 公共文化体育设施管理单位必须坚持为人民服务、为社会主义服务的方向，充分利用公共文化体育设施，传播有益于提高民族素质、有益于经济发展和社会进步的科学技术和文化知识，开展文明、健康的文化体育活动。[③]

国家兴办的公共图书馆、博物馆、文化馆、科技馆、群众艺术馆、美

---

① 陈滢：《欧美博物馆的青少年教育》，欧阳艺术教室网站，www. ouyangart. com，2009 年 7 月 13 日。

② 中国第二历史档案馆编：《中华民国史档案资料汇编》第五辑第一编，江苏古籍出版社 1994 年版，第 715 页。

③ 中国法制出版社编：《公共文化体育设施条例》，中国法制出版社 2003 年版，第 2 页。

术馆等为群众提供公共文化服务的单位，同时也是社会教育机构，具有社会教育的职能和任务，应该受社会教育规律制约，具备社会教育学的知识和技能，开展丰富多彩的社会教育活动，满足广大群众日益增长的文化教育需求，在推进学习型社会建设，开展终身教育、社区教育以及促进人的全面发展等方面发挥作用。

（二）文化广场

广场是指具有广阔面积的大场地，也指大建筑前的宽阔空地。文化广场是政府在城市建设过程中，在城市的核心区域，为公民、市民提供的一项公共服务设施，所以，也称为市民广场。一些地区的城市艺术广场、音乐广场、文化公园、教育公园等，也可以包括其中。

市民广场具有文化内涵，包含两个方面的文化含义：其一，指的是广场选址、广场建筑布局、广场文化物质设施以及设施的文化功能等建筑本身所蕴含的文化；其二，是指在广场上开展的文化项目、文化活动等。

从国外文化广场的历史经验来看，许多国家广场文化历史久远、功能众多、影响巨大，一些重要文化广场已经成为一个国家的标志，一个民族文化的象征，具有极高的社会教育价值。

欧美著名历史文化广场较多，诸如意大利威尼斯广场，以典雅的文化古迹，体现出浓郁的文化特色；马德里西班牙广场，广场上立有17世纪著名作家塞万提斯的纪念石像；奥地利莫扎特广场，是萨尔茨堡的中心；法国巴黎戴高乐广场，是以凯旋门为中心的圆形广场；英国伦敦的特拉法加广场等。

从城市建设视角来看，城市文化广场是城市的靓丽风景，一个景观胜地；从文化意义来看，城市文化广场，是市民参与丰富多彩文化活动的天地；从社会教育意义来看，城市文化广场，是市民学校，是学习型社会的阵地，是终身教育的场所。所以，文化广场从选址、布局、建筑风格以及各种文化物化设施，到举办的各种活动，都要考虑到多重文化价值。

首先，文化广场要有历史价值。文化广场的历史价值主要是文化广场的选址、布局、建筑以及物化设施，要经得住历史的考验，要对先人和未来负责。在各种文化活动的开展上，要承载历史，增加文化的厚重，面向未来。通过历史展览、讲座、咨询等活动，设计和创新文化广场的历史价值。

其次，文化广场要有科学价值。文化广场的科学价值主要表现在广场的物化设施要有科学性，有科学的知识和科学的精神。各种文化设施要注意安全、环保和经常检查维护；各种文化活动要体现科学发展观，传播科学知识和科学技能。通过各种科技展览、科技讲座、科技咨询等创造文化广场的科学内涵。

再次，文化广场要有艺术价值。文化广场的艺术价值主要是具有美学功能，体现艺术美、自然美和创造美。人们身临其中得到美的熏陶和愉悦，为人们提供身心休闲和健康发展的环境。通过各种艺术活动，诸如音乐、美术、展览等提高文化广场的艺术价值。

最后，文化广场要有教育价值。文化广场是一个重要的社会教育场所、场地，是人们通过参观、活动、体验、动手和互动等方式进行学习教育交流的平台。是传播科学知识、提升市民素质、促进青少年全面发展的阵地。通过各种教育项目增加文化广场的教育内涵。

文化场馆和文化广场等公益性文化设施是推进终身教育，建设学习化社会，促进青少年全面发展的重要场所，由这些文化设施开展的针对青少年的文化教育活动是促进青少年全面发展的重要路径。这些公益性文化设施的存在有效地为青少年的业余活动、休闲活动，为青少年体力、智力以及个性的发展提供着活动的空间和场所、场地，这是促进青少年全面发展的物质基础和设施保障。

公益性文化设施促进青少年全面发展的路径多样，方法亦多样，可以根据每一种文化设施的特点开展形式多样、丰富多彩的青少年文化教育活动。如公共图书馆、博物馆开展青少年社会教育专项，根据场地和图书展览的特点可以开展青少年咨询展览、专题讲座、研讨座谈和举办活动。

新时期，在促进青少年全面发展的公益项目上，可以推进建立公共电子阅览室和未成年人公益性上网场所，公共文化场馆向全社会免费开放，设立流动文化服务车、流动电影放映车。将观看教育影片纳入中小学教育教学计划。建立农家书屋和城乡阅报栏（屏），公共体育设施向社会开放，学校体育设施向公众开放，扶持社区体育俱乐部、青少年体育俱乐部和体育健身站（点）建设等。

## 二　大众媒体设施

大众媒体设施又称大众传媒设施，是指在一个国家或地区中具有大量受众的一类传播媒体设施，这类设施同时具备第三产业、知识产业和信息产业的共同特征。其主要功能有获取与传递信息、文化传承、舆论监督、娱乐休闲、教育大众等。大众媒体设施要坚持社会教育效益与市场经济效益相统一的原则，要坚持文化的先进性、健康性，面向社会教育群体，开发有利于身心发展的文化品牌，提供公益性、援助性的文化服务。

社会教育是大众媒体设施功能之一。《学会生存》作者强调要扩展"校外的潜力"，指出：

> 有许多媒体，从它的广义讲来，可以或可能用于教育目的，但并不限于严格的教育活动和教育方法，它们的发展也可以包括在教育扩展的范围以内。[①]

大众媒体设施传播的内容丰富，包括政治、经济、文化、教育等各类信息。影响引导人们的学习、工作、娱乐与休闲，是现代社会影响人身心发展的重要因素。随着现代社会的快速发展，依托各种科技手段，各种新兴传播媒体，发展迅速，已经成为社会大众一种不可缺少的生活方式，影响着人们的思想，制约着人们的行为，形成着人们的习惯。

现代大众媒体设施已经成为青少年成长过程中一个重要的外部环境，大量的信息成为青少年成长过程中的"添加剂"，在青少年思想的形成、心理的成熟以及认识社会、了解世界的过程中，起着发育、催熟等作用，现代社会教育必须科学认识这种大众媒体的教化作用，分析其科学教育的成分，研究其合理的教育因素，辨析对青少年成长不利的消极因素，在社会教育的过程中，发挥其教育的积极影响，降低其影响的消极因素。

现代大众媒体是促进青少年全面发展的重要路径。各种媒体设施在青少年全面发展过程中起着重要的作用，是现代社会环境的重要因素，深刻影响着青少年身心的发展和全面素质的提升。准确分析大众媒体对青少年全面发展的影响，分析其积极的因素和消极的因素，定位各种因素的影响因子和影响渠道，充分发挥社会教育的主导作用，对于促进青少年的全面发展，具有积极的价值。

大众媒体设施依托不同的标准，可以有多种分类形式。我们仅从电视

---

① 联合国教科文组织国际教育发展委员会编著：《学会生存》，教育科学出版社1996年版，第62页。

媒体、广播媒体、平面媒体、网络媒体、户外媒体和手机媒体六个方面，分析各个媒体的社会教育功能与特点。

（一）电视媒体

电视媒体是指以电视机为宣传载体，进行信息传播的媒介或是平台，包括电视机、录像机、影碟机和摄像机等。从广义教育来看，正如美国传播学者施拉姆所指出：

> 所有的电视都是教育电视，唯一的差别是它在教什么。①

确实如此，所有的电视，都在传播知识、宣传思想、传递经验、传授技能，影响人们的身心发展，从这个意义上来看，一台电视就是一所学校，数本教科书，数名教书先生。电视媒体每天像课程表一样，把一节节"课堂"送进千家万户，通过丰富多彩的频道、节目、栏目、活动等实现着教育的功能。

电视媒体虽然具有教育的功能，但是它不是专业教育机构，与教育电视台不同，教育电视台是教育的专业媒体，是社会教育机构。电视媒体是文化机构、文化事业单位，是综合性信息传播机构，教育功能只是其功能之一种，而且，电视媒体的教育功能不一定是有目的、有计划、有组织的。因而，电视媒体开展社会教育的计划、播放教育内容的节目、社会教育成效就难以评价。由于受众群体的多面性、广泛性和复杂性，以及电视媒体教育意义的潜在性，使得电视媒体的教育价值，在通过教育促进人的发展以及社会的发展，在推进终身教育的实施以及建设学习型社会的进程中，责任巨大、潜力巨大、功能巨大。

电视媒体的社会教育可以有目的、有计划、有组织地实施，充分发挥电视媒体平台的作用，利用电视媒体的传播优势，正面积极地开展社会教育。可以多途径、多形式地设置专门频道、专门栏目、专门节目、专门团队、专门主持人等方式，承载社会教育的任务，通过全面发展的频道教育为人的全面发展创设社会环境，增加社会教育力量。

（二）广播媒体

广播媒体是通过无线电波或导线定时向广大地区传播声音、图像节目

---

① ［美］威尔伯·施拉姆、威廉·波特：《传播学概论》，新华出版社1984年版，第261页。

的大众传播媒体。播送声音的，称为"声音广播"；播出图像和声音的，叫"电视广播"。这里的广播媒体，指的是声音广播。按照传播方式的不同，广播可以分为有线广播和无线广播；按照调制方式的不同，广播可以分为调频广播和调幅广播；按照使用的波长可以分为长波广播、中波广播、短波广播、超短波广播等。

从无线电广播的历史来看，广播开始应用以来，由于其传播简洁快速、受众广泛的特点，社会教育就是其重要功能之一，世界各国都利用广播开展各种教育活动。广播事业发展的十分迅速。目前的广播电台有新闻台、教育台、体育台、文艺台、音乐台、交通台、服务台等，节目也是丰富多彩。

广播媒体的社会教育特点十分突出。广播是听觉媒体，利用声音符号，以有声语言为主要传播手段，诉诸人的听觉，这是广播最根本的特点。人的声音能说明事物，传达情感，声情并茂，真实可信。广播还可以使用音乐和音响增加节目的现场感，使之有立体感、空间感和情境性。因此具有较强的感染力。通过广播，教育知识信息传播速度快，时效性强，传播范围广泛，受众广泛，广播的收听不受时间、空间、受众文化程度的限制，广播接收设备轻便廉价，可以随身携带，便于随时随地收听。

由于电视媒体、网络媒体、手机媒体的快速发展，广播媒体受到一定的影响，但是，在听众对象、接听时间、接听区域以及节目等方面，仍然有广播的优势。一些没有时间看电视、玩手机，只能依靠广播接受信息的职业也很多，诸如出租车司机、公交车司机等。广播媒体可以通过各种渠道、各种栏目、各种节目、各种活动吸引听众。

从广义教育上来看，广播媒体是社会教育的重要机构，狭义上虽然不是专业教育机构，但是其巨大的教育价值却难以估量。在推进学习型社会建设，推进实现终身教育以及促进全民教育的实施等方面，要关注广播媒体的教育价值，发挥广播媒体的作用。

（三）平面媒体

平面媒体是以纸张为载体发布新闻、传播信息或者资讯的媒体，诸如报纸、杂志等。"平面"的意思，是广告界借用美术构图中"平面"概念，因为登载在报纸、杂志上的广告都是平面广告，所以，纸制品的报刊称为平面媒体。

与广播媒体、电视媒体等不同，传统的纸制平面媒体通过单一的视觉、单一的传播维度传递信息，在没有广播和电视的年代，报纸、杂志主导着信息传播；在广播和电视等新兴媒体出现之后，报纸、杂志的传播虽然受到冲击，但是在传播的有效性、传播的资料性、传播的证据性、传播的历史性、传播的可收藏性等方面，仍然有不可替代的优势。从文化遗产的视角，分析各类传播媒体百年前和百年后具有文化遗产价值的信息载体，可能只有报纸和杂志。

从广义教育学意义分析，平面媒体都是教育媒体，总是以各种方式传递各类新闻信息、传播各种文化知识、宣传各种思想观点、传授各种技术技能，通过各种形式影响人的身心发展和社会的发展。平面媒体这种"大教育"，主观上可能是无目的、无计划、无组织的，但是客观上，它的教育意义却普遍存在。它的教育特点与专业教育报刊不同，专业教育报刊突出教育主题，登载教育新闻，反映教育界的热点，而一般类报纸、杂志，教育新闻、教育知识、教育问题，只是其关注的一个方面。

平面媒体的社会教育特点，以纸张为载体，以文字、图片、图表等为书写手段，传播新闻、传递知识、宣传思想、传授技能。平面媒体传播的内容丰富，涵盖社会生活的方方面面，突出社会关注的热点、焦点、难点问题。平面媒体依靠证据说话，文字"白纸黑字"具有证据价值。平面媒体信息的数据化，具有资料价值、文献价值。平面媒体的设计以及图文并茂的演绎方式，使得报纸、杂志具有极高的艺术价值，提高了人们对报刊的认可以及知识信息的接受度。

平面媒体社会教育功能全面、手段丰富、方法多样。每一个平面媒体都是一本丰富多彩的教科书，它的特色与内容，影响着阅读者的身心发展。同时，平面媒体是全民教育的舞台，是实施终身教育的阵地，是推进学习型社会建设的路径，在提高国民素质，培养人才以及促进青少年全面发展等方面，仍然作用巨大，不可替代。

（四）网络媒体

网络媒体，从广义上说就是指互联网；从狭义上说是指基于互联网这个传输平台来传播新闻和信息的网络。可以分为两部分：一是传统媒体的数字化，如各种报纸信息的数字化；二是基于网络平台诞生的各种"新型媒体"，如新浪网、搜狐网等。

网络媒体是电视媒体、广播媒体、平面媒体之后，依靠现代因特网技术而发展起来的高科技、高传播、高影响、高效率的传播媒体。网络媒体的诞生，改变着世界、改变着人类、改变着社会、改变着生活，在这"全球化"时代，它使"地球村"成为现实。

　　　纵横交错的传播网使世界随时都能听到自己的声音，从而使所有的人都真正成为近邻，如果我们想把握住这些传播网络的迅速发展，那么教育不容置疑地应发挥其重要作用。①

　　网络媒体的快速发展促使人类重新思考人的发展和社会的发展，促使教育发生着根本的变革。

　　从广义教育上来看，网络媒体是社会教育，是广义的教育，是大教育，只要影响人的思想、品德、知识、技能以及影响人的身心发展的一切因素，都有教育的内涵、教育的内容和教育的意义。网络媒体以其强大的传播力量，冲击着传统学校教育、家庭教育和人的自我教育，成为现代社会发展过程中和家庭教育、学校教育、社会教育并存的"第四种教育力量"——网络教育。

　　从社会教育意义来看，网络媒体是社会教育，是真正发挥作用、真正产生影响、真正具有教育效能的社会教育。这种教育符合社会教育的存在特点，无处不在、无时不在、无所不在，既具有社会教育的教育功能，也具有社会教育的社会功能。网络媒体传播范围广，传播信息资讯量庞大，受众群体广泛，教育对象真正是"有教无类"。网络操作简单方便，沟通交流简便易行。教育方式方法多种多样。传统学校教育的一切教学手段、课程设置都可以在网络上找到空间。

　　网络媒体的应用改变着传统的学校教学，对学校德育、学校智育、学校美育、学校体育以及劳动生活教育等全面发展的教育都有影响。在各科教学中，应用网络教学可以提高教学的成效，提升教师教学的效果，增加教学的丰富性，因而，各种形式的网络学校、网络教学、网络课程、网络教师、网络评价等应运而生，成为传统学校教育的补充和扩充。但是网络媒体所带来的社会问题、教育问题也同时出现。"信息技术的发展及其网络的扩大既便利了与他人的交流，有时是在全世界的交流，又增加了自我

---

　　① 联合国教科文组织总部中文科译：《教育——财富蕴藏其中》，教育科学出版社1996年版，第28页。

封闭和离群索居的趋势"，① 虚拟世界导致人们现实感的缺失，使"学习和获取知识已在某种程度上脱离正规教育系统，给青少年融入社会生活的过程带来严重影响"。②

网络媒体的广泛性、复杂性以及多面性，丰富了人们生活，改变着人们的生活方式。从社会教育意义上看，影响着人们的身心发展，因而受到世界各国的关注，从各国社会教育经验来看，世界每一个国家都充分发挥网络媒体的教育作用，充分利用网络媒体的技术、网络媒体的平台、网络媒体的传播功能，开展社会教育，提供教育服务，开发教育产品，传授教育技能。充分发挥网络媒体积极的教育效能，为健康的教育，为促进社会发展和人的发展以及教育的发展服务。

我国网络媒体资源发展迅速，已经成为现代社会人们生活的一部分，成为青少年成长、成人、成功以及成才的重要社会环境。网络媒体社会教育的存在以及教育的特殊性，促使我们必须认真面对，引领网络媒体发挥教育的正能量，促进网络媒体在推进学习型社会建设，实现终身教育目标，引领公民道德成长，促进青少年全面发展方面发挥积极的作用。

（五）户外媒体

户外媒体是指存在于社会公共空间的一种传播介质，包含三个基本要素：一是户外媒体存在的物质空间或文化空间；二是一种物质或非物质的传播介质；三是其传播的特定区域或人群。户外媒体是广告界采纳和使用的概念，但是，从户外媒体的作用来看，其功能不仅仅在于广告，户外媒体也有着重要的社会教育功效。

从我国历史来看，公共场所、公共空间的碑文、石刻、壁画、标语等，就是早期户外媒体的发端，已经有很长的历史，在古代的社会教化中，是一种重要的社会教化手段，起着"行礼乐、宣德化、昭文明而流教泽"③ 的作用。国外注重公共空间的艺术性由来已久，通过建筑艺术、空间布局、单体建筑造型、雕塑等装饰公共场所，使整个城市或公共场合具有文化教育作用。

---

① 联合国教科文组织总部中文科译：《教育——财富蕴藏其中》，教育科学出版社 1996 年版，第 51 页。

② 同上。

③ 《清史稿》选举志一学校上，第 1—8 页。

户外媒体存在的区域包括公民日常生活以及社会生活的全部户外空间。这些公共空间具有公共性、开放性、群体性等特点。从传播学和社会教育视角来看，户外媒体发挥效果最为突出的公众领域是人群密集、流动较大的区域，城市的核心广场，城市的标志性建筑，主要交通要道两边等。户外媒体的广告效果突出，具有直观性、形象性等特点，容易使人"过目不忘"，记忆深刻，符合人们的接受特点，具有成本低、能持久的广告作用。

户外媒体从社会教育的意义上来看，户外媒体具有广义教育的效果，具有社会教育的特性，它无时不在、无处不在、无所不在，总是通过某些文字、图片传达信息、表达观念、传播思想、传授知识，从而对人的身心发展产生影响。户外媒体由于社会教育效果的直接性、直观性，由于所处区域的人群集中性和流动性，由于媒体的生动性和可视效果明显，所以，户外媒体的设立必须受社会教育规律所制约，户外媒体的内容表达、观念传递以及设计效果，不能只追求商业效果，哗众取宠，寓意消极。户外媒体要反映积极健康的教育理念，要发挥促进人的发展和社会发展的进步价值，有助于推进学习型城市建设，通过丰富多彩的设计，通过一流的产品发挥传播教育的作用。

（六）手机媒体

手机媒体，是以手机为视听终端、手机上网为平台的个性化信息传播载体，它是以公众为传播目标，以定向为传播效果，以互动为传播应用的大众传播媒介。被公认为继报刊、广播、电视、互联网之后的"第五媒体"。

手机媒体作为网络媒体的延伸，具有网络媒体信息获取快、受众更广泛、互动更充分、使用更便捷、技术更先进、功能更强大等特点。高度的便携性，跨越地域传播，实现了人际传播与大众传播的完美结合。手机独特的传播优势以及丰富而广泛的传播资源，使得手机媒体成为现代社会获取资讯的重要渠道。但是，也应看到，手机媒体也存在着传播的问题：虚假与不良信息传播、侵犯个人隐私、信息垃圾、信息安全、手机所固有的技术缺陷等。

从广义教育上来看，手机媒体是社会教育设施，具有社会教育的特性，手机一经出现，其信息传播便无处不在、无所不在、无时不在，通过各种信息，传递知识、传播思想、传授技能、提供教育服务，影响受众的身心发展。

从社会教育意义上分析，要关注手机媒体的传播特点，要控制手机媒体不良信息的传播，要增加手机媒体传播科学健康以及良好生活方式的资讯传播，要发挥手机媒体在促进青少年全面发展过程中的积极作用，引领公民道德成长，推进建设学习型社会。

总之，上述大众媒体设施隶属于公共文化服务体系，从社会教育意义来看，具有育人功能，大众媒体的育人实践活动，如果通过有目的、有计划、有组织的社会教育活动，则更为有效。所有的媒体设施都可增加社会教育的项目，以便发挥社会教育的作用，主要做法有：

首先，开展咨询展览。各种传播媒体要针对社会教育各种群体开展各式各样的咨询展览活动。咨询活动是指主题鲜明、内容明确的咨询服务，如青少年心理咨询、法律咨询、新闻咨询、生活咨询、健康咨询等；展览活动是指针对公民的身心发展需要以及各种社会问题，根据媒体的实际特点，举办针对性的主题展览，通过直观形式教育引导，如普法展览、科普展览、教育展览等。

其次，开展研讨座谈。各种传播媒体举办公民关心的研讨会、座谈会，组织各界群体参加，针对社会上的热点问题、难点问题、焦点问题进行研讨，进行讨论、辩论、座谈等。研讨可以举办研讨会，诸如网络成瘾问题、学校安全问题、学生就业创业问题等，座谈可以聘请名家主持，针对问题集中话语进行交流。

再次，举办专题讲座。各种传播媒体在媒体上可以设置专题栏目、专题节目、专题项目、专题活动，针对各种问题进行专题讲座，或聘请名家、专家就社会关心的热点问题进行专题解答。讲座可以是专题，也可设置系列，围绕重点进行讲解。

最后，举办活动。各种传播媒体利用媒体资源举办各种教育引导活动，丰富青少年校外教育实践活动，搭建平台，创设载体，创新实践模式，开展丰富多彩的社会教育活动，诸如公益活动、道德实践活动、学习活动、竞赛活动等。

大众媒体设施举办开放日。各种传播媒体设施自身也要举办开放日活动，与周边学校开展"手拉手"活动，媒体进校园或学生进媒体等系列活动。各类媒体设施，在有条件的情况下逐渐推进对青少年的开放，对学校学生的开放，利用自身资源优势和实际特点，满足各类学生群体的好奇心和兴趣，在节假日，诸如儿童节、劳动节、青年节、教师节等开展青少年开放日，请学生来媒体设施参观、游览，并进行介绍和咨询。

# 第三节　社会教育开放设施

联合国教科文组织国际教育发展委员会编著《学会生存——教育世界的今天和明天》，在书中强调。

> 我们还必须超越学校教育的范围，把教育的功能扩充到整个社会的各个方面，教育的功能不是学校的特权，所有的部门——政府机关、工业交通、运输——都必须参与教育工作。[①]

社会教育工作是一个系统工程，推进终身教育，建设学习化社会，促进青少年全面发展不仅是教育部门的事情，也是全社会的共同责任，社会各有关部门不应该把自己置身于教育之外，做社会教育的旁观者，应该明确社会教育的内涵，明确自身有教育之责，明确自身的教育任务，关心、支持社会教育工作，为教育多办实事，采取切实可行、力所能及的措施推动社会教育的开展，为社会教育出力，提供条件，创设环境，参与教育等。

社会教育开放设施主要指全社会的设施都是社会教育资源，要面向公民和青少年开放，开展公民教育和青少年社会教育，促进公民身心发展和青少年全面发展。具体而言，主要指政府各机关单位，社会各机构团体以及民间各种社会资源、教育资源，为了社会教育的目的，参与协助各种社会教育工作，开放自身的设施资源，以利于社会教育事业的开展，以利于终身教育的实施和建设学习型社会。它包括两个方面的内容，一个是社会设施资源对学校的开放；另一个是学校教育资源对社会的开放。通过社会资源与教育资源的互相开放，促进社会教育的发展。

## 一　社会资源对学校的开放

社会资源是指可资社会教育活动的一切物质资源和精神资源的总和。

---

① 联合国教科文组织国际教育发展委员会编著：《学会生存——教育世界的今天和明天》，教育科学出版社 1996 年版，第 201 页。

社会资源包括社会上一切机关单位、组织团体、机构设施，只要是社会一分子，其设施就有社会教育的任务，有教育公民和青少年的责任，都应该面向公民和青少年开放。

正如美国管理大师彼得·德鲁克所言：

> 教育不再是学校的一种权利，后资本主义社会中的教育必须遍及整个社会。各种雇佣性的组织，如企业、政府机关、非营利性组织，都必须成为学习和教导的机构。学校必须日益成为雇员和雇佣性组织的合作伙伴。[①]

同时，各级各类学校位于一定的社会之中，"学校的公共性"决定了这种社会资源可以被各级各类学校所利用。

"全社会都要关心教育"，人类社会就是一所大学校，生活就是大课堂，生活就是教科书。陶行知言"社会就是学校"、"生活就是教育"，社会资源在可能的条件下，要尽可能对学校开放，协同学校教育学生，促进学生发展。从全面发展的角度分析，社会资源的开放主要包括社会政治资源、社会经济资源、社会文化资源和社会人力资源。

（一）社会政治资源

社会政治资源主要是各类社会行政组织，党政机关各部门、各单位，执行国家公务的设施机构。这些机构虽然是国家政府机关，任务繁重，公务繁忙，但是，也有教育之责，通过力所能及的方式为社会教育服务。

从国内外经验来看，国外政府机关都有开放日，一些著名的政府机构都逐渐对民众开放，已经形成了开放习惯。

德国联邦政府自 1999 年以来，年年举办政府开放日，至 2013 年，已经连续举办 15 个开放日。开放日当天总理府、内政部、国防部在内的 16 个政府部门向公众敞开大门。各部门在办公楼大厅、庭院内设置展台，发放宣传材料，解答民众疑问。一些部门还定时组织导览，由讲解员带参观者进入办公室、会议室等办公区，展示公务员们的工作环境。联邦政府借开放日向民众宣传政府政策、法律法规以及科普知识。参观者可以免费拿

---

① ［美］彼得·德鲁克：《社会的管理》，徐大建译，上海财经大学出版社 2003 年版，第254 页。

到各种宣传手册。开放日还举办各种活动，通过有奖问答、抽奖等方式发放纪念品。开放日当天，政府各部长包括政府总理有时间也来直接与民众对话。

中国外交部自 2003 年以来，先后举办了 18 次具有较大规模和影响的公众开放日活动。根据开放对象，选择开放时间，五四青年节，面向学校学生开放等。开放日时间，参观者参观外交部，外交部举行活动、展览、座谈和介绍等。这种机关开放活动，具有多重社会教育价值。

法官进校园、派出所进校园、民警担任法制副校长，消防、卫生、环保、食品、医院等机关都有走进校园的活动，也有对学校开放的活动，这些活动教育意义重大，教育效果明显，教育影响直接，多年坚持的经验应该得到总结和发扬，并成为一种社会各界与学校的联动制度。各级政府机关、公务机关，去掉衙门作风，真正从执政为民的高度，为社会教育的开展做一些工作。

从建设学习型社会，推进终身教育的视角来看，党政行政机关单位，自身要建设成学习型机关，同时开展面向全民的社会教育，可以通过举办中小学生开放日，大学生课堂等方式，把学校师生请进机关单位，通过参观、座谈、讲座、展览、活动等方式，直接对学生进行教育。

（二）社会经济资源

社会经济资源主要是经济部门、生产部门、财务部门等机关设施，具有社会教育效能的大中型企业、品牌企业、大公司等。这些企业单位以掌握技术、开发产品、提供服务为主要任务，从"全社会都关心教育"的角度，这些单位也有教育之责。正如《学会生存》作者指出："终身教育，从这个名词的全面意义来讲，是指商业、工业和农业的机构都具有广泛的教育功能。"[①]

大型企业对公众开放，对大中小学生开放，举办参观、讲解、讲座等活动由来已久，国内外一些大中型企业、工厂每年都举办一定的活动，请学生进工厂、进企业，这项活动，具有社会教育价值，对青少年的全面发展具有积极意义。但是，这种活动往往很零散，无计划，不系统，很难坚持经常和常规化，因而教育的效能十分有限。大中型企业要发挥教育作用

---

① 联合国教科文组织国际教育发展委员会编著：《学会生存》，教育科学出版社 1996 年版，第 240 页。

必须促使这种活动经常化、制度化和有组织地进行。

国有大中型企业单位在"全社会关心教育方面"更有责任，通过制度化与所处社区的各级各类学校建立联系，每年定期举办参观工厂、参观车间、参观流水线等活动，在活动中，进行讲解、介绍，可以举办座谈、讲座、咨询、展览等活动。

学校在借助外力协助进行教育的同时，也要为开展社会教育事业开发校外财力资源，筹措各种校外教育捐助，为开展社会教育事业提供经费支持，这也是社会经济资源对学校开放的一种重要方式。在开放过程中，学校可以通过制定捐助办法，鼓励社会地方热心人士、公益团体、工商企业等踊跃捐资，或赞助学校的教育活动。此外，学校也可以考虑与民间教育团体联合举办各种社会教育事业与活动，以节省经费开支。

从社会教育理论来看，社会各种企业、商业、经济部门参与社会教育，具有多重教育价值。从社会价值来看，可以促进社会各界的沟通交流，促进社会各界的理解和认同，从而促进社会的和谐与发展；从教育价值来看，可以推进学习型单位的建设、促进学校与各生产企业单位的合作交流，可以促进终身教育的发展以及促进人与社会的和谐发展。

（三）社会文化资源

社会文化资源泛指社会上一切与文化生产、文化生活、文化活动等有关内容的总称。包括文化事业资源和文化产业资源。文化事业资源主要有：各种公益性文化设施，如图书馆、博物馆、文化馆、科技馆、青少年宫、文化广场，各种文献资源、历史资源、遗产资源等；文化产业资源，如大众媒体资源、旅游文化资源、体育运动资源、休闲娱乐资源、拓展训练资源等。

从国内外经验来看，许多国家的文化资源都具有社会教育任务，开展社会教育工作，为社会教育服务。韩国《社会教育法》中规定：

> 新闻、广播、杂志等大众媒体的经营者在不影响本媒体经营的情况下，应利用该媒体为社会教育出力。① 经营报纸、广播等有关舆论机关应通过当年的舆论媒体放映多种多样的终身教育节目，为振兴国

---

① 孙启林主编：《世界教育大系——社会教育卷》，吉林教育出版社 2000 年版，第 506 页。

民的终身教育多作贡献。①

　　文化事业设施资源在社会教育上责无旁贷，这些设施是社会教育的综合设施，具有直接的社会教育意义，应该拓展与提升文化事业资源的社会教育效能，在社会教育任务、社会教育内容、社会教育项目、社会教育活动、社会教育方式方法、社会教育途径等方面加大开发的力度。同时，要关注社会文化资源中传统资源的教育价值，如文献资源、历史资源和文化遗产资源。这些文化资源在社会教育层面上，应该公益化，通过免费或低费对学生或公民开放，并加大社会教育效能的提升。

　　文化产业设施应该在力所能及的范围内主动为社会教育服务。各种大众媒体举办开放日，携手大中小学生走进媒体，开展讲解、介绍、参观、游览等活动，并开展各种咨询、展览、讲座和座谈，同时携手社会各界开展社会教育活动。

　　旅游文化资源，诸如旅游景点、旅游机构、旅游设施等，在旅游项目的设置、旅游活动的开展、旅游过程中的导游、讲解、介绍等方面，具有社会教育成分。旅游文化设施应该开发积极的社会教育项目，开展有利于身心发展的活动。

　　体育运动资源，诸如体育设施、体育活动、体育比赛、体育锻炼、体育养生健康等方面，在社会教育效能方面，功能巨大，体育运动资源不仅仅局限于体育竞技和体育健康，在身心发展、团队合作、集体精神、体育休闲等方面，同样具有教育价值。各种体育设施以及体育竞赛等要增加社会教育内容，要促使社会教育功能的最大化，发挥体育的教育价值。

　　休闲娱乐资源，包括电影院、剧院、艺术厅、公园等。人们在这些地方主要是欣赏、娱乐、休闲，放松身心。所以，这些场所，要寓教于乐，体现教育性与艺术性的统一，多彩内容与丰富形式的统一。在潜移默化、耳濡目染中接受美的熏陶和艺术的享受。

　　拓展训练资源，是针对青少年的素质提升兴起的户外或野外各种拓展训练。主要有素质拓展训练项目、户外拓展训练项目、室内拓展训练项目等。这些项目对于丰富青少年的业余生活，锻炼身心素质，培养团队合作精神与沟通能力具有积极意义。要引导这些项目向积极健康方面发展。

---

① 孙启林主编：《世界教育大系——社会教育卷》，吉林教育出版社2000年版，第512页。

（四）社会人力资源

人力资源，又称劳动力资源或劳动力，是指在经济与社会发展中，起推动力量的、具有劳动能力的人口的总和。从社会教育方面来看，社会人力资源主要指社会内可以协助学校开展教育活动的各类人员。

从国内外经验来看，世界许多国家社会教育是一种职业，一种工作，都有专职社会教育工作者，从事社会教育事业。日本有专职社会教育工作者，"日本社会教育的指导者是指对社会教育活动进行援助、促进的有关人员。可分为行政机关的指导者、社会教育设施的指导者、社会教育的学习指导者和社会教育有关团体的指导者几类"。[①] 俄罗斯国家有"社会教师"的职业，是从事社会教育工作人员的总称。韩国重视社会教育专家和指导员的培养，有具体的职业岗位和素质的要求。

我国社会教育工作者没有相应的职称、职业岗位和专职人员，有些岗位有社会教育之责，没有社会教育之规。看似像社会教育工作者，实际上不是社会教育工作人员，没有社会教育岗位要求。诸如各类文化艺术工作者、新闻工作者、思想政治工作者、图书管理员、博物馆工作者、导游等。因而，这些人员的社会教育责任就很难明确。

为了弥补社会教育工作者的缺憾，社会相应人力资源必须辅助学校开展社会教育，学校在办学的过程中，要注意发挥社会各类人才的作用。

社会是一个天然人才库，社会各界有许多学校可资利用的教育专家和学者。包括各类科技人员、各种有一技之长的人士、各类特殊专家、各种学校没有的专业人才、各类热心人士、各种退休人员等。学校在办学过程中要善于利用与开发，吸引他们对学校教育的积极性，从而有助于学校的教育教学。

## 二　学校资源对社会的开放

现代社会教育的发展使各级各类学校与社会互为教育资源。社会资源对各级各类学校的开放，是使各级各类学校要利用社会的资源；各级各类学校资源对社会的开放是使社会利用各级各类学校的教育资源。"学校是一个社会机构，是为公众服务的，允许公众使用学校建筑、设施，是与学

---

① 孙启林主编：《世界教育大系——社会教育卷》，吉林教育出版社 2000 年版，第 337 页。

校的这一性质相一致的"。①

《学会生存》作者指出，学习化社会是"一个教育与社会、政治与经济组织（包括家庭单位与公民生活）密切交织的过程"。② 社会与学校教育是互相促进、互相作用的，两者在教育资源的运用上，是工作伙伴关系，对方既是教育者，也是教育的对象。

各级各类学校教育资源主要指一切可资各级各类学校教育教学活动所利用的物质资源与精神资源的总和。各级各类学校对社会开放的教育资源，并非是所有的教育资源都对社会开放，而是指那些可以促进社会教育发展，有助于社会教育事业进步，有助于实施终身教育、建设学习型社会，有助于促进青少年全面发展的教育设施与条件。由于各级各类学校，存在着层次不同、程度不同、规模不同，资源的分布、分类以及多少不同等特点，所以，向社会开放的教育也存在着差异，各级各类学校要根据自身的实际状况，选择开放资源的种类和程度，在不影响学校正常教育教学的情况下，尽可能向所在社区开放教育资源。

学校开放的教育资源主要包括学校人力资源、学校场馆资源和学校学术活动资源。

（一）学校人力资源的开放

各级各类学校对社会开放的人力资源主要指各级各类学校的教师和学生。由各级各类学校师生所组成的人力资源是社会上一支富有知识、富有青春气息和活力的知识群体。

从国内外学校开放资源经验来看，国外一些发达国家很早就有学校服务社会的历史。蔡元培1916年在《北京通俗教育研究会演说词》中，就曾介绍说："鄙人在德国时，尝见彼邦之大学生徒，每于校外出其所长，教授一般工人以实用知识或外国语言。至法国则有所谓平民大学，为大学教员所组织，专在夜间讲演，无论何人均得入校听讲，不因贫富年龄之故稍有歧异。"③

蔡元培后来考察美国教育，十分赞赏美国的"大学推广教育"，他说：

---

① ［美］唐·倍根、唐纳德·R.格莱叶：《学校与社区关系》，重庆大学出版社2003年版，第211页。

② 联合国教科文组织国际教育发展委员会编著：《学会生存》，教育科学出版社1996年版，第203页。

③ 高平叔编：《蔡元培教育论著选》，人民教育出版社1991年版，第65页。

"美国人服务社会的精神，不可多得，中国社会教育很少，应学美国尽量发展。"① 他进一步说：

> 美国大学的目的，要把个个学生养成有一种服务社会的能力，……而且一切文化事业，都由大学包办，如巡回图书馆、巡回影戏片、函授教育等等。在工商业的都会，大学就指导工厂、商业；在农业的州府，大学就指导农人。②

日本 1946 年 6 月 10 日颁布《社会教育法》，规定大学要推动社会教育发展，主要做法有：国家对大学举办社会教育事业给予鼓励和奖励；大学的教育设施在不影响学校教育的情况下，应尽力提供给社会教育利用；大学举办社会教育讲座，根据学校的情况，利用学校的设施开设文化讲座、专门讲座、暑期讲座、社会学级讲座等；规定讲师报酬和必要的经费由国家和公共团体承担等。

从历史经验来看，国外学校人力资源的开放主要表现在大学以及学院层次上，开放的做法主要开展社会教育，进行推广教育和扩充教育。中小学学生由于年龄、身体以及体力的原因，出于安全等因素的考虑，一般不提倡通过人力为社会服务。

归纳起来，各级各类学校师生参与社会教育活动的途径主要有：

1. 社会各种教育事业离不开各级各类学校师生的参与作用。任何教育活动都必须有人推动才能发展，而教育活动一个首要因素就是有教育者，各级各类学校师生的参与可以为社会教育发展解决教育者，即师资问题。

2. 社会各种教育事业与活动，如正规教育或非正规教育，如文化活动或教育活动等也都离不开各级各类学校师生的参与指导。

3. 各级各类学校推动社会教育发展的方式与形式，也必须依靠各级各类学校师生来实施。如专题讲座、研讨座谈、咨询展览、图书阅览等。任何一种教育活动，都离不开师生的组织和管理。

4. 规范引导各级各类学校生家教是各级各类学校人力资源对社会开

---

① 高平叔编：《蔡元培教育论著选》，人民教育出版社 1991 年版，第 347 页。
② 同上书，第 358 页。

放的一个好形式。不要仅仅把各级各类学校生家教看成一种经济行为或市场行为，也不要仅仅把各级各类学校生家教看成一种学生自己的教育活动。各级各类学校生走出校园，走进社会，走向民众，其代表的是学校，利用各级各类学校的名望和在各级各类学校读书的时间。所以，其教育行为是应该规范和管理的。最好的方式是通过家教来实现对社会教育的指导。

5. 规范各级各类学校教师的兼职服务。通过社会教育的发展，引导各级各类学校教师为社会教育服务。如参与社会讲座、座谈、研讨、实习、展览、咨询等活动。尤其社会一些部门聘请教师做兼职服务，如讲课、指导、设计、服务等。这都是各级各类学校教师参与社会教育的一种途径。如果利用好可以发挥其教育的功能，实现积极的教育作用。

（二）学校场馆资源的开放

学校场馆资源主要指学校开展教育教学活动的物质空间和物化设施，包括学校的校园、学校的广场、体育场、学校的建筑物、学校的教室等。各级各类学校应该成为所在社区的文化教育重镇，成为社区的文化教育中心。各级各类学校在不妨碍正常教育教学的前提下，应利用各种节假日休息时间，适当开放学校场馆，供社会有条件、有愿望的青少年以及团体和单位从事各种有益的文化教育活动。

国内外学校场馆对社会的开放，在有些国家已经成为一种制度，在教育法令、教育政策中鼓励和提倡。日本《社会教育法》中规定：

> 学校的管理机关，在确认不影响学校教育的情况下，必须尽力将其管理的学校设施提供给社会教育利用。[①] 学校的管理机关，对各自所属学校，可根据其教育组织和学校设施的状况，要求其利用学校设施，开设文化讲座、专门讲座、暑期讲座、社会学级讲座等社会教育的讲座。[②]

韩国《社会教育法》中规定，"大学、师范大学、教育大学以及专科大学应实施符合各自大学特点的社会教育。其他学校应因校而宜，用适当

---

① 孙启林主编：《世界教育大系——社会教育卷》，吉林教育出版社 2000 年版，第 492 页。
② 同上书，第 493 页。

的方法为社会教育事业作出贡献"。"学校的图书馆和博物馆及其他设施在满足学校需要的前提下可为社会教育服务"。①

我国在《中华人民共和国教育法》中，第四条规定"全社会应当关心和支持教育事业的发展"。第四十一条规定："国家鼓励学校及其他教育机构、社会组织采取措施，为公民接受终身教育创造条件。"第四十八条规定："学校及其他教育机构在不影响正常教育教学活动的前提下，应当积极参加当地的社会公益活动。"

可见，学校场馆资源对社会开放具有充分的理论依据、实践依据和政策依据，在实践过程中，也产生了良好的社会效果。

归纳起来，学校开放的场地主要有：

1. 一般教室。可用于青少年教育、继续教育、补习教育、培训教育等；

2. 礼堂或体育馆。可用于各种大型的会议、报告、讲演、表演、电影放映等；

3. 运动场。各种体育活动和表演活动，各种体育比赛等；

4. 图书馆。可供书刊的借阅、阅览、展览等活动；

5. 音乐教室。供音乐的学习、练习、培训、表演等；

6. 视听教室。供音乐欣赏和影视欣赏等活动；

7. 电脑教室。供电脑技术培训与学习等活动；

8. 博物馆。学校各类博物馆，各种学科博物馆，供参观、讲解、介绍等。

（三）学校学术活动资源的开放

学校学术活动资源主要指学校在科研、教研过程中，开展的各种学术研究以及推广等活动，包括学术会议、学术讲座、学术报告、课题开题、课题结题、教研观摩、学术大赛、学科活动等。各类学校，尤其大学以及学院在不影响正常科研、教研的情况下，在有可能的范围内，尽力为社会提供条件，为社会上有学术兴趣的人士以及青少年提供参与的便利。

各级各类学校的学术活动是一种教育资源。这种教育资源不仅仅对学校教育教学而言，不仅仅为了促进各级各类学校的科研与教学，还应当把这种学术活动推向社会，影响社会，发挥其社会教育的功能，这是推动建设学习化社会、推动终身教育发展，促进科学知识技能的传播，以及实现

---

① 孙启林主编：《世界教育大系——社会教育卷》，吉林教育出版社 2000 年版，第 505 页。

各级各类学校对青少年进行社会教育的一个重要的方式。

各级各类学校学术资源对社会开放的方式主要有：

1. 各种学术研究会及组织应该吸引社会上对学术有兴趣的人士参与。尤其一些地方性的学术研究会，不应忽视社会各界人士的作用。要尽量对社会相关人员开放，吸引他们的参与，利用他们的力量。一方面可扩展会员，另一方面可扩大影响。

2. 学术研究活动要面向社会宣传。尤其一些普及性的知识团体与学会，在开会时其宣传和广告不应仅仅局限于学校这个范围，应该面向社会宣传，增加社会各界人士对学术活动的认识与兴趣，对于普及知识，更新观念有积极意义。

3. 学术讲座、演讲、报告等，条件允许可向社会以及青少年开放。主要是吸引社会有兴趣的人士参与，这对于宣传新的思想观念，带动青少年对学术研究的兴趣，有促进作用。

4. 学术成果发挥对社会的影响。学术研讨会并非开完会就结束，要使其发挥积极的作用，就必须有后续影响力。而这种影响力的发挥，其最佳领域是社会。所以，各级各类学校的一些学术活动，应该通过各种方式影响社会，发挥其辐射力。

# 第九章 学校开展社会教育

学校教育与社会教育的关系是互相利用、互相促进、共同发展的。传统上认为社会教育可以弥补学校教育的不足，社会教育可以协助学校教育的发展。现代社会教育理论认为，学校不应该仅仅满足于社会教育的弥补，还应该主动为社会教育服务。

发达国家早期的社区教育，非常强调学校在社区生产、生活方式、公共文化、福利事业、道德风尚和社会教育工作等方面的促进、改进和发展作用，把学校看作社区发展的精神堡垒和支柱，同时，学校教育又注意自身的开放性，强调教育为社区发展服务，与社区的生产、生活和精神文化的需求相适应。[①]

学校具有公共性，"学校作为一个公众资助机构，必然要与社区之间发展合理的、建设性的关系"。[②] 学校教育不再是社会上一个个"教育孤岛"，学校不应该"关门办学"，学校教育应该成为所在地的"教育中心"、"文化中心"，主动开展社会教育为社会发展服务，为社区发展服务。学校要走向社会、走向社区、走向生活、走出校园，充分利用自身的教育资源与优势，在实践育人的过程中，与社会各界协同建设学习化社区，为终身教育的发展提供路径。

---

① 鲁洁主编：《教育社会学》，人民教育出版社 1990 年版，第 339 页。
② ［美］唐·倍根、唐纳德·R. 格莱叶：《学校与社区关系》，重庆大学出版社 2003 年版，第 211 页。

# 第一节 走向社会:学校开发与利用社会教育资源

现代社会教育的发展使学校与社会互为教育资源。学校对社会的开放是社会利用学校的教育资源;而社会对学校的开放,则是学校要利用社会的教育资源。传统上,对于社会与学校的关系,往往从学校的观点出发,认为社会教育是学校教育的一种补充,是学生校外教育的阵地。希望社会能帮助学校共同教育学生,为学校教育提供一个优良的社会环境。而现代社会教育的发展表明社会与学校教育是互相促进、互相作用的。两者在教育资源的运用上,是工作伙伴关系,对方既是可资利用的教育资源,同时也是服务的教育对象。发展的趋势,逐渐向"教育社会化"和"社会教育化"方向发展。而在这种发展趋势中,学校如何发挥教育的主导作用,如何利用和挖掘社会的教育资源,是当今学校与社会的关系中一个十分重要的课题。

## 一 开发与利用社会教育资源的意义

社会教育资源是指可资学校教育活动的一切物质资源和精神资源的总和。学校位于一定的社会之中,所以,这种社会教育资源可以被学校所利用。学校在办学过程中,可以把社会教育资源看成可资自己教育活动的资源来利用和开发,这对学校的发展具有积极的意义。

（一）学校利用社会教育资源有助于学校办学条件的改善

学校办学不是在社会上建立文化教育孤岛,关起门来培养学生,关起门来搞教学与科研。学校任何一种教育活动都不是孤立进行的,都需要一定的办学硬件和软件的支持。而学校办学条件的改善与加强,离不开社会各界的支持,尤其当地社区的支持。所以,从经验来看,一所成功的学校应该取得当地社区的广泛支持,这是学校办学取得天时与地利的一个重要条件。

首先,社会教育资源可以丰富学校的教育教学活动,如社会的图书馆、博物馆、文化馆、体育场、电影院、公园等社会教育设施,都可以辅助学校的教育活动,为学校提供实习与见习的场所,充实学生的校外生活。其次,社会教育资源可以为学校的科研提供资料和试验场地,诸如调查、参观、访问等。最后,社会的教育资源可以弥补学校教育条件的不足，可以共同开发和利用一些可资教育活动的教育资源，如电影院、体育场、游泳馆等。

（二）学校利用社会教育资源可以改善学校周边环境

学校周边环境实际上就是环绕着学校所在的社会。它是学校办学的一个重要条件，直接影响学校的办学。学校周边环境是否安全，是否有利于学校的办学，是学校办学过程中值得重视的一个因素。而谋取周边环境的改善是学校办学的一项重要任务。如何改善周边环境呢？学校利用和开发社会教育资源有助于学校周边环境的改善。

首先，学校周边的交通、社会治安、卫生环境等条件的改善，有赖于社会教育的作用，诸如各种标语、广告、条幅、阅报栏等设施，可以对改善这种条件起辅助作用。一个福利广告、一个重要的标语和语录，有时在社会教育上会起到意想不到的效果。其次，学校周边的市场、商店、小摊、小贩、音像社、游戏厅、网吧等，也是影响学校办学的一个因素。学校不能置之不理，应当利用社会教育因素来指导、规范和利用。通过有效的引导使其最大可能地发挥对学校及学生的积极影响，如学校在周边地区多设各种教育性广告、多设各种阅报栏等、通过潜移默化、耳濡目染的方式来影响市民。以增强对学校周边环境的改善。

（三）学校开发社会教育资源可以为学生教育提供一个大教育环境

"教育社会化"和"社会教育化"一直被有识之士认为是教育的理想形态。因为只有这种形态，才能真正实现人才的培养和民族素质的提高，也只有这种形态，才能发挥教育的积极作用，实现教育与社会影响的一体化。那种只想通过学校来培养人才和实现民族素质提高的做法，还没有摆脱教育的工具主义论，其思想是理想化的，其效果也是有限的。马克思曾言，人的本质是社会关系的总和，人的素质也同此理，是社会、学校、家庭共同作用的结果。所以，从这种观点出发，学校在谋求自身教育改革与发展的过程中，要对周边的环境进行改善，其中最重要的工作，就是开发社会教育资源，为学生的培养提供一个良好的大教育环境。

## 二　社会教育资源种类

从广义教育的观点来看，凡是社会中能够影响人的思想、知识、技能的事业与活动都可看成教育资源。但从狭义教育的观点来看，社会教育资源则是指那些有目的、有计划、有组织的可资学校教育活动的物质资源和精神资源的总和。按着这样的观点，社会教育资源可分为五类：

（一）社会德育资源

社会德育资源是指可资学校德育活动的一切社会物质德育资源和精神德育资源的总和。物质德育资源主要是存在于社会的各种物化的机构设施以及各种载体，诸如历史文化遗产、爱国主义教育基地、红色旅游景点、革命历史纪念馆、历史博物馆、烈士陵园、纪念碑、革命英雄纪念馆等；精神德育资源主要是基于思想层面的道德模范人物，精神业绩、思想创新，重要人物的精神思想，重大事件的杰出作用，重要贡献的传承价值等。

学校开发利用社会德育资源，具有丰富的教育学价值，可以促进青少年学生的全面发展，提高他们的道德认识，丰富道德情感体验，增强学生的道德意志，锻炼他们的道德行为，有助于学校德育的成效，有助于学生的成长。

学校开发利用社会德育资源，共同教育学生，促进德育的实效性，提升德育的教育效果，这种教育方式方法，有充分的理论、实践与政策的依据，在现实教育实践中也是切实可行的。理论的依据主要是形成德育的"大气候"，通过"大德育"带动学校的"小德育"；实践依据主要是道德信念的形成，要通过体验、互动、直接观摩、接触和礼仪等方式，在行动中潜移默化地接受影响；政策依据主要来源是《教育法》第五十条规定：

> 图书馆、博物馆、科技馆、文化馆、美术馆、体育馆（场）等社会公共文化体育设施，以及历史文化古迹和革命纪念馆（地），应当对教师、学生实行优待，为受教育者接受教育提供便利。

《中华人民共和国教育法》第五十二条规定："国家鼓励社会团体、社会文化机构及其他社会组织和个人开展有益于受教育者身心健康的社会文化教育活动。"[1]

学校开发利用社会德育资源，国内外都有成功的经验。国外公民教育实践以及人类社会化进程的结果，都离不开学校科学合理利用和控制社会德育资源的作用。

---

[1] 中国法制出版社编：《中华人民共和国教育法》，中国法制出版社 2010 年版。

学校开发利用社会德育资源的方式方法很多，要结合学生的年龄特点，形成德育制度，各级各类学校与所在资源的社区要建立合作教育制度，定期、定时、定点在重大节日、重要活动、重要人物来临之时，开展丰富多样的德育活动。可以举办参观展览、研讨座谈、专家讲座、教育礼仪以及学习事迹活动等。学校要与社会德育资源合作建立各式各样的德育实践基地、"第二课堂"、德育体验项目等。

（二）社会智育资源

社会智育资源是指可资学校智育活动的一切知识资源、智力资源、人才资源以及学科资源的总和。广义教育上，一切能够传授知识、开发才智、提高智力的教育活动，都可称为智育。学校智育在学生知识获得、智力提升以及心智开发的过程中，作用突出，但是不能夸大和无限拔高其作用。人的智力品质是多面的，仅凭学校智育的作用，人才很难成功，因此，学校要开发利用社会智育资源。

社会智育资源丰富多彩、多种多样，各级学校要根据自身学校特点、学科特点以及学生身心发展的实际水平，选择社会智育资源。中小学校可较多选择参观、体验、互动、游戏等资源项目，对学生进行动手、体验教育，诸如科学馆、科技宫、学科博物馆等。大学生可以根据专业以及学科的特点选择科学研究所、科技开发基地、学科研究基地、科学实验中心等资源平台，以便有助于学科教学与科研。

学校开发利用社会智育资源，国内外理论与实践经验丰富，各种方式的教育合作、科研合作、产学研合作等丰富多彩。近年以来，全国各地教育部门以及学校不断尝试开发利用社会智育资源的新模式，取得了一些很成功的经验，形成了很多品牌项目。

"社会大课堂"就是一个很有创意的品牌项目。学校通过"社会大课堂"，开发特色课程，丰富教学内容，开展创新活动，丰富学生认知体验，为学生提供多元的学习环境。学校或教育部门牵头与所在社区的高等院校、科研院所、科学研究基地等，开发探究类、创新类、体验类课程，可以涵盖所有学科门类，诸如生物、物理、历史、天文、地理、信息、科普、艺术、表演、环保、人文等。这些"社会大课堂"，支撑所有学生的个性和特长的发展，使每一个学生各种形态的学习方式都有相应的资源支持。

（三）社会体育资源

社会体育资源是指可资学校体育活动的一切体育物质资源和体育精

神资源的总和。体育物质资源主要是社会上业已存在的体育物化设施，包括隶属公益文化设施的体育馆、体育场、游泳馆、各种球场等；隶属文化产业设施的各种体育健身场馆、场所和场地。体育精神资源主要是反映体育思想、传承体育道德、表现体育美感、展示体育贡献的体育模范人物的事迹。

学校开发与利用社会体育资源世界各国都有经验，许多国家通过社会体育资源辅助学校体育，促进学校体育发展已经有相当长的历史。世界一些发达国家，诸如美国、德国、英国、法国、日本等，社区体育资源非常丰富，以方便于社区居民和学校学生的使用。有些国家甚至把举办奥运会的体育场馆建设在大学，奥运会后，体育场馆归大学使用。

学校开发与利用社会体育资源，有助于学校体育的发展，有助于节省办学成本，有助于学生体育教学，促进学生身心健康、增强体质，培养学生团队合作精神。学校开发与利用社会体育资源，不仅仅是利用体育设施，还要承载体育精神、传承体育文化、传播先进体育理念和信息。学校要与社会体育管理机构、体育竞技机构、体育团队等密切合作，协同建立一些合作组织，开发体育课程、开展体育项目、研讨体育理论、发展体育文化。在大众健身、大众体育非常重要的年代，体育承载的已经不仅仅是竞技和健身，体育已经和休闲、养生、健康结合起来，学校应该引领社会体育风尚，通过咨询展览、研讨座谈、体育讲座、体育活动等，为全民健身提供知识以及智力的支持。

（四）社会美育资源

社会美育资源是指可资学校美育教学、美育工作和美育活动的自然美、艺术美和社会美的资源的总和。

自然美的资源是客观存在于自然界的美的事物和美的现象，包括原生态自然美资源、劳动加工自然美资源、艺术化自然美资源等；社会美的资源是指人类社会创造的社会生活、社会行为、社会事物的美。表现于科技创造的美好产品资源、人类生活的美好资源和英雄人物美好事迹资源；艺术美的资源是指一切艺术作品的美，包括文学作品（小说、诗歌、散文）、音乐、雕塑、绘画、舞蹈、戏剧、曲艺、电影、电视、工艺、建筑等艺术作品的美。

学校开发与利用社会美育资源，具有丰富的教育学意义。有助于学校美育教学，有助于学校美育工作和美育活动，有助于共同培养学生的审美观，提高学生欣赏美、认识美和创造美的能力。通过与社会美育的协同工作，可以促进青少年学生的全面发展，提高生活品位和全面素质的提升。学校美育与社会美育的结合，可以传承民族优秀美育文化，创造新的美育形式，开发满足人们日益增长的美育文化产品，对于提高全民族的美感认识、美感观念具有积极意义。

学校开发与利用社会美育资源，途径多样、方式方法多样。从国内外经验来看，学校一切美育实践活动、一切创新美育成果，都离不开社会美育的配合和辅助。文学创作离不开生活美的舞台，音乐作品离不开美好事物的感受，美术名作、绘画佳篇离不开自然美和社会美的熏陶。学校要与社会美育资源协同创新，建立实习基地、观摩基地和创新中心。可以通过展览、参观、咨询、座谈、研讨、讲座等方式，把学校美育和社会美育打成一片。

（五）社会劳动技术教育资源

社会劳动技术教育资源是指可资学校实践育人、培养学生动手能力，开展劳动技术教育的所有生产劳动和公益劳动资源的总称。

全面发展教育理论认为，造就全面发展的人的唯一方法是"教育与生产劳动相结合"。学校的劳动教育是一个永不过时、永不停止的教育活动，因为，无论是培养全面发展的人，还是推进素质教育，学生发展的主要因素，体力的、智力的、道德的、审美的等，都离不开教育与劳动的结合，离不开教育与生活的结合，离不开教育与实践的结合。没有上述这些结合，人才的成长，素质的提升，全面发展人的造就，都是空话、废话。

国内外人才成长与培养的经验以及科学技术发明与创新的经验表明，任何一名科技人才的产生，任何一项科研成果的问世，都与教育与劳动技术结合有关，只不过在一定时期、一定方面、一定方式上结合的程度不同而已。基于教育与生产劳动结合的重要性，世界各国都不遗余力地发展学校劳动技术教育或者促进学校教育与生产劳动的结合。

学校开发利用社会劳动技术教育资源，具有极高的教育学价值。可以培养学生树立科学的劳动观点，养成良好的劳动习惯，培养热爱劳动和热爱劳动人民的思想感情，具有遵守劳动纪律、爱护劳动工具和劳动成果的优良品德；可以使学生学到一定的基本生产技术知识和某种职业技术的基础知识；可以使学生参加一定的生产劳动实践，学会使用一些生产劳动工具的技能；可以促进学生身心的健康发展。

学校开发利用社会劳动技术教育资源，内容广泛，形式多样。社会劳动技术教育的内容可以涵盖社会生活的全部，包括生活常识、劳动技能、生活技能、生存技能、安全、健康、环保、法制、养生等各方面。

学校根据自身的学校特点、学科特点、学生特点，采用各种行之有效的方式，开发与利用社会劳动技术教育资源。学校要与社会各劳动技术单位建立协同机制，安排学生参加校内工厂、校内实践基地以及校外工厂或农场参加生产劳动。不同区域的学校可以结合所处地区生产部门的劳动特点，开展协同教育活动。学校适当安排学生参加校内外服务性劳动和公益劳动。结合生产劳动的实际，进行生产劳动技术知识的教学。组织学生参观工农业现场的生产劳动。指导学生课外科技学习小组活动等。

### 三 学校开发与利用社会教育资源的途径

学校可以利用的社会教育资源，有些是明显存在于社会之中的，我们只要在办理社会教育活动时，加以挖掘，即可运用；而有些则是潜在的资源，需要慢慢地加以培育和开发，是一个长期的过程。学校利用社会教育资源的目的一方面是为学校办学所需，另一方面是为学校办理社会教育事业服务，因而在利用和开发社会教育资源上，必须讲究方法，依法进行。既要切合学校的需要，又要顾及资源的负荷，同时还要取得社会各界的信任与支持。其途径和方法主要有：

（一）扩大宣传以争取支持

学校师生与社会各界民众对于学校为何办理社会教育事业，参与社会教育活动，开发社会教育资源，并不一定很了解，因而，会影响学校参与办理社会教育。所以，学校首先要扩大宣传力度，在学校及校外广泛宣传学校办理社会教育的作用，帮助学生、教师转变单一的学校教育思想，树立为社会服务、为社会教育服务的观念，自觉地为社会教育作贡献，投身于社会教育实践中去。同时也增加对社会大众宣传的力度，使他们认识到学校开展社会教育、学校服务社会是学校办学的使命，是学校教育的延续和扩展，对于促进社会文化教育事业的发展，促进社会物质文明与精神文明的建设有积极的作用。使社会民众认识到学校参与办理以及开发社会教育资源，对他们来说是受益者，有助于他们素质的提高和生活质量的改善，以便取得他们的支持和帮助。

（二）建立校外办理社会教育制度及计划

社会服务是学校办学的任务之一，但如何使其成为学校一项经常性的工作，社会服务制度化是一个基本保证。推动社会教育发展是学校服务社会的一项重要工作。所以，只有按计划、有组织、有目的进行才能有成效。学校应该尝试建立一套校外服务社会的教育计划，使利用与开发社会教育资源成为学校教育计划中的一部分。这样，才能使学校推动社会教育成为一种持久的教育行为，才能具有积极的作用，如美国学校的教育推广计划和扩充教育等就是这一方面成功的例子。

（三）组织各种服务社会的校外教育机构与团体

学校根据自己的实际和特点可以建立各种以服务社会为对象的教育组织，通过各种服务来推动社会教育，利用与开发社会教育资源，如"青年志愿者团体"、"青年服务队"、"学校生演讲团"、"学校服务组"、"科技服务队"等，通过这些组织的活动来推动和开发社会教育。把知识、观念和技能送入乡村、厂矿和社会。五四时期，北京大学平民教育演讲团，就是这一方面的壮举。

（四）组建各种校区联合组织

除了在学校组织各种教师与学生服务社会的组织以外，学校还应该和社会广泛合作，建立各种校际联合性组织，来共同利用和开发社会教育资源，如家长联合会、校友联谊会、学校社会联谊会等。各种形式的联合组织，对于学校办学和社会发展，对于开发和共享社会教育资源有积极的意义。世界各国学校建立的诸如家长教师联谊会、学校家长联合会等组织，在学校与社会的联系上都起着重要的纽带作用。

总之，开发利用社会教育资源是学校推动社会教育发展的一个重要方面。学校在推动社会教育建设，参与社会教育活动的过程中，要通过对社会教育资源的利用与开发，更好地推动社会教育发展。这是 21 世纪世界各国共同关注的一个重要课题。它有助于"建设学习化社会"理想的实现，有助于社会的稳定和民众素质的提高，有助于学校扩充自身的教育功能，实现学校教育的社会化和大众化。

## 第二节　走向生活：学校对社会生活品质的提升

学习化社会具有丰富的教育内涵，学习化社会中的学校教育应该具有广阔的社会教育功能。从国内外教育的经验来看，学习化社会的学校教育目的，不仅仅在培养人才，还在于提高人们的生活品质。而社会生活品质的提高，则需要知识群体的推动。学校是知识群体积聚的场所，学校生活品质如何，是社会生活品质的一个缩影。一个生活品质低下的知识群体，不可能对社会生活品质有重大提升作用。相反，一个生活品质较高的知识群体，会对社会生活的方方面面产生积极影响，所以，探讨学校生活品质与社会生活品质的互动关系，研究学校如何提升社会生活品质，在建设小康社会和学习化社会的过程中具有十分重要的意义。

学校参与推动社会生活教育的根本目的是为了提高社会生活品质。一个人的生活品质，一个家庭的生活品质，一个群体的生活品质，一个社会的生活品质，是由多种因素制约的。学校教育的作用主要是在这些因素中，提升"民智"水平、开社会"风气之先河"、引领公民道德成长。

## 一　学校提升"民智"水平

现代社会，现代生活是以科学知识为基础的生活，人们生活的方方面面都离不开科学知识。生活品质的提高，与科学知识的普及和掌握有着密切的联系。从社会教育角度来说，科学知识的普及是现代科学教育中的一个十分重要的课题。各个国家在科学知识普及上都不遗余力，通过普及科学文化知识，提高国民的素质，提升国民的"民智"水平。

我国近代最早主张"开民智"的是梁启超、严复等维新人士。他们在维新变法的过程中，认识到民众文化知识程度的重要，认为中国社会的自强应该是"风气同时并开，民智同时并启，人才同时并成"，中国应该"去千年愚民之弊"[1]，"新民为今日中国第一急务"。[2] 民国以后，各个时期的教育家在开展平民教育、民众教育、工农教育的过程中，都有十分清醒的认识，认识到中国积贫积弱的一个重要原因，就是民众缺乏基本的科学文化常识，严重制约着社会的进步和发展。

平民教育家晏阳初曾说农民中最具潜力的是其知识与智慧：

> 中国真正最大之富源不是煤，也不是铁，而是三万万以上不知不

---

① 黄珅评注：《新民说》，中州古籍出版社 1998 年版，第 3 页。
② 梁启超：《新民说》，中州古籍出版社 1998 年版，第 48 页。

觉的农民。① 要是把农民智慧发展起来，培养起来，使他们有力量自动地起来改造，改造才能成功……建设才会生根……民族才有真正复兴之日。②

在美国获得乡村教育博士，回国从事乡村教育的傅葆琛教授，在谈到"为什么要办乡村教育"时说：

> 我们中国现在社会上的种种扰乱，政治上的种种腐败，外交上的种种损失，都是因为民智低下，教育堕落。所以我们要想改造中国，第一步应该做的事，就是要提高民智，普及教育。③

他把当今的世界看成"智力竞争"的世界，认为："现在中国的情形，从各方面来看，内忧外患，都是因为有'愚论'而无'舆论'，有'民国'而无'国民'。""如果中国32000万文盲不赶紧医治，恐怕在现今智力竞争的世界，没有中国立足之地了。"④ 另一位从事乡村教育的著名教育家陶行知则从"作十万新民"的理想出发，强调应该教育"新民"具有"国民的精神"和"国民的能力"。他说："现在这种平民教育运动，就是要使平民能够读书，而且要有做人做国民的精神。""这是把公民和读书的精神化合在一处，以培植其做国民的能力。"⑤

国内外历史的经验表明，一个国家的"民智"水平，是国家强盛、民族复兴的一个重要标志，也是一个民族是否优越的内在原因。国家发展和民族振兴离不开对"民智"的开启和民族科学文化知识的普及。

但是，科学知识怎么普及？由谁来普及？普及到什么层次？发挥学校的作用是世界各国一个普遍推行的做法。早期美国大学的推广教育，扩充教育就是这么做的。蔡元培在五四时期，就介绍说。

> 美国大学的目的，要把个个学生养成有一种服务社会的能力。……

---

① 马秋帆编：《晏阳初教育论著选》，人民教育出版社1993年版，第71页。
② 同上。
③ 陈侠、傅启群编：《傅葆琛教育论著选》，人民教育出版社1994年版，第3页。
④ 同上书，第67页。
⑤ 张达扬、李红梅编：《陶行知论普及教育》，安徽教育出版社1986年版，第31页。

在工商业的都会，大学就指导工厂、商业；在农业的州府，大学就指导农人。①

从美国回来的教育学博士傅葆琛教授对此有更深的体会，他说：

> 扩充教育，也可说是推广教育，英文叫 Extension Education。欧美各国这种教育很是发达。施行这种教育的机关，多半是大学。美国各大学，皆设有扩充教育部或推广教育部，所举办之教育事业种类甚多，有学校式的，也有社会式的，又有专为青年谋扩充教育者，名为青年扩充教育（Junior Extension Education）。②

世界其他各国，也都有类似做法。日本大学面向社会的公开讲座、暑期讲座、学级讲座等。韩国大学的"新社区运动"等。世界各国都充分发挥学校的作用，通过学校教育的扩充，让科学文化知识普及。

历史与现实、国外与国内的经验表明，学校提升社会生活教育，学校对社会生活品质的提升，一个重要目的就是"开启民智"。把科学文化知识普及到社会的基层，深入到民间，深入到社会的千家万户。

基于这样的社会教育目的，学校就不能"关门办学"，应该走向生活，扩充自身的教育效能，扩大自身的教育内涵，在提升自身办学质量与效益的过程中，开展社会教育，并通过开展社会教育，提高国民科学文化知识水平，提升社会生活品质，促进国民幸福指数的增长。学校可以通过专家讲座、研讨座谈、咨询展览、举办学术活动等方式，促进科学知识的普及，促进"民智"程度的提升。

## 二 学校开社会"风气之先河"

从学校的发展历史来看，学校的出现无疑是社会进步的标志，同时学校的发展又进一步地促进了社会的进步。学校与社会的互动关系，表明学校在社会进步事业上应开风气之先河，在社会进步事业上学校应该做"领头羊"、"发动机"和"加速器"，成为社会进步事业的动力之源，这一

---

① 高平叔编：《蔡元培教育论著选》，人民教育出版社 1991 年版，第 358 页。
② 陈侠、傅启群编：《傅葆琛教育论著选》，人民教育出版社 1994 年版，第 104 页。

点，是历史和现实都已经证明的规律。

从国外的科技史和教育史中可以看出，科学事业的每一次进步，教育事业的每一次革新，几乎都有学校的作用。许多思想家、科学家、教育家都出自大学的讲台；许多科学发明创造，也是从学校的实验室走向生产第一线；许多诺贝尔奖奖金获得者，都是大学的教授。此外，从社会进步事业上来看，社会进步事业的每一项成果，也都有学校的身影，图书馆、博物馆、展览馆、演讲、讲座等事业的发展与传播，几乎都和学校的工作有关，所以，国外发达国家社会进步事业的发展，学校起到了积极的作用。

从国内的历史来看，近代以来我国社会的许多进步事业，也是在学校的倡导下逐渐发展起来的。以学生为先导的五四运动，拉开了中国现代史的序幕。北京大学校风、学风的改革，创造了现代学校的典范。北京大学第一次招收女生，第一次举办平民学校，大学生第一次举办平民教育讲演团等，在当时封建习气浓厚的氛围下，这些壮举无疑开创了社会进步事业的先河。此外，近代以来社会上破除迷信、剪发、不裹脚、穿西装等新的社会时尚，也都有学校开风气之先的作用。

从现实来看，随着社会的发展，学校与社会的关系日益密切，学校的一举一动牵扯着社会的每一根神经。学校的改革与发展一方面受到社会各个方面的制约，社会对学校的事情越来越予以关注；另一方面，学校对社会的作用也日益突出，人才需求、成果转化、校企合作等各种方式的联系，使学校处于社会发展与进步的中枢地位，正因为如此，各国都加大了学校教育的改革与发展，加大了对学校的投入。我国科教兴国的策略，也突出了学校的作用，可以说，未来社会的发展程度，学校能否"开风气之先河"，是举足轻重的。

学校的开风气之先河，有多种途径可以展现，诸如普及现代科学文化知识；提高社会民众的生活技能；形成社会民众良好的生活方式；推进民风、民俗的改革等。学校可以通过专题讲座、研讨座谈、咨询展览、举办活动等，引领社会风尚，促进社会进步事业的发展。通过学校的"开风气之先"可以把社会的进步事业推向基层，推向民间，推向广大的民众。通过一个个社会教育事业的发展，可以促进社会的稳定，有助于民风和民俗的改良，有利于民智的开启、民德的提高和民心的养成。

### 三 学校引领社会道德成长

从社会德育的历史经验来看，任何一种有效的社会德育都需要先进人物的引领，需要知识群体的推动。学校是知识群体与先进人物集聚的场所，学校的文化使命与教育价值使它承载着比任何一个社会机构更多的社会责任，即引领社会道德成长。

学校是社会道德的"晴雨表"。学校道德形象如何，是社会道德的一个缩影。一个道德形象不良的知识群体，不可能对社会的发展有重大提升作用。相反，一个道德形象较高的知识群体，会对社会生活的方方面面产生积极影响。从这种意义上讲，学校应该成为社会德育的教育者。学校引领社会道德成长，主要是指学校作为社会德育的教育者，在实施公民德育的过程中，有目的、有计划、有组织地利用学校的教育优势与影响，对社会受教育者进行德育的过程。同时，通过对社会德育的提升，促进学校德育的发展。在建设和谐社会和学习化社会的过程中，探讨学校的社会德育责任，研究学校如何提升社会德育质量，具有十分重要的教育学价值。

从历史经验来看，一定时期国民道德状态和质量，是与这个时期社会精英、文化精英、教育精英的道德状态和层次有关。作为社会的文化精英、教育精英同时也反映着、代表着这个时代的道德水准，对于这个时代整个国民的道德状态和层次负有责任。学校参与社会教育，从社会德育内容来看，学校知识分子群体应该是国民德育的教育者，是国民道德成长的引领者，在国民道德建设上应该是榜样。

首先，学校引领社会先进文化的发展。社会建设是物质文明与精神文明共同建设，物质文明与精神文明协调发展，在推进精神文明建设过程中，公民道德教育是一项重要的任务。百年以来，我国公民道德教育的经验表明，任何一种先进的道德理论，要想深入民心，深得民心，被人民所理解、接受和化为行动，一个重要的前提就是有代表先进思想文化和先进道德理论的知识群体的推动。

近代以康有为、梁启超为代表的维新人士，其振聋发聩的"开民智"、"新民德"、"鼓民力"，拉开了近代中国"作新民"的艰巨工程。五四运动时期的北京大学生，他们走出校园，走向街头，深入民间，通过街头讲演等方式，用自己的学识，启发民众，教育平民，为民众接受新的思想道德起了推动作用。中国近代的"新民"史表明，公民道德建设需要先进人物的呐喊，需要榜样人物的带动，更需要学校群体的开展与推动。

　　学校参与开展公民道德建设，引领社会道德成长，是通过引领和创新先进文化来实现的。在每一个历史转型期，学校参与建设社会新文化，都是一个社会发展的重要推动力量。美国最初学校的推广教育或扩充教育；韩国发展初期由学校所倡导的"新生活运动"等，就是成功的典范。学校对社会进步的推动，不仅仅表现在创造物质文明，不仅仅表现在培养多少人才，创造多少科研成果，还表现为社会精神文明建设出力以及推动公民道德建设的发展。所以说，学校开展社会道德教育，使道德教育内容深入社会，深入民间，深入基层，是发展先进文化的一项重要事业。

　　其次，学校引领社会实现依法治国和以德治国相结合。依法治国与以德治国相结合是重要治国方略。如何实现？广大民众能够理解、接受和付诸行动是一个基本的知识与精神的前提。几年以来依法治国的实践表明，法律并不是万能的，任何一种法律制度的实施与运行，都需要一定的道德相配合。法律法规健全了，但如果没人懂法，法律知识得不到普及。如果有人知法犯法，有法不依，执法不严，那么，这就不仅仅是法律问题了。所以，物质与精神、法制与德治、他律与自律是一个社会发展建设的整体，不能偏执一隅。

　　公民道德建设并非像法律制度建设那样，可以颁布法规，可以明令执行，可以通过法律制裁等方式来强制。道德建设是不能强制的，也不是颁布了纲要、开了座谈会就能实现的。公民道德建设是一个教育的过程，从本质上讲是一个社会教育的过程。它需要有先进群体的推动，需要有反映先进生产力要求的知识内容，需要有一个潜移默化的教育方式，通过反复的实践使基层民众理解、接受和付诸行动。从历史与现实的经验来看，发动学校的积极力量，运用学校的教育优势，继续发扬教育与生产劳动相结合的教育传统，使其在新的形势下发扬光大，对于普及法律与道德的知识，传播先进的思想文化内容，并使其深入民间，深入社会，深入人心，以实现依法治国和以德治国相结合，无疑具有积极的作用。

　　最后，学校引领社会实现新的"化民成俗"。"化民成俗，其必由学"是我国古代社会教化的重要传统，它的意义是指通过社会教育的手段与方式，以使民众形成良风美俗。传统的教化对于我国国民性的形成，对于社会的稳定以及各民族的认同感和归属感起到了重要的作用。

　　近代以来，由于封建统治的解体，受西方各种文化教育思潮的影响以及国内社会革命与教育发展的冲击与影响，传统的教化体系日益瓦解，其教化形式与内容也逐渐走向崩溃，用什么样的思想内容来教化民众，使民众具备什么样的良风美俗，自近代以来就一直被社会有识之士所关注。从梁启超的"新民说"，到鲁迅的"国民性"改造。从平民教育家、乡村教育家的社会教育实践，到马克思主义普遍真理与中国革命具体实践相结合。艰难的探索和曲折的道路，使人们认识到了先进的思想理论必须和人民的政治、经济、文化利益相结合，并真正为人民而服务。

历史的经验表明，民众的教化事业必须有先进群体的推动，在先进群体的推动下，才能实现新的"化民成俗"。新的形势下，随着小康社会、和谐社会的建设以及先进文化教育事业的发展，民众的良风美俗也必须要引导改良。诸如节假日的社会活动，过年、过节的礼仪活动等，都需要有新的知识、新的观念、新的方式来推动，而这些对于公民道德建设是一个长期稳固的基础性工程。

# 第三节　走出校园：学校开展社会教育实践

学校开展社会教育实践具有学校教育和社会教育的双重内涵，完成着学校教育和社会教育的双重功能，我们应该从学校社会教育的视角来提升学校开展社会教育实践的教育价值，把学校开展社会教育实践的教育意义发挥全面。通过参与办理社会教育事业可以提升社会实践的质量，丰富社会实践的内容。学校开展社会教育实践是教育大众化的一种非正规形式。通过实施社会德育、社会智育、社会体育、社会美育、社会生活教育等多方面内容，促进国民素质的提高，推进学习化社会建设和社会的和谐发展。

从教育学意义上看，现代学校的社会实践活动就是学校开展社会教育实践，学校利用自己的人力、物力、教育资源等把自己的教育事业推向社会，从事丰富多彩的社会实践活动满足和拉动社会各界对教育的需求，因而，其实践活动的本质就是社会教育。我们以现代学校几种社会实践活动为个案，从中分析其社会教育的内涵、意义与内容。

## 一　学校开展社会教育实践的内涵

现代学校开展社会教育实践主要方式有学生"三下乡"、学生青年志愿者、研究生挂职锻炼、学校与社会产学研合作、社会调查、实习见习、从事家教等，虽然方式各异，形式多样，但每一项社会实践都有其社会教育的内涵和社会教育的功能。

学生"三下乡"是学校组织学生进行社会实践活动的重要形式和主要方式，其内涵主要指"科技、文化、卫生"三下乡，其宗旨是使学校生走出校园，在科技、文化、卫生下乡服务的过程中，接受教育，增长才干，受到锻炼。但是，这仅是从学校教育的角度来看的。从"三下乡"社会实践的教育内容来分析，学校"三下乡"社会实践具有学校教育和社会教育的双重功能。从学校教育角度看，"三下乡"是教育学生、锻炼学生；从社会教育角度看，"三下乡"是服务社会、教育大众。因而，"三下乡"社会实践具有重要的社会教育功能，是学校通过开展社会教育的方式，实现和完成着社会教育，所以，学生"三下乡"社会实践的本质是社会教育。

学生青年志愿者活动，是学校青年投身社会、学以致用的良好途径，他们弘扬着"奉献、友爱、互助、进步"的志愿服务精神，通过恪守尽职、任劳任怨、奉献真情的行动，谱写着一曲曲真挚奉献之歌。学校青年通过广泛的社会公益活动，利用自己的知识、技能和爱心服务社会，接触群众，起到了学校教育和社会教育的双重教育效果，即一方面锻炼了自己，增长了才干，利于成长；另一方面，服务社会，教育大众，把新的知识、技能和爱心带给社会，起到了积极作用。所以，学生青年志愿者实践活动具有丰富的社会教育内涵，体现着社会教育的进步理念，可以看成学校社会教育的重要方式。从实践来看，应该增加服务的深度和广度，增加社会教育的内涵，使学生青年志愿者真正成为推动社会进步事业的重要力量。

研究生挂职锻炼是学校研究生社会实践的一种重要模式，主要指研究生在攻读硕士学位或博士学位期间，结合自己的专业到地方相关单位挂职，担任一定的职务，在规定的期限内完成挂职单位和学校安排的工作任务。研究生挂职锻炼和其他社会实践方式相比有自己的一些特点。首先，服务与锻炼结合，对学校教育来说，是教育学生、锻炼学生，增加他们服务社会的能力；对挂职单位来说，具有专业知识青年人的到来，可以提高单位工作的专业水平；从社会教育来看，研究生挂职锻炼具有社会教育的内涵，通过开展社会教育工作，扩大着教育的对象，普及着科学知识。其次，平时与假期互补，在不影响学业的前提下，采取集中和分散相结合的方式，使挂职有充分的时间保证。可以看出，研究生挂职锻炼具有社会教育的内涵，是学校社会教育的一种重要方式，应从社会教育的角度，来认识和提升研究生的挂职锻炼，进行规范化建设和管理，以便充分发挥其社会教育的职能。

学校与社会产、学、研合作是建立学校、企业与科研院所有效合作，实现科研、教学与生产相结合的重要措施，也是学校开展社会教育实践的一种重要方式，通过实践，学校与社会产学研合作的类型与模式越来越多，主要有技术转让、技术咨询、技术服务、联合开发、委托开发和共建实体等。从学校与社会产、学、研合作的内容、方式来看，学校与社会产、学、研合作具有社会教育的内涵，学校利用自己的资源优势实现着社会教育。

总之，学校开展社会教育实践具有学校教育和社会教育的双重内涵，完成着学校教育和社会教育的双重功能，我们应该从学校社会教育的视角来提升学校开展社会教育实践的教育价值，把学校开展社会教育实践的教育意义发挥全面。

## 二　学校开展社会教育实践的意义

学校开展社会教育实践具有多重教育学价值。可以促进社会的发展以及人的发展，可以推进建设学习型社会，为实现终身教育提供路径，可以促进学校教育与社会教育的结合，促进教育与生产劳动的结合，促进教育与社会实践的结合，对于教育学生、对于教育大众都具有积极意义。

### （一）学校开展社会教育实践有助于传播先进科学文化知识

近代人们在开展识字教育、通俗教育、平民教育和民众教育的过程中，就已经看到学校的推动作用，学校开展社会教育已经留下了许多成功的经验。

北京大学平民教育讲演团和北京师范大学平民教育社，就是学校开展社会教育最初的两个典型，他们利用学校的人力与物力，从事社会教育的实践活动。"五四"以后，学校开展社会教育就成为学校开展社会教育实践的一项重要教育事业，一种影响深远的教育热潮。学校的师生纷纷走出学校，走出教室，走向农村，走向平民，用自己的知识来启发民众、教育民众，呈现出我国近代高等教育史上"知识分子上山下乡"的色彩斑斓的一幕。学校参与社会教育各种机构与设施的建设，学校师生参加社会教育的实践活动，使近代以来"开民智"的主张有了实施者，使社会教育的事业有了基本的人力与师资，这对于"民智"的开启、教育的普及，以及民众文化知识水平的提高，无疑具有积极的作用。

从现实来看，学校开展社会教育实践仍具有重要的社会教育内涵，而且日益突出和有效。随着科学技术的发展，各种先进的技术纷纷被用于社会实践之中，交通顺畅，媒体发达，在这种情况下，学校的社会实践不像近代那样艰难，可以更为顺利地为社会教育服务，为民众提供教育服务，并通过这些服务，传播先进文化科学知识，提高民众的素质。

（二）学校开展社会教育实践有助于发展社会进步事业

现代社会教育观念的产生，是在工业化社会问题与矛盾比较突出的情况下出现的，从产生起，社会教育的理论与事业就具有强烈的社会对策性，它通过福利、公益、助人等机构与设施，实施对社会各种人群的救助与教育，对于解决社会问题，缓解社会矛盾，补充法制和行政的不足起到了重要的作用。

我国近代自设社会教育司以来，一些教育家逐渐认识到社会教育是中国必须重视和优先发展的一种教育事业，因为，中国自近代以来，民族危机，文化转变，社会动荡，急需用社会教育的力量来除旧布新，而发挥学校的作用，是教育家们一致的主张。蔡元培一直主张学校应该面向社会办学，通过改造学校教育来实现改良社会，为此，他提出了通过改造学校而实现改造社会的两种主张，他说：

> 第一改造教育，以改造将来的社会，就是学校里养成一种人才，将来进社会做事。……第二改造教育同时改造社会，就是学生或教员一方面讲学问，一方面效力社会。[①]

因为有这样的认识，所以蔡元培鼓励学生利用业余时间从事学校以外的社会教育实践活动，并主张实行大学区制，由学校来兼办社会教育事业。

正是因为具有这样的教育理念，近代许多学校知识分子才对通俗教

---

① 高平叔编：《蔡元培教育论著选》，人民教育出版社1991年版，第264页。

育、平民教育、乡村教育、民众教育等社会教育事业乐此不疲并以巨大的热情与精力投身于这些事业之中，他们走出都市，深入城市与乡村社会，和平民交朋友、和农民交朋友，用自己的知识来启发民众、教育民众，直面各种社会问题。

从现实来看，腐败、迷信、犯罪、各种事故、假冒伪劣产品、侵权等社会问题严重地干扰着社会的进步与发展，解决这些问题，减轻和避免各类社会矛盾的发生，我们在加强法制和德治的过程中，不要忽略社会教育的辅助作用，因为社会教育它有着法律、思想政治工作所不具备的特点，在思想观念上，它有教育、慈善、福利、助人及服务等多种成分，在机构与设施上，它以广泛的事业扎根于社会的各个角落。而由学校来推动社会教育事业，是促进社会教育发展从而实现社会改良的有效途径。

（三）学校开展社会教育实践有助于高等教育的大众化

中国的国情与民情需要我们大力发展全民教育和终身教育。高等教育的大众化不能只通过学校教育形式来完成，发展社会教育以及谋取学校兼办社会教育，是实现学校教育大众化的一个重要渠道，也是国内外教育的一个成功经验。从国内来看，谋取教育机会的均等一直是近代以来教育家们为之奋斗的目标，尤其谋取普通大众的受教育机会，许多教育家为此做了不少的努力，从通俗教育到平民教育，从乡村教育到民众教育。但是，在这些教育的实践中，使教育家们感到，推广这些教育需要一定的人力与师资，而对于中国的社会现实来说，这些人力与师资到何处去寻呢？由此，他们把注意力集中于学校，试图通过发展学校实施扩充教育来促进各种社会教育事业的发展，试图通过各种社会教育事业的发展来谋取社会大众受教育的机会，因此，这些教育家都形成了这方面的认识，主张学校兼办各种社会教育事业。

蔡元培是这一主张的积极支持者，他通过对国外学校扩充教育的介绍，认为我国也应学习国外这种做法，由学校来举办各种社会教育事业，为社会各个阶层的人群提供受教育的机会、场所和场地。因此，学校兼办社会教育，有利于教育机会的扩充与均等，尤其对社会底层的民众来说，各种助人性的、福利性的社会教育机构与设施，是他们能够接受教育，能够获得知识的重要途径。

### 三　学校开展社会教育实践的内容

学校开展社会教育实践内容丰富，不同的实践形式具有不同的教育内容，除了学校专业教育所带来的教育内容之外，学校开展社会教育实践也体现着社会教育内容。主要表现在社会德育、社会智育、社会体育、社会美育、社会生活教育等多方面。

（一）社会德育

主要是指学校作为社会德育的教育者，在实施公民道德教育的过程中，有目的、有计划、有组织地利用学校的教育优势，对社会受教育者进行德育的过程，同时，通过对社会德育的开展，促进学校德育的发展。

历史的经验表明，公民道德教育形式不要仅仅采取学校道德教育的形式来进行，公民道德教育要和公民的生产、生活实践相结合，尤其要以活动为载体，创建各种丰富多彩的教育形式来满足和拉动公民受教育的需求，而在这样的活动实践中，要充分发挥学校的开展与推动作用。近些年来，各个学校所参与开展的活动，诸如"希望工程"、"三下乡"、"文化扶贫"、"教育扶贫"、"科技大篷车"、"送温暖"、"志愿者"、"手拉手"、"幸福工程"、"扶残助残"等活动，就有着丰富的社会德育内涵，创造了多种在社会进行公民道德教育的新形式。

（二）社会智育

主要指学校作为社会教育的教育者，运用自身的教育资源与优势，组织各种各样的教育事业与活动，有计划、有目的地面向社会民众进行知识传授、技能培养和智力开发的社会教育过程。

学校各项社会实践活动具有传授知识和智力开发任务，应该贯穿于社会教育事业的方方面面，体现在社会各种教育活动之中，通过各种形式的教育事业与活动，对全民实施基本科学文化知识教育、基本科学技术知识教育、基本生活知识教育。通过科学知识的普及启发民众的思考力，培养其观察力、想象力和创造力，从而提高全民的知识与智力素质。学校要通过展览咨询、专家讲座、研讨座谈、举办活动等方式，开展社会智育。

（三）社会体育

主要是利用学校体育教育的优势，有计划、有目的，组织、指导社会体育教育的开展，以普及体育知识，增强民众体育素质，养成民众自觉地锻炼身体的习惯，提高其体质的教育活动。

学校要引领指导全民健身,把体育教育和大众健康相结合,把体育锻炼与养生健身相结合。通过体育讲座、专家座谈、健康教育展览、养生咨询、体育竞技知识辅导等方式,开展社会体育活动。

(四) 社会美育

学校开展社会教育实践活动具有社会美育的内涵,主要指学校作为教育者,通过有目的、有计划、有组织的教育活动,参与、指导社会美育实践,以便向社会民众普及美学知识,发展其感受美、鉴赏美和创造美的能力。

学校通过艺术惠民,将各种美学艺术带到民间,丰富大众的艺术生活。可以通过艺术展览、艺术讲座、艺术咨询、艺术座谈、艺术活动等方式,开展丰富多彩的艺术教育活动。

(五) 社会生活教育

学校的社会实践本身就是参与社会生活实践活动,因而,学校具有提升社会生活教育质量的职责。学校开展社会生活教育应该包括大众生活的全部内容。现代知识社会和科技社会,使得科学技术深入到了千家万户,融入到了生活的每一个细节。学校要树立科学发展观,普及科学知识,传授科技技能。提升社会生活质量和品质,促进美好型、幸福型社会的形成。

学校开展社会教育实践具有重要的社会教育理论价值,从学校社会教育的视角分析其内涵、内容与意义,可以扩大社会实践的范围,深化社会实践的程度,提高社会实践的质量。学校开展社会教育实践是提高国民素质,实现终身教育和学习化社会的重要路径。

# 第四节　走向城邦:构建学习型城市

联合国教科文组织国际教育发展委员会在编著的《学会生存》中强调"城邦是最好的教师"。"社会作为一个整体有着更重要的教育作用"。"未来的教育必须成为一个协调的整体,在这个整体内,社会的一切部门都从结构上统一起来"。这个观点启示我们,教育的作用不仅仅是学校的职能,社会各界都要发挥教育的作用。如果把城市看作一个社会,那么构建学习型城市,就是建设学习化社会的基础工程。

各级各类学校是城市社区的"教育中心",是城市发展的"文化中心"，在建设学习型城市的过程中，应该通过开展社会教育协同开发城市社会教育资源，在办学的实践中，应该拓展教育空间，提升教育效能，协助社会各界协同构建学习型城市，利用学校教育资源，推进终身教育发展。

现代社会构建学习型城市，一个重要创新就是规划与开发城市社会教育资源。城市在把各种正规教育办灵活多样的同时，还应该大力发展城市弱势教育项目，通过各种方式深化发展各种非正规教育和不正规教育，诸如社区教育、补习教育、培训教育、继续教育、图书馆教育、博物馆教育、传媒教育、广场教育、广告教育、户外教育等，以形成城市持久的竞争优势和具有地域特色的城市文化。

## 一 "城邦是最好的教师"

构建学习型城市的目的是提高城市居民的科学文化素质和公民道德素质，改善和提高城市居民的生存与生活质量，实现城市的可持续发展，提升城市的文化品位，建设城市精神文明。为建设小康社会、和谐社会，实现城市的发展目标，提供知识保障、智力支持、人才来源和高素质居民。

城市的发展不可能超越市民的文化水平，城市经济的振兴也不可能超越市民的综合素质与能力。一个城市的发展水平与程度和城市居民的文化程度、公民素养是分不开的。

（一）学习型城市的基本内涵

城市就是一所学校，它要求人人都必须学习，只有学习才能适应城市发展的挑战和需要，因此，要求城市要激励每个人的学习需求，同时，它要求城市要满足人人学习的需求，为每个想学习的人提供学习的机会。使城市做到城无不学之户，户无不学之人。

城市就是一本教科书，它要求处处都充满知识，处处都有学问，城市发展的一切内涵，包括物质的、非物质的、制度的、思想的、实践的，都要有学习的因素，都要有教育的意义。

城市就是一个教师，它要有文化的形象，要成为知识的化身。它要引导每一个城市人都要成为一个有知识的人、有文化的人、有素质的人。

构建学习型城市是城市建设的基础工程。应该成为国家公共服务的重要组成部分，在城市中，教育无所不在、无处不在、无时不在。人人是学习之人，时时是学习之机，处处是学习之所。

学习型城市的主要特征是工作学习化，学习工作化。

1. 人人都有学习的意识。每个人都有学习的要求和愿望。生存、竞争和发展的压力是学习的动力。

2. 人人都有学习的行为。学习应该成为每个人的生活方式，强调终身学习和持续学习。

3. 人人都有学习的机会。学校教育只是学习机会的一种形式，学习型城市应该整合各种社会教育资源，为每个人提供各种学习的机会。

4. 人人都有学习的能力。每个人都能够根据自己的实际情况和需要来选择学习，使学习效率化和科学化。

（二）构建学习型城市的依据

"知识就是力量"，学习是力量的源泉，学习就是生产力，学习就是竞争力，城市的竞争唯一持久的是人学习能力的竞争。

首先，构建学习型城市的理论依据：

1. 知识经济社会的要求。社会的发展使各行各业的知识含量、科技含量越来越高，专业化程度越来越高。要求从业人员必须树立终身学习的观念。不断更新与提高自己的科学文化知识水平，与时俱进。

2. 提高生活质量的需要。从温饱向小康社会迈进，其重要标志就是提高人们的生活质量，而生活质量提高的方方面面，都离不开知识的普及和增加。诸如健康养生知识、环境知识、卫生知识、安全知识、公民知识、娱乐知识等。要获得知识、丰富知识、更新知识，学习是唯一的途径。

3. 择业、就业、发展的需要。学习不仅是生活的准备，也是生活的手段。是一个人择业、就业、发展的条件，一个人的学习能力是事业取得成功的根本。

其次，构建学习型城市的实践依据：

1. 城市振兴发展的需要。振兴城市需要人才、需要科技、需要创造，而所有振兴行动，都离不开知识，离不开学习。学习是振兴的基础、学习是创造的源泉、学习是成功的捷径。

2. 提高市民文化科学素质是城市建设的基础工程。任何一种发展，任何一种创新，都离不开基本的民众素质，地方经济和工业的振兴不可能超越当地市民的文化科学水平。市民文化科学素质和能力制约着城市发展的水平和质量。而要提高市民的文化科学水平与能力就必须把学习作为城市的基础工程发展。

3. 提高城市竞争力的需要。城市竞争力通过城市生产力表现出来，而城市生产力中最具活力、潜力和创造力的是人的素质与能力，而人素质与能力的提高取决于终生学习的成效。

4. 城市经营的需要。特色是一个城市的核心竞争力，城市个性是一个城市的灵魂。要走特色与个性的发展道路，一个城市必须发展自己的品牌，找到自己"卖点"，进行城市的形象设计。而在知识经济时代，任何品牌的产生与创造都离不开学习。

5. 塑造政府新形象的需要。知识经济社会政府的形象就是生产力，更是竞争力。因而，制度创新才是最根本的创新，有一个廉洁、高效政府可以吸引资金，容纳人才，发展机会，进行创业。所以，打造学习型政府是城市可持续发展的持久竞争优势。

## 二 规划与创新城市社会教育事业

构建学习型城市的主要目标是提高城市人的综合素质，推进人人都要学习的理念，为振兴城市，为城市人、经济与社会的可持续发展，提供人才储备、知识与智力的保障。城市竞争，规模与数量已渐失光彩，质量、特色与创新最终决定命运。

构建学习型城市有许多举措，诸如，使每个市民都要确立先进的学习理念。确立"学习、学习、再学习"的观念，树立"终身学习"、"全民学习"的理念，使学习成为每个人生存状态和行为准则，成为社会各项事业进步的主要推动力和生活的第一需要。

为了激励人们的学习需求，城市应该健全系统的学习体系。建立各级各类社会化的学习型组织，形成由基础教育、职业教育、高等教育、继续教育和社会教育组成的，开放的、灵活的、多样的、高质量的终身教育体系，为全市人民提供充足优质的学习资源和场所。

在构建学习型城市的过程中，规划与创新城市社会教育事业是构建学习型城市的重要特色。

### （一）城市社会教育事业

社会教育，有广义和狭义二解。广义社会教育是指，凡是对人有影响的思想、活动、制度与实践等都可称为社会教育。狭义社会教育是指政府与社会以及公私团体有目的、有计划、有组织的于学校教育之外对全体国民所实施的教育。社会教育事业则由狭义社会教育而言之，是指政府和社会各界所举办的各种社会教育机构、设施、场所、场地以及所采取的各式各样的社会教育活动。

社会教育的含义告诉我们，"社会就是学校"，"生活就是教育"，社会本身就具有教育的意义。因而，社会组织制度本身以及所开展的、从事的、举办的所有活动都应该考虑到教育的意义，都应该具有教育的意义。

规划与创新城市社会教育是建设学习型城市的关键。从教育对象讲，城市社会教育是全民教育；从时间讲，城市社会教育是终身教育；从空间讲，城市社会教育是全面教育。城市社会教育场所无所不在，社会教育设施无所不有。城市社会教育是实现国家教育目的的重要阵地。学校不再是社会中的一座孤岛，而是与社会相结合，透过教育机构内外的活动来达成全面教育的理想。它是用现代社会教育理念，把教育看成全民教育、终身教育、全面教育，是完全意义上的教育。社会教育也不再仅仅是作为学校教育的补充而存在，而是逐渐渗透到学校教育中，与之相互交织、相互促进。教育既是学校的，也是社会的，是完全开放的。

在现代城市社会生活中，城市社会教育确实扮演着越来越重要的角色。社会教育除学校教育相结合外，在成人学习、指导家庭教育等方面也发挥着巨大的作用。

从城市教育的历史、现状以及未来发展需要出发，在建设学习型城市的实践过程中，规划与创新城市社会教育事业是构建学习型城市的关键。

（二）发展城市社会教育的依据

首先，历史依据。我国虽然有悠久的城市历史，但是，城市基础建设则相对滞后，发展缓慢，城市之间也存在着发展的不平衡，近代各种新式教育的起步与发展也是在战火中进行的，由于帝国主义的侵略摧毁了城市的文化教育设施并降低了城市人口的文化教育水平。新中国成立后，教育事业的发展也经历了十分曲折的过程，尤其"文化大革命"，使教育成了"重灾区"。所以，城市教育事业的真正进步与发展可以说是从改革开放以后开始的，虽然取得了瞩目可观的成绩，但由于历史短、基础差、欠账多等原因，使我们一直把发展学校教育看成为教育发展的主旋律，"多出人才，快出人才，出好人才"一直是教育发展的主导观念，而各类社会教育机构设施却没有得到充分的发展，因而，使广大民众得到学习与教育的机会就相应地减少。所以，发展广泛的社会教育事业，是城市教育事业发展的一个当务之急，是建设学习型城市的基础工程。

其次，教育与学习事业的现实依据。经过改革开放以后的发展，城市学校教育事业已经初具规模与水平，初等教育、中等教育、高等教育的发展满足和适应着求学者的需要，并促进着社会的全面进步，但由于学校教育主要是面向青少年，主要是一种职前教育，所以，其教育功能的发挥是有限度的，不能为广大民众提供多种教育与学习的需要。所以，通过广泛发展社会教育事业来激励和满足广大民众的学习与教育需要，弥补学校教育的不足，是教育发展中的必要举措。

最后，学习主体的实际状况。城市人口多，流动人口大，巨大的人口基数和流动状况，使城市人口学习与教育状况呈现出如下几个问题：（1）成人受教育水平普遍偏低；（2）职业教育发展滞后；（3）各种培训教育、补习教育难以规范；（4）各类弱势群体难以有学习与接受教育的机会；（5）终身学习与终身教育缺乏推动力，成效差；（6）各级各类学校很少开展社会教育事业；（7）各种社会教育机构与设施发展不健全；（8）各种社会教育活动缺乏指导和规范等。这些问题严重制约着城市居民的学习成效，从而影响着城市的全面发展。

（三）城市如何规划与创新社会教育事业

城市就是一所学校，城市的一切建设都要有教育的含义。从社会教育意义来看，城市的一切建设，都要促进社会的发展，促进人的发展，城市的一切物质设施、文化设施，都要有助于终身教育的实施，有助于建设学习型城市，有助于促进青少年的全面发展。城市社会教育事业的规划主要体现四方面内涵。

首先，城市文化事业的规划与开发。文化是一个城市的精神之魂，文化是一种广义的教育，文化本身就是社会教育。城市应该规划文化发展战略，大力发展公益性文化事业，推动发展文化产业。新时期，城市要发挥各种媒体的社会教育功能，重视电视广播媒体、网络媒体、手机媒体、报纸杂志媒体以及户外媒体的教育载体的建设。继续发展城市各种文化广场、标志性城市建筑以及各种区域性的文化活动。

其次，城市要加强各种非正规教育事业的规划与管理。非正规教育事业主要包括各种培训教育、补习教育、职业教育、社区教育、家庭教育、文化事业单位实施的教育、市场发育起来的各种教育等。各种非正规教育，在发展中要做到有目的、有组织、有计划，不能随着市场的推动自由发展。非正规教育要有行业制约，要符合社会教育原则。城市要创新一批特色鲜明的文化教育空间，如市民学习中心、市民文化中心等学习机构。

再次，城市各种社会教育机构与设施的整理、开发与利用。每一个城市都要整理好历史存在下来的各种社会教育机构与设施，在过去的基础上进行创新。城市要规划各种类型的公益性图书馆、博物馆、文化馆、科技馆、阅报处等事业，赋予这些机构更多的公益性社会教育职能。城市要注意户外媒体的教育作用，增加城市的公益性广告。要创新建立各种福利性文化教育设施，如养老机构、特殊教育机构、工读教育机构、流浪人员教育机构等，使每一个特殊群体、弱势群体，都有相应的教育救助机构。

最后，城市各种社会教育活动的指导与开展。城市的社会活动、文化活动等都有广义教育的内涵。任何一项活动，总能够传递一些知识、传授一些技能、传达一些观念、表述一些思想，而所有这些思想的、知识的、技能的传播，在潜移默化、耳濡目染地发挥着教育的作用。城市不应该任凭一些民间社会活动或文化活动自由发展，应该通过科学文化的引导，推进城市民风、民俗的改革、增新与发展。诸如年、节、假日的社会礼仪、婚礼、丧礼等的礼仪活动，各种读书活动、学习活动、健身养生活动，大众娱乐休闲活动等。增加这些活动的科学文化知识内容，通过各种喜闻乐见、寓教于乐的活动，引领市民形成健康的生活方式。

规划与创新城市社会教育事业，要采取如下举措：

（1）文化管理部门和教育管理部门合作，共同制订城市社会教育发展规划，制定地方社会教育发展法规与政策。借鉴国外《社会教育法》的经验，城市制定区域《社会教育发展促进条例》。

（2）培养与培训专兼职社会教育工作者，促使社会教育工作向专业化和专门化方向发展。借鉴国外社会教育是一种职业的做法，提升从事社会教育工作者的业务水平和能力。

（3）提升各种培训教育、补习教育、社区教育、家庭教育的水平，并日益使其规范化和制度化。各种非正规教育，管理要日益正规化，业务要逐渐专业化，效能要有助于教育目的的实现，促进教育的发展。

（4）各种社会教育机构与设施不要市场化，要体现公益性和福利性，并使其事业与活动"办活"。如增加学习活动、咨询活动、文体活动、公益活动、竞赛活动等。

（5）进一步繁荣图书市场，建立布局合理的图书报刊销售网点，方便群众购书，并为公众提供广泛的阅报栏。城市要组织设立学习节、读书节、读书月、读书日等。推进市民的读书活动，采取奖励读书、竞赛活动等形式，推动市民的读书学习。

（6）建立各种类型的主题图书馆、博物馆、文化馆、少年宫、影剧院、社区文化活动中心、市民学校等，为公众提供文化学习的活动场所。并使这些机构深入到民间各个角落。这些机构与设施，应该不定期地举办各类知识讲座、学术报告、读书沙龙、发展论坛等，丰富民间的学习活动。

（7）明确网吧、音像社、游戏厅、歌厅等娱乐场所要通过社会教育法规来规范和发展，要受教育法规的制约。提高从业人员的专业要求，要求持证上岗工作、增加检查和奖惩力度等。城市网吧要作为社会教育机构来规范和治理，明确规定其要有对未成年人教育的责任。

（8）设计和开展民风、民俗的改良活动，引导年节假日的休闲娱乐活动，形成具有地方特色的区域文化活动。民风、民俗是一个地区区域性的大众文化，具有重要的社会教育导向功能，影响着一个地区大众的素质和行为。城市要提升民风、民俗的社会教育自觉性，增加社会教育内涵，丰富民俗形式载体，创新传统民俗形式。

（9）加强学校外各种专题性和专门性教育基地的建设，发展针对各个年龄、各个阶层、各种职业为教育对象的社会教育场所与场地，开展各种社会教育活动。可以借鉴美国儿童博物馆的做法，为儿童创建各种类型的儿童博物馆、儿童图书馆、青少年活动营地、青少年宫等设施；为成年人建设体育、健身、养生基地，开展全民健身活动；为妇女建设公益性会馆，引导健康科学的生活方式；为高龄者建设养老院，使城市老人老有所养、老有所依。

（10）发展学校推广教育，学校应该成为所在城市和地区的文化教育中心，并通过各种教育活动服务社会，如专题讲座、研讨座谈、咨询展览等。学校规范和提升大学生的家教行为，使其有指导家庭教育的职能；中小学需要加强家长教育，并把开办家长学校作为学校教育事业的一部分。

创建学习型城市，其特色在于规划与创新城市社会教育事业。城市就是一所学校，城市就是一本教科书。城市社会教育的意义就在于城市所开展的一切活动都应具有教育的意义，都应考虑教育的功能，一个城市的发展不仅仅表现于各种工业指标和经济数字，一个没有文化底蕴和学习风气的城市，其工业和经济的发展，正如其"高楼大厦"一样，只是不断重复的建筑"泡影"，看起来轰轰烈烈，实际上不可能超越其城市文化发展水平和市民的综合素质与能力。

# 第十章  社会教育管理

　　社会教育管理在不同国家、不同时期、不同制度下，采取的管理体制不同，每一个国家都根据自身的历史、国情、民情和社会实际发展各具特色的社会教育管理。如美国的成人教育管理、社区教育管理；日本的社会教育法规管理和行政管理；北欧社会教育保障管理等。我国近代民国教育部设立"社会教育司"，通过社会教育行政管理推动社会教育事业，取得了令人瞩目的成绩，社会教育管理在近代的发展，为我们依据自身历史、国情和民情进行社会教育管理提供了大量的经验。

## 第一节　我国社会教育实施管理的历史经验

　　1912 年民国成立，结束了清王朝的统治。南京临时政府成立后，颁布了一系列改革教育的政策、法令和措施，对封建教育进行改革。在改革封建教育的过程中，使改革者认识到"国民程度"问题构成了建设民国的一个严重障碍。虽然封建专制制度已经废除，但国民还是过去的国民，国民的思想、观念仍然是过去的封建思想、观念。如何荡除这些落后的思想、观念，如何培植"共和国健全的国民"，成了民国建立以后教育发展中的一个突出问题。而清末发展起来的所谓新式教育，由于只注重人才，忽视民智；只注重发展学校教育，轻视社会教育；只注重学生的教育，忽视"失学者"的教育，造成了教育发展中的严重缺陷，即学校外"年长失学者"越来越多，教育发展的这种状况，根本适应不了新的国体和政体的要求。在这种情况下，首任教育总长的蔡元培认识到：

　　　　眼见各国社会教育事业之发达，深信教育行政之责任，不仅在教育青年，须兼顾多数年长失学之成人。故草拟官制时，坚决主张于普通、专门二司外特设社会教育司。[①]

社会教育司的建立是我国近代教育发展中的一件大事，社会教育司的建立结束了封建的教化制度，是我国近代社会教育制度的开端。在"社会教育司"的领导和推动下，从 1912 年民国成立至 1919 年五四运动，以全体国民为教育对象，以失学民众为教育重点，以通俗教育为主要手段的社会教育事业逐渐开展起来。

## 一　民国初期"社会教育司"的确立

民国初年，"国民程度"之争是建立国体和政体的一个重要依据，是当时社会改革与发展所不能回避的一个基本国情。因此，这个时期教育的发展，其中一个重要主题就是如何解决"年长失学者"的受教育问题。在蔡元培等教育家的倡议下，从民国初年到五四运动时期，各种社会教育事业在社会教育司以及各种教育团体的推动下逐渐探索和发展起来。

这个时期社会教育的实践主要表现在三个方面：一、建立社会教育行政机构；二、推广通俗教育；三、整理与创新各种社会教育机构与设施。

（一）建立社会教育行政机构

社会教育的实践与设施虽然在甲午战争以后已经萌芽，朝野上下开始关注社会教育，如推行宣讲等，但社会教育在教育行政上却没有取得地位，因而，清末时期各种社会教育事业并未很好地发展起来。民国建立后，拟订教育部官制，教育总长蔡元培坚持主张设立社会教育司与普通教育司、专门教育司。

民初，社会教育司的分科及职掌如下：

$$
社会教育司
\begin{cases}
第一科\cdots\cdots宗教—礼俗 \\
第二科\cdots\cdots科学—美术 \\
第三科\cdots\cdots通俗教育
\end{cases}
$$

1912 年 8 月社会教育司第一科改归内务部职掌，至同年 12 月公布分

---

① 朱有瓛等：《中国近代教育史资料汇编·教育行政机构及教育团体》，上海教育出版社 1993 年版，第 165 页。

科规程第一科增加博物馆、图书馆事项，此时期鲁迅任社会教育司第一科科长。1913 以后，几经修改至 1914 年 7 月公布《教育部官制》，1918 年 12 月 7 日公布《教育部分科规程》系统图后，社会教育司分科及职掌尚才逐渐完备。

在《教育部官制》中规定"教育部置总务厅及下列各司：普通教育司、专门教育司、社会教育司"，并规定社会教育司的职责是：

（1）关于通俗教育及演讲会事项；（2）关于感化事项；（3）关于通俗礼仪事项；（4）关于文艺、音乐、演剧事项；（5）关于美术馆及美术展览会事项；（6）关于动植物园等学术事项；（7）关于博物馆、图书馆事项；（8）关于各种通俗博物馆、通俗图书馆事项；（9）关于公众体育及游戏事项。

《教育部分科规程》中规定："社会教育司设第一科，第二科，分别掌管各项事务"，其事项如下：

第一科所掌事项如下：（1）博物馆、图书馆事项；（2）动植物园等学术事项；（3）美术馆、美术展览会事项；（4）文艺、音乐等事项；（5）调查及搜集古物事项。

第二科所掌事项如下：（1）厘正通俗礼仪事项；（2）通俗教育及讲演会事项；（3）通俗图书馆、巡行文库事项；（4）通俗戏剧、词曲等事项；（5）通俗教育之调查、规划事项；（6）感化院及惠济所事项；（7）不属他科所掌事项。

这个时期，地方社会教育的行政机构也逐渐建立起来。1915 年 9 月 6 日，教育部公布教育厅暂行条例，同年 11 月 8 日核准教育厅组织大纲，各省设置教育厅。依教育厅组织大纲第二条规定，社会教育行政事宜为教育厅第二科所主管。至此，社会教育在省级教育行政制度上也有了自己的地位。

由此可以看出，自民国初年到五四运动以前，社会教育的行政机构是在探索中逐渐建立和完善的。社会教育在教育行政地位上的确立，使社会教育事业的发展开始有了制度上的保证。在社会教育司的组织和推动下，以失学民众为教育重点，以通俗教育为主要手段的各种社会教育事业，在这个时期逐渐发展起来。

（二）推广通俗教育

教育一方面要培养学校里的青少年，另一方面要教育失学民众；另一方面要培养人才，一方面要开启民智。这些观念到了民国时期，基本上已经成了社会有识之士的共识。但是通过什么途径来教育失学民众，运用什么方法来开启民智，人们一直在寻求。这个时期，国外通俗教育发展很快，尤其日本通俗教育的发展十分活跃。日本社会教育史学界把1884—1919年的社会教育发展，称作通俗教育时期，[①] 在这个时期里（1910年），日本确立了通俗教育调查委员会官制，"通俗教育"的用语非常频繁，通俗教育的事业及领域不断扩大，直到1921年"通俗教育"被"社会教育"所取代。而这个时期，正是我国留学日本的高潮时期，受日本及欧美通俗教育的影响以及国内失学民众教育的现实需要，随着社会教育司的建立，有目的、有计划、有组织的通俗教育运动开始形成。

1. 颁布通俗教育法令、规程

民国教育部成立不久，1912年2月即通电各省筹办社会教育。电文说："社会教育亦为今日急务，入手之方，宜先注重宣讲。"[②] 同年教育部召集临时教育会议，其中商讨了一些社会教育的议案，如识字教育案、采用注音字母案等。1918年，教育部公布注音字母。1919年教育部成立国语统一筹备会，负责推动国语统一。国语推行运动的开展，是社会教育进行的重要基础，文字和注音的通俗易懂，简单易行使社会教育的开展有了语言和文字上的保证。

1915年以后，教育部相继颁布了一系列通俗教育规程，如《通俗教育研究会章程》（1915年7月20日）、《通俗教育演讲所规程》（1915年10月18日）、《通俗教育演讲规则》（1915年10月18日）、《通俗图书馆规程》（1915年10月18日）、《图书馆规程》（1915年10月18日）、《通俗演讲传习所办法》（1916年4月15日）、《露天学校简章及规则》（1916年）等。这些规程的颁布，使通俗教育的开展有了政策保证，一方面促进了通俗教育的发展，另一方面标志着以政府推动为主导的通俗教育运动的

---

① ［日］新堀通也：《社会教育学》，张惠才等译，春秋出版社1989年版，第25页。
② 《教育杂志》第3年第10期。

开始。

2. 创办通俗教育研究会

为了了解通俗教育的现状，1912 年教育部筹设北京通俗教育调查会。这一年私立北京通俗教育会也成立，并提倡以社会教育为目的。据 1916 年的调查，该会自成立以来，曾举行公开讲演 10 次，设立露天学校 7 处。① 1912 年 4 月 28 日由唐文治等发起组织通俗教育研究会，理事有黄炎培等 5 人。同年由伍达等人组织中国通俗教育研究会，后改名为中华通俗教育研究会，开始研究和推广通俗教育，并去日本考察通俗教育情况，出版由日本通俗教育研究会编辑的《通俗教育事业设施法》。

1915 年 7 月 16 日，教育总长汤化龙呈请设立通俗教育研究会，呈文中说：

> 国家之演进，胥视人民智德之健全，而人民智德之健全，端赖一国教育之普及。而考及教育普及之方法，学校而外，尤籍有社会教育以补其所不逮。盖社会教育范围至广，收效至宏，举凡一国普通士庶之性情、道德、智能，皆受熏育陶于此。②

他列举日本通俗教育的发达以及其他各国社会教育的发展，认为我国"通俗教育实为现今刻不容缓之图"，③ 应成立通俗教育研究会。这个呈文立即得到了批准，并于同年 9 月 6 日召开第一次成立大会，同时颁行《通俗教育研究会章程》，章程中规定：（1）本会以研究通俗教育事项，改良社会，普及教育为宗旨；（2）研究事项分小说、戏曲、讲演三股。

通俗教育研究会自 1915 年成立至 1919 年，在推广通俗教育活动上不遗余力，取得了较大的成绩，如在政策层面上，通俗教育研究会提出了许多议案，如选印讲演稿议案、调查年画议案、戏曲脚本总集议案、改良戏剧议案、调查戏剧议案、提倡学术通俗讲演议案、戏剧奖励章程草案、公布良好小说目录案、审核讲演参考书案、劝导改良及查禁小说办法案、试办通俗教育讲演传习所案、奖励小说章程草案、小说股进行办法案、调查

---

① 马宗荣：《现代社会教育泛论》，世界书局 1934 年版，第 268 页。

② 民国教育部：《教育公报》1913 年第 4 期。

③ 同上。

社会风俗习惯案等。在这些议案中，有的议案直接影响着政府有关政策的制定。在实践中，如小说股审查小说八百多本；戏曲股审查剧本三十多本，编辑剧本三十多本，歌曲十多本；演讲股编辑讲演选稿两册，审查通俗教育书五十多本，画片等六十多种，发刊时事资料十二册，其他书籍多种。同时查禁了许多淫秽书画、迷信书画、怪异西洋片、神鬼傀儡戏以及下流曲调等。①

通俗教育研究会的创办及活动推动了通俗教育事业的发展，使社会教育的工作及实践有了一定的组织保证。在通俗教育研究会的组织下，全国各地通俗教育研究会也相继成立，据《教育部行政纪要》1917 年统计，全国共成立通俗教育研究会 232 所，会员达 12922 人。②

（三）整理与创新各种社会教育机构与设施

民国以后，随着全国社会教育行政体系的建立以及各种公私教育团体的创办，随着各种社会教育规程的颁布，民国教育部开始对旧的社会教育机构与设施进行改造和整理，各种新的社会教育机构与设施在这个时期也纷纷涌现出来。

1912 年，教育部开始整理旧有京师图书馆，同年 8 月开馆供给民众阅览。1913 年，设立京师图书馆分馆，又创设通俗图书馆，并附设公共体育场、新闻阅览处，后又添设儿童阅览室，使京师的图书馆体系从单一逐渐走向多样化。这个时期私立北京通俗教育会成立，开始举办露天学校，至 1916 年设立露天学校 7 处。1913 年，江苏省议会咨请民政长提倡设置公园，咨文中详细论及公园与道德、体育、学校教育、家庭教育、社会教育的关系及利益。后江苏省咨覆照准，并训令各县办理。1915 年，教育部创设模范通俗讲演所，于 1916 年 2 月正式成立。所内讲员分为两组：一组在所内按日讲演；一组在所外巡回讲演，并与夜间加演幻灯及电影，附带实施休闲教育，在该所内附设阅书报处一处，公共补习学校一所，启盲所一处。1916 年，江苏举办巡回讲演团，并于 1918 年在南京创办通俗教育馆，分运动、博物、图书及讲演四部，先后有 39 个县设立通俗教育馆。根据民国教育部行政纪要第一辑、第二辑所载，民国七年（1918 年）以

---

① 马宗荣：《现代社会教育泛论》，世界书局 1934 年版，第 271 页。

② 朱有瓛等：《中国近代教育史资料汇编·教育行政机构及教育团体》，上海教育出版社 1993 年版，第 380 页。

前的社会教育机构与设施统计如下：

**1918 年以前全国社会教育机构与设施统计①**

| 项目 | 1915 年 | 1918 年 |
| --- | --- | --- |
| 博物馆 | | 9 |
| 图书馆 | 22 | 176 |
| 通俗图书馆 | 236 | 285 |
| 公共阅报处 | 2808 | 1376 |
| 巡回文库 | | 259 |
| 通俗教育讲演所 | 1464 | 2579 |
| 公共补习学校 | 76 | 46 |
| 半日学校 | 1186 | 1686 |
| 简易识字学塾 | 3407 | 4851 |
| 巡行宣讲团 | 738 | 742 |
| 通俗教育会 | 200 | 342 |

　　由此可见，这个时期社会教育机构与设施较之民国以前有了进一步地发展，综上所述，自民国成立到五四以前，我国社会教育的发展开始逐渐从清末无组织、无计划的状况向制度化方向转变。社会教育在行政上的地位开始确立，社会教育的各种法令、规章开始颁布并有了自己的特点，各种社会教育机构与设施的创办呈现出一种上升的趋势，显示了社会教育发展的良好势头。在观念、制度、实践等方面为失学民众接受各种教育创造了条件。虽然受这个时期社会政治、经济的影响，社会教育的发展较为艰难。但这却是我国社会教育发展所迈出的第一步。为后来政府以及各种教育团体和教育家关注失学者的教育，掀起平民教育的热潮起了宣传和导向的作用。

## 二　南京国民政府时期社会教育管理事项

　　南京国民政府时期，社会教育行政地位进一步确立，社会教育行政管理分为中央社会教育行政、省社会教育行政和县社会教育行政，社会教育行政掌管的事项更加丰富，但是由于社会教育行政组织的不断修正，使得

---

① 马宗荣：《现代社会教育泛论》，世界书局 1934 年版，第 281 页。

许多社会教育行政管理难以落实。

（一）中央社会教育行政管理事项

1927 年，国民政府教育行政制度试行大学院制，设"中华民国大学院"为全国最高学术教育行政机关。1928 年 6 月，国民政府公布《修正中华民国大学院组织法》，规定大学院下设秘书处、总务处、高等教育处、普通教育处、社会教育处、文化事业处。社会教育处为大学院下设行政组织机构之一，领导和管理全国社会教育事宜，设处长一人，科长二人，科员若干人。在《组织法》中规定社会教育处管理事项如下：

①关于公民教育事项；
②关于平民教育事项；
③关于低能及残废者之教育事项；
④关于公共体育事项；
⑤关于民众教育及其他美化教育事项；
⑥关于博物馆及其他教育博览会事项；
⑦关于其他社会教育事项。[1]

1928 年冬，废止大学院制，恢复教育部制度，后来几经修正至 1935 年 5 月 18 日国民政府公布《教育部组织法》规定，教育部下设高等教育司、普通教育司、社会教育司、蒙藏教育司和总务司。这个时期社会教育司掌管事项如下：

①关于民众教育及识字运动各事项；
②关于补习教育事项；
③关于低能及残废者之教育事项；
④关于美化教育事项；
⑤关于公共体育事项；
⑥关于图书馆及保存文献事项；
⑦关于其他社会教育事项。[2]

---

[1] 《第一次中国教育年鉴》甲编，第 44 页。
[2] 转引自蒋建白、吕海澜《中国社会教育行政》，商务印书馆 1937 年版，第 59 页。

同年 2 月，在教育部公布的各司分科规程中，规定社会教育司设置第一科和第二科，各科掌管事项如下：

第一科：①关于民众教育事项；②关于注音符号及识字运动事项；③关于民众读物事项；④关于通俗演讲事项；⑤关于补习教育事项；⑥关于低能残废等特殊教育事项；⑦关于国民历事项；⑧关于本部图书馆事项。

第二科：①关于民众教育馆事项；②关于博物馆事项；③关于图书馆事项；④关于保存文献古物等事项；⑤关于美化教育事项；⑥关于改良风俗及民众娱乐事项（如公园、戏剧、电影及民间歌谣、风俗等）；⑦关于公共体育事项；⑧关于中央教育馆事项。①

此外，在教育部系统中还设有"参事处"和"督学处"，这两个处在社会教育行政上也有一定的任务。参事在教育部内负责拟订和审核各种教育法规和命令，如一方面有关社会教育的法令由参事主持制定，经法定程序以后，交社会教育司施行；另一方面社会教育司以及各省市拟订的社会教育法令，须由参事审核，经法定程序以后方能施行。督学在教育部负责视察及指导全国教育事宜。按照教育部督学规程第三条规定，督学视察及指导社会教育事项有四项：①关于社会教育法令之推行事项；②关于社会教育之设施事项；③关于地方社会教育之行政事项；④关于其他与社会教育有关事项。

从上述中央社会教育行政的组织与机构可以看出，这个时期的中央社会教育行政和前期相比，在组织以及建制等方面显得较健全和完备，社会教育行政的职责也显得较具体明确。

（二）省社会教育行政管理事项

在大学院时期，把全国定为若干大学区，每个大学区设大学一所，大学设校长一人综理大学区内一切学术与教育行政事宜。在 1928 年修正的《大学区组织条例》中规定："大学区得设高等教育处、普通教育处、扩充教育处分别办理区内高等教育、普通教育、扩充教育一切事项。"② 可

① 转引自蒋建白、吕海澜《中国社会教育行政》，商务印书馆 1937 年版，第 61 页。
② 同上书，第 51 页。

见在这个时期，大学校长为省教育行政的最高负责人，扩充教育处则为大学区内负责和管理社会教育的行政机关。当时暂定在浙江和江苏等省试行，但由于这一制度的不切实际，推行起来困难重重，试行不到两年，遂于1929年停止试办，恢复原有的教育厅制度。据1931年3月公布的省政府组织法中规定，教育厅掌管事务如下：

①关于各级学校事项；②关于社会教育事项；③关于教育及学术团体事项；④关于图书馆、博物馆、公共体育场等事项；⑤其他教育行政事项。①

可见社会教育在省级教育行政中也占有一定的位置。在教育厅中设四科，社会教育归第三科管理。据湖北省政府教育厅组织规程第八条规定，第三科掌管事项如下：

①关于县区教育事项；②关于民众补习教育事项；③关于识字运动事项；④关于低能残废及其他特殊教育事项；⑤关于公共体育事项；⑥关于图书馆、博物馆等事项；⑦关于艺术教育事项；⑧关于保存全省古物、古迹及名胜事项；⑨关于其他社会教育事项。②

此外，各省教育厅还多设各种社会教育的辅助机关，如识字运动宣传委员会、民众教育委员会、注音符号推行委员会、民众体育委员会、戏曲唱片审查委员会等协助、推广社会教育的有关事业。

（三）县社会教育行政管理事项

南京国民政府成立之初，对于县教育局的组织，并没有统一而详细的规定，所以各县教育行政状况不一。在社会教育行政方面，各县多单独设一课或一股，并设专人来负责管理。如江苏县教育局分设总务课、学校教育课、扩充教育课。各课设主任一人，助理员若干人。社会教育的有关事项由扩充教育课负责。取消大学院改设教育部以后，县设教育局掌管全县教育工作。以安徽为例，据1933年5月安徽省县教育局办事通则规定：

---

① 转引自蒋建白、吕海澜《中国社会教育行政》，商务印书馆1937年版，第67页。
② 同上。

县设教育局掌理全县教育事务，教育局内设第一科和第二科，第二科掌管事项如下：

　　①关于社会教育事项；②关于补习教育事项；③关于文盲调查事项；④关于体育事项；⑤关于识字运动及注音符号事项；⑥关于低能及残废者教育事项；⑦关于文献征求及保护事项；……⑪关于社会教育调查统计事项等。①

从当时情况来看，各县的社会教育行政并不一致，有的在县政府下设教育局，局内分科来负责社会教育事宜，有的在教育局内设社会教育科，掌管全县的社会教育事宜；有的在县政府内部设教育科，在科内设科员来管理全县的社会教育事宜。这一方面说明了当时教育行政的不统一以及混乱状态；另一方面也说明了社会教育的行政组织、制度已经落实到了基层。

从南京国民政府时期社会教育的行政、组织制度来看，这个时期社会教育的行政制度有如下几个特点：

1. 社会教育行政地位的进一步确立。和民国初期教育部设社会教育司相比，这个时期的社会教育行政，在规模上、组织上显得更加完备、严密。社会教育已经成为教育行政的一种重要工作，从中央到地方社会教育都是一种独立的教育事业，因而在制度这个层面上，社会教育的地位得到了保证和加强。

2. 社会教育行政所掌管的事项比以前充实。民国初期社会教育的行政所推广的事业是以通俗教育为中心的，其事项相对较少。这个时期从中央行政到县行政，社会教育的事项则显得较为丰富，如"平民教育"、"民众教育"、"识字运动"、"特殊教育"、"公共体育"、"艺术教育"、"补习教育"、"改良风俗、娱乐"等。这些新事项的出现，扩大了社会教育事业的范围。

3. 社会教育的行政组织变动频繁。自1927年至1937年，社会教育的行政组织受政府行政及教育行政的影响，频繁发生变化，许多"条例"、"通则"等几经"修正"，使地方刚刚建立起来的行政组织不久又发生了

---

① 《第一次中国教育年鉴》乙编，第131页。

变化，社会教育的行政缺乏统一性和稳定性，因而很难保证社会教育事业的开展，许多规定只是一纸空文，难以落实。

## 第二节  关于社会教育能否制度化的论争

面对中国近代社会的积贫积弱，面对贫、愚、弱、私的国民背景，近代以来许多教育家认识到造成中国社会贫穷落后的一个重要原因就是劳动人民没有知识，而要给劳动人民知识，只依靠发展学校教育是不能解决问题的，因为学校教育的制度化特征，使很多人不能入学读书。所以，教育家和教育团体为了争取学制以外广大民众的受教育机会，在我国近代掀起了各种教育运动，做了很多有益的尝试，如识字教育运动、通俗教育运动、平民教育运动、乡村教育运动、民众教育运动等。

但是，这些此起彼伏的教育运动并不能从根本上解决问题，因为没有制度保证，所以成效很低。在这种情况下，自民国教育部设"社会教育司"以来，社会教育的地位问题，社会教育能否制度化问题，社会教育与学制系统的关系等问题，就一直受到教育家们的关注。许多人看到了社会教育有其行政职能，但在学制系统上无地位的现象制约着社会教育的发展，影响着社会教育作用的发挥，因而提出了许多解决这个问题的主张，试图把社会教育制度化，从而形成了关于社会教育能否制度化的论争，这些论争归纳起来主要有四种观点：合流说、并列说、创新说、兼办说。

### 一  合流说："社会教育列入现行学制系统"

合流说的主要观点是"于现行学制系统内，加入社会教育系统，彼此联络"。[①] 在中国近代第一个社会教育团体，中国社会教育社第一届年会上（1932 年），就有人提出"促成社会教育列入现行学制系统案"。[②]

提出者认为"社会教育，应列入现行学制系统，已为我社会教育界同仁及教育学者一致之主张，切望其早日实现"，[③] 并要求大会议决和广泛

---

① 刊首语《这一期》，《教育与民众》第 5 卷第 1 期。
② 同上。
③ 中国社会教育社编：《中国社会教育社年会小册》，中国社会教育社 1932 年版，第 21 页。

征求意见。这种主张一经提出，就成了大会争论的热点，许多重视社会教育的人士，都十分赞赏这种主张。

著名教育家雷沛鸿就是这种观点的代表人物，他认为"中国的教育设施，通常分为两大类：一类是学校教育；另一类是社会教育"。他说："到现在我们感觉到两种教育并立或对立，是不合理的，应该合作起来。"[①]他分析了两种教育的起源与发展，认为人类最初的教育形态是社会教育，到了后来才出现了学校教育，"学校教育不过是社会教育的一部分"，可是到了后来，学校教育在发展中却出现了"喧宾夺主"和"反客为主"的现象，"一般人都存着教育只限于学校教育的观念"，而"社会上反将社会教育忘弃"，[②] 这种状况对中国教育的发展"发生了很大的流弊"。

雷沛鸿认为，中国自废科举、兴学制以来，教育的发展"形成了两种现象：一是学校差不多代表教育的全体。二是除去学校以外，几无教育可言"，现在人们逐渐认识到"将教育限于学校之内，是不合理的，应将教育范围扩大起来"，因而寻求社会教育的途径来改造学校教育，在学校外办社会教育，但将社会教育与学校教育分开来办，"这样做法，并不足以解决教育上的问题，相反的发生浪费、支离破碎等流弊"。[③]

他分析了当时对社会教育与学校教育关系的"各种调和办法"，提出了"社会教育与学校教育合流的主张"。[④] 他首先认为，二者的合流在理论上是有根据的，他说：

> 一切社会制度均具有教育的功能，而学校只是社会制度的一种。文化的遗传要靠一切社会制度（如家庭制度、徒弟制度、行会制度等）来传递社会经验、知识技能等，学校既不是传递文化的唯一机关，所以学校制度应与其他各制度切实联系，使教育透过一切社会制度。[⑤]

他认为把教育分为正式教育和非正式教育，把学校教育看成正式教育，把社会教育看成非正式教育，这种划分"是不合理的"，这样使学校

---

① 韦善美主编：《雷沛鸿文集》（下册），广西教育出版社 1990 年版，第 165 页。
② 同上书，第 168 页。
③ 同上。
④ 同上。
⑤ 同上书，第 169 页。

教育"太偏枯",而使社会教育难以制度化,应该使社会教育与学校教育合流。

其次,他强调就"事实观察",苏联教育就是社会教育与学校教育合流的一个"例证",他认为苏联教育体系分为两大类:一类是儿童教育和青年教育;另一类是成人教育。"全国各种学校,总名曰社会教育。一切学校应以社会为教,应该是属于社会的,应该是透过社会一切制度的"。①他同时列举了广西办理国民教育的做法,认为国民教育应该是所有国民的教育,不应该仅局限于儿童和青少年,成人教育也应该包括在内,他说:

> 广西国民基础教育包括儿童教育、青年教育、成年教育等,所有村街国民基础学校或中心国民基础教育,并没有学校教育和社会教育之分,所以我们推行国民基础教育,已将学校教育和社会教育合流,国民基础学校以社会为教,是属于乡村社会,透过全社会的公民,它包括学校教育和社会教育,以学校为全社会的中心,所有民团地方自治等,均以学校为原动力。②

雷沛鸿的这些主张和实践基本上反映了社会教育与学校教育合流的观点,代表了当时一些人主张学校教育和社会教育合起来办的意见。

学校教育与社会教育合流的主张其理论与实践意义有:

第一,国民教育制度应该是所有国民的教育制度,包括学校教育制度和社会教育制度两种形式,学校教育制度为学龄青少年提供学习机会;社会教育制度则为学制外广大劳动民众提供学习机会。

第二,各级各类学校是所在地的教育中心,应该通过各种教育形式为当地所有的人服务,包括学生和劳动民众。

## 二 并列说:"学制系统之外,另订社会教育系统"

主张社会教育制度与学校教育制度彼此并列的人士认为"于现行学制系统之外,另订社会教育系统,彼此并列"。③

---

① 韦善美主编:《雷沛鸿文集》(下册),广西教育出版社1990年版,第170页。
② 同上。
③ 刊首语《这一期》,《教育与民众》第5卷第1期。

　　这种主张在第一届中国社会教育社年会上，就曾把它作为一个方案提交给大会进行讨论，会上决定把此项方案和其他方案一起广泛征求各方意见。1933 年 2 月，国民政府教育部召集各地社会教育与民众教育专家，讨论推行社会教育与民众教育方案，其中把"社会教育在学制系统上之地位"作为当时讨论的问题之一，在会上教育部也提出了这种方案，即"于学校系统外另定一平行之社会教育系统"，① 并要求人们广泛讨论。这种方案在当时人们主张改造现行学制为劳动者大众提供受教育机会的背景下，具有一定的吸引力，它代表了当时一些重视社会教育和民众教育人士的意见，也反映了他们主张发展社会教育的强烈要求。"但此事争执多年并无结果，一直到抗战开始，教育部才召集几位社会教育同仁，共同讨论，另立教育系统于学校系统之外，但实在仍是办不通，因为我们的人力、财力很有限，不能另行筹划，专办社会教育"。② 所以，这种试图建立社会教育系统与学校系统相并列的想法，直至抗战前也没有成功。

　　这种学校教育和社会教育并列发展的观点，其理论与实践意义在于：

　　第一，社会教育制度应该和学校教育制度一样重要，二者各有各的教育功能和不同的施教领域，不应该顾此失彼，二者应该协调发展。

　　第二，要重视学校以外各种社会教育事业的规划与发展，为劳动者民众提供各种各样的受教育机会。

### 三　本位说："以社会教育为本位建树教育系统"

　　主张创新一种中国教育制度以包括社会教育和学校教育的代表人物是梁漱溟，他拟订的《社会本位的教育系统草案》是这种主张的代表作。

　　1933 年 2 月教育部召集社会教育专家讨论推行社会教育方案时，梁漱溟不赞成"将社会教育加入现行学制系统"，也不赞成"于学校系统外另定一平行之社会教育系统"，他主张应"以社会教育为本位而建树一系统，今之学校转在此系统中，求得其地位也"。③ 会后他拟订了一个方案，称为《社会本位的教育系统草案》，并于 1933 年 9 月对外公布。《教育与民众》第 5 卷第 1 期全文转载了这个草案，并介绍说，这个草案"完整合理，堪于

---

①　马秋帆编：《梁漱溟教育论著选》，人民教育出版社 1994 年版，第 100 页。

②　韦善美主编：《雷沛鸿文集》（下册），广西教育出版社 1990 年版，第 169 页。

③　马秋帆编：《梁漱溟教育论著选》，人民教育出版社 1994 年版，第 100 页。

苏联之学制相比"。梁漱溟所拟订的这个草案，其基本宗旨，主要是试图以社会为本位来创新一个适应中国国情的教育系统，其要点如下：

（一）"学校教育社会教育不可分"①

他认为，把教育分成学校教育和社会教育，既无"学理真据"，在"形式上亦复有时难辨"，由于两者都有不足，学校教育"不完不妥"，社会教育"亦为一时的措施"，所以二者都不能称为"当事的真教育"，"真教育"应为"两者之融合和归一"。据此他主张应创新一个"完整合理的一个教育系统"，实现学校教育和社会教育的统一。"教育设施包涵社会生活之基本教育、各项人才之培养训练、学术问题之研究实验等一切而言。其间得随宜运用学校教育、社会教育各种方式，而无分所谓社会教育、学校教育"。②

（二）国家设立国学、省学、县学、区学、乡（镇）学五级

各级学校都有自己的"职能"、"程度"、"编制"和"设备"，在方式上"兼用社会教育及学校教育两方式"。

梁漱溟这个草案的拟订，是为了矫正"中国三四十年来，学校教育之大弊在离开社会"的现象，也是为了矫正"视成人教育和社会教育为临时补充枝节应付之事"，③ 在当时来看，无疑是一种创新。对此，俞庆棠曾评价说，"梁漱溟氏曾草拟社会本位的教育系统草案，并拟有社会本位教育系统图，即是一种彻底把教育范围扩大为全民众的教育的意见"。④ 但是，这种创新的尝试也随着抗日战争的爆发而终止。

这种创新说的理论与实践意义在于：

第一，构建教育制度必须要根据国情。我国地域广大，劳动者大众占人口的绝大多数，不应该把这些人排斥在学校教育之外，教育制度应该是所有人的教育制度，应该通过多种形式满足和拉动社会各界对学习的需求。

第二，成人教育、补习教育、培训教育、职业教育等多种社会教育形式应该制度化发展，这些教育应该是发展教育的"当务之急"。因为它适合国情、民情和劳动者大众的需要。

---

① 马秋帆编：《梁漱溟教育论著选》，人民教育出版社 1994 年版，第 100 页。
② 同上书，第 107 页。
③ 同上书，第 113 页。
④ 茅仲英编：《俞庆棠教育论著选》，人民教育出版社 1992 年版，第 189 页。

### 四　兼办说："所有学校一律兼办社会教育"

兼办说的主要观点是指社会教育的事业由各级各类学校兼办，利用学校的人力、物力和场所，来从事社会教育的实践活动。

蔡元培是这种观点的提倡者和支持者。他早在 1916 年《北京通俗教育研究会演说词》中就十分赞赏国外学校的做法，他说："鄙人在德国时，尝见彼邦之大学生徒，每于校外出其所长，教授一般工人以实用知识或外国语言。至法国则有所谓平民大学，为大学教员所组织，专在夜间讲演，无论何人均得入校听讲，不因贫富年龄之故稍有歧异。"① 后来他也曾多次介绍国外学校参与推广教育和扩充教育的经验。他在介绍美国大学教育时曾说，美国的大学不仅"要把每个学生都养成有一种服务社会的能力，而且一切文化事业，都由大学包办，如巡回图书馆、巡回影戏片、函授教育等等。"② 他还提出了一个设想，在全国设大学区"一区以内的中小学教育，与学校以外的社会教育，如通信教授、演讲团、体育会、图书馆、博物馆、音乐、演剧、影戏……与其他成年教育、盲哑教育等等，都由大学办理"。③

虽然他主张设大学区这个想法并未得到真正的实现，但他所倡导和支持的学校兼办社会教育却在实践中一直在实施，如他支持与鼓励学生参与五四运动，后来他认为五四运动"最重要的纪念"事项之一就是"扩充平民教育"。④ 他说："五四以来，学生多组织平民学校，教失学的人以普通知识及职业，是一件极好的事。"⑤ 他认为学校应该具有改造社会的功效，所以学校的教员和学生应该参与社会教育工作，他说："改造教育同时改造社会，就是学生或教员一方面讲学问，另一方面讲效力社会，⑥ 学校的教员和学生不能只专门读书，应该影响社会，现在各学校创立平民学校、讲演等等，都是学生在校即效力社会的表现。"⑦ 蔡元培虽然对学校

① 高平叔编：《蔡元培教育论著选》，人民教育出版社 1991 年版，第 68 页。
② 同上书，第 358 页。
③ 同上书，第 378 页。
④ 同上。
⑤ 同上书，第 287 页。
⑥ 同上书，第 265 页。
⑦ 同上。

兼办社会教育没有留下专门的论述，但他的这些想法对后来国民政府颁布《各级学校办理社会教育办法》具有一定的影响。

主张兼办说的人士还有一种观点，即认为：

> 使社会教育机关于某种时间、空间、人事相宜和必需时，得兼办学校教育；学校教育机关亦可在时间、空间、人事相宜和必需时，得兼办社会教育。换句干脆的话说：社会教育要学校化，学校教育要社会化。①

这种社会教育与学校教育互相兼办的想法，具有调和各种主张的作用，而且具有可行性，因此后来得到众多人士的赞成，有人说："学校教育兼办社会教育——这可说是调和办法的最高峰时期"，② 教育部后来也采用这种观点，颁布了《各级学校办理社会教育办法》（1943 年 12 月 21 日），并"迭次命令各省，督饬所有学校一律兼办社会教育"。③ 至此，各级各类学校兼办社会教育事业，成为五四以后教育发展中一个十分重要的教育现象。

兼办说的理论与实践意义在于：

第一，学校具有社会教育功能。应该通过各种开放教育形式为社会各界提供教育服务。通过知识群体的推动，为劳动者阶层提供受教育机会。同时社会也具有各种教育功能，学校应该通过各种教育形式指导和规范社会各界的教育行为。

第二，学校教育和社会教育二者不是孤立发展的，它们互相联系、互相促进、互相制约。在二者的关系中，学校教育应该起主导作用，学校应该开社会进步事业的"风气之先河"。

关于社会教育能否制度化的争论，是我国近代教育发展中一个十分重要的教育现象。在教育思想方面，社会教育能否制度化问题的提出，是对近代以来发展教育以学校教育为正统观念的一次冲击与突破，它丰富了教育的内涵，扩大了人们对教育的认识，拓宽了教育的范围，使人们从更为

---

① 周德之：《社会教育和学校教育打成一片的我见》，《教育与民众》第 6 卷第 9 期。
② 韦善美主编：《雷沛鸿文集》（下册），广西教育出版社 1990 年版，第 169 页。
③ 同上。

广阔的意义上来思考教育问题；在教育制度上，社会教育制度化问题突破了人们观念中的教育制度即学校教育制度的认识，使人们对建立国民教育制度有了新的思考，对后来国民政府颁布"国民教育制度法"，做了思想上的准备；在教育实践与事业上，关于社会教育制度化的争论，使人们对近代以来出现的通俗教育、平民教育、民众教育以及社会教育等实践活动有了更深的认识，人们试图通过制度化的方式，在更高的层面上来统筹这些教育活动"各自为战"的局面，试图通过社会教育的制度化，以整合"包罗万象"的社会教育事业。

近代社会教育能否制度化的争论为我们今天发展各种教育事业提供了以下几点启示。

第一，必须拉动和满足劳动者大众的受教育需求。近代平民教育、乡村教育及工农教育的经验告诉我们，学制以外劳动者大众的受教育水平直接关系到全民族素质的提高，制约着我国经济和社会的可持续发展。所以一方面要拉动其接受教育的需要；另一方面要为其接受各种教育提供机会。

第二，必须为各类弱势群体提供各种公益性和福利性的社会教育设施。如各种类型的图书馆、博物馆、文化馆、阅览室、图书室等，使各种社会教育设施深入到民间的各个角落，同时发展各种类型的公共补习教育、培训教育等，为各界劳动者提供不同类型的教育。

第三，必须发挥各级各类学校兼办社会教育的功能，通过知识群体的推动建设学习化社会。各级各类学校应该是所在地的文化中心和教育中心，其教育功能应该面向当地所有的人，通过各种途径为所在地民众提供学习机会。如附设各种补习学校、家长学校、培训学校等，举办各种知识讲座以及座谈、咨询、展览等活动。

社会教育和学制系统关系之争，为我们今天发展教育事业提供了众多的思考点。它启示我们社会教育应该是和学校教育一样并存并重的教育事业，它承继古代的教化传统，吸取了国外优良的教育经验，在近代的教育转型过程中，社会教育承担着许多当时在中国尚处于萌芽状态教育的功能，孕育了许多现代教育因素，如成人教育、继续教育、社区教育、终身教育等。社会教育在近代的实践，扩大了教育的对象，丰富了教育的形式，突破了教育就是学校教育、办教育就是培养人才的狭窄教育工具观。它要求我们要树立大教育观，来思考和解决各种社会及教育问题，要通过制度化的方式来谋取劳动人民的知识化，要引导和发挥社会教育功能来弥补家庭教育和学校教育的不足。社会教育能否制度化的争论是我们的先人在探讨教育如何适应国情的过程中，如何建立自己的教育思想与制度体系的实践中，所作的一次重要的尝试与努力。它告诉我们：中国的国情、民情和教化传统，需要我们必须重视发展和创新社会教育的理论与事业以推动学习化社会的形成。

## 第三节　日本实施社会教育管理的经验与启示

日本是世界上社会教育管理发展最为典型的国家。自近代以来，日本的社会教育管理和学校教育管理共同构成日本教育管理的"两驾马车"。承担着文明开化、教育国民、提高民智、推进终身教育的重任。对社会教育事业进行管理已经成为日本教育的一个重要特色和传统。在日本，社会教育管理有行政地位，社会教育有专门管理机构和管理人员，社会教育管理有专门的教育法规和财政。国家有社会教育法、社会教育组织、社会教育管理团体、社会教育机构与设施等。国家对社会教育事业的组织与管理是教育行政的重要职责。为了全面了解日本实施社会教育管理的传统，学习其进步的社会教育管理经验，我们试就日本的社会教育管理作一简要介绍。

### 一　日本实施社会教育管理的经验

第二次世界大战以前的日本社会教育管理是以对社会教育活动的所有领域都进行监督、支配和控制为中心的国家主义行政管理，突出政府在社会教育管理中的地位与作用。一定时期社会教育管理受军国主义影响和支配，并为其侵略战争服务。第二次世界大战后，日本社会教育管理受社会与教育发展的影响，逐渐以法律取代敕令、以地方分权取代中央集权、以指导建议取代命令、以限定性干预取代无限制的全面介入为特色。社会教育管理主要在以下四个方面比较突出，即社会教育法规管理、社会教育行政管理、社会教育财政管理、社会教育团体与人员的管理。

（一）社会教育法规管理

社会教育法规管理就是通过法规的形式确定国家与社会教育关系状态，明确社会各界的教育行为规范，对国家及地方公共团体在社会教育的作用与活动作具体规定与说明。按社会教育法规的形式，战后日本社会教育法规主要由国会议决的成文法主要有《社会教育法》（1949 年 6 月 10 日，已修订 20 余次）、《图书馆法》、《博物馆法》、《青年学级振兴法》、《体育运动振兴法》、《关于整备终身学习振兴措施的推进体制的法律》等。

在《社会教育法》中关于社会教育管理的法律规定具有如下特点。

1. 规定了《社会教育法》的宗旨和《社会教育法》中"社会教育"的定义。即《社会教育法》"以明确国家及地方公共团体在社会教育方面的任务为目的"。关于社会教育的定义，《社会教育法》中认为，"本法律中所谓的社会教育不包括以学校教育法为根据、作为学校教育课程所进行的教育活动，主要是对青少年和成人所进行的有组织的教育活动（含体育和文娱活动）"。①

2. 规定了国家及地方公共团体的社会教育任务。

即制定《社会教育法》的目的是规定国家及社会团体必须依据本法律设置、营运和奖励社会教育，通过各种社会教育设施、机构与活动"努力创造环境以便全体国民能够利用一切机会和一切场所，自主地根据实际生活需要，提高文化与教育水平"。②

3. 规定了国家对地方公共团体的援助。

为了完成规定的任务，强调"国家应根据本法律及其他法令的规定，在预算的范围内对地方公共团体进行财政上的援助与调剂"。③

4. 规定了地方教育委员会的社会教育事务。

《社会教育法》对市镇村教育委员会和都道府教育委员会在社会教育方面的事务进行了详细的规定。主要有：援助社会教育工作；公民馆、图书馆、博物馆、青年之家等社会教育机构的设置与管理、指导与调查；有关青年学级的开设、运营与奖励事宜；有关社会教育设施的设置和运营所需要物资的提供和调剂事宜；有关学校为社会教育开设讲座及其奖励事宜；有关社会教育讲座、讨论会、讲习会、讲演会、展览会和其他社会教育活动举办及其奖励事宜；有关体育、文艺、美术、戏剧、音乐等活动的

---

① 梁忠义主编：《当代日本社会教育》，山西教育出版社 1994 年版，第 381 页。
② 同上。
③ 同上。

举办及其奖励事宜；有关社会教育资料的出版发行及散发事宜等。

5. 规定了社会教育主事与社会教育主事助理的设置、职务、资格、讲习、研修等事宜。

要求地方教育委员会的事务局设置社会教育主事和主事助理。其社会教育职务是"社会教育主事对从事社会教育人员进行专门的、技术性建议和指导，但不得进行命令和监督"，"社会教育主事协助社会教育主事的工作"。①

6. 规定了社会教育团体的定义、社会教育团体与国家、文部大臣、教育委员会和地方公共团体的关系。规定了社会教育委员的构成、职务以及与公民馆运营审议会委员的关系。

指出社会教育有关团体是"以开展社会教育有关事业为主要目的的团体"。文部大臣和教育委员会"可以应社会教育有关团体的请求，对其给予专门的技术性指导或建议"，并"确保社会教育有关事业所需物资方面给予援助"。

7. 规定了公民馆设置的目的、事业、运营方针、设置、职员、补助、指导、终止、奖惩等事宜。

指出"公民馆是以为市镇村及其他一定地区域内的居民，开展各种有关适应实际生活的教育、学术及文化事业，从而谋求提高居民的教养，增进健康，陶冶情操，振兴文化生活，增进社会福利作贡献为目的"② 而设置。

(二) 社会教育行政管理

通过社会教育行政组织对社会教育法规中规定的社会教育事业进行实施、管理、指导和援助。日本社会教育行政组织分为国家社会教育行政组织和地方社会教育行政组织，各有其事务分担和职责。

1. 国家社会教育行政组织。文部省是日本最高教育行政机关，在文部省内设有直接主管社会教育的部局，1988 年 7 月 1 日以前叫社会教育局，当时局内设四课所组成：社会教育课、青少年教育课、学习信息课、妇女教育课。1988 年 7 月 1 日以后，改名为终身学习局在原来四课的基础上，增设了"终身学习振兴课"和"专修学校振兴室"。各课事务分担和

---

① 梁忠义主编：《当代日本社会教育》，山西教育出版社 1994 年版，第 383 页。
② 同上书，第 387 页。

职责简要如下：

社会教育课：规划、联络和协调有关社会教育的事业，提供、收集和处理有关社会教育的信息资料等。

青少年教育课：提供、收集与处理有关青少年教育方面的信息资料，组织各种青少年教育活动，处理各种青少年教育机构与设施的事宜，指导、建议和援助各种青少年团体、组织，规划各种青少年教育活动等。

学习信息课：规划、联络、协调与援助有关社会教育信息的提供，并提出建议等。

妇女教育课：负责妇女教育，提供信息，提出建议，制订规划，指导活动等。

终身学习振兴课：规划、协调、指导、建议、援助有关终身学习的社会教育活动，推进全民终身学习的发展等。

2. 地方社会教育行政组织

地方的各级教育委员会是管理和执行社会教育行政组织和事务的机关。各级教育委员会设置有社会教育事务局，直接管理所辖社会教育事务。在事务局里有专职的社会教育主事和主事助理，负责对社会教育给予专门的技术指导和提出建议。

（三）社会教育财政管理

社会教育财政，一般是指国家及地方公共团体确保执行社会教育行政所必需的财源，并对之进行管理和执行作用之总体。

社会教育经费是社会教育事业运行与发展的保证，日本社会教育经费包括两部分：一种是社会教育行政费，即为社会教育行政的组织与运营所使用的经费，一般由国家及地方公共团体承担；另一种是民间开展的各种各样的社会教育活动所用之经费，它由私人和民间团体负担。社会教育经费有八个领域，包括：公民馆费、图书馆费、博物馆费、青少年设施费、体育设施费、其他设施费、文化遗产保护费、教育委员会活动费。社会教育财政负担原则上是按国家及市镇村的行政划分或运营责任之多寡来决定的。

通过维持与保障社会教育经费来实施对社会教育事业的管理，能够保障社会教育事业的进行和发展，是日本社会教育事业一直经久不衰、持续发展的成功经验之一。所以，日本社会教育费总的来说是呈增长趋势的，尤其1965年以后，日本社会教育经费的增长速度超过教育费总额的增长速度。如 1989 年日本教育费总额相当于 1965 年的 13.4 倍，而其中社会教育费 1989 年相当于 1965 年的 42.8 倍。通过社会教育专门的经费来发展与管理社会教育事业，是日本社会教育事业发展的重要保证。

（四）社会教育团体与人员管理

社会教育团体是指以开展社会教育活动为目的而结成的团体。无论从历史还是现实来看，日本社会教育团体众多。因此，管理、组织这些社会教育团体以及通过这些社会教育团体来实施和组织各种社会教育活动成了日本社会教育的一个重要特色。国家对社会教育团体，法律上规定禁止国家及地方对社会教育有关团体施加不正当的支配。国家和地方应采取促进、奖励、指导、建议等方式来管理社会教育团体的活动。

日本主要社会教育团体有：一般社会教育团体，如社会教育联合会、社会教育协会等；成人教育团体；全国教师与家长联合会等；妇女教育团体；青少年教育团体；修养、教化团体；社会函授教育团体；技能教育团体；视听教育团体；社会教育设施团体；道德弘扬团体等。

社会教育指导者是指对社会教育活动进行援助、促进、指导和管理的有关人员。可分为社会教育行政机关的指导者、社会教育设施的指导者、社会教育学习指导者和社会教育团体指导者等。

## 二　日本实施社会教育管理的启示

从学科以及专业发展的角度来看，在日本社会教育管理学或称为社会教育行政学，均是社会教育学科群中一门十分重要的学科。在师范大学社会教育学专业，均开设社会教育管理学或社会教育行政学，甚至还有社会教育行政学硕士学位课程、博士学位课程等。

在日本，虽然社会教育管理学理论流派众多，但其学科的主要研究对象是共同的，即社会教育管理学是研究社会教育行政与社会教育事业，并揭示社会教育管理规律的一门科学。研究社会教育管理学的主要目的是：推动社会教育与文化事业行政人员的专业化、落实终身学习与教育的实施、提高社会教育与文化事业的效能。其研究领域主要有：社会教育行政、社会教育与文化政策、社会教育机构的经营与管理、社会教育统计、社会各种学习资源的开发与利用、终身教育与学习的实施、社区教育研究等。

在我国近代社会教育史上，社会教育行政学曾经是一门重要的学科，在一些专门的社会教育学院或师范大学社会教育系都开设过。如 1931 年成立的国立社会教育学院就设有社会教育行政学系和社会事业行政学系，均开设社会教育行政学等课程。此时，有多本专门的社会教育行政学著作出版，如1938年，赵冕著，商务印书馆出版的《社会教育行政》；1947年，钟灵秀著，国立编译馆出版的《社会教育行政》等，均对社会教育行政的沿革、制度、事业、法令、组织、经费、人员等进行了深入的研究。

但是，新中国成立后随着社会教育行政制度的取消，社会教育逐渐失去了往日的辉煌，社会教育管理学和社会教育学的命运一样，一直没有引起教育研究者的关注，新中国成立后关于社会教育管理学的论文与著作一直很少。在某些社会教育研究领域至今还是空白。

通过对日本社会教育管理的研究，我们可以看出：发展社会教育事业以及对社会教育事业进行管理是一个国家一项十分重要的教育管理活动。现代社会发展表明，只依靠发展学校教育或用学校教育的形式来发展其他教育，其作用是有限的，随着各种专业知识的增长，社会对人教育期望的提高以及成人学习能力的增强，社会中各种非正规教育形式在蓬勃发展，所以，现代教育管理的内涵必须扩大，教育管理的方式与形式也必须丰富。这样社会教育事业及其管理就成为当代教育改革与发展过程中一个不容回避与忽视的课题。在提倡终身教育和建设学习型社会，日益成为教育改革指导思想的形势下社会教育事业与管理成为各国共同关注的课题，世界各国都以不同的方式发展社会教育，出现了许多新的发展趋势。如"义务社会教育观念的产生"，要求政府积极兴办社会教育事业；"社会教育制度具有独立教育功能"；"运用有效方法，办理各种社会教育事业"；"学校教育与社会教育合流"等。

我国目前面临的社会教育难题很多，诸如在我国到底有没有社会教育事业，如果有指的是哪些？我国的社会教育事业和各种文化事业、宣传事业、公益事业、思想政治工作等是什么关系？存在不存在社会教育管理？社会教育管理有没有自己的管理地位？社会教育由谁来管理？社会教育管理的对象是谁？社会教育怎么管？社会教育管理法规、政策怎么制定？社会教育管理经费谁出？社会教育管理人员是谁等？中国社会教育理论、事业与管理需要回答的问题很多。我们仅从对日本社会教育管理的学习中得到以下几点启示。为我国社会教育事业与管理的发展提几点建议。

（一）重视社会教育管理理论的研究

社会教育管理应该成为教育管理研究领域一个重要的课题，要发展社会教育管理理论，探讨社会教育管理的概念、依据、原则、方法、途径等。构建社会教育管理理论体系。探讨社会教育管理与学校教育管理、社区教育管理、家庭教育管理的关系，通过大教育观来实现各种教育管理的整合，发挥教育管理的整体功能，为构建学习化社会，推进终身教育的实现提供理论储备。

（二）用社会教育管理的理念规范社会各项工作的教育效能，增加社会活动的各种教育因素

社会教育管理突出强调社会制度、社会活动、社会工作等方面的教育作用的发挥，强调社会所有活动都应该考虑教育功能，增加教育因素。因此，社会各界开展的社会活动要体现教育价值，要有积极意义。同时，社会要大量开展公益性社会教育活动，有目的、有计划、有组织地实现教育目的的社会化与大众化。

（三）广泛发展社会教育事业，增设社会教育机构与设施

社会教育事业在我国有极大的发展空间。当代社会教育事业与文化事业、宣传事业、公益事业应该共同发展、融合发展。在今后乃至一个相当长的历史时期，应该广泛发展各种图书馆、各种主题博物馆、各种科学馆、艺术馆、文化馆、展览馆等。同时鼓励、奖励社会各界发展民间博物馆、教育馆、收藏馆等。兴办各种青少年活动中心、老年活动中心、妇女活动中心等。

（四）促进社会各机关、团体和企事业单位之间的教育与学习的合作，发展单位教育

社会各界应该实行广泛横向教育合作，发展各种学习型组织，单位之间应该进行各种教育与学习往来。社会更多的组织各种教育比赛、学习大赛，确立学习日、学习年等节日性的活动。倡导全民学习、终身学习。整个社会处处应是学习场所，时时都有学习之机，人人都是学习之人。

（五）发展各种学校推广教育，充实青少年的校外活动

各级各类学校应实行开放式办学，大力实行推广教育。学校应该成为当地社会教育中心，学校教育资源社区应该共享。同时，社区应发展青少年校外教育活动，引导青少年广泛参加社区教育活动，丰富青少年的校外教育。各级各类学校要强化自身实践育人的环节，与社会各界建立多种形式的实践基地、实习基地，把学科知识实践化，培养与锻炼学生的动手能力和实践能力。

（六）制定社会教育法或终身学习法

建设学习化社会的需要，要求加紧制定社会教育法或终身教育法、终身学习法，以法律的手段促进终身学习、全民学习。以法律的手段规定社会各界的教育责任，规定国家和各级政府对推进终身学习的奖励制度和担当职责，通过教育行政制度推进社会教育与终身教育的实施。

（七）国家、社会机关与团体应谋求社会教育经费的专门化，通过专项社会教育经费来推进社会教育事业

社会教育与终身教育是具有公益性质的教育事业。发展社会教育，推进终身教育需要教育经费的支持与奖励。国家、社会机关与团体应该通过设置专项社会教育经费的做法来促进社会教育发展，逐渐增加社会教育经费的比重。通过奖励手段鼓励社会各界对社会教育事业的投入。

# 第十一章 社会教育问题与对策

改革开放以来，我国各项教育事业都得到了恢复与快速地发展，唯独社会教育理论与事业的发展，一直显得十分薄弱，诸如社会教育没有行政管理、社会教育不是专业和学科、社会教育没有专业研究学会、没有专业研究团体和学术阵地等。由于各项事业建设的紧迫感，使我们一直把"多出人才，快出人才，出好人才"看作发展教育的根本，所以，以"人才为本"的各级各类学校教育的改革与发展，一直是教育发展的主旋律。

随着社会事业与教育事业改革的深入，人们日益发现，教育改革解决的不仅仅是人才培养问题，还有提高国民素质、开发人力资源等问题；教育不仅仅具有市场性，还有社会公益性；教育对象不仅仅面向学校学生，还要兼顾各类弱势群体和"全民"。这样，随着改革的深化，教育许多深层次问题日益暴露，教育发展过程中，多年积累的难题难以破解，诸如终身教育或终身学习立法问题、学校学生负担过重问题、片面追求升学率问题、教育不公等问题，解决这些难题，只在学校教育视域下已经很难有所作为，人们日益关注通过深化教育综合改革，通过发展学校教育与社会教育的协同合作，可以寻求破解这些问题的对策。

## 第一节　社会教育存在的问题

在终身教育思想的影响下，在建设学习化社会的过程中，人们认识到，一个国家的教育不仅仅指学校教育，还有社会教育等多种形式。学习型社会的形成是"一个教育与社会、政治与经济组织（包括家庭单位与公民生活）密切交织的过程"，① 在这个过程中"社会作为整体将有更重要的教育作用"。② 激励和满足全体国民对教育的需求，就应该重视社会教育、发展社会教育，重新规范、整理与创新社会教育。

由于社会教育事业的分化，使得各种社会教育几乎都在"孤军奋战"，彼此缺乏联络，更有甚者，本应具有公益性质的社会教育事业，有些被市场化了，有些被学历化了，这样社会教育的各种问题纷纷暴露出来。

## 一　全社会关心社会教育力度不够

"全社会都要关心教育"这是我国教育基本法的一个重要原则，意思是指全社会都要关心教育、支持教育，不要把教育仅仅看作学校的事，社会各组织单位都有教育之责，都要为教育目的的实现出力。这个原则的落实，要求全社会关心、参与和支持社会教育，在力所能及的范围内，为社会教育出力。

通过调查研究，我们发现全社会对社会教育的关心、支持程度明显不够，表现在推动力度不够，提供条件不够，参与活动不够，开放设施不够，开展的教育服务、提供的教育产品、传授的教育知识技能缺乏计划性、目的性和组织性。社会各组织单位开展的社会教育项目单一，活动不均衡，有些单位多年坚持的社会教育活动缺乏系统的总结，没有形成有效的推广经验，全社会关心、支持社会教育的品牌很少。

（一）政府机关、事业单位等公务部门对社会开放力度不够

从国外经验来看，世界许多国家政府部门、重要事业单位都在力所能及的范围内对公民开放。选择重要节日，面向一定的群体，让公众走进机关、走进政府、走进事业单位，进行参观、游览，使更多的人了解政府机关、事业单位的工作。与此同时，举办者举行各种形式的咨询展览、参观讲解、研讨座谈等活动，了解民意，宣传政策等。这种做法就是政府机关、事业单位参与社会教育的重要举措。有些国家，已经形成了制度，每年选择时期对公众开放，取得了很好的社会教育效果。

从国内各部门、各单位对社会开放的举措来看，偶尔有些单位有此举

---

① 联合国教科文组织国际教育发展委员会编著：《学会生存》，教育科学出版社 1996 年版，第 203 页。

② 同上书，第 202 页。

措，有些单位效果也很突出。但是，形成制度、有专门计划、坚持经常、坚持数年对外开放的机关单位不多。这种情况表明，社会公务机关对社会教育关心不够，措施不够。

（二）公益性文化设施"社会教育"含量不足，社会教育效能不突出

公益性文化设施主要是为了满足人们基本文化需要，由国家或公众设立的公益性文化机构，主要包括图书馆、博物馆、文化馆、科技馆、纪念馆、艺术馆、体育馆等设施。这类文化设施隶属文化事业单位，归文化部门管理。从社会教育意义来看，这些设施是社会教育的专门机关，实施社会教育应该是其主要职能，实施社会教育的方式应该丰富多彩，开展社会教育活动应该多种多样，这些单位应该不断激励和满足人们日益增长的文化教育需求。

从社会教育视角来看，这些公益性文化设施"社会教育"的内涵不足，"社会教育"的分量不重，"社会教育"的方式不多，"社会教育"的效能不够。在这一方面，可以借鉴美国近百个儿童博物馆的做法。美国儿童博物馆，数量众多、历史悠久，从物化设施，到活动设计；从教育理念，到教育活动，社会教育效能十分突出，成为美国青少年社会教育的品牌，成为儿童成人、成长、成才的真正乐园。

（三）文化产业设施没有"社会教育"任务

文化产业设施，是为了满足广大群众多样性、多方面、多层次需求，通过市场机制，开展文化服务、提供文化产品、传授文化技能的机构。在市场的推动下各种形式的文化设施，内容丰富，形式多样，集中在文化、传媒、体育、旅游、休闲、娱乐、拓展等方面。从社会教育视角来看，这些设施具有社会教育因素，影响人的身心发展。

从文化产业设施发展的实际状况来看，文化产业设施有社会教育因素，但是没有社会教育任务，"社会教育"对这些单位是一种"只可意会不可言传"的工作，"社会教育"在文化产业机构是无目的、无计划、无组织的，因而，文化产业设施的"社会教育"效能就十分有限。如电视传媒，黄金时段很少有公益性广告、教育性广告，电视台也很少组织开放日或者免费的、公益的青少年或公民教育活动，甚至有些"教育电视台"也依附市场，其"社会教育"性质定位不清，"社会教育"任务不足。

全社会对社会教育关心力度不够的主要原因是，在思想层面上认识不

足，社会各有关单位，认为本单位没有开展社会教育的任务，对社会大众或者青少年开放多此一举，为工作增加负担，在主管机关没有要求的情况下，有目的、有计划、有组织地开展更十分有限；在制度层面上，缺乏制度保障和政策支持，社会各机构开展社会教育完全是义务，对自身没有什么好处；在实践层面上，学校与社会各界缺乏协同沟通机制，学校与所在社区互不往来，与各机关单位缺乏经常性的联系，没有形成学校与社区的联动机制等。

全社会关心、参与、支持社会教育工作是促进终身教育发展，推进学习化社会建设，促进青少年全面发展的重要路径，其参与、支持的方式、方法很多。联合国教科文组织国际教育发展委员会编著的《学会生存》强调："所有的部门——政府机关、工业交通、运输——都必须参与教育工作。"[1] 从国内外经验来看，诸如举办开放日、利用节假日、重要日子请公众或青少年学生进机关参观、咨询；社会各组织机关进校园活动，送各种知识服务、文化服务、科技服务等；社会各组织单位开展专项青少年社会教育活动，利用本单位的资源、特色和专业为青少年教育提供服务、产品等；社会各机关单位可以通过咨询展览、研讨座谈、专家讲座、举办活动等方式，开展力所能及的社会教育。这些有效的路径与方法，目前还没有形成经验得到全社会的认可与推广，缺乏政策支持，没有制度推动和行政力量干预，造成活动零散，组织不系统，各自为战的局面，形成不了全社会关心、支持、参与社会教育的新格局。

## 二　社会教育缺乏专业指导

改革开放以后，我国教育学各种学术理论逐次繁荣，但是，社会教育理论时至今日始终没有自己的学术理论地位。教育部公布的教育学科专业目录、学科设置以及国家学科分类标准，无论是一级学科，还是二级学科都没有社会教育。

大学教育学院或师范大学教育学科也均没有社会教育专业和学科，目前国内没有一所大学教育学科开设社会教育学等相关课程。全国教育学科的博士点和硕士点均没有社会教育的专业或学科方向。

---

[1]　联合国教科文组织国际教育发展委员会编著：《学会生存》，教育科学出版社1996年版，第201页。

不仅在学科、专业目录上没有社会教育，而且在社会教育学术领域也被冷落，全国没有社会教育研究学术团体，没有专门的社会教育研究杂志，社会教育研究专家也寥寥无几，有关社会教育著作也很少。

（一）社会教育工作者没有专业培养、社会教育机构没有专业依托

从国外经验来看，任何一项工作、任何一种机构，都有自己的专业基础。有专业保障，工作才有质量，才会有效率，才会有创新。许多国家和地区的社会教育工作者或称为"社会教师"都有自己的职业岗位，这些岗位都有自身的专业培养机构。甚至有些国家社会教育工作者的专业水平都有国家标准，要求很高。在这些社会教育较为发达的国家和地区，各种社会教育机构都有自己的专业保障，各种社会教育工作以及活动都有专业依据，因而，社会教育工作可以进行专业评估，持续不断地提高专业水平。

我国目前社会教育工作者，政策很难定位、机构很难定位、身份很难定位、培养以及专业发展很难定位。社会教育工作者没有专业来源，没有业务进修培养，从事社会教育工作没有专业保障。许多社会教育专门机构，如青少年宫系统，管理人员、教育人员，其管理业务提高、进修以及职称评定等，很难说有专业保障。再如，许多"教育电视台"、"教育报刊"、"教育网站"、"网吧"等，很难说这些机构是"社会教育机构"，其从业人员很难得到相应专业保障，没有专业基础，这些具有社会教育因素的岗位很难说有质量和效率，很难保证工作的科学性和教育性。

（二）社会教育理论研究没有学科保障、实践缺乏指导

国外一些国家和地区，社会教育既是学科，也是专业，有硕士点和博士点。由于社会教育有学科保障，这些国家和地区社会教育学术十分发达。社会教育学术的繁荣，为社会教育发展提供着理论依据，指导着社会教育实践，从而促进着社会教育事业的发展。

我国目前社会教育既不是专业，也不是学科，由于没有学科保障，社会教育理论不受重视，社会教育学术也难以繁荣，表现在社会教育研究成果很少，研究队伍不足。社会教育理论的薄弱，使得社会教育实践缺乏理论指导，从而影响社会教育事业的发展。

社会教育理论研究的这样一种局面，使得社会教育学术难以回答社会教育发展过程中出现的各种问题，导致社会教育实践领域缺乏专业指导，导致社会教育的许多学术问题，诸如社会教育概念、社会教育功能、社会教育方法、内容、管理以及评价等问题争论不休，许多社会教育难题难以

破解。

社会教育专业理论研究的薄弱严重地制约着我国教育理论体系的整体发展，使我国教育理论界和教育实践部门许多重大问题得不到根本的解决。许多问题老生常谈，许多问题争论不休，许多问题得不到破解，诸如终身教育法制定不出，终身学习路径难以找到，学生学业负担过重积重难返，实践育人得不到有效实施等。

社会教育理论研究的不足，使得社会教育难以定位发展，难以定位社会教育在终身教育、全民教育以及建设学习化社会中的地位、功能和任务。社会教育在实施路径、实施方法以及管理体制和评价等方面缺乏有效的理论支撑，造成社会教育很难形成全面有效的推进体制。

## 三 社会教育管理政出多门

1949 年 11 月教育部成立，设社会教育司主管全国社会教育事业，著名社会教育学家俞庆棠任首任社会教育司司长。1952 年 11 月 15 日教育部撤销社会教育司，社会教育行政在位 3 年，从此社会教育失去了在教育行政管理中的地位。

1976 年以后，我国教育体制逐渐恢复发展，各种教育制度和管理逐渐完善，唯独社会教育管理，在教育行政管理上始终没有恢复自己的位置。各种教育行政机关以及各个层面的教育管理，仿佛都是学校教育行政，从事的均是学制体系内的教育管理，甚至，校外教育的管理也是围绕着学校学生来进行，为各类学生服务。

（一）社会教育缺乏行政管理干预

世界上一些国家和地区，社会教育事业都有行政管理，从中央到地方设置社会教育管理机构，负责社会教育事业的指导、计划、协调、奖励与监督，因而，有社会教育行政的这些国家在推进终身教育过程中，有社会教育事业的强有力支撑，多年的社会教育成效，造就了高素质的公民。

我国目前社会教育事业已经分化，很难定位哪些事业是社会教育事业？哪些部门是社会教育机关？哪些人员是社会教育工作者？在教育行政管理上，教育管理部门，没有社会教育的专管机关，没有上下统一的社会教育行政管理，对社会教育事业以及工作的计划、协调、指导、监督等均没有行政干预，因而，造成社会教育工作理论上很重要，实践上难以落实。社会教育管理的缺失，使得许多社会教育工作难以定位，使得许多社会教育事业的发展受到挫折，造成社会教育资源的浪费和社会教育成效的不足。

（二）社会教育没有法规、政策指导

世界上一些国家和地区，都有专门社会教育法规，并根据教育发展的需要，不定期出台社会教育政策，以便对社会教育事业进行指导、管理和评价。这些国家和地区，通过社会教育立法以及制定社会教育政策，推动社会教育事业的发展，提升国民的"民智"水平，促进终身教育的发展。

我国目前没有社会教育的专门法规，没有一个以"社会教育"命名的专项教育政策，社会教育的法规用语，仅限于一些政策的补充。一些相关或相近的法规很难指导社会教育事业的发展。社会教育法规以及政策的缺失给教育事业整体发展带来了严重的后果，表现在：终身教育法规制定受限、终身教育实现路径难以找到、全民读书活动受阻、学校实践育人环节薄弱、学校负担过重难以破解等。

（三）青少年社会教育机构设施的管理政出多门

各级各类学校的改革与发展，一直是我国教育体制改革的主旋律，教育政策、教育法规、教育行政以及相应教育措施都是为学校教育改革与发展服务的。至今，青少年社会教育的专门机构，诸如青年宫、少年宫、青少年宫、青少年活动中心、儿童活动中心、青少年科技馆、青少年活动营地、青少年教育基地等青少年活动场所，在管理层面上是政出多门，团组织、妇联、教育行政、文化部门、企业等都参与管理。

青少年社会教育管理的这样一种局面，导致社会教育事业缺乏顶层设计、缺乏统一行政管理、缺乏长期发展规划，导致各种社会教育机构定位不准、功能不清、任务不明、性质走样。在市场经济的冲击下，许多青少年社会教育机构成为应试教育的"帮凶"，为学生学业的负担"添砖加瓦"。

## 四　社会教育资源难以整合

从社会教育实际发展的现状来看，社会教育是实际存在的教育领域，有自己的施教领域和教育空间，有业已存在的大量的专门的社会教育机构和设施，有通过各种公益形式、市场形式和文化形式存在的社会教育团体和组织。

（一）社会教育资源被分化

社会教育资源已经被分化到其他各种事业之中，社会教育的功能已经被"社会"各部门所取代，如宣传教育、文化教育、公益教育、社区教育、大众传媒教育、思想政治教育等。各种社会教育形式，以丰富多彩的存在样式，广泛出现在社会的各个领域，如以学校方式存在的各种培训学校、补习学校等；以公众方式存在的文化广场、博物馆、图书馆等；以团体组织形式存在的关心下一代工作委员会、志愿者团体等；以各种传媒方式存在的平面媒体、影视媒体、广告传销等。新时期，社会教育出现了理论多元化、途径多元化、事业多元化、实践多元化等多元化发展格局。

社会教育实践领域的多元化、多样化发展局面，导致社会教育的实践效能被分解，导致许多社会教育机构失去"教育"的内涵，无法给自身定位，成为市场推动下的"企业"，导致许多社会教育机构成为学校应试教育的助推器，导致各种社会教育资源重复设置，效能低下，缺乏整合的社会教育，难以进行管理定位和实践定位。

（二）社会教育资源总量不足，结构布局不合理

社会教育专门资源主要指从事社会教育的专门机关、专门机构、专业团体、专门设施等，它们是专门负责社会教育管理或专门从事社会教育工作的组织单位以及机构团体。

社会教育专门资源是社会教育存在的基础，是进行社会教育的保障。社会教育资源的总量，是社会教育发展程度的标志，也是衡量一个国家社会事业的重要指标。从我国社会教育资源的总量来看，由于我国幅员辽阔，人口众多，城乡发展不均衡，所以，在社会教育资源的总量上是不能满足人们日益增长的社会教育需求的。社会教育资源有这样一些特点：城市较多，乡村较少；大城市较多，小城市、中等城市较少；社会教育分化领域广泛，社会教育专门资源较少。据调查，一些较大规模的图书馆、博物馆、科技馆、青少年宫、青少年活动中心等，都集中在大城市。一些专门教育博物馆，如儿童博物馆、儿童科技馆等数量较少，一些教育主题博物馆至今仍是空白，如教育博物馆、教师博物馆等。

社会教育资源总量的不足，导致社会教育资源分布不均，结构不合理。社会教育资金投入有限，导致社会教育功能难以全面发挥，难以满足各地区青少年的教育需求。

## 五　各级各类学校实践育人薄弱

各级各类学校实践育人主要是指通过实践教学、实践活动等实践环

节，进行知识传授、人才培养和素质的提升。学校实践育人是全面落实教育方针，深入实施素质教育，全力促进青少年全面发展的有效途径。从国内外实践育人的经验来看，各级各类学校开发利用社会教育资源以及自身教育资源对社会的开放是实施实践育人的重要途径，但是，社会教育资源的开发利用以及学校资源的对外开放，进行得十分薄弱。

（一）各级各类学校开发利用社会教育资源，实现实践育人薄弱

社会教育资源是指那些有目的、有计划、有组织的可资学校教育活动的物质资源和精神资源的总和。社会教育资源是学校实践育人的天然资源，包括组织资源、场所资源、人力资源、财力资源、文献资源等。学校在实践育人的过程中，必须坚持教育与生产劳动和社会实践相结合，积极调动整合社会各方面资源，形成实践育人合力，必须善于挖掘利用这些资源，辅助学校的实践教学、实践活动、实习见习，学校必须通过多种形式的"学社联携"建立实习基地、实践平台，通过各种方式丰富学校教学、丰富课堂教学。

目前的发展状况是，实践育人理论和政策都很到位，但是，在实施环节上，缺乏有效的制度保障，缺乏有效的配套政策支持，具体落实中，涉及的政策、资金、人员、后勤等问题限制实践育人的实施。因而，许多有效的做法，坚持不能持久或开展起来成效不大。

（二）各级各类学校教育资源对社会开放薄弱

各级各类学校教育资源对社会的开放可以作为学校实践育人的一个途径。各级各类学校对社会开放的教育资源，并非是所有的教育资源都对社会开放，而是指那些可以促进社会教育发展、有助于实施终身教育、建设学习型社会、有助于促进青少年全面发展、实现实践育人的教育设施与条件。各级各类学校要根据自身的实际状况，选择开放资源的种类和程度，在不影响学校正常教育教学的情况下，尽可能向所在社区开放教育资源，寻找实践育人的途径。

学校开放的教育资源主要包括学校人力资源、图书资源、学校场馆资源和学校学术活动资源等。在开放的教育资源中，实践育人的主要方式有：社会调查、生产劳动、志愿服务、公益活动、科技发明和勤工助学等。学校还可以通过专家讲座、研讨座谈、咨询展览、举办活动等方式实现实践育人。

目前来看，学校教育资源对社会的开放，还处在观望、试点和部分开

放的过程之中，推进的速度很慢，开放的程度很低，实施的途径和方法很少。各级各类学校出于学校条件、校园安全以及责任事故等考虑，基本都是"关门办学"，对社会开放范围、开放程度不够，指导、援助社会教育的方式方法有限。

# 第二节　发展社会教育的对策

加强社会教育推进终身教育，推进建设学习化社会，促进青少年全面发展，必须依据科学发展观的要求，深入研究社会教育的科学内涵，研究社会教育科学发展的规律与经验，研究社会教育存在与发展的科学依据、科学内容和科学方法。研究社会教育在经济建设、政治建设、文化建设、社会建设、生态文明建设五位一体总体布局中的定位和作用。美国管理大师德鲁克说：

> 教育将不再只是学校的事务。教育将日益成为一种联合的事业，学校是其中的合伙人而不是垄断者。①

在进行教育综合改革的过程中，统筹社会教育与学校教育、家庭教育以及社会各种教育的协调发展，在社会教育实践中，创新社会教育发展理念，破解社会教育发展难题，是我国教育事业发展中一个迫在眉睫的课题。

面对着社会教育领域存在的诸多问题，在社会建设和社会管理的新要求下，根据我国社会教育事业的发展现状，我们在推进教育事业的整体发展中应该注意以下几点对策。

## 一　推动社会教育立法

国外一些国家和地区很早就制定了《社会教育法》诸如日本、韩国等为我们提供借鉴。一些发达国家也早已制定了终身教育推进条例，通过发展社会教育涵养现代化公民、推进终身教育的实施、促进学习化社会建

---

①　［美］彼得·德鲁克：《社会的管理》，徐大建译，上海财经大学出版社 2003 年版，第 261 页。

设。国外社会教育立法的经验表明，通过社会教育立法，可以保障国家教育基本法的落实，有助于国家教育目的的实现、有助于补充学制体系的不足、有助于解决学校教育多年累积的教育问题与难题、有助于促进教育事业的整体发展。

我国社会教育立法已经迫在眉睫，多年累积的教育问题与难题，需要通过社会教育立法来辅助解决。诸如终身教育或终身学习推动力问题、学校与学生的学业负担过重问题、学校实践育人环节薄弱问题、各种校外补习班、培训班的治理问题、网吧的治理问题、教育资源不公的问题、高考改革的问题，等等。这些问题，在学校教育领域内根本无法得到破解，从国内外经验来看，通过社会教育立法，可以寻求解决这些问题的思路。

（一）颁布社会教育发展促进条例

社会教育立法可以为终身教育发展、为学习化社会建设、为青少年全面发展提供法律保障。我国社会教育的发展急需在法律与政策层面上解决推动障碍问题。社会教育是国家教育事业的一部分，是关系到国计民生的基础工作，政府的推动力量、主导力量，在社会教育发展中作用巨大。经过多年的社会教育实践，我国社会教育发展中的许多难题无法破解、许多问题争论不休、许多话题老生常谈。这种局面，只有进行社会教育立法或制定社会教育发展促进条例才能够解决。

首先，在进行社会建设的背景下，我国社会教育立法具有必要性。主要表现在：社会教育事业发展的需要，急需从法律层面推动社会教育的发展，从立法角度保障社会教育的运行，保障社会教育的地位以及各种社会教育机构与设施的目的、任务和责任，改变目前社会教育管理混乱，政出多门以及缺乏评价的现状。

其次，在加强社会管理的背景下，社会教育立法具有可行性。表现在社会教育事业的发展日臻成熟，社会教育设施、社会教育机构、社会教育工作，需要社会教育立法推动。社会教育服务、社会教育产品以及社会教育项目等，在市场的运作下逐渐发展繁荣，需要法律保障和推动。

最后，在社会教育发展局面比较复杂的情况下，社会教育立法具有迫切性。表现在社会教育发展过程中存在的问题多年得不到解决。社会教育在国家教育体系中无地位，在教育行政系统无管理，在公共文化服务体系中无保障等问题急需解决。

通过社会教育立法或制定社会教育政策，主要明确政府和社会各界的教育责任，明确社会教育事业的规划、指导、组织与援助，明确社会各界的教育职责与分担，明确各种专门社会教育机构的教育责任与任务，明确各种综合社会教育机构的教育任务和职责。

（二）推动社会教育事业统一协调行政管理

社会教育发展的历史以及现状表明，我国社会教育发展迫切需要统一行政管理。社会教育事业统一协调行政管理，可以为终身教育发展、为学习化社会建设、为青少年全面发展提供行政推动力量。

首先，目前社会教育没有专门负责的管理机关，没有行政干预，导致社会教育事业发展缺乏行政推动力。从国家教育行政到地方教育行政，社会教育事业没有行政管理，使得社会教育机构、设施、团体、人员、组织以及形式，没有管理依托、没有评价机制、缺乏政策支持和专业指导。

其次，社会教育发展中的难题无法破解，社会教育发展中的问题无法解决，社会教育发展过程中管理多门，推动多途径，分类设施复杂多样，机构团体各自为战的局面，急需统一社会教育行政，进行集中管理。

最后，社会教育既不是专业，也不是职业；既不是事业单位，也不是机关部门；从事社会教育工作者，没有职业准入机制；社会教育工作没有评价机制。这种局面需要统一行政管理来约束、规范和指导。

通过统一的社会教育行政协调管理，可以集中力量发展社会教育事业，提高社会教育机构设施的教育效率，规范社会教育团体的教育行为，使社会教育行政人员成为公务员或事业编制人员，使社会教育工作成为一种职业。从中央到地方，社会教育行政组织可以分为国家社会教育行政组织和地方社会教育行政组织，各有其事务分担和职责。通过社会教育行政组织对社会教育法规中规定的社会教育事业进行规划、管理、指导和援助。

在社会教育行政管理上，日本和韩国在教育行政中都有专管社会教育行政组织可资借鉴。

（三）推动社会教育工作纳入国家基本公共服务体系

把社会教育工作纳入国家基本公共服务体系，可以为学习化社会建设，为促进终身教育、终身学习，为青少年全面发展提供全社会的支持。"全社会都要关心教育"，教育工作是一个系统工程，社会各界应该明确自身有教育之责，明确自身的教育任务，关心、支持教育工作，采取切实可行、力所能及的措施推动社会教育的开展，为此，我国社会教育工作需要纳入国家基本公共服务体系，成为保障基本民生需求的基本公共教育和公共文化领域服务的一部分。

国家基本公共服务是指由政府主导提供的，与经济社会发展水平和阶段相适应，旨在保障全体公民生存和发展基本需求的公共服务。根据社会教育的属性和特点，社会教育事业应该是国家基本公共教育体系的一个组成部分。政府应该保障和提供公民接受公益的社会教育。逐渐建立社会教育公共服务体系。逐渐建立社会教育的基本公共教育服务国家基本标准，在服务项目、服务对象、保障标准、支出责任、覆盖水平等方面，为保障社会教育服务提供规模和质量、明确社会教育工作任务的事权与支出责任并促进城乡区域均衡发展。

根据建立健全社会教育基本公共教育体系的需要，国家建设一批社会教育保障工程，着力加强薄弱环节，改善薄弱地区社会教育条件，有效缩小城乡区域间社会教育发展差距。

社会教育工作也是国家公共文化服务领域的一部分。政府应该提供国民所需的基本的公共文化服务，通过发展公益性文化事业促进社会教育的发展。

主要措施有：

1. 继续推动向全民免费开放基层公共文化体育设施，逐步扩大公共图书馆、文化馆（站）、博物馆、美术馆、纪念馆、科技馆、工人文化宫、青少年宫等免费开放范围。

2. 文化部门的公共文化服务体系建设，教育部门的校外实践基地建设，校外活动场所建设，"文明委"的精神文明基地建设以及高等院校的实践育人基地建设等要统一纳入公共文化服务体系，统一规划发展。

3. 继续推动农村流动青少年宫项目的发展，并与农村流动书屋、文化站点、文化广场、文化信息资源共享、电影放映、送书送报送戏等活动结合起来，为乡村地区提供公益性文化服务。

公共文化工作与社会教育工作是同一个事业，具有育人功能。建立国家公共文化服务体系，必须增加社会教育内涵，强化社会教育因素，凸显社会教育功能。

在日本和韩国，部分公益性公共文化设施都隶属于社会教育范围，归教育部门管辖，接受教育部门的监督和管理，可以提供借鉴。

## 二　推动社会教育进行专业建设和学科建设

社会教育进行专业建设和学科建设，可以为国民终身学习，接受终身教育，为青少年全面发展提供学术和理论的支撑。社会教育专业建设主要指对社会教育职业和社会教育工作进行系统的知识、技能和服务的提升，形成社会教育工作具有专门化的知识体系、职业技能和服务规范，社会教育学科建设主要指建设社会教育独立的知识体系、学术体系和理论体系，为社会教育事业发展提供理论指导，提供专家队伍，培养专门人才。

社会教育专业和学科建设可以为社会教育发展提供政策咨询、专业援助，促使社会教育成为一种教育职业，具有学科基础和专业保障。通过社会教育专业培养培训社会教育专业人员，提高从事社会教育人员的专业素质和职业能力。

目前，我国社会教育无论是专业领域还是学科门类都没有位置。大学教育学院或师范大学教育学科也均没有社会教育专业和学科，目前国内没有一所大学教育学科开设社会教育学等相关课程。全国教育学科的博士点和硕士点均没有社会教育的专业或学科方向。社会教育在学术领域也被冷落，全国没有社会教育研究学术团体，没有专门的社会教育研究杂志，有关社会教育著作也很少。

社会教育进行专业建设和学科建设具有可行性。社会教育工作需要理论指导，社会教育实践许多问题需要理论给予回答，社会教育工作人员需要提升专业知识、专业素质和职业技能，需要提高学历水平。

主要措施包括：

1. 推动设置新增社会教育专业，培养社会教育专业人员和专门人才。在有条件的高校设置社会教育专业或社会教育管理专业，招收本科生，研究专业培养计划。

2. 推动增设社会教育学科，研究社会教育学术，设置社会教育硕士点、博士点或社会教育专业学位，建立全国社会教育学术团体，整合社会教育研究专家，形成社会教育专家队伍。

3. 创办社会教育杂志或专栏，开展社会教育专门研究，开展青少年社会教育专题研究，形成社会教育理论特色。

日本和韩国都有社会教育专业、社会教育学科以及社会教育博士点、硕士点。这些国家和地区都有社会教育学术团体、社会教育杂志和专门社会教育研究者，可资借鉴。

### 三　制订社会教育设施分类指导建设方案

社会教育设施分类指导实施方案的制订，可以为学习化社会建设，为终身教育发展，为促进青少年全面发展找到路径和方法。我国社会教育分类设施系统已经发展得十分庞大，专门社会教育设施、综合文化设施和社会开放设施等已经形成了巨大的社会教育资源。这些社会教育设施资源管理上政出多门，机构名称多样，功能定位五花八门，结构布局没有规律，这些社会教育设施要发挥教育的合力，发挥社会教育的公益性、教育性和灵活性，必须进行分类政策引导并制订实施方案。

主要措施有：

1. 专门社会教育设施，要明确社会教育性质，定位社会教育身份，规定社会教育功能，限定社会教育任务，受社会教育政策以及法规的制约。

制订的具体指导方案有：青少年宫系统社会教育条例、社会教育团体实施条例、教育传媒社会教育实施办法、生产经销教育产品的社会教育原则等。

2. 综合文化社会教育设施，要增加社会教育的因素，增加社会教育项目的比例，增加青少年社会教育项目，受社会教育政策及法规的制约。

制订的具体指导方案有：公益性文化设施的社会教育实施原则、大众传媒设施的社会教育实施指导条例、经营性文化设施的社会教育指导条例等。

3. 社会开放设施资源，需要政策指导、鼓励和奖励，明确社会各组织单位的社会教育计划，社会教育项目和社会教育任务。

制订的具体指导方案有：社会各单位机关专家领导进校园实施方案；各类学校组织学生进社会实施方案；社会各机关、单位要定期举办青少年开放日实施细则；各级各类学校教育资源逐渐向社会开放细则；全社会支持青少年社会教育指导实施计划等。

4. 社会教育各类设施实施青少年社会教育的一般方法，可以采取咨询展览、专题讲座、研讨座谈和举办活动来进行，每一项都要有详尽的计划和预案。

### 四　制定发展社会教育的评价与激励政策

社会教育评价是根据社会教育目的和一定的教育价值标准，运用教育评价的理论和方法对社会教育活动以及活动中的诸要素进行价值判断，从而为社会教育决策提供信息。制定社会教育的评价与激励政策就是为了发展社会教育，推动社会教育改革，政府出台发展社会教育的评价、激励政策，明确政府以及社会各界的责任分担，援助和奖励社会各界的社会教育贡献。

建立社会教育评价和激励机制，制定评价和激励政策，可以有效地克服目前社会教育发展过程中存在的问题，有利于教育目的的实现和教育方针的落实，有利于调动各个方面的主动性和积极性，有利于社会教育决策的科学化。

青少年社会教育评价和激励政策要与青少年校外教育活动以及社会各界参与开展的青少年社会教育活动结合起来研究制定。

主要措施有：

1. 借鉴美国的学分银行制度和学分互换做法，借鉴韩国的终身学分承认制度，借鉴我国台湾地区的"终身学习卡"做法等。青少年在任何一个社会教育场所，所参加的活动都可以得到学分的奖励和学校的认可，并作为升学考试、获奖评优的参考或重要指标。

2. 教育主管部门和学校出台"社会教育活动积分卡"。鼓励学校学生参加社会教育实践活动，学校将校外教育实践活动纳入学校学分体系，作为学生获奖评优加分的依据。

3. 鼓励社会各界为青少年教育工作出力。制定社会各界支持青少年社会教育办法，明确社会各界的教育任务，奖励政策，出台社会教育配套政策，对于社会各界提供的社会教育空间、活动、项目给予扶持、援助和奖励。

## 五　推动创新青少年社会教育文化空间

建设一批具有中国特色，符合国情、民情和青少年实际特点的社会教育文化空间，可以为青少年全面发展以及青少年优良文化教育的传承创新品牌。传统青少年社会教育阵地主要是青少年宫系列设施，包括青年宫、少年宫、青少年宫、青少年活动中心、儿童活动中心、青少年科技馆、青少年活动营地、青少年教育基地等项目。这些设施的建设主要是早期受苏联模式的影响以及后来学习欧美文化的创新。新时期这些青少年社会教育设施已经远远不能满足广大青少年全面发展的需要，在国家文化大发展、大繁荣的背景下，青少年社会教育的活动载体应该得到更大程度的发展与创新。

创新青少年社会教育的品牌，应该遵循中国特色、符合国情、适应民情和立足青少年实际特点，本着公益性、基础性、便利性、公共性、普惠性和公平性等原则，吸取国内外先进经验，创设一些经得住历史考验，具有文化教育传承特色的青少年社会教育品牌。

主要举措如下：

1. 创建青少年儿童图书馆、青少年儿童博物馆系列设施。按照图书馆、博物馆的模式创建青少年儿童文化教育空间。依托各地特色的文化资源，以图书或文物为媒介，创建图书馆式或博物馆式的青少年宫。

2. 依托社区教育资源，创建便捷式儿童活动空间、青少年活动园地。方便低龄儿童就近参与活动，感受文化环境的影响。依托各类社区的基础设施，开辟青少年文化教育体育场所，提供文化教育产品。

3. 依托各级各类学校教育资源，开办附属中小学、附属幼儿园、附属青少年文化教育活动空间，依托学校的特点，注意发展各自的特色，形成多姿多彩的学校附属青少年活动场所。

4. 依托各种公益性文化设施，开辟青少年社会教育活动空间。各类图书馆、博物馆、文化馆、科技馆、艺术馆在条件允许的基础上，增设青少年活动空间，满足附近学校以及居民的文化教育需求。

5. 创建青少年社会教育综合改革试验区

各级社会组织机构选择本地区典型的青少年社会教育设施，取得政府的支持，依托区域内各种社会教育资源，提出创建计划和创建设想。在本地区试验各种青少年社会教育项目，积累经验，创新品牌。

6. 创建青少年社会教育研究基地

各级社会组织机构创建青少年社会教育研究基地，主要是研究青少年社会教育理论，发展青少年社会教育事业，探索青少年社会教育新路径，形成青少年社会教育品牌，构建青少年社会教育新格局。

# 参考文献

**一　资料**

教育部：《第一次中国教育年鉴》，开明书店1934年版。

教育部：《第二次中国教育年鉴》，商务印书馆1948年版。

朱有瓛主编：《中国近代学制史料》第2辑上册，华东师范大学出版社1987年版。

朱有瓛主编：《中国近代学制史料》第2辑下册，华东师范大学出版社1989年版。

陈学恂、田正平编：《中国近代教育史资料汇编·留学教育》，上海教育出版社1991年版。

高时良编：《中国近代教育史资料汇编·洋务运动时期教育》，上海教育出版社1992年版。

舒新城编：《中国近代教育史资料》上册，人民教育出版社1961年版。

朱有瓛等：《中国近代教育史资料汇编·教育行政机构及教育团体》，上海教育出版社1990年版。

李桂林等：《中国近代教育史资料汇编·普通教育》，上海教育出版社1995年版。

琚鑫圭编：《中国近代教育史资料汇编·鸦片战争时期教育》，上海教育出版社1990年版。

琚鑫圭、唐良炎编：《中国近代教育史资料汇编·学制演变》，上海教育出版社1991年版。

李希泌、张椒华：《中国古代藏书与近代图书馆史料》（春秋至五四前后），中华书局1982年版。

中国第二历史档案馆编：《中华民国史档案资料汇编》第三辑文化，江苏古籍出版社 1991 年版。

中国第二历史档案馆编：《中华民国史档案资料汇编》第三辑教育，江苏
　　古籍出版社 1991 年版。

中国第二历史档案馆编：《中华民国史档案资料汇编》第五辑第一编教育，
　　江苏古籍出版社 1994 年版。

北京图书馆编：《民国时期总书目：1911—1949 教育体育》，书目文献出
　　版社 1995 年版。

中国大百科全书出版社编辑部编：《中国大百科全书·教育卷》，中国大百
　　科全书出版社 1985 年版。

宋恩荣等编：《中华民国教育法规选编》，江苏教育出版社 1990 年版。

教育部编：《教育法令》，中华书局 1947 年版。

教育部编：《社会教育法令汇编》，商务印书馆 1936 年版。

江西赣南师专教育教研室编：《中央苏区教育资料选编》，江西赣南师专教
　　育教研室 1980 年版。

《老解放区教育资料》（一），教育科学出版社 1981 年版。

《江西苏区教育资料选编》，江西教育出版社 1960 年版。

戴续威编：《川陕省革命根据地文化教育资料选编》，西南师范学院教育系
　　教育史教研室 1980 年版。

李桂林主编：《中国现代教育史教学参考资料》，人民教育出版社 1987 年版。

郑观应著：《盛世危言》，中州古籍出版社 1998 年版。

张之洞著：《劝学篇》，中州古籍出版社 1998 年版

王德峰编：《梁启超文选》，上海远东出版社 1995 年版。

梁启超：《新民说》，中州古籍出版社 1998 年版。

黄爱梅编：《雪堂自述》，江苏人民出版社 1999 年版。

严修撰：《严修东游日记》，天津人民出版社 1995 年版。

朱鸿召编：《子民自述》，江苏人民出版社 1999 年版。

《通俗教育讲稿选录》（第 1 辑），通俗教育研究会编 1916 年版。

《通俗教育讲稿选录》（第 2 辑），通俗教育研究会编 1918 年版。

高平叔编：《蔡元培教育论著选》，人民教育出版社 1991 年版。

马秋帆编：《梁漱溟教育论著选》，人民教育出版社 1994 年版。

茅仲英编：《俞庆棠教育论著选》，人民教育出版社 1992 年版。

陈侠、傅启群编：《傅葆琛教育论著选》，人民教育出版社 1994 年版。

韦善美编:《雷沛鸿文集》上、下册,广西教育出版社 1990 年版。

马秋帆、熊明安编:《晏阳初教育论著选》,人民教育出版社 1993 年版。

张达扬、李红梅编:《陶行知论普及教育》,安徽教育出版社 1986 年版。

中央教育科学研究所编:《陶行知教育文选》,教育科学出版社 1981 年版。

周谷平、赵卫平编:《孟宪承教育论著选》,人民教育出版社 1997 年版。

张沪编:《张宗麟乡村教育论集》,湖南教育出版社 1987 年版。

中央教育科学研究所编:《徐特立教育文集》,人民教育出版社 1986 年版。

吕达、刘立德、邹海燕主编:《杜威教育文集》第 2 卷,人民教育出版社
    2008 年版。

## 二　著作

谢荫昌:《社会教育》,商务印书馆 1913 年版。

唐碧编:《调查日本社会教育纪要》,通俗教育研究会 1916 年版。

余寄:《社会教育》,中华书局 1917 年版。

孙逸园:《社会教育设施法》,商务印书馆 1926 年版。

张志澄:《社会教育通论》,启智书局 1929 年版。

马宗荣:《现代社会教育泛论》,世界书局 1934 年版。

马宗荣:《社会教育纲要》,商务印书馆 1937 年版。

陈礼江:《社会教育的意义及事业》,正中书局 1937 年版。

蒋建白、吕海澜:《中国社会教育行政》,商务印书馆 1937 年版。

吴学信:《社会教育史》,商务印书馆 1939 年版。

詹栋梁:《社会教育学》,(台北)五南图书出版公司 1983 年版。

李建兴:《中国社会教育发展史》,(台北)三民书局 1986 年版。

[日]佐藤善治郎:《社会教育法》,《教育世界》1902 年第 31 号。

[日]吉田熊次:《社会教育的设施及理论》,上海中华书局 1935 年版。

[日]新堀通也:《社会教育学》,张惠才等译,春秋出版社 1989 年版。

[日]新堀通也:《社会教育学》,(台北)水牛出版社 1991 年版。

[日]松田武雄:《近代日本社会教育的成立》,九州大学出版社 2004 年版。

王冬桦、王非主编:《社会教育学概论》,教育科学出版社 1992 年版。

梁忠义编:《当代日本社会教育》,山西教育出版社 1994 年版。

李建兴:《社会教育新论》,(台北)三民书局印行 1994 年版。

张学书等编:《台湾社会教育》,山西教育出版社 1999 年版。

孙启林主编：《社会教育》，吉林教育出版社 2000 年版。

杨才林：《民国社会教育研究》，社会科学文献出版社 2011 年版。

夏鹏翔：《日本战后社会教育政策》，社会科学文献出版社 2008 年版，

张明红编著：《学前儿童社会教育》，华东师范大学出版社 2008 年版。

杨家余：《伪满社会教育研究》，高等教育出版社 2010 年版。

伍达译：《通俗教育事业设施法》，通俗教育研究会 1912 年版。

陈礼江：《民众教育》，正中书局 1937 年版。

古楳编：《乡村教育》，长沙商务印书馆 1939 年版。

赵兴涛：《民众教育馆实施纲要》，江苏省立南京民众教育馆 1931 年版。

林宗礼：《民众教育馆实施法》，商务印书馆 1936 年版。

周慧梅：《近代民众教育馆研究》，北京师范大学出版社 2012 年版。

朱煜：《民众教育馆与基层社会现代改造》，社会科学文献出版社 2012 年版。

高卓：《现代教育思潮》，商务印书馆 1931 年版。

陈宝泉、袁希涛等：《欧美考察教育团报告》，商务印书馆 1920 年版。

国际联盟教育考察团编：《国际联盟教育考察团报告书》，（台北）文海出版社 1986 年版。

苗春德主编：《中国近代乡村教育史》，人民教育出版社 2004 年版。

［美］杜威：《民主主义与教育》，人民教育出版社 2001 年版。

［美］巴伯：《科学与社会秩序》，生活·读书·新知三联书店 1991 年版。

［美］保罗·埃文斯：《费正清看中国》，上海人民出版社 1995 年版。

［美］周策纵：《五四运动史》，岳麓书社 1999 年版。

［美］柯文：《在传统与现代性之间——王韬与晚清革命》，江苏人民出版社 1998 年版。

［美］本杰明·史华兹：《寻求富强：严复与西方》，江苏人民出版社 1996 年版。

［美］任达：《新政革命与日本——中国 1898—1912》，江苏人民出版社 1998 年版。

［美］艾恺：《世界范围内的反现代化思潮——论文化守成主义》，贵州人民出版社 1991 年版。

［美］约翰·S.布鲁巴克：《教育问题史》，单中惠、王强译，山东教育出版社 2012 年版。

［美］彼得·德鲁克著：《社会的管理》，上海财经大学出版社 2003 年版。

［美］唐·倍根、唐纳德·R.格莱叶：《学校与社区关系》，重庆大学出版社 2003 年版。

［美］德里克·博克：《走出象牙塔：现代大学的社会责任》，徐小洲译，浙江教育出版社 2001 年版

［西］奥尔特加·加塞特：《大学的使命》，徐小洲译，浙江教育出版社 2001 年版。

［英］丹尼斯·麦奎尔：《大众传播模式论》，上海译文出版社 1997 年版。

［德］哈贝马斯：《公共领域的结构转型》，学林出版社 1999 年版。

［法］E.迪尔凯姆：《社会学方法的准则》，商务印书馆 1999 年版。

王守昌：《西方社会哲学》，东方出版社 1996 年版。

金耀基：《从传统到现代》，时报文化出版企业有限公司 1986 年版。

徐松荣：《维新派与近代报刊》，山西古籍出版社 1998 年版。

忻平：《从上海发现历史——现代化进程中的上海人及其社会生活》，上海人民出版社 1996 年版。

王先明：《近代新学——中国传统学术文化的嬗变与重构》，商务印书馆 2000 年版。

熊月之：《西学东渐与晚清社会》，上海人民出版社 1994 年版。

游子安：《劝化金箴——清代善书研究》，天津人民出版社 1999 年版。

龚书铎：《中国近代文化探索》，北京师范大学出版社 1997 年版。

沈嘉荣主编：《中国现代化百年探索》，南京出版社 1998 年版。

黄育馥：《人与社会——社会化问题在美国》，辽宁人民出版社 1986 年版。

刘再复、林岗：《传统与中国人》，安徽文艺出版社 1999 年版。

郑仓元、陈立旭：《社会风气论》，浙江人民出版社 1996 年版。

高丙中：《居住在文化的空间里》，中山大学出版社 1999 年版。

陈新汉：《社会评价论——社会群体为主体的评价活动思考》，上海社会科学出版社 1997 年版。

罗荣渠：《现代化新论——世界与中国的现代化进程》，北京大学出版社 1993 年版。

李书磊：《村落中的国家——文化变迁中的乡村学校》，浙江人民出版社 1999 年版。

陈宝良：《中国的社与会》，浙江人民出版社 1996 年版。

桑兵：《晚清学堂学生与社会变迁》，学林出版社 1995 年版。

杨阳：《王权的图腾化——政教合一与中国社会》，浙江人民出版社 2000 年版。

刘志琴编：《近代中国社会文化变迁录》，浙江人民出版社 1998 年版。

刘明逵：《中国工人阶级历史状况》，中共中央党校出版社 1985 年版。

[美] 费正清：《伟大的中国革命 1800—1985》，世界知识出版社 2000 年版。

陈旭麓：《近代中国社会的新陈代谢》，上海人民出版社 1992 年版。

徐宗勉等：《近代中国对民主的追求》，安徽人民出版社 1996 年版。

熊月之：《中国近代民主思想史》，上海人民出版社 1986 年版。

王处辉主编：《中国社会思想史》，中国人民大学出版社 2002 年版。

杨玲、潘守永主编：《当代西方博物馆发展态势研究》，学苑出版社 2005 年版。

金生鈜：《规训与教化》，教育科学出版社 2004 年版。

顾明远等：《鲁迅的教育思想和实践》，人民教育出版社 1980 年版。

陈桂生：《历史的教育学现象透视》，人民教育出版社 1998 年版。

田正平主编：《中国教育思想通史》第 6 卷，湖南教育出版社 1994 年版。

孙培青主编：《中国教育史》，华东师范大学出版社 1992 年版。

田慧生主编：《中国教育的现代化》，云南人民出版社 1997 年版。

周谷平：《近代西方教育理论在中国的传播》，广东教育出版社 1996 年版。

吴德刚：《中国全民教育问题研究——兼论教育机会平等问题》，教育科学出版社 1998 年版。

赵中建：《全民教育——世纪之交的重任》，四川教育出版社 1999 年版。

朱旭东：《欧美国民教育理论探源》，北京师范大学出版社 1997 年版。

雷学华：《民族教育的历史传统》，湖北教育出版社 1998 年版。

桑新民：《呼唤新世纪的教育哲学——人类自身生产探秘》，教育科学出版社 1992 年版。

田正平、肖朗主编：《世纪之理想——中国近代义务教育研究》，浙江教育出版社 2000 年版。

田正平：《留学生与中国教育近代化》，广东教育出版社 1996 年版。

刘海峰主编：《科举制的终结与科举学的兴起》，华中师范大学出版社 2006 年版。

孙培青主编：《中国教育史》，华东师范大学出版社 2009 年版。

田正平主编：《中外教育交流史》，广东教育出版社 2004 年版。

丁钢主编：《历史与现实之间：中国教育传统的理论探索》，教育科学出版社 2002 年版。

周洪宇：《文化与教育的双重历史变奏》，华中科技大学出版社 2011 年版。

陈汉才编：《中国古代教育诗选注》，山东教育出版社 1985 年版。

叶澜：《教育概论》，人民教育出版社 1991 年版。

孙喜亭：《教育原理》，北京师范大学出版社 1993 年版。

柳海民：《教育原理》，东北师范大学出版社 2000 年版。

孙绵涛：《教育管理学》，人民教育出版社 2006 年版。

厉以贤主编：《现代教育原理》，北京师范大学出版社 1988 年版。

金一鸣：《教育原理》，高等教育出版社 2002 年版。

鲁洁主编：《教育社会学》，人民教育出版社 1990 年版。

吴康宁：《教育社会学》，人民教育出版社 1998 年版。

陈桂生：《教育学的建构》，湖南教育出版社 1998 年版。

傅松涛：《教育社会学新论》，河北大学出版社 1997 年版。

雷通群：《教育社会学》，（台北）商务印书馆 1931 年版。

雷国鼎：《比较国民教育》，（台北）三民书局 1981 年版。

孙绵涛：《教育效能论》，人民教育出版社 2007 年版。

高志敏等著：《终身教育、终身学习与学习化社会》，华东师范大学出版社 2005 年版。

张人杰主编：《大教育学》，广东高等教育出版社 1995 年版。

项贤明：《泛教育论——广义教育学的初步探索》，山西教育出版社 2002 年版。

吴遵民：《现代中国终身教育论》，上海教育出版社 2003 年版。

高昌海等著：《国民素质与教育》，山东教育出版社 2000 年版。

马和民、吴瑞君主编：《网络社会与学校教育》，上海教育出版社 2002 年版。

刘华蓉：《大众传媒与政治》，北京大学出版社 2001 年版。

黄健：《成人教育课程开发的理论与技术》，上海教育出版社 2002 年版。

叶忠海：《社区教育学基础》，上海大学出版社 2000 年版。

杨应崧等著：《各国社区教育概论》，上海大学出版社 2000 年版。

连玉明主编：《学习型城市》，中国时代经济出版社 2003 年版。

王炳照主编：《中国教育史专题研究》，北京师范大学出版社 2009 年版。

贺国庆：《德国和美国大学发达史》，人民教育出版社 1998 年版。

王琪编著:《美国青少年公民教育理论与实践研究》,北京理工大学出版社
　　2011 年版。

沈明德主编:《校外教育学》,学苑出版社 1989 年版。

联合国教科文组织国际教育发展委员会编著:《学会生存——教育世界的
　　今天和明天》,教育科学出版社 1996 年版。

赵中建编:《教育的使命——面向二十一世纪的教育宣言和行动纲领》,教
　　育科学出版社 1996 年版。

联合国教科文组织总部中文科译:《教育——财富蕴藏其中》,教育科学出
　　版社 1996 年版。

杜成宪、邓明言:《教育史学》,人民教育出版社 2004 年版。

黄书光主编:《中国社会教化的传统与变革》,山东教育出版社 2005 年版。

曲铁华、李娟:《中国近代科学教育史》,人民教育出版社 2010 年版。

储朝晖:《中国近代大学精神史》,人民教育出版社 2013 年版。

王雷:《中国近代社会教育史》,人民教育出版社 2003 年版。

# 后　记

　　社会教育含义丰富，在不同国家有不同的内涵，在不同时期有不同的表现形式，对于不同学者有不同的认识。在新时期要发挥社会教育的作用，就必须对社会教育的含义进行新的探讨。传统教育观念上，社会教育是指与家庭教育、学校教育相并列的三个领域之一，但是，现在学校教育与家庭教育的学术理论发展很快，而社会教育理论发展相对薄弱，这一现象值得关注。为此，我们认为社会教育应该是广义教育中一切有意识的教育，社会教育是学校教育之外一切有组织的教育，它涉及社会教育理论、社会教育实践、社会教育管理、社会教育事业等诸多方面。社会教育原理研究则以人和社会的协调及可持续发展为取向，以社会发展的基本理论为依托，以深化教育领域综合改革为依据，重点研究知识经济、知识社会时代的教育制度和教育体系，探讨学校教育与社会教育的联合、互动和协调发展等基本问题。开展社会教育研究，不但有利于社会的和谐发展和民族整体素质的提高，也有助于我国师范院校教育学专业的发展与改造。

　　社会教育是我国建设学习化社会、实现终身教育、推进全民学习过程中一个应该关注的课题。社会教育在我国近代有过辉煌的历史，自民国教育总长蔡元培提倡设立社会教育司以来，社会教育就以其色彩斑斓的画卷成为中国近代教育发展过程中一条独特的"风景线"，在近代"开民智"、"作新民"、改良社会、弥补家庭教育与学校教育不足等方面作出了重要贡献。新中国成立初期我国曾有过社会教育行政的尝试，但随着教育事业发展的曲折探索，社会教育行政地位被取消，社会教育的诸多事业被分化到其他各种事业之中，社会教育的功能逐渐被弱化和窄化，社会教育的学术领域也逐渐失去了近代以来的辉煌。在终身教育思想的冲击下，由于建设学习化社会的需要，社会教育又重新得到人们的认识。社会教育功能、社会教育事业、社会教育资源、社会教育调查、社会教育活动、社会教育工作等话题，日益引起教育学界的关注。因此，发展社会教育学术研究，振兴社会教育事业是一个迫在眉睫的课题。

但开展社会教育学术研讨还有许多问题需要进一步深化研究。诸如当代社会教育概念的界定、社会教育体系的构建、社会教育制度化的障碍、发展社会教育事业的载体、推动社会教育的动力机制、社会教育资源的开发与利用、我国传统教化与现代社会教育的联系与区别、社会教育与社区教育、成人教育的关系、社会教育与家庭教育、学校教育的关系、社会教育机构与设施如何规划、各个国家社会教育比较以及社会教育调查等。大量的问题一方面表明社会教育学术领域研究的薄弱，另一方面也强调了进行社会教育研究的必要性。我们认为社会教育是一个内容丰富的教育领域，有众多教育课题需要进行深化研究，可以展开多学科、多视角、多层次的研究试验，这对于深化教育学科的改革、扩大教育学科的范围、提高教育学专业的社会适应性、拓宽教育学的专业领域具有积极意义。

有了这样一些认识和理解，我们认为应该把社会教育作为学科或专业来建设。而这些在我们的近邻日本、韩国、俄罗斯等国，社会教育都是作为专业和学科来发展的。在这些国家社会教育有行政地位、国家有社会教育法、大学有社会教育学院和系科、有社会教育硕士点和博士点。社会教育有自己的学术领域，有专门的学术研究团体和杂志以及研究团队。社会教育在推动全民终身学习，建设学习化社会等方面发挥着重要的作用。这些国家发展社会教育的经验表明，没有社会教育的参与，只凭学校教育是实现不了终身教育的，没有社会教育的作用，学校教育的功能也是有限的，没有社会教育事业的发展，深化教育领域综合改革是完成不了的。所以，整理、规范与创新社会教育事业是我们教育改革与发展过程中一个十分重要的课题。社会教育强调的是社会组织——教育功能的发挥以及教育组织——教育功能的拓展，它不受地点限制、不拘形式、适应受教育对象的需要、不受施教主体的制约，没有严格的师资要求，灵活性、多样性、公益性可以使社会教育无所不在、无处不在、无时不在，以最大的时空满足和拉动着社会各类人员的学习需求。所以，用社会教育来推动社区教育与成人教育的发展，通过发展社会教育事业促进各类社区教育以及成人教育的进步是适应我国社会特点和教育实际状况的。

本书以社会教育原理命名，其目的是从学科建设角度开展对社会教育基本理论、基本问题的研究，试图回答社会教育发展过程中一些基本问题，试图提出一种社会教育学理论的解释框架。这种研究只是一个初步的尝试，提出的观点还很简单，研究的成果还十分肤浅，只是想做到抛砖引玉的作用，以引起教育学界的关注，促进社会教育学研究的繁荣，远没有达到社会教育原理的境界。

本书的写作，起步于 2003 年。十多年来，笔者一直持续对社会教育历史以及理论的研究，尝试将社会教育的理论研究形成体系；将社会教育的研究成果，形成特色，形成系列。10 年间，也参观和访问过有社会教育专业和学科的国家，在这些国家中，社会教育有立法，社会教育有行政管理，社会教育有博士点，社会教育有专门杂志和研究团体，这些国家丰富的社会教育研究成果，给我提供着启示。通过研究我国近代色彩斑斓的社会教育史，也激励着我研究社会教育的信心。中外丰富的社会教育发展经验，为社会教育的研究提供着历史与现实的依据。只是个人研究能力有限，研究成果达不到设想的高度。本书所有章节与文字都由笔者独立完成，书中不足与不当之处，希望得到教育学界专家与学者的批评与指正。

王 雷

2015 年 2 月 8 日